**EURO-AFRIKA-DIVISION DER GEMEINSCHAFT
DER SIEBENTEN-TAGS-ADVENTISTEN**

GEMEINDE-ORDNUNG

Gemeindehandbuch

Ausgabe 2006

ADVENT-VERLAG

Herausgegeben von der Gemeinschaft der Siebenten-Tags-Adventisten,
Euro-Afrika-Division, Bern
Titel des Originals: *Seventh-day Adventist Church Manual*, 17th Edition,
Revised 2005; © 2006 General Conference of Seventh-day Adventists

Projektleitung und Übersetzung: Lothar Wilhelm
Textbearbeitung: Arbeitskreis Predigtamt und Verkündigung –
Norbert Dorotik (Leitung), Wolfgang Dorn, Heinz Ewald Gattmann,
Gerald Hummel, Peter Joseit, Christian Knoll, Horst Kraus, Gabriel Maurer,
Günter Maurer, Rolf Pöhler, Michael Urbatzka, Bruno Vertallier,
Gerhard Wagner, Lothar Wilhelm
Lektorat und redaktionelle Arbeiten: Werner E. Lange
Einbandgestaltung: Studio A Design GmbH, Hamburg
Satz: rimi-grafik, Celle
Herstellung: Grindeldruck GmbH, Hamburg

Die Bibelzitate sind – falls nichts anderes vermerkt – der *Bibelübersetzung
nach Martin Luther* (revidierte Fassung 1984), Deutsche Bibelgesellschaft,
Stuttgart 1985ff., entnommen. Ansonsten bedeuten:
EB = *Revidierte Elberfelder Bibel*, R. Brockhaus Verlag, Wuppertal 1985ff.
GNB = *Gute Nachricht Bibel* (revidierte Fassung der Bibel im heutigen
       Deutsch), Deutsche Bibelgesellschaft, Stuttgart 1997ff.
Hfa = *Hoffnung für alle – Die Bibel* (revidierte Fassung), International Bible
       Society, Übersetzung: Brunnen-Verlag, Basel und Gießen 2002ff.

Ausgabe 2006

© 2006 Saatkorn-Verlag GmbH, Abt. Advent-Verlag,
Lüner Rennbahn 14, D-21139 Lüneburg

Internet: www.advent-verlag.de, E-Mail: info@advent-verlag.de

Das Werk einschließlich aller seiner Teile ist urheberrechtlich geschützt. Jede
Verwertung außerhalb der engen Grenzen des Urheberrechtsgesetzes ist ohne Zustimmung des Verlags unzulässig und strafbar. Das gilt insbesondere für
Vervielfältigungen, Übersetzungen, Mikroverfilmungen und die Verarbeitung
in elektronischen Systemen.

Alle Rechte vorbehalten – Printed in Germany

ISBN 10:   3-8150-1812-9
ISBN 13: 978-3-8150-1812-5

Inhalt

Vorwort zur deutschsprachigen Ausgabe 21

Einleitung 23
Die Entstehung der Siebenten-Tags-Adventisten 23
Die Entstehung der Gemeindeordnung (Gemeindehandbuch) ... 24
Der Inhalt der Gemeindeordnung 25
Das Verfahren zur Änderung der Gemeindeordnung 25
Klärung bei unterschiedlichem Verständnis 27
Der Gebrauch von Bezeichnungen in der Gemeindeordnung ... 27
Die vorliegende Ausgabe 28

**Kapitel 1 – Die Autorität der Gemeinschaft
und der Gemeindeordnung** 29
Die Autorität der Gemeinde in der frühen Kirche 29
Die Autorität der Gemeinde in der Gemeinschaft der
Siebenten-Tags-Adventisten 29

Kapitel 2 – Die Gemeinde des lebendigen Gottes 31
Keine trennende Wand in der Gemeinde 32
Das Hauptziel der Fürsorge Christi 32
Der Widerstand des Feindes 33
Die in Christus vollendete Gemeinde 34

**Kapitel 3 – Die Glaubensüberzeugungen
der Siebenten-Tags-Adventisten** 37
Präambel 37
1. Die Heilige Schrift 37
2. Die Dreieinigkeit 37
3. Der Vater 38
4. Der Sohn 38
5. Der Heilige Geist 38
6. Die Schöpfung 39
7. Der Mensch 39
8. Der große Kampf 39

9. Leben, Tod und Auferstehung Christi 40
10. Die Erfahrung der Erlösung 40
11. Wachsen in Christus 41
12. Die Gemeinde 41
13. Die Übrigen und ihr Auftrag 42
14. Die Einheit der Gemeinde Christi 42
15. Die Taufe 43
16. Das Abendmahl 43
17. Geistliche Gaben und Dienste 43
18. Die Gabe der Weissagung 44
19. Das Gesetz Gottes 44
20. Der Sabbat 44
21. Gottes Haushalter 45
22. Christlicher Lebensstil 45
23. Ehe und Familie 46
24. Christi Dienst im himmlischen Heiligtum 47
25. Die Wiederkunft Christi 47
26. Tod und Auferstehung 48
27. Die tausend Jahre und das Ende der Sünde 48
28. Die neue Erde 48

Kapitel 4 – Organisation nach göttlichen Grundsätzen . 49
Die biblische Grundlage der Organisation 49
Die Bedeutung der Organisation 50
Gottes Ziel mit der Organisation 51

**Kapitel 5 – Die Organisation der Gemeinschaft der
              Siebenten-Tags-Adventisten** 53
Formen der Kirchenverwaltung 53
Vier Verwaltungsebenen in der Organisation der
    Siebenten-Tags-Adventisten 54
Die Institutionen der Gemeinschaft 55
Die Generalkonferenz als höchste Autorität 56

Kapitel 6 – Die Zugehörigkeit zur Gemeinde 59
Die geistliche Grundlage der Zugehörigkeit zur Gemeinde 59
Die Taufe als Forderung des Evangeliums 59
    Die Taufe als Voraussetzung der Zugehörigkeit zur Gemeinde 60
    Die Form der Taufe 60
    Gründliche Unterweisung durch den Prediger 61
    Das Taufbekenntnis erfolgt öffentlich 61
    Der Taufunterricht und die Taufbestätigung 62

Das Taufbekenntnis und die Taufe 62
   Die Fragen an die Taufbewerber 62
   Alternativer Vorschlag für das Taufbekenntnis 64
   Die Taufurkunde mit dem Taufbekenntnis 64
   Die Zustimmung der Gemeinde zur Taufe 66
   Taufbewerber, die der Gemeinde nicht bekannt sind 66
   Die Taufhandlung 66
Ordentliche Mitgliedschaft 67
Wenn Glieder in eine andere Gemeinde wechseln 67
   Die Überweisung von Gemeindegliedern 67
   Das Ausstellen von Gemeindebriefen 67
   Der Gemeindeschreiber stellt den Gemeindebrief aus 68
   Eine andere Methode zur Überweisung 68
   Die Mitgliedschaft während der Zeit der Überweisung 69
   Wenn die Aufnahme von Gliedern durch äußere
      Umstände behindert wird 69
   Das Führen der Gliederliste 69
   Wenn ein Glied nicht aufgenommen wird 70
   Keine Gemeindebriefe für Glieder, die unter
      korrigierender Seelsorge stehen 70
   Gemeindebriefe nur bei ordentlicher Mitgliedschaft 70
   Kein Gemeindebrief ohne Zustimmung
      des betreffenden Gliedes 70
   Der Gemeindeausschuss darf keine Gemeindebriefe
      ausstellen 71
Die Vereinigungsgemeinde 71
Organisierte Gruppen 72
Einzelheiten zur Aufnahme von Gliedern und zum Entzug
   der Mitgliedschaft 73
   Die Aufnahme von Gliedern auf das Bekenntnis
      ihres Glaubens 73
   Das Streichen von Namen aus der Gemeindeliste 74
   Die Gemeindeliste ist zeitaktuell zu führen 74
Die erneute Taufe 75
   Gläubige aus anderen christlichen Kirchen und Freikirchen . 75
   Erneute Taufe bei Abfall vom Glauben 76
   Unzulässige Erneuerung der Taufe 76

**Kapitel 7 – Die Verantwortungsträger in der Gemeinde
      und ihre Aufgaben** 77
Die Voraussetzungen 77
   Charakterliche Eignung 77

Geistliche Eignung 77
Die Gemeinde muss geführt und betreut werden 79
Die Arbeit der Prediger und Verantwortungsträger sollte
   in der Gemeinde geachtet und anerkannt werden 79
Niemand sollte vorschnell in eine Verantworung gedrängt
   werden 80
Wer nicht um Einheit bemüht ist, eignet sich nicht für
   eine Aufgabe 81
Es ist nicht gut Personen zu wählen, die mit anderen nicht
   zusammenarbeiten wollen 81
Nur Gemeindeglieder können gewählt werden 81
Die Wahlperiode 82
Der Gemeindeälteste 82
   Die Bedeutung der Gemeindeleitung 82
   Ein geistlicher Führer der Gemeinde 82
   Die Befähigung zu predigen 83
   Die Wahlperiode für den/die Ältesten 83
   Die Ordination (Einsegnung) zum Gemeindeältesten 83
   Die Ausbildung und Ausrüstung von Gemeindeältesten 84
   Die Arbeit des Ältesten beschränkt sich auf seine Gemeinde 84
   Der Älteste soll alle Abteilungen der Gemeindearbeit fördern 84
   Das Verhältnis des Ältesten zum ordinierten Prediger 85
   Die Leitung der Gottesdienste 85
   Der Taufgottesdienst 85
   Die Eheschließung 86
   Die Zusammenarbeit mit der Vereinigung 86
   Die Förderung der weltweiten Missionsarbeit 87
   Die Förderung der Bereitschaft, den Zehnten zu geben 87
   Die Verteilung der Verantwortung 87
   Der leitende Älteste 87
   Der Älteste ist kein Delegierter von Amts wegen 88
   Grenzen der Befugnis von Ältesten 88
Der Gemeindeleiter 88
Der Diakon 88
   Die Bedeutung dieser Aufgabe 89
   Der Diakoniearbeitskreis 90
   Diakone sollen eingesegnet werden 90
   Diakone sind nicht zur Leitung befugt 90
   Die Aufgaben der Diakone 91
Die Diakonin 92
   Die Aufgaben der Diakoninnen 92
   Der Arbeitskreis der Diakoninnen 93

Der Gemeindeschreiber 93
　Die Bedeutung der Aufgabe 93
　Änderungen in der Gemeindeliste 93
　Das Überweisen von Gliedern 94
　Briefwechsel mit abwesenden Gliedern 94
　Die Beglaubigungsschreiben für Abgeordnete
　　zu Delegiertenversammlungen 94
　Fristgerechtes Einsenden von Berichten 94
　Das Gemeindearchiv 94
Der Gemeindeschatzmeister 95
　Ein heiliger Dienst 95
　Die Verantwortung des Schatzmeisters 95
　Gelder zur Weiterleitung an die Vereinigung 95
　Sabbatschulgaben 96
　Gelder der Jugendabteilung 96
　Gelder der örtlichen Gemeinde 96
　Gelder für die Abteilungsarbeit auf Gemeindeebene 96
　Zweckgebundene Gelder 97
　Gelder für Bücher- und Zeitschriftenbestellungen 97
　Die Abgabe von Geldern durch Gemeindeglieder 97
　Quittungen für Gemeindeglieder 98
　Überweisung von Geldern an die Vereinigung 98
　Die Aufbewahrung von Belegen 98
　Die Bücher sollen geprüft werden 98
　Das Vertrauensverhältnis zu den Gliedern 99
Der Koordinator für Glaubensfreunde und Gäste ... 99
Ehemalige Verantwortungsträger, die nicht mehr
　　Gemeindeglieder sind 100
Einführungsgottesdienst 100
Anmerkungen zu Kapitel 7 100
1. Ausbildung und Ausrüstung von Gemeindeältesten
　　(siehe S. 84) 100
2. Die Eheschließung und die kirchliche Trauung (siehe S. 86)　101
3. Die Aufgabe der Diakone und Diakoninnen (siehe S. 91, 92)　101
4. Pflege und Instandhaltung von Gemeindeeigentum
　　(siehe S. 92) 101
5. Die Bedeutung der Aufgabe des Gemeindeschreibers
　　(siehe S. 93) 101
6. Briefwechsel mit abwesenden Gliedern (siehe S. 94) 102
7. Fristgerechtes Einsenden von Berichten (siehe S. 94) 102
8. Gelder für Bücher- und Zeitschriftenbestellungen
　　(siehe S. 97) 102

**Kapitel 8 – Gottesdienste und Versammlungen
der Gemeinde** 103
Allgemeine Prinzipien 103
   Anbetung im Geist 103
   Die Bedeutung von Gottesdiensten und Versammlungen . 103
   Ehrfurcht vor der Anbetungsstätte 104
   Kinder sollten Ehrfurcht lernen 104
   Ruhiges und angemessenes Verhalten im Gottesdienstraum 105
   Versammlungen in der Gemeinde 105
   Gastfreundschaft 105
   Nichtbevollmächtigte Sprecher in unseren Gemeinden ... 106
Die Bedeutung der Musik im Gottesdienst 106
   Singen im rechten Geist und mit Verständnis 106
   Der Chorleiter 107
   Vortragende und Mitwirkende 107
Der Gottesdienst am Sabbat 108
   Der Gottesdienst 108
   Die Heiligkeit des Gottesdienstes 108
   Die Form des Gottesdienstes 109
   Die Sabbatschule (das Bibelgespräch) 109
   Bekanntmachungen 109
   Das öffentliche Gebet 110
Der Abendmahlsgottesdienst 110
   Die Fußwaschung 111
   Ungesäuertes Brot und unvergorener Wein 112
   Gedenken an die Kreuzigung 112
   Die Verkündigung der Wiederkunft des Herrn 113
   Die Ankündigung der Abendmahlsfeier 113
   Die Durchführung der Abendmahlsfeier 113
   Wer darf am Abendmahl teilnehmen? 114
   Alle Gemeindeglieder sollten teilnehmen 115
   Die Leitung des Abendmahlsgottesdienstes 115
   Abendmahl für kranke Gemeindeglieder 115
Die Gebetsversammlung 116
Die Adventjugend 116
Die jüngere Jugend („Teeniegruppe") 117
Christliche Pfadfinder der Adventjugend/Adventwacht 118
Der Abenteuer-Club 118
Versammlungen für Gemeindeaufbau und Evangelisation 118
   Versammlungszeiten 119
   Die Bereitstellung von Verteilmaterial am Sabbat 119
Die Mitgliederversammlung (Gemeindestunde) 119

Der Gemeindeausschuss und seine Sitzungen 120
Ziel und Aufgaben 120
Die Mitglieder des Gemeindeausschusses 121
Die Leitung des Ausschusses 121
Die Sitzungen des Ausschusses 122
Die Arbeit des Gemeindeausschusses 122
Arbeitskreise (Unterausschüsse) des Gemeindeausschusses . 123
Die Beratungen des Schulausschusses 124
Der Eltern- und Schulverein 124
Anmerkungen zu Kapitel 8 124
1. Die Form des Gottesdienstes (siehe S. 109) 124
2. Die Form des Gottesdienstes: Vorschläge für den Ablauf
 (siehe S. 109) 125
3. Abendmahlsfeier: die Fußwaschung (siehe S. 114) 126
4. Abendmahlsfeier: Austeilung von Brot und Wein
 (siehe S. 114) 127
5. Materialien für die Adventjugend (siehe S. 117) 128
6. Die Adventjugend (siehe S. 117) 128
7. Die jüngere Jugend („Teeniegruppe", siehe S. 117f.) 128
8. Versammlungen für Gemeindeaufbau und Evangelisation
 (siehe S. 119) 129
9. Die Mitgliederversammlungen: Berichte (siehe S. 119f.) ... 129
10. Arbeitskreise des Gemeindeausschusses (siehe S. 123) 130

**Kapitel 9 – Die Organisation weiterer Aufgaben
 in der Gemeinde** 131
Die Abteilung Gemeindeaufbau und Evangelisation 132
Der Arbeitskreis Gemeindeaufbau und Evangelisation 132
Der Leiter für Gemeindeaufbau und Evangelisation 132
Die Aufgaben des Schriftenverwalters 132
Der Arbeitskreis Schriftenmission 133
Die Wohlfahrtsarbeit (AWW-Helferkreis/ADRA-Ortsgruppe) 133
Ein Zentrum für Wohlfahrts- und Sozialarbeit 133
Der Männerkreis 134
Der Behindertendienst 134
Der Bibelstundenkoordinator 134
Jedes Gemeindeglied soll am Dienst beteiligt werden /
Die Organisation von Kleingruppen zum Dienst 134
Die Sabbatschulabteilung 134
Der Sabbatschularbeitskreis 135
Der Sabbatschulleiter 136
Der stellvertretende Sabbatschulleiter 136

Der Schriftführer der Sabbatschule 137
Der stellvertretende Schriftführer 137
Der Investmentleiter 137
Der Ferienbibelschulleiter 137
Der Verantwortliche für Musik in der Sabbatschule 137
Pianisten und Organisten 137
Die Leiter der einzelnen Altersstufen der Sabbatschule 138
Die Heimsabbatschule 138
Die Gesprächsgruppenleiter und Lehrer 138
Die Gesprächsgruppenleiter- oder Helfervorbereitung 138
Das Studienheft zur Bibel 139
Die Sabbatschulgaben 139
Gelder für Ausgaben zur Durchführung der Sabbatschule . 139
Der Vierteljahresbericht der Sabbatschule 140
Die Adventjugend 140
Grundsatzerklärung 141
Die Aufgaben der Adventjugend 142
Mitgliedschaft in der Adventjugend 142
Das Komitee für die Jugendarbeit 142
Der Jugendarbeitsausschuss 143
Die Verantwortungsträger der Jugendgruppe 143
Der Jugendgruppenleiter und sein Stellvertreter 144
Der Schriftführer und der Kassenverwalter der Adventjugend 144
Der Jugenddiakon 145
Programme für die Jugendgruppen 145
Die jüngere Jugend („Teeniegruppe") 146
Die Christlichen Pfadfinderinnen und Pfadfinder
  der Adventjugend (CPA/ADWA) 147
Der Abenteurer-Club 148
Christliche Erziehung und Bildung/Gemeindeschulen 149
Die Prinzipien 149
Ziele und Aufgaben 149
Die Förderung der Erziehung und Bildung in der Gemeinde 150
Der Eltern- und Schulverein 150
Der Zweck des Vereins 150
Die Aufgaben des Vereins 150
Die Mitglieder des Eltern- und Schulvereins 151
Die Verantwortungsträger 151
Der Vorsitzende und sein Stellvertreter 151
Der Schriftführer/Kassenverwalter 151
Der Schulleiter ist Mitglied von Amts wegen 152
Der Ausschuss der Gemeindeschule 152

Die Mitglieder des Schulausschusses 152
Die Leitung des Schulausschusses 152
Das Verhältnis zwischen gemeinsamen Schulausschüssen
   und ihren Ortsgemeinden 153
Die Wahlperiode der Schulausschussmitglieder 153
Die Sitzungen des Schulausschusses 153
Voraussetzungen für Schulausschussmitglieder 153
Die Aufgaben der Verantwortungsträger 154
Die Öffentlichkeitsarbeit (Kommunikation) 154
   Die Bedeutung der Öffentlichkeitsarbeit 154
   Die Durchführung dieses Dienstes 155
   Der Leiter für Öffentlichkeitsarbeit und seine Aufgaben ... 155
   Der Arbeitskreis für Öffentlichkeitsarbeit 155
   Das Verhältnis zu den anderen Abteilungen der Gemeinde 156
   Die Arbeit in Ballungszentren 156
   Voraussetzungen für die Aufgabe des Leiters 156
Die Gesundheitsabteilung 157
   Die Leitung der Gesundheitsabteilung 157
   Der stellvertretende Leiter 157
   Der Arbeitskreis der Gesundheitsabteilung 157
   Die Aktivitäten dieser Abteilung 158
   Der Verein für Gesundheitspflege 158
   Die Gaben am Tag für Gesundheitserziehung 158
Die Abteilung Haushalterschaft 158
   Der Leiter der Abteilung Haushalterschaft in der Gemeinde 159
Die Abteilung Familiendienste 159
   Der Arbeitskreis Familiendienste 160
   Die Leitung der Abteilung Familiendienste 160
Die Abteilung Frauendienste 161
   Die Ziele der Abteilung 161
   Die Frauenbeauftragte der Gemeinde 161
   Voraussetzungen für die Frauenbeauftragte 162
   Der Frauenarbeitskreis der Gemeinde 162
Die Abteilung für Kinder 162
   Grundsätzliches zum Auftrag und den Aufgaben 162
   Die Leitung der Kinderarbeit 164
   Der Kinderarbeitskreis 164
Die Abteilung für Religionsfreiheit 164
   Die internationale Vereinigung für Religionsfreiheit 165
   Die internationale Vereinigung für Religionsfreiheit vor Ort 165
   Der örtliche Beauftragte für Religionsfreiheit 166
Einführungsgottesdienst 166

Anmerkungen zu Kapitel 9 166
1. Der Arbeitskreis für Gemeindeaufbau und Evangelisation
   (siehe S. 132) 166
2. Der Schriftführer der Abteilung Gemeindeaufbau und
   Evangelisaton/Der Schriftenverwalter (siehe S. 132f.) 167
3. Der Arbeitskreis Schriftenmission (siehe S. 133) 168
4. Ein Zentrum für Wohlfahrts- und Sozialarbeit (siehe S. 133) 168
5. Der Männerkreis (siehe S. 134) 169
6. Der Bibelstundenkoordinator (siehe S. 134) 169
7. Jedes Gemeindeglied soll am Dienst beteiligt werden
   (siehe S. 134 und S. 195) 169
8. Die Organisation von Kleingruppen zum Dienst
   (siehe S. 134) 171
   Bibelstudiengruppen (Hauskreise) 171
   Projektgruppen 173
   Missionsgruppen 173
   Organisatorische Hinweise 173
9. Der Sabbatschulleiter (siehe S. 136) 174
10. Der Schriftführer der Sabbatschule (siehe S. 137) 175
11. Gelder für Ausgaben der Sabbatschule (siehe S. 139) 175
12. Die Grundsatzerklärung der Adventjugend (siehe S. 141f.) 175
13. Mitgliedschaft in der Adventjugend (siehe S. 142) 176
14. Der Kassenverwalter der Adventjugend (siehe S. 144) 177
15. Die jüngere Jugend („Teeniegruppe", siehe S. 146f.) 177
16. Der Abenteurer-Club (siehe S. 148f.) 177
17. Die Förderung der Erziehung und Bildung in der Gemeinde
    (siehe S. 150) 178
18. Die Mitglieder des Schulausschusses (siehe S. 152) 178
19. Der Leiter für Öffentlichkeitsarbeit und seine Aufgaben
    (siehe S. 155) 179
20. Der Arbeitskreis für Öffentlichkeitsarbeit (siehe S. 155f.) ... 179
21. Die Leitung der Gesundheitsabteilung (siehe S. 157) 179
22. Der Arbeitskreis der Gesundheitsabteilung (siehe S. 157) .. 180
23. Der Leiter der Abteilung Haushalterschaft in der
    Gemeinde (siehe S. 159) 180
24. Der Arbeitskreis Familiendienste (siehe S. 160) 180
25. Die Leitung der Abteilung Familiendienste (siehe S. 160) .. 181
26. Der Frauenarbeitskreis der Gemeinde (siehe S. 162) 182
27. Die Leitung der Kinderabteilung (siehe S. 164) 182
28. Der Kinderarbeitskreis (siehe S. 164) 183
29. Der örtliche Beauftragte für Religionsfreiheit (siehe S. 166) 183
30. Die Aufgaben des Schriftenverwalters (siehe S. 132f.) 184

**Kapitel 10 – Der Prediger und sein Verhältnis zur
Gemeinde** 185
Ein von Gott verordnetes Predigtamt 185
Der Vereinigungsvorsteher 185
Prediger und Bezirksälteste haben keine Verwaltungsvollmacht .. 186
Vorsteher und Vereinigungsausschuss beauftragen
   die Abteilungsleiter 186
Die Arbeit der Abteilungsleiter ist keine Verwaltungsarbeit 186
Die Stellung des ordinierten Predigers in der Gemeinde 187
Gemeinden berufen ihren Pastor nicht selbst 187
Nichtordinierte Prediger 187
Bibelarbeiter 188
Manager für adventistische Buchläden 189
Der Pastor unterstützt den Evangelisten 189
Der Vorsteher und der Vereinigungsausschuss leiten
   die Mitarbeiter der Vereinigung 189
Beglaubigungen und Bestätigungen 190
Abgelaufene Beglaubigungen 191
Die Entlassung eines Predigers aus dem Dienst 191
Mitarbeiter im Ruhestand 191
Ehemalige Prediger, die unseren Gemeinden ohne
   Beglaubigung dienen 192

Kapitel 11 – Die Gemeindewahl 193
Der Ernennungsausschuss 193
   Der Zeitpunkt der Wahl 193
   Die Wahl des Ernennungsausschusses 194
   Die Mitglieder des Ernennungsausschusses 195
   Die Arbeit des Ernennungsausschusses 195
   Die Information der künftigen Verantwortungsträger 196
   Gemeindeglieder sollten vom Ernennungsausschuss
     gehört werden 197
   Die Vertraulichkeit des Ernennungsausschusses 197
   Die Berichterstattung vor der Gemeinde 197
   Einspruch gegen die Vorschläge des Ernennungsausschusses 197
   Frei gewordene Verantwortungsbereiche 198
Die Wahl von Abgeordneten für die Delegiertenversammlungen 198
   Die Wahl der Delegierten 199
   Die Aufgaben der Delegierten 200
Die Verantwortung der Vereinigung 200
Die Mitglieder des Vereinigungsausschusses vertreten
   die gesamte Vereinigung 200

Kapitel 12 – Gelder für die Evangeliumsverkündigung 201
Haushalterschaft 203
Der Zehnte 204
    Systematisches Geben und die Einheit der Gemeinschaft .. 204
    Die Verwendung des Zehnten 204
    Das Geben des Zehnten 205
    Das Vorbild der Verantwortungsträger im Zehntengeben . 205
    Der Zehnte als biblische Verpflichtung 205
Gaben 205
    Die Sabbatschulgaben 206
    Andere Gaben 206
    Sonderspenden für einzelne Gebiete 206
    Hilfe für Notleidende 207
    Der Haushaltsplan der Ortsgemeinde 207
    Beispiele für einen Haushaltsplan 207
Allgemeine Ratschläge 209
    Die Beschaffung von Mitteln 209
    Fragwürdige Methoden, Gelder für die Gemeinde
    zu sammeln 210
    Zehnten und Gaben sind keine Geldanlage 210
    Schulden sind zu vermeiden 210
    Die Finanzierung von Gemeindegebäuden 211
    Die Verwaltung der Geldmittel 211
    Die Buchprüfung 212

Kapitel 13 – Richtlinien christlicher Lebensführung .. 213
Gott beruft uns in Jesus Christus zu einem hohen Ziel 213
Bibelstudium und Gebet 214
Unsere Beziehung zu Gesellschaft und Öffentlichkeit 215
Die Heiligung des Sabbats 215
Ehrfurcht vor dem Ort der Anbetung 217
Gesunde Lebensführung 217
Einfachheit 219
Kleidung 219
Lesestoff 221
Rundfunk und Fernsehen 221
Musik 222
Freizeitgestaltung 222
Gesellschaftlicher Umgang 223
Aufsichtspflicht 226
Vorbereitung auf die Ehe 226
Schlusswort 228

Kapitel 14 – Korrigierende Seelsorge (Gemeindezucht) 229
Allgemeine Grundsätze 229
  Seelsorge an irrenden Gliedern 229
  Bemühe dich um Versöhnung 230
  Die Vollmacht der Gemeinde 233
  Die Verantwortung der Gemeinde, bei Verfehlungen
    zu handeln 233
  Ungeistliche sperren sich gegen korrigierende Seelsorge .. 234
  Ordnungen und Regeln sind notwendig 235
  Selbsternannte Organisationen 235
  Die Wahrung der Einheit der Gemeinde 236
    Die Beilegung von Streitigkeiten zwischen
      Gemeindegliedern 236
    Die Beilegung von Streitigkeiten zwischen
      Gemeindegliedern und der Gemeinschaft 238
    Die Beilegung von Streitigkeiten zwischen
      der Gemeinschaft und Gemeindegliedern 238
  Die Handhabung der korrigierenden Seelsorge 238
    Korrigierende Seelsorge durch eine Klärungsfrist 240
    Korrigierende Seelsorge durch den Entzug der
      Mitgliedschaft 240
  Gründe, ein Gemeindeglied unter korrigierende Seelsorge
    zu stellen 241
  Keine Verzögerung der korrigierenden Seelsorge 242
  Vorsicht bei der Anwendung der korrigierenden Seelsorge ... 242
    Prediger oder Gemeinden dürfen keine Richtlinien für
      die Zugehörigkeit zur Gemeinschaft festlegen 243
    Entscheidung durch eine ordentlich einberufene
      Mitgliederversammlung 243
    Entscheidung durch Stimmenmehrheit 244
    Kein Entzug der Mitgliedschaft durch den
      Gemeindeausschuss 244
    Das Recht, in eigener Sache gehört zu werden 244
    Keine Vertretung durch Rechtsanwälte 244
    Kein Entzug der Mitgliedschaft wegen der Nichtteilnahme
      an Versammlungen 245
    Gemeindeglieder, die fortziehen und sich nicht melden .. 245
    Kein Entzug der Mitgliedschaft aus finanziellen Gründen .. 246
    Austritt auf eigenen Wunsch 246
    Benachrichtigung nach Entzug der Mitgliedschaft 246
    Wiederaufnahme nach Entzug der Mitgliedschaft 247
    Das Berufungsrecht auf Wiederaufnahme 247

Kein Gemeindewechsel von Gliedern, die unter
korrigierender Seelsorge stehen 248

Kapitel 15 – Ehe, Scheidung und Wiederheirat 249
Die biblische Lehre von der Ehe 249
　Der Ursprung der Ehe 249
　Die Einheit der Ehe 249
　Die Unauflöslichkeit der Ehe 249
　Sexuelle Intimität in der Ehe 250
　Die Partnerschaft in der Ehe 250
　Die Folgen des Sündenfalles für die Ehe 250
　Wiederherstellung und Heilung 251
Die biblische Lehre von der Scheidung 252
　Gottes ursprüngliche Absicht 252
　Ehen können zerstört werden 252
　Göttliche Gnade 252
　Gründe für Scheidungen 253
Die biblische Lehre von der Wiederheirat 253
Die Haltung der Siebenten-Tags-Adventisten zu Ehescheidung
　und Wiederheirat 253
Der Dienst der Gemeinde an den Familien 257

Kapitel 16 – Gründung, Zusammenschluss und
**　　　　　　 Auflösung von Gemeinden** 259
Die Gründung einer Gemeinde 259
Der Zusammenschluss von Gemeinden 261
Auflösung und Ausschluss von Gemeinden 262
　Die Auflösung einer Gemeinde wegen dem Verlust
　　von Gliedern 263
　Die Auflösung einer Gemeinde als Korrekturmaßnahme .. 264
　Fürsorge für die Gemeindeglieder 265
　Die Entscheidung liegt immer bei der
　　Delegiertenversammlung 265
　Gemeindeeigentum, -gelder und -berichte 265

Kapitel 17 – Das Podium ist kein Forum, um
**　　　　　　 persönliche Ansichten zu verfechten** 267

Kapitel 18 – Rechtsformen und Grundlagen für
**　　　　　　 den Umgang mit Gemeindeeigentum** 271
Juristische Körperschaften 271
Eigentumsnachweis für das Gemeindeeigentum 271

Die Verwahrung von Rechtsdokumenten 272
Unterhaltung und Reparatur von gemeinschaftseigenen
   Gebäuden 272
Versicherungsschutz 272
Testamente und Treuhandvermögen 273
   Die Gesetze sind genauestens zu befolgen 273
   Testamente 274
   Vermächtnisse an die Gemeinschaft 274
   Überschreibung von Eigentum vor dem Tod 274

**Anhang und Erläuterungen zur Gemeindeordnung
(Gemeindehandbuch)** 275
Einleitung 275
Zu Kapitel 6: Die Zugehörigkeit zur Gemeinde 276
Die Berechtigung zum Taufen (siehe S. 85f.) 276
Taufe und Aufnahme in die Adventgemeinde (siehe S. 66) ... 276
Das Taufbekenntnis erfolgt öffentlich (siehe S. 61-64) 277
Die Form der Taufe (siehe S. 60) 277
Erneute Taufe (siehe S. 76, 242, 247 und 257) 278
Die Überweisung von Gliedern (siehe S. 67-71 und 245f.) 279
**Zu Kapitel 7: Die Verantwortungsträger in der Gemeinde
   und ihre Aufgaben** 279
Die Ordination zum Ältesten oder Diakon (siehe S. 83f., 90, 92) 279
Kassenverwaltung auf Gemeindeebene (siehe S. 96f.) 280
Quittungen für Gemeindeglieder/Spendenbescheinigungen
   für das Finanzamt (siehe S. 98 und 286f.) 280
Die Gemeindeliste unterliegt dem Datenschutz (siehe S. 93) .. 280
**Zu Kapitel 8: Gottesdienste und Versammlungen in der
   Gemeinde** 281
Der Gottesdienst (siehe S. 108f.) 281
Die Bekanntmachungsordnung im Gottesdienst (siehe S. 109f.) 281
Die Teilnahme am Abendmahl (siehe S. 114f.) 281
Die Durchführung des Abendmahls
   (siehe S. 113f., 115 und 127f.) 282
Der Gemeindeausschuss (siehe S. 120-122) 282
Zu Kapitel 9: Weitere Aufgaben in der Gemeinde 283
Die Wohlfahrtsarbeit (AWW-Helferkreis; siehe S. 133) 283
Der Sabbatschularbeitskreis (siehe S. 135f.) 283
Die Wahl der Lehrer und Gesprächsgruppenleiter für die
   Sabbatschule (siehe S. 136) 283
Die Adventjugend (siehe S. 116f. und 140ff.) 283

Zu Kapitel 11: Die Gemeindewahl 284
Wahlperiode und Geschäftsjahr der Gemeinde (siehe S. 82) .. 284
Der Gründungs- und Ernennungsausschuss (siehe S. 193-195) . 284
Die Durchführung der Gemeindewahl (siehe S. 197f.) 285
Die Einführung der Verantwortungsträger (siehe S. 100 u. 166) 286
Zu Kapitel 12: Gelder für die Evangeliumsverkündigung ... 286
Das Geben von Zehnten und Gaben (siehe S. 204f.) 286
Der Haushaltsplan der Ortsgemeinde (siehe S. 207f.) 287
Zu Kapitel 13: Richtlinien christlicher Lebensführung 288
Eheschließung und Trauung (siehe S. 86, 101 und 226-228) .. 288
   Zivilrechtliche und kirchliche Trauung 288
   Die Anerkennung der zivilrechtlichen Trauung 288
   Die Bedeutung der kirchlichen Trauung 288
   Die Durchführung der kirchlichen Trauung 289
   „Ehe" ohne Trauschein 289
   Kirchliche Trauung konfessionsverschiedener Ehepaare ... 290
   Interkonfessionelle kirchliche Trauung 290
Zu Kapitel 14: Korrigierende Seelsorge (Gemeindezucht) .. 291
Korrigierende Seelsorge ist keine Urteilsfindung
  und keine Bestrafung (siehe S. 229-235) 291
Einräumen einer Klärungsfrist (siehe S. 240) 292
Der Entzug der Mitgliedschaft (siehe S. 240) 292
Der Entzug der Mitgliedschaft bei Rufschädigung der Gemeinde
  (siehe S. 242 und 255) 292
Hausverbot 293
Zu Kapitel 15: Ehe, Ehescheidung und Wiederheirat 293
Wiederheirat (siehe S. 253 und 255) 293
Versöhnung bei Scheidung und Wiederheirat (siehe S. 257) .. 293
Die Trauung Geschiedener (siehe S. 257) 294
**Zu Kapitel 18: Rechtsformen und Grundlagen für
den Umgang mit Gemeindeeigentum** 295
Körperschaften des öffentlichen Rechts (siehe S. 271) 295
Eigentumsnachweis für Gemeindeeigentum (siehe S. 271f.) .. 295
Unterhaltung und Reparatur von gemeinschaftseigenen
  Gebäuden (siehe S. 272) 296
Schlussbemerkung 296

Übersicht deutschsprachiger Bücher von Ellen G. White 297

Abkürzungsverzeichnis 299

Sachregister 301

Vorwort
zur deutschsprachigen Ausgabe

Mit der Übersetzung der *Gemeindeordnung (Gemeindehandbuch)* wurde der Arbeitskreis „Predigtamt und Verkündigung" beauftragt, in dem Prediger aus den deutschen Verbänden, der Österreichischen Union und der Deutschschweizer Vereinigung mitarbeiten. Es war ihr Ziel, den Text sinngetreu und verständlich in die deutsche Sprache zu übertragen. Diese Ausgabe wurde auf der Grundlage der Übersetzung von 1998 nach dem *Seventh-day Adventist Church Manual, 17th Edition* (Revised 2005) revidiert.

Der Titel *Gemeindeordnung*

Der englische Titel *Church Manual* (wörtlich: Kirchenhandbuch) drückt einen deutlichen Unterschied zu anderen Handbüchern für die Gemeindearbeit aus, z. B. dem *Minister's Handbook (Handbuch für Prediger)* oder dem *Handbook for Elders (Handbuch für Gemeindeälteste)*. Diese Handbücher enthalten Empfehlungen und Anleitungen, das *Church Manual* enthält darüber hinaus auch verbindliche Ordnungen für die ganze Gemeinschaft (siehe Kapitel 1). Diese Unterscheidung lässt sich durch eine wörtliche Übersetzung des Titels in die deutsche Sprache leider nicht wiedergeben. Deshalb wurde für die deutschsprachige Ausgabe der Titel *Gemeindeordnung* mit dem Zusatz *Gemeindehandbuch* gewählt, um den wesentlichen Unterschied zu den anderen Handbüchern hervorzuheben.

Hinweise zur Übersetzung

Viele Begriffe des Gemeindelebens werden im deutschen Sprachraum nicht einheitlich gebraucht. So wird z. B. der Gemeindeausschuss, das gewählte Leitungsgremium der Gemeinde, vielerorts auch als Gemeinderat bezeichnet, der Studien- und Gesprächsteil des Gottesdienstes wird Sabbatschule, Bibelschule oder Bibelgespräch genannt. Wo die Abteilung gemeint ist, wird sie mit „Sabbatschule" bezeichnet, sonst wird mit „Bibelgespräch" übersetzt.

Die Übersetzung von „church" (Kirche)

Der Begriff „church" (Kirche) wurde dort, wo er die Gemeinde Jesu Christi im allgemeinen oder die einzelne Gemeinde beschreibt, mit „Gemeinde" übersetzt, wo er die Kirche der Siebenten-Tags-Adventisten als Ganzes meint, mit „Gemeinschaft". Wo er im Sinne der gesellschaftlichen Institution Kirche gebraucht wird, wurde er mit „Kirche" übersetzt.

Der offizielle Name der Siebenten-Tags-Adventisten (international: Seventh-day Adventist Church) ist aus rechtlichen Gründen im deutschsprachigen Raum nicht einheitlich. In Deutschland lautet er: Gemeinschaft der Siebenten-Tags-Adventisten, in Österreich: Kirche der Siebenten-Tags-Adventisten, in der Schweiz: Freikirche der Siebenten-Tags-Adventisten. Wird die Kirche der Siebenten-Tags-Adventisten als Ganzes beschrieben, steht die Bezeichnung „Gemeinschaft".

Die Begriffe „Prediger" und „Pastor"

Bei der Verwendung der Begriffe Prediger bzw. Pastor ließen sich die Übersetzer von der englischsprachigen Vorlage leiten und übersetzten in der Regel „minister" mit „Prediger" und „pastor" mit „Pastor" (siehe S. 27). Im deutschen Sprachgebrauch sind beide Bezeichnungen austauschbar.

Der Begriff „korrigierende Seelsorge"

Bereits in der Ausgabe 1993 wurde der antiquierte Begriff „Gemeindezucht" (church discipline) durch „korrigierende Seelsorge" ersetzt. Dieser Begriff unterstreicht die seelsorgerliche Zielsetzung, bedeutet aber nicht seelsorgerliches Handeln im Allgemeinen, sondern eine konkrete Maßnahme, in der die Gemeinde durch Beschluss anzeigt, dass eine Korrektur notwendig ist.

Geschlechtsspezifische grammatische Formen

Die Gemeindeordnung verwendet in der Regel die maskuline Form von Subjektiven. Feminine Formen werden der besseren Lesbarkeit des Textes nicht zusätzlich aufgeführt, sind jedoch grundsätzlich mit gemeint. Ausgenommen sind davon nur die Aufgabenbereiche, die an die Ordination für das Predigtamt gebunden sind.

Zitate aus Büchern von Ellen G. White

Das Schrifttum von E. G. White wird immer mit Angabe der amerikanischen Originalquelle zitiert. Hinweise zu ihren Büchern in deutscher Sprache siehe Seite 297f.

Einleitung

Die Entstehung der Siebenten-Tags-Adventisten

Die Adventbewegung verkündigte die Wiederkunft Christi als Erfüllung biblischer Prophetie. Im Jahre 1844 fanden sich nur wenige Menschen in diesem Glauben zusammen, ohne organisatorische Verbindung. Obwohl sie von der Richtigkeit der Adventbotschaft überzeugt waren, die sie in der Heiligen Schrift gefunden hatten, waren sie unsicher, ob und in welcher Form sie sich organisieren sollten. Manche von ihnen hatten unangenehme Erinnerungen an den Ausschluss aus ihren Kirchen wegen ihres Bekenntnisses zur Lehre von der Wiederkunft Jesu. Sie hatten erlebt, wie die mächtigen, gut organisierten Kirchen und Gemeinschaften, aus denen sie kamen, ihre Macht gegen die Adventwahrheit eingesetzt hatten. Deshalb scheuten sie nun jede organisierte Leitung und Ordnung. Andere unter den Pionieren erkannten jedoch immer klarer, dass eine Form der Organisation erforderlich war, wenn die Verkündigung vorangebracht und die Bewegung wachsen sollte. Ellen G. White bestärkte sie durch ihre Botschaften in dieser Überzeugung.

So wurde im Jahre 1860 entschieden, eine gesetzlich anerkannte Organisation zur Verwaltung von Gemeindeeigentum zu schaffen und als Namen für diese Kirche „Seventh-day Adventists" (Siebenten-Tags-Adventisten) zu wählen. 1861 wurde in Michigan die erste Vereinigung organisiert. Damit verbunden war die Gründung von örtlichen Gemeinden durch Glieder, die ihre Zugehörigkeit zu ihrer Gemeinde erklärten. Die so gebildeten unterschiedlichen Gemeinden schlossen sich zu einer Körperschaft zusammen, die wir heute noch Vereinigung (conference) nennen. Außerdem wurde beschlossen, den Predigern Beglaubigungspapiere (Dienstausweise) zu geben, um die Gemeinden vor Unbefugten und Betrügern zu schützen. 1863 wurde die Generalkonferenz (wörtlich: Allgemeine Konferenz) organisiert, um in ihr die einzelnen Vereinigungen, die inzwischen entstanden waren, zu verbinden. Damit hatte die Adventbewegung eine geordnete, organisierte Gestalt.

Die Entstehung der *Gemeindeordnung (Gemeindehandbuch)*

Die Generalkonferenz fasste nun in ihren jährlichen Vollversammlungen Beschlüsse im Bemühen, die vielfältigen Angelegenheiten des Gemeindelebens zu ordnen und aufkommende Probleme zu regeln. 1882 beschloss die Generalkonferenz, „die Schriftleitung des *Review and Herald* zu beauftragen, eine Artikelserie mit Anleitungen für Verantwortungsträger in den Gemeinden herauszubringen" (*Review and Herald*, 26. Dez. 1882). Dieser Beschluss zeigt die wachsende Einsicht, dass für eine Organisation, die ihren Auftrag wirksam erfüllen wollte, eine Gemeindeordnung zwingend notwendig war. Ein einheitliches Verständnis einer Gemeindeordnung erforderte auch, dass die Richtlinien schriftlich niedergelegt wurden. Die Artikel mit den Anleitungen wurden veröffentlicht. Als aber 1883 auf der Vollversammlung der Generalkonferenz vorgeschlagen wurde, diese Artikel als Gemeindehandbuch zusammenzufassen, fand dieser Vorschlag keine Zustimmung. Die Delegierten fürchteten, ein solches Handbuch könne womöglich dazu führen, das Gemeindeleben in starre Formen zu pressen und den Predigern die Freiheit zu nehmen, dort, wo sie ordnen mussten, so zu handeln, wie sie es im Einzelfall für nötig hielten.

Doch diese Befürchtung, die zweifellos noch die zwanzig Jahre zuvor herrschende Abneigung gegen jede Art von Gemeindeorganisation widerspiegelte, wich bald. Die Vollversammlungen der Generalkonferenz fassten weiterhin in jedem Jahr Beschlüsse zu Fragen der Gemeindeordnung. So entstand langsam aber sicher doch eine Art Gemeindehandbuch. Verschiedentlich versuchten leitende Brüder, die allgemein anerkannten Richtlinien für das Gemeindeleben als Buch oder Broschüre herauszugeben. Der vermutlich eindrucksvollste Versuch in dieser Richtung war ein 184 Seiten umfassendes Buch des Pioniers J. N. Loughborough mit dem Titel: *Die Gemeinde, ihre Organisation, Ordnung und Zucht*. Es wurde im Jahre 1907 veröffentlicht. Dieses Buch von J. N. Loughborough war kein offizielles Dokument der Generalkonferenz, sondern eine persönliche Initiative. Doch es befasste sich schon mit vielen Fragen, die heute in unserer *Gemeindeordnung* behandelt werden. Es wurde darum in unserer Gemeinschaft lange in Ehren gehalten.

Inzwischen breitete sich die Adventbewegung in den USA und in anderen Ländern rasch aus. Im Interesse der Ordnung und zur Bewahrung der Einheit – von jeher ein Ziel unserer Gemeinschaft – fasste der Ausschuss der Generalkonferenz deshalb 1931 den Beschluss, ein Gemeindehandbuch herauszugeben. J. L. McElhany, damals Vizepräsident der Generalkonferenz für Nordamerika, später 14 Jahre lang Präsident der weltweiten Gemeinschaft, wurde beauftragt, das Manuskript vorzubereiten. Es wurde vom Ausschuss der Generalkonferenz sorgfältig geprüft und 1932 gedruckt. Im ersten Satz des Vorworts zur ersten Auflage wird betont: „Es hat sich immer mehr gezeigt, dass ein Handbuch für die Gemeindeleitung dringend benötigt wird, um die Verfassung, Ordnungen und Praxis der Gemeinschaft darzulegen und zu bewahren." Zu beachten ist der Ausdruck „bewahren". Hier sollte nicht nachträglich versucht werden, nun doch eine abgeschlossene Form für die Gemeindeleitung zu schaffen. Man war vielmehr bemüht, zunächst alle im Laufe der Jahre gefassten Beschlüsse zu „bewahren" und dann neue Regelungen hinzuzufügen, die durch das starke Wachstum und die Vielfalt des Werkes erforderlich wurden.

Zur Bedeutung der *Gemeindeordnung (Gemeindehandbuch)* in der Gemeinschaft der Siebenten-Tags-Adventisten siehe Kapitel 1: „Die Autorität der Gemeinschaft und der Gemeindeordnung".

Der Inhalt der *Gemeindeordnung*

Die Vollversammlung der Generalkonferenz 2000 beschloss die Neuordnung von Teilen der *Gemeindeordnung* und legte fest, wie diese geändert werden können. Der Inhalt der Gemeindeordnung wird in zwei verschiedene Typen geteilt. Der Hauptteil in jedem Kapitel hat weltweite Bedeutung und ist für jede Gemeinde gültig. Um der Notwendigkeit für Unterschiede Rechnung zu tragen, werden unter der Überschrift „Anmerkungen" zusätzliche erklärende Hinweise gegeben. Diese Anmerkungen erscheinen am Ende einiger Kapitel mit Überschriften, die sich auf die Abschnittsüberschriften im Kapitel beziehen, und Hinweisen auf die entsprechende Seitenzahl.

Das Verfahren zur Änderung der *Gemeindeordnung*

Im Bewusstsein, wie wichtig es für unser weltweites Werk ist, dass „alles ehrbar und ordentlich zugeht" (1 Kor 14,40) und dass die Beschlüsse über die Gemeindeführung nicht nur die Meinung der gesamten Gemeinschaft ausdrücken, sondern von ihrer vollen Autorität getragen werden, beschloss die Vollversammlung der Generalkonferenz von 1946 das folgende Verfahren: „Alle Änderungen oder Neufassungen in der *Gemeindeordnung* bedürfen der Zustimmung durch die Vollversammlung der Generalkonferenz." (*General Conference Report*, Nr. 8, S. 197, 14. Juni 1946)

In manchen Gebieten der Welt erfordern örtliche Gegebenheiten zuweilen besondere Regelungen. 1948 beschloss der Ausschuss der Generalkonferenz, als er auf seiner Herbstsitzung Vorschläge zu Änderungen der *Gemeindeordnung* beriet, dass sie 1950 der Vollversammlung zur Beschlussfassung vorgelegt werden sollten:

„Jede Division des Weltfeldes, einschließlich der nordamerikanischen, möge einen ‚Anhang' zur neuen *Gemeindeordnung* erarbeiten, der es zwar in keiner Weise verändert, aber doch solche Zusätze enthält, die den Gegebenheiten und Umständen dieses Feldes gerecht werden. Die Manuskripte dieser Anhänge sollen dem Generalkonferenzausschuss vor Drucklegung zur Bestätigung vorgelegt werden."
(*Autumn Council Actions*, 1948, S. 19)

Veränderungen oder Revisionen der *Gemeindeordnung*, mit Ausnahme der Anmerkungen (siehe unten), können nur durch Beschluss der Vollversammlung der Generalkonferenz vorgenommen werden. Nur die Delegierten, die die weltweite Gemeinschaft vertreten, sind berechtigt, Änderungen zu beschließen.

Wenn eine verfassungsgemäße Verwaltungsebene (siehe Seite 54) Änderungen für erforderlich hält, soll sie ihre Vorschläge an die vorgeordnete verfassungsgemäße Verwaltungsebene zur Beratung einreichen. Stimmt diese zu, so werden sie an die nächste Verwaltungsebene zu Befürwortung weitergeben. Jede vorgeschlagene Änderung wird dann dem Generalkonferenzausschuss für die *Gemeindeordnung* (*Church Manual* Committee) vorgelegt. Dieser Ausschuss wird alle Veränderungs- oder Ergänzungsvorschläge beraten und, wenn sie befürwortet werden, eine Beschlussvorlage für die Jahresversammlung und/oder Vollversammlung der Generalkonferenz erarbeiten.

Wenn eine verfassungsgemäße Verwaltungsebene die Anmerkungen, die sich am Ende einzelner Kapitel der *Gemeindeordnung* finden, ändern möchte, sind auch diese Änderungswünsche an die nächsthöhere verfassungsgemäße Verwaltungsebene (siehe Seite 54) zur Beratung weiterzureichen. Stimmt diese zu, so sendet sie die Änderungsvorschläge an die nächste Ebene zur Beratung, bis sie den Generalkonferenzausschuss für die *Gemeindeordnung* (*Church Manual* Committee) erreicht.

Stimmt der Ausschuss für *Gemeindeordnung* zu, wird er den Veränderungsvorschlag dem Generalkonferenzausschuss (General Conference Executive Committee) zur Beschlussfassung vorlegen. In der Regel geschieht das auf der letzten Jahresversammlung der fünfjährigen Wahlperiode, damit diese Änderungen mit den Änderungsvorschlägen für den Hauptteil der *Gemeindeordnung* koordiniert werden können, die für die Vollversammlung vorbereitet werden. Der Generalkonferenzausschuss (General Conference Executive Committee) kann aber auch in jeder Jahresversammlung über Änderungen in den Anmerkungen entscheiden.

Nach jeder Vollversammlung der Generalkonferenz wird eine neue Ausgabe des *Church Manuals* veröffentlicht. Es wird empfohlen, dass sich die Leiter auf allen Ebenen der Gemeinschaft nach der jeweils neuesten Ausgabe richten.

Klärung bei unterschiedlichem Verständnis

Wenn Fragen zum Verständnis von Bedeutung und Anwendung einzelner Aussagen der *Gemeindeordnung* oder zur Leitung und Organisation der Gemeinde aufkommen, sollten die Gemeinden sich an ihre zuständige Vereinigung wenden. Kann so eine Verständigung oder Einigung nicht erreicht werden, ist die Angelegenheit an den Verband bzw. die Union zu verweisen.

Der Gebrauch von Bezeichnungen in der *Gemeindeordnung*

Jede organisierte Gemeinde der Siebenten-Tags-Adventisten ist Glied in der Gemeinschaft der Gemeinden, die als Vereinigung bezeichnet wird. In ihr sind die Gemeinden eines Bundeslandes, eines Gebietes oder eines Staates organisatorisch vereinigt. Bevor der volle Status einer organisierten Vereinigung erreicht ist (siehe die *Working Policy* der Generalkonferenz), kann dafür auch die Bezeichnung Mission, Sektion, Bereich oder Feld gebraucht werden. Wo in der *Gemeindeordnung* die Bezeichnung Vereinigung oder Verband/Union gebraucht wird, kann sie sich auch auf die Begriffe Missionsvereinigung, Missionsverband u. ä. beziehen.

Mit dem Begriff Prediger bezeichnet die Gemeindeordnung einen Geistlichen, unabhängig davon, ob er als Pastor für die Betreuung einer Ortsgemeinde eingesetzt ist oder nicht. Die Bezeichnung Pastor wird für einen Prediger gebraucht, dem eine Vereinigung die Verantwortung für eine oder mehrere Gemeinden in einem Bezirk übertragen hat.[1]

---

[1] Diese Definition bezieht sich ausschließlich auf den Gebrauch in der Gemeindeordnung und macht keine Aussage über den Titel oder die Anrede eines Geistlichen. Die Bezeichnungen und Anreden für die Geistlichen variieren weltweit je nach Sprache und Kultur.

Die vorliegende Ausgabe

Diese Ausgabe der *Gemeindeordnung (Gemeindehandbuch)* enthält alle Änderungen und Ergänzungen, die von den Generalkonferenzvollversammlungen der Jahre 2000 und 2005 angenommen worden sind, sowie alle Änderungen und Ergänzungen in den Anmerkungen zu den Kapiteln 7 bis 9 und im „Anhang und Erläuterungen zur Gemeindeordnung" der Gemeinschaft der Siebenten-Tags-Adventisten in Deutschland (siehe S. 275-296).

Kapitel 1

Die Autorität der Gemeinschaft und der *Gemeindeordnung*

Die Autorität der Gemeinde in der frühen Kirche

Als Schöpfer, Erlöser und Erhalter, Herr und König über die ganze Schöpfung ist Gott allein die Quelle und der Grund für die Autorität der Kirche. Er stattete seine Propheten und Apostel mit Autorität aus (2 Kor 10,8). Sie erhielten damit eine einzigartige Bedeutung für die Weitergabe des Wortes Gottes und den Aufbau der Gemeinde (Eph 2,20).
 In der frühen Kirche verfügten die Ältesten und Bischöfe über große Autorität. Ihre Hauptaufgaben waren Seelsorge und Aufsicht (Apg 20,17-28; Hbr 13,17; 1 Ptr 5,1-3). Dazu gehörten besonders der Unterricht in der gesunden Lehre und die Zurechtweisung derer, die sich ihr widersetzten (1 Tim 3,1.2; Tit 1,5.9). „Die Ältesten, die der Gemeinde gut vorstehen, die halte man zweifacher Ehre wert, besonders die sich mühen im Wort und der Lehre." (1 Tim 5,17).
 Die Gemeinde war verantwortlich für die Reinheit in Lehre und Leben. Sie hatte „die Geister zu prüfen, ob sie von Gott sind" (1 Joh 4,1) oder in den Worten des Apostel Paulus: „Prüfet alles und das Gute behaltet." (1 Ths 5,21) Das galt auch bei der Ausübung korrigierender Seelsorge (Mt 18,15-17). Sie umfasste den ganzen Weg vom persönlichen Gespräch über die öffentliche Ermahnung (siehe Mt 18,16; Gal 6,1) bis zum Entzug der Mitgliedschaft in der Gemeinde (Mt 18,18; 1 Kor 5,11.13; 2 Kor 2,5-11). Die Kirche hatte die Vollmacht, die Bedingungen für die Mitgliedschaft in der Gemeinde und die Regeln für ihr Gemeindeleben festzulegen.

Die Autorität der Gemeinde in der Gemeinschaft der Siebenten-Tags-Adventisten

Der Beschluss der Generalkonferenz-Vollversammlung von 1946, dass alle „Änderungen oder Neufassungen von Regelungen" in der *Gemeindeordnung (Gemeindehandbuch)* „der Zustimmung der Generalkonferenz-Vollversammlung bedürfen", zeigt welch hohe Autorität die Vollversammlung der Generalkonferenz in unseren Reihen schon lange hat. Bereits die Vollversammlung von 1877 fasste dazu folgenden Beschluss:

„Die höchste Autorität unter Gott innerhalb der Gemeinschaft der Siebenten-Tags-Adventisten findet sich in der Willenserklärung der Versammlung der Vertreter der gesamten Gemeinschaft. Sie kommt zum Ausdruck in den Entscheidungen der Generalkonferenz, wenn sie nach ihrer verfassungsmäßigen Ordnung Beschlüsse fasst. Solche Entscheidungen sollten von allen ohne Ausnahme angenommen werden, es sei denn, es kann gezeigt werden, dass sie dem Wort Gottes und der Gewissensfreiheit des Menschen widersprechen." (*Review and Herald*, Band 50, Nr. 14, S. 106, 4. Oktober 1877)

Ellen G. White schrieb im Jahre 1909: „Wenn auf einer Generalkonferenz, bei der Delegierte aus allen Teilen der Welt versammelt sind, eine Entscheidung getroffen wird, dann sollen persönliche Unabhängigkeit und eigene Meinung nicht hartnäckig aufrechterhalten, sondern untergeordnet werden. Kein Mitarbeiter darf das beharrliche Aufrechterhalten seiner Unabhängigkeit als Tugend ansehen, wenn er damit im Gegensatz zu dem Beschluss der Gesamtgemeinschaft steht." (*Testimonies for the Church*, Band 9, S. 260)

Bereits 1875 hatte sie geschrieben: „Die Gemeinde Christi ist in ständiger Gefahr. Satan versucht, das Volk Gottes zu vernichten. Darum reicht es nicht, sich auf das Urteil oder die Meinung eines Einzelnen zu verlassen. Christus möchte, dass seine Nachfolger eine Gemeinde bilden, in der Ordnung, Regeln und Disziplin gelten, in der jeder bereit ist, sich dem andern unterzuordnen und ihn höher achtet als sich selbst." (*Testimonies for the Church*, Band 3, S. 445)

Diese geistgewirkten Worte, der Beschluss der Generalkonferenz von 1877 und auch die für eine gute Ordnung notwendigen klaren Richtlinien berechtigen nicht nur zur Herausgabe dieser *Gemeindeordnung*, sondern verpflichten uns alle – Prediger wie Gemeindeglieder –, sie zu beachten.

Der Inhalt dieser *Gemeindeordnung* drückt aus, was die Gemeinschaft der Siebenten-Tags-Adventisten unter einer auf die Prinzipien der Heiligen Schrift gegründeten christlicher Lebens- und Gemeindeführung versteht. Die *Gemeindeordnung* ist getragen von der Autorität der ordnungsgemäß einberufenen Vollversammlung der Generalkonferenz. „Es entspricht dem Willen Gottes, dass die Delegierten seiner Gemeinde aus allen Teilen der Erde, wenn sie sich zur einer Generalkonferenz versammeln, über Autorität verfügen." (*Testimonies for the Church*, Band 9, S. 261)

Kapitel 2

Die Gemeinde des lebendigen Gottes

Der Gemeinde Gottes anzugehören ist einzigartig und bereichernd. In der Gemeinde sammelt Gott nach seinem Plan ein Volk aus aller Welt, um es in einem Leib zu vereinen, dem Leib Christi, seiner Gemeinde, deren lebendiges Haupt Christus ist. Alle, die in Christus Kinder Gottes sind, sind Glieder dieses Leibes. Durch diese Verbindung dürfen sie sich der Gemeinschaft untereinander und der Gemeinschaft mit ihrem Herrn und Meister erfreuen.

Die Gemeinde wird in der Heiligen Schrift u. a. „die Gemeinde Gottes" (Apg 20,28), „der Leib Christi" (Eph 4,12) oder „die Gemeinde des lebendigen Gottes" (1 Tim 3,15) genannt. Die letzte Bezeichnung wurde als Überschrift für dieses Kapitel gewählt.

Das Wort „Gemeinde" hat in der Bibel mindestens eine zweifache Bedeutung. Die allgemeine bezeichnet die Gemeinde Gottes in der ganzen Welt (siehe Mt 16,18; 1 Kor 12,28). In seiner speziellen Bedeutung bezieht es sich auf die Ortsgemeinde einer Stadt oder eines Gebietes. Die folgenden Texte zeigen die Erwähnung von Ortsgemeinden: „alle Heiligen in Rom" (Röm 1,7), „die Gemeinde Gottes in Korinth" (1 Kor 1,2) und „die Gemeinde in Thessalonich" (1 Ths 1,1). Erwähnt werden auch Gemeinden einer Region oder einer Provinz: die „Gemeinden in Galatien" (1 Kor 16,1), „die Gemeinden in der Provinz Asien" (1 Kor 16,19) oder „die Gemeinden in Syrien und Zilizien" (Apg 15,41).

Christus, das Haupt der Gemeinde und ihr lebendiger Herr, liebt die Glieder seines Leibes innig. Er soll durch die Gemeinde verherrlicht werden (siehe 2 Ths 1,10.12) und durch sie will er „seine Weisheit in ihrem ganzen Reichtum" offenbaren (Eph 3,10 GNB). Tag für Tag „nährt Christus die Gemeinde" (Eph 5,29) und sehnt sich danach, sie als eine Gemeinde darzustellen, „die herrlich sei und keinen Flecken oder Runzel oder etwas dergleichen habe, sondern die heilig und untadelig sei" (Eph 5,27).

Keine trennende Wand in der Gemeinde

Durch Unterweisung und Vorbild suchte Christus zu verdeutlichen, dass nach Gottes Willen keine trennende Wand zwischen Israel und anderen Völkern bestehen soll (siehe Joh 4,4-42; 10,16; Lk 9,51-56; Mt 15,21-28). Der Apostel Paulus schreibt, dass „die Heiden Miterben sind und mit zu seinem Leib gehören und Mitgenossen der Verheißung in Christus Jesus sind durch das Evangelium" (Eph 3,6).

Unter Christi Nachfolgern sollte es auch keine bevorzugte Gruppe, Nationalität, Rasse oder Hautfarbe geben, denn alle Menschen sind eines Blutes und nach Christi Worten sollen „alle, die an ihn glauben, nicht verloren werden, sondern das ewige Leben haben" (Joh 3,16). Die Auserwählten Gottes sind eine weltweite Familie, neue Menschen, „allesamt einer in Christus Jesus" (Gal 3,28).

„Christus kam mit einer Botschaft der Gnade und Vergebung auf diese Erde. Er legte den Grund zu einem Glauben, durch den Juden und Heiden, Schwarze und Weiße, Freie und Knechte zu einer allgemeinen Bruderschaft verbunden werden, in der vor Gottes Augen jeder als gleichberechtigt gilt. Der Heiland liebt jeden Menschen vorbehaltlos." (*Testimonies for the Church*, Band 7, S. 225)

„Für Gott gibt es keinen qualitativen Unterschied zwischen den einzelnen Nationen, Rassen oder Gesellschaftsschichten. Er ist der Schöpfer aller Menschen. Alle Menschen gehören durch die Schöpfung zu einer Familie. Sie sind eins durch die Erlösung. Christus kam, um jede Trennwand niederzureißen und alle Räume des Tempels zugänglich zu machen, sodass jeder ungehindert vor Gott treten kann ... In Christus gibt es keinen Unterschied zwischen Juden und Griechen, Sklaven und Freien; denn sie sind einander alle ‚nahe geworden durch das Blut Christi' (Eph 2,13)." (*Christ's Object Lessons*, S. 386)

Das Hauptziel der Fürsorge Christi

Wer in den Dienst für Christus gerufen wird und in der Gemeinde eine leitende Aufgabe übernehmen soll, muss „für die Gemeinde Gottes sorgen" (1 Tim 3,5) und sie „weiden" (Apg 20,28). Auf den Schultern einiger wird die „Sorge für alle Gemeinden" ruhen, wie das der Heidenapostel erlebt hat (2 Kor 11,28). Folgende Auszüge aus den Schriften von Ellen G. White beschreiben, wie sehr Christus sein in der Gemeinde versammeltes Volk liebt.

„Ich bezeuge meinen Glaubensgeschwistern, dass Christus seiner Gemeinde trotz ihrer Schwächen und Unvollkommenheiten seine größte Fürsorge zuteil werden lässt. Er lädt die ganze Welt ein, zu ihm zu kommen, um gerettet zu werden. Er beauftragt seine Engel, jedem Menschen, der reuevoll und bußfertig zu ihm kommt, göttliche Hilfe zu gewähren, und kommt selbst durch seinen Heiligen Geist mitten in seine Gemeinde. ‚Wenn du, HERR, Sünden anrechnen willst – HERR, wer wird bestehen? Denn bei dir ist die Vergebung, dass man dich fürchte. Ich harre des HERRN, meine Seele harret und ich hoffe auf sein Wort. Meine Seele wartet auf den Herrn mehr als die Wächter auf den Morgen; mehr als die Wächter auf den Morgen hoffe Israel auf den HERRN! Denn bei dem HERRN ist die Gnade und viel Erlösung bei ihm. Und er wird Israel erlösen aus allen seinen Sünden.' (Ps 130,3-8)

Gottes große Güte und Liebe berührte unsere Herzen als ganze Gemeinde und als Einzelne. Wir alle, Prediger und Gemeindeglieder, sollten von Herzen darauf antworten: ‚Israel, hoffe auf den HERRN von nun an bis in Ewigkeit!' (Ps 131,3) ‚Die ihr steht im Hause des Herrn, in den Vorhöfen am Hause unseres Gottes, lobet den Herrn, denn der HERR ist freundlich; lobsinget seinem Namen, denn er ist lieblich! Denn der HERR hat sich Jakob erwählt, Israel zu seinem Eigentum. Ja, ich weiß, dass der HERR groß ist und unser HERR über allen Göttern.' (Ps 135,2-5) Denkt daran, liebe Geschwister, dass der Herr sich ein Volk, ein auserwähltes Volk, seine Gemeinde, zu seinem Eigentum und zu seiner Festung ersehen hat, die er in einer in Sünde verstrickten, aufrührerischen Welt erhält. Er will, dass sie keine andere Autorität und keine anderen Gesetze anerkennt als seine eigenen." (*Testimonies to Ministers*, S. 15f.)

Der Widerstand des Feindes

„Satan hat viele Bundesgenossen. Er hat eine eigene Gemeinde, die Christus die ‚Synagoge Satans' (Offb 2,9; 3,9) nennt. Deren Glieder, die Kinder der Sünde, arbeiten ständig daran, das göttliche Gesetz zu verwerfen und den Unterschied zwischen Gut und Böse zu verwischen. Satan wirkt mit großer Macht in und durch die Kinder des Ungehorsams, um Verrat und Abfall für Wahrheit und Treue auszugeben. Lebendige Werkzeuge Satans werden in dieser Zeit durch teuflische Eingebungen angespornt, die große Rebellion gegen Gott weiterzuführen, die einst im Himmel begann." (*Testimonies to Ministers*, S. 16)

„Jetzt muss die Gemeinde ihr festliches Kleid anlegen: ‚Christus unsere Gerechtigkeit'. Die klaren und eindeutigen Unterschiede zwischen Gut und Böse müssen wieder hergestellt und der Welt vorgelebt werden, indem wir die Gebote Gottes und den Glauben an Jesus hochhalten. Die Schönheit heiligen Wesens soll in ihrem ursprünglichen Glanz erscheinen als Gegensatz zur Verderbtheit und Finsternis der Untreuen, die sich gegen Gottes Gesetz auflehnen. So anerkennen wir Gott und sein Gesetz, die Grundlage seiner Regierung im Himmel und auf Erden. Seine Autorität muss der Welt klar und deutlich vor Augen gestellt werden. Gesetze, die dem Gesetz Gottes widersprechen, dürfen nicht anerkannt werden.

Wenn wir der Welt gestatten, unsere Entscheidungen und Handlungen so zu beeinflussen, dass Gottes Anordnungen missachtet werden, wird Gottes Absicht vereitelt. Die Vorwände dafür mögen noch so einleuchtend sein, wenn die Gemeinde hier wankt, wird Gott das als Verrat an dem verurteilen, was ihr anvertraut wurde, als Betrug am Reich Christi. Die Gemeinde soll vor dem Himmel und vor den Mächtigen dieser Welt fest und entschieden zu ihren Grundsätzen stehen. Wenn sie standhaft und treu die Würde und Heiligkeit des Gesetzes Gottes verteidigt, wird sie sogar die Aufmerksamkeit und Bewunderung der Welt gewinnen und viele werden durch ihre guten Werke dazu gebracht, unseren Vater im Himmel zu preisen.

Die treuen und aufrichtigen Nachfolger Christi werden vom Himmel beglaubigt, nicht von irdischen Machthabern. Alle Menschen sollen erfahren, wer die erwählten und treuen Gläubigen sind. Wenn sie einst gekrönt und verherrlicht werden, wird man sie als solche erkennen, die Gott geehrt haben und die von ihm geehrt worden sind, indem er ihnen die Fülle ewiger Herrlichkeit schenkt ..." (*Testimonies to Ministers*, S. 16f.)

Die in Christus vollendete Gemeinde

„Der Herr hat seiner Gemeinde Gaben und Segnungen geschenkt, damit sie der Welt ein Bild davon vermittle, was er vermag und wie er die Gemeinde vollendet. In Christus zeigt die Gemeinde den Menschen eine andere, ewige Welt mit höheren Gesetzen als den irdischen. Seine Gemeinde soll ein Tempel sein, gebaut nach dem göttlichen Vorbild. Der himmlische Baumeister hat seinen eigene, vorbildliche Messlatte angelegt, nach der jeder Stein behauen, geformt und poliert wird, damit er die hellen Strahlen der göttlichen Gerechtigkeit nach allen Richtungen widerspiegelt.

Die Gemeinde lebt vom Wort Gottes und wird durch seine Gnade bewahrt. Angetan mit der vollständigen Waffenrüstung des Lichtes und der Gerechtigkeit zieht sie in ihren letzten Kampf. Die Spreu und alles Wertlose werden vernichtet. Wenn sich die Gemeinde von der Wahrheit beeinflussen lässt, wird sie der Welt ihre verändernde und heiligende Wirkung bezeugen ...

Der Herr Jesus arbeitet an den Herzen der Menschen durch seine Barmherzigkeit und unerschöpfliche Gnade. Er bewirkt so erstaunliche Umwandlungen, dass Satan trotz seiner siegessicheren Prahlerei und seiner Gefolgschaft des Bösen, die er gegen Gott und seine Ordnungen vereint, wie vor einer Festung steht, die er mit seinen Betrügereien und Täuschungen nicht einzunehmen vermag. Diese Menschen sind für ihn ein unbegreifliches Geheimnis. Die Engel Gottes, Seraphim und Cherubim, die Mächte, die beauftragt sind mit den Menschen zusammen zu arbeiten, sehen erstaunt und voller Freude, dass die gefallenen Menschen – einst Kinder des Zorns – nun unter der Führung Christi Charaktere nach dem himmlischen Vorbild entwickeln und als Söhne und Töchter Gottes einen bedeutsamen Anteil an den Tätigkeiten und Freuden des Himmels haben.

Christus hat seiner Gemeinde umfassende Gaben geschenkt. Er möchte mit denen, die er so teuer erkauft hat, einen reichen Ertrag erzielen. In der Gemeinde, die mit der Gerechtigkeit Christi ausgestattet ist, soll der Reichtum seiner Barmherzigkeit, Liebe und Gnade voll zur Entfaltung kommen. Christus hat in seinem hohepriesterlichen Gebet erklärt, dass der Vater uns genauso liebt wie ihn, den einzigartigen Sohn, und dass wir dort sein werden, wo er ist, auf ewig eins mit ihm und dem Vater (siehe Joh 17,22-24). Das ist in den Augen der himmlischen Heerscharen ein Wunder und löst große Freude aus. Die Gabe des Heiligen Geistes in ihrem Reichtum und ihrer unerschöpflichen Fülle soll für seine Gemeinde wie eine feurige Mauer sein, die für die Mächte der Hölle unüberwindlich ist. Seine Gemeinde, die er makellos und vollkommen macht, sieht Christus als die Belohnung für all seine Leiden, Demütigungen und für seine Liebe an und als die Vollendung seiner Herrlichkeit. Christus ist der erhabene Mittelpunkt, von dem alle Herrlichkeit ausstrahlt. ‚Selig sind, die zum Hochzeitsmahl des Lammes berufen sind.' (Offb 19,9)" (*Testimonies to Ministers*, S. 15-19)

Für die Gemeinschaft der Siebenten-Tags-Adventisten sind die hier beschriebenen Prinzipien für die Einheit der Gemeinde Christi bindend. Die Gemeinde ist verpflichtet, durch den Frieden und die Kraft, die Christi Gerechtigkeit schenkt, jede Trennung zu überwinden, die die Sünde zwischen Menschen errichtet hat.

Kapitel 3

Die Glaubensüberzeugungen der Siebenten-Tags-Adventisten

Präambel

Siebenten-Tags-Adventisten anerkennen allein die Bibel als Richtschnur ihres Glaubens und betrachten die folgenden Glaubensüberzeugungen als grundlegende Lehren der Heiligen Schrift. Diese Glaubensaussagen stellen dar, wie die Gemeinde die biblische Lehre versteht und bezeugt. Eine Neufassung ist anlässlich einer Vollversammlung der Generalkonferenz (Weltsynode) dann zu erwarten, wenn die Gemeinde durch den Heiligen Geist zu einem tieferen Verständnis der biblischen Wahrheit gelangt oder bessere Formulierungen findet, um die Lehren des heiligen Gotteswortes auszudrücken.

1. Die Heilige Schrift

Die Heilige Schrift – Altes und Neues Testament – ist das geschriebene Wort Gottes, durch göttliche Inspiration heiligen Menschen anvertraut, die geredet und geschrieben haben, getrieben vom Heiligen Geist. In diesem Wort hat Gott dem Menschen alles mitgeteilt, was zu dessen Errettung nötig ist. Die Heilige Schrift ist die unfehlbare Offenbarung seines Willens. Sie ist der Maßstab für den Charakter und der Prüfstein aller Erfahrungen. Sie ist die maßgebende Offenbarungsquelle aller Lehre und der zuverlässige Bericht von Gottes Handeln in der Geschichte. (2 Ptr 1,20.21; 2 Tim 3,16.17; Ps 119,105; Spr 30,5.6; Jes 8,20; Joh 17,17; 1 Ths 2,13; Hbr 4,12)

2. Die Dreieinigkeit

Es ist ein Gott: Vater, Sohn und Heiliger Geist – drei in Einheit verbunden, von Ewigkeit her. Gott ist unsterblich, allmächtig und allwissend; er steht über allem und ist allgegenwärtig. Er ist unendlich und jenseits aller menschlichen Vorstellungskraft. Dennoch kann er erkannt werden, weil er sich selbst offenbart hat. In alle Ewigkeit gebührt ihm Ehre, Anbetung und der Dienst der ganzen Schöpfung. (5 Mo 6,4; Mt 28,19; 2 Kor 13,13; Eph 4,4-6; 1 Ptr 1,2; 1 Tim 1,17; Offb 14,7)

3. Der Vater

Gott, der ewige Vater, ist Schöpfer, Ursprung, Erhalter und Herr alles Geschaffenen. Er ist gerecht und heilig, barmherzig und gnädig, langmütig und reich an beständiger Liebe und Treue. Die Eigenschaften und die Macht, wie der Sohn und der Heilige Geist sie bekunden, sind gleichermaßen Offenbarungen des Vaters. (1 Mo 1,1; Offb 4,11; 1 Kor 15,28; Joh 3,16; 1 Joh 4,8; 1 Tim 1,17; 2 Mo 34,6.7; Joh 14,9)

4. Der Sohn

Gott, der ewige Sohn, wurde Mensch in Jesus Christus. Durch ihn ist alles geschaffen, der Charakter Gottes offenbart, die Erlösung der Menschheit bewirkt und die Welt gerichtet. Ewig wahrer Gott, wurde er auch wahrer Mensch: Jesus Christus. Er wurde gezeugt durch den Heiligen Geist und geboren von der Jungfrau Maria. Er lebte als Mensch, wurde versucht als Mensch und war dennoch die vollkommene Verkörperung der Gerechtigkeit und Liebe Gottes. Seine Wunder bezeugten die Macht Gottes und bestätigten ihn als den von Gott verheißenen Erlöser. Er litt und starb aus freiem Willen für unsere Sünden an unserer Statt am Kreuz, wurde von den Toten auferweckt und fuhr gen Himmel, um für uns im himmlischen Heiligtum zu dienen. Er wird wiederkommen in Herrlichkeit zur endgültigen Errettung seines Volkes und zur Wiederherstellung aller Dinge. (Joh 1,1-3.14; Kol 1,15-19; Joh 10,30; 14,9; Röm 6,23; 2 Kor 5,17-19; Joh 5,22.27; Lk 1,35; Phil 2,5-11; Hbr 2,9-18; 1 Kor 15,3.4; Hbr 8,1.2; Joh 14,1-3)

5. Der Heilige Geist

Gott, der ewige Geist, wirkte zusammen mit dem Vater und dem Sohn bei der Schöpfung, bei der Menschwerdung und bei der Erlösung. Er inspirierte die Schreiber der Heiligen Schrift. Er erfüllte Christi Leben mit Kraft. Er zieht die Menschen zu Gott und überführt sie ihrer Sünde. Die sich ihm öffnen, erneuert er und formt sie nach dem Bild Gottes. Gesandt vom Vater und vom Sohn, damit er allezeit bei Gottes Kindern sei, gibt der Heilige Geist der Gemeinde geistliche Gaben, befähigt sie zum Zeugnis für Christus und leitet sie in Übereinstimmung mit der Heiligen Schrift in alle Wahrheit. (1 Mo 1,1.2; Lk 1,35; 4,18; Apg 10,38; 2 Ptr 1,21; 2 Kor 3,18; Eph 4,11.12; Apg 1,8; Joh 14,16-18.26; 15,26.27; 16,7-13)

6. Die Schöpfung

Gott ist der Schöpfer aller Dinge. Er hat in der Heiligen Schrift den zuverlässigen Bericht seines schöpferischen Wirkens offenbart. In sechs Tagen schuf der Herr „Himmel und Erde" und alle Lebewesen auf der Erde und ruhte am siebenten Tag dieser ersten Woche. So setzte er den Sabbat ein als eine beständige Erinnerung an sein vollendetes schöpferisches Werk. Der erste Mann und die erste Frau wurden als Krönung der Schöpfung „zum Bilde Gottes" geschaffen. Ihnen wurde die Herrschaft über die Erde übertragen und die Verantwortung, sie zu bewahren. Die Schöpfung war nach ihrer Vollendung „sehr gut" und verkündete die Herrlichkeit Gottes. (1 Mo 1 und 2; 2 Mo 20,8-11; Ps 19,2-7; 33,6.9; 104; Hbr 11,3)

7. Der Mensch

Mann und Frau wurden nach dem Bild Gottes geschaffen mit dem Vermögen und der Freiheit, als Persönlichkeit zu denken und zu handeln. Der Mensch ist eine unteilbare Einheit aus Leib, Seele und Geist und – obwohl als freies Wesen geschaffen – abhängig von Gott in seinem Leben und in allem, was er zum Leben braucht. Als Adam und Eva, unsere ersten Eltern, Gott ungehorsam wurden, verleugneten sie ihre Abhängigkeit von ihm und verloren dadurch ihre hohe Stellung vor Gott. Das Bild Gottes in ihnen wurde entstellt, und sie wurden der Macht des Todes unterworfen. Seitdem unterliegen alle Menschen der Sünde und ihren Folgen. Sie werden mit Schwachheit und Neigung zum Bösen geboren. Durch Christus aber versöhnte Gott die Welt mit sich selbst, und durch den Heiligen Geist wird in sterblichen Menschen, die zur Umkehr bereit sind, das Bild ihres Schöpfers wiederhergestellt. Zur Ehre Gottes geschaffen, sind sie gerufen, ihn und einander zu lieben sowie für ihre Umwelt verantwortlich zu handeln. (1 Mo 1,26-28; 2,7; Ps 8,4-9; Apg 17,24-28; 1 Mo 3; Ps 51,7.12; Röm 5,12-17; 2 Kor 5,19.20; 1 Joh 4,7.8.11.20; 1 Mo 2,15)

8. Der große Kampf

Die ganze Menschheit ist hineingezogen in eine große Auseinandersetzung zwischen Christus und Satan, bei der es um das Wesen Gottes, sein Gesetz und seine Herrschaft über das Universum geht. Dieser Streit hatte seinen Ursprung im Himmel, als ein geschaffenes Wesen, ausgestattet mit Entscheidungsfreiheit, durch Selbsterhöhung zum Satan, zum Widersacher Gottes, wurde. Auch einen Teil der Engel verführte er zum Aufruhr. Als Satan Adam und Eva zur Sünde verleitete, brachte er den Geist des Aufruhrs auch auf unsere Erde. Die Sünde hat das Bild Gottes im Menschen entstellt und die geschaffene Welt in Unordnung gebracht. Sie wurde schließlich durch eine weltweite Flut verwüstet. Unsere Erde ist vor der gesamten Schöpfung zum Austragungsort eines universalen Konfliktes geworden, in dem sich der Gott der Liebe schließlich als rechtmäßiger Sieger erweisen wird. Christus sendet den Heiligen Geist und seine Engel, um seinem Volk in diesem Kampf beizustehen, es zu führen, zu schützen und auf dem Weg des Heils zu bewahren. (Offb 12,3-9; Jes 14,12-14; Hes 28,12-18; 1 Mo 3; Röm 1,19-32; 5,12-21; 8,19-22; 1 Mo 6-8; 2 Ptr 3,6; 1 Kor 4,9; Hbr 1,7.14)

9. Leben, Tod und Auferstehung Christi

Das Leben Christi im vollkommen Gehorsam gegenüber dem Willen Gottes, sein Leiden, sein Tod und seine Auferstehung sind das einzige Mittel, die Sünde des Menschen zu sühnen. Wer diese von Gott bewirkte Versöhnung im Glauben annimmt, hat das ewige Leben. Die ganze Schöpfung kann so die unendliche und heilige Liebe des Schöpfers besser verstehen. Diese vollkommene Versöhnung erweist die Gerechtigkeit des Gesetzes Gottes und offenbart Gottes Güte. Dadurch wird unsere Sünde verurteilt und zugleich ein Weg zu ihrer Vergebung geöffnet. Christi stellvertretender Tod hat sühnende, versöhnende und umwandelnde Wirkung. Christi Auferstehung verkündet Gottes Triumph über die Mächte des Bösen und sichert allen, die sich versöhnen lassen, endgültigen Sieg über Sünde und Tod am Ende der Weltzeit zu. In seiner Auferstehung wird offenbar, dass Christus der Herr ist. Vor ihm werden einst alle im Himmel und auf Erden ihre Knie beugen. (Joh 3,16; Jes 53; 1 Ptr 2,21.22; 1 Kor 15,3.4.20-22; 2 Kor 5,14.15. 19-21; Röm 1,4; 3,25; 4,25; 5,18.19; 8,3.4; 1 Joh 2,2; 4,10; Kol 2,15; Phil 2,6-11)

10. Die Erfahrung der Erlösung

Gott hat in seiner unendlichen Liebe und Barmherzigkeit Christus, „der von keiner Sünde wusste, für uns zur Sünde gemacht", damit wir durch ihn vor Gott gerecht werden. Durch den Heiligen Geist verspüren wir unsere Not, erkennen unsere Sündhaftigkeit, bereuen unsere Verfehlungen und glauben an Jesus als Herrn und Erretter, der sich stellvertretend für uns hingab und unser Vorbild ist. Dieser Glaube, der zum Heil führt, entsteht durch die Kraft des Wortes Gottes und ist das Geschenk seiner Gnade. Durch Christus sind wir gerechtfertigt, von Gott als Söhne und Töchter angenommen und von der Herrschaft der Sünde befreit. Durch den Geist sind wir wiedergeboren und geheiligt. Der Geist erneuert unser Denken, schreibt Gottes Gesetz der Liebe in unser Herz und gibt uns die Kraft zu einem heiligen Leben. Wer in Christus bleibt, wird Teilhaber der göttlichen Natur und hat die Gewissheit des Heils jetzt und im Gericht. (2 Kor 5,17-21; Joh 3,16; Gal 1,4; 4,4-7; Tit 3,3-7; Joh 16,8; Gal 3,13.14; 1 Ptr 2,21.22; Röm 10,17; Lk 17,5; Mk 9,23.24; Eph 2,5-10; Röm 3,21-26; Kol 1,13.14; Röm 8,14-17; Gal 3,26; Joh 3,3-8; 1 Ptr 1,23; Röm 12,2; Hbr 8,7-12; Hes 36,25-27; 2 Ptr 1,3.4; Röm 8,1-4.31-34; 5,6-10)

11. Wachsen in Christus

Durch seinen Tod am Kreuz triumphierte Jesus über die Macht des Bösen. Er, der während seines irdischen Dienstes die dämonischen Geister unterwarf, hat ihre Macht gebrochen und ihren endgültigen Untergang besiegelt. Jesu Sieg verleiht auch uns den Sieg über die bösen Mächte, die uns immer noch beherrschen wollen. Jetzt können wir mit Jesus in Frieden, Freude und der Zusicherung seiner Liebe leben. Der Heilige Geist wohnt in uns und gibt uns Kraft. In beständiger Beziehung zu Jesus als unserem Retter und Herrn sind wir befreit von der Last vergangener Taten, den dunklen Seiten unseres früheren Lebens, der Angst vor bösen Mächten, von Unwissenheit und Sinnlosigkeit. In dieser neuen Freiheit mit Jesus sind wir berufen, zu wachsen und ihm ähnlicher zu werden. Dies geschieht in der Gemeinschaft mit Gott im Gebet und seinem Wort, in der täglichen Andacht, im Nachdenken über seine göttliche Führung, im Singen von Lobliedern, in der Versammlung im Gottesdienst und durch die Mitwirkung am Missionsauftrag der Gemeinde. Während wir unseren Mitmenschen in Liebe dienen und die Erlösung durch Christus bezeugen, verwandelt seine beständige Gegenwart im Geist jeden Augenblick und jede Aufgabe in eine bereichernde Erfahrung mit Gott. (Ps 1,1.2; 23,4; 77,12.13; Kol 1,13.14; 2,6.14.15; Lk 10,17-20; Eph 5,19.20; 6,12-18; 1 Ths 5,23; 2 Ptr 2,9; 3,18; 2 Kor 3,17.18; Phil 3,7-14; 1 Ths 5,16-18; Mt 20,25-28; Joh 20,21; Gal 5,22-25; Röm 8,38.39; 1 Joh 4,4; Hbr 10,25)

12. Die Gemeinde

Die Gemeinde ist die Gemeinschaft von Gläubigen, die Jesus Christus als ihren Herrn und Erlöser bekennen. Wie Gottes Volk zur Zeit des Alten Testaments ist auch die Gemeinde Jesu aus der Welt herausgerufen. Sie vereint sich zur Anbetung, zur Gemeinschaft, zur Unterweisung im Wort, zur Feier des Abendmahls, zum Dienst an den Mitmenschen und zur Verkündigung des Evangeliums in aller Welt. Die Gemeinde erhält ihre Vollmacht von Christus, dem Fleisch gewordenen Wort, und aus der Heiligen Schrift, dem geschriebenen Wort. Die Gemeinde ist die Familie Gottes. Ihre Glieder, von ihm als Kinder angenommen, leben auf der Grundlage des Neuen Bundes. Die Gemeinde ist eine Gemeinschaft des Glaubens. Sie ist der Leib Christi, dessen Haupt er ist. Sie ist die Braut, für die Christus starb, damit er sie heilige und reinige. Bei seiner Wiederkunft in Herrlichkeit wird er sie in vollendeter Schönheit vor sich stellen. Es sind die Treuen aller Zeiten, erworben durch sein Blut, ohne Flecken und Falten, heilig und unsträflich. (1 Mo 12,3; Apg 7,38; Eph 4,11-15; 3,8-11; Mt 28,19.20; 16,16-19; 18,18; Eph 2,19-22; 1,22.23; 5,23-27; Kol 1,17.18)

13. Die Übrigen und ihr Auftrag

Die weltweite Gemeinde setzt sich zusammen aus allen, die wahrhaft an Christus glauben. Doch in der letzten Zeit, einer Zeit weit verbreiteten Abfalls, ist eine Schar der Übrigen herausgerufen, um an den Geboten Gottes festzuhalten und den Glauben an Jesus zu bewahren. Diese Übrigen weisen darauf hin, dass die Stunde des Gerichts gekommen ist. Sie predigen, dass es Erlösung allein durch Christus gibt, und verkündigen das Herannahen seiner Wiederkunft. Die drei Engel in Offenbarung 14 sind Sinnbild dieser Verkündigung. Sie geht einher mit dem Gerichtsgeschehen im Himmel und führt auf Erden zu einer Bewegung der Buße und Erneuerung. Jeder Gläubige ist aufgefordert, sich an diesem weltweiten Zeugnis persönlich zu beteiligen. (Offb 12,17; 14,6-12; 18,1-4; 2 Kor 5,10; Jud 3.14; 1 Ptr 1,16-19; 2 Ptr 3,10-14)

14. Die Einheit der Gemeinde Christi

Die Gemeinde ist ein Leib mit vielen Gliedern, herausgerufen aus allen Nationen, Geschlechtern, Sprachen und Völkern. In Christus sind die Gläubigen eine neue Schöpfung. Rassische, kulturelle, bildungsmäßige, nationale, soziale und gesellschaftliche Unterschiede sowie Unterschiede zwischen Mann und Frau dürfen unter uns nicht trennend wirken. In Christus sind alle gleich, durch einen Geist zur Gemeinschaft mit ihm und untereinander zusammengefügt. Wir sollen einander dienen, ohne Voreingenommenheit und Vorbehalt. Weil sich Jesus Christus in der Schrift offenbart hat, verbinden uns ein Glaube und eine Hoffnung – das bezeugen wir vor allen Menschen. Diese Einheit hat ihren Ursprung im Einssein des dreieinigen Gottes, der uns als seine Kinder angenommen hat. (Röm 12,4; 1 Kor 12,12-14; Mt 28,19.20; Ps 133,1; 2 Kor 5,16.17; Gal 3,27.29; Kol 3,10-15; Eph 4,14-16; 4,1-6; Joh 17,20-23)

15. Die Taufe

Durch die Taufe bekennen wir unseren Glauben an den Tod und die Auferstehung Jesu Christi und geben Zeugnis, dass wir für die Sünde tot sind und entschlossen, ein neues Leben zu führen. Damit erkennen wir Christus als Herrn und Erlöser an, werden seinem Volk hinzugefügt und als Glieder seiner Gemeinde angenommen. Die Taufe ist ein Sinnbild für unsere Gemeinschaft mit Christus, für die Vergebung unserer Sünden und für den Empfang des Heiligen Geistes. Sie wird durch Untertauchen vollzogen auf das Bekenntnis des Glaubens an Jesus Christus und als Zeichen der Reue über die Sünde. Ihr geht Unterweisung in der Heiligen Schrift und Annahme ihrer Lehren voraus. (Röm 6,1-6; Kol 2,12.13; Apg 16,30-33; 22,16; 2,38; Mt 28,19.20)

16. Das Abendmahl

Beim Abendmahl haben wir Anteil an den Zeichen des Leibes und Blutes Jesu. Wir nehmen Brot und Wein zu uns und bringen so unser Vertrauen in Jesus Christus, unseren Herrn und Erlöser, zum Ausdruck. In diesem Erlebnis der Gemeinschaft ist Christus gegenwärtig, um unter seinem Volk zu sein und es zu stärken. Durch die Teilnahme am Abendmahl verkünden wir voll Freude den Tod des Herrn, bis er wiederkommt. Zur Vorbereitung gehören Selbstprüfung, Reue und Sündenbekenntnis. Der Herr gebot auch den Dienst der Fußwaschung. Die Fußwaschung ist ein Sinnbild erneuter Reinigung, ein Ausdruck der Bereitschaft, einander in Demut zu dienen, wie Christus es tat, und soll unsere Herzen in Liebe verbinden. Am Abendmahl können alle gläubigen Christen teilnehmen. (1 Kor 10,16.17; 11,23-30; Mt 26,17-30; Offb 3,20; Joh 6,48-63; 13,1-17)

17. Geistliche Gaben und Dienste

Gott rüstet die Glieder seiner Gemeinde zu allen Zeiten mit geistlichen Gaben aus. Jedes Glied soll die ihm verliehenen Gaben in liebevollem Dienst zum Nutzen der Gemeinde und der Mitmenschen einsetzen. Diese Gaben, die der Geist nach seinem Ermessen zuteilt, befähigen die Gläubigen zu allen Diensten, die die Gemeinde zur Erfüllung der ihr von Gott gestellten Aufgaben braucht. Gemäß der Schrift gehören dazu: Glaube, Heilung, Weissagung, Verkündigung, Lehre, Verwaltung, Versöhnung, Barmherzigkeit, selbstloser Dienst und Nächstenliebe, damit anderen geholfen wird und sie ermutigt werden. Einige Glieder werden von Gott berufen, vom Heiligen Geist ausgerüstet und von der Gemeinde anerkannt für den Dienst als Seelsorger, Evangelisten, Leiter oder Lehrer. Sie werden besonders gebraucht, die Glieder

der Gemeinde für den Dienst auszubilden, die Gemeinde zur geistlichen Reife zu führen sowie die Einheit im Glauben und in der Erkenntnis Gottes zu fördern. Wenn die Gemeindeglieder diese geistlichen Gaben als treue Haushalter der vielfältigen Gnade Gottes einsetzen, bleibt die Gemeinde vor dem zerstörenden Einfluss falscher Lehre bewahrt, wird in der von Gott vorgesehenen Weise wachsen und in Glaube und Liebe gefestigt. (Röm 12,4-8; 1 Kor 12,4-11.27.28; Eph 4,8.11-16; Apg 6,1-7; 1 Tim.3,1-13; 1 Ptr 4,10.11)

18. Die Gabe der Weissagung

Eine der Gaben des Heiligen Geistes ist die Weissagung. Diese Gabe ist ein Kennzeichen der Gemeinde der Übrigen und hat sich im Dienst von Ellen G. White erwiesen. Die Schriften dieser Botin des Herrn sind eine fortwirkende, bevollmächtigte Stimme der Wahrheit und geben der Gemeinde Trost, Führung, Unterweisung und Zurechtweisung. Sie heben auch deutlich hervor, dass die Bibel der Maßstab ist, an dem alle Lehre und Erfahrung geprüft werden muss. (Joel 3,1.2; Apg 2,14-21; 1 Kor 14,1-4; Röm 12,6; Offb 12,17; 19,10)

19. Das Gesetz Gottes

Die grundlegenden Prinzipien des Gesetzes Gottes sind in den Zehn Geboten zusammengefasst und im Leben Jesu Christi beispielhaft dargestellt. In den Geboten kommen Gottes Liebe, sein Wille und seine Absichten für das Leben der Menschen zum Ausdruck – für ihr Verhalten und für die zwischenmenschlichen Beziehungen. Die Zehn Gebote sind bindend für die Menschen aller Zeiten, Grundlage für Gottes Bund mit seinem Volk und Maßstab in Gottes Gericht. Durch das Wirken des Heiligen Geistes decken sie Sünde auf und wecken das Verlangen nach einem Erlöser. Die Erlösung geschieht allein aus Gnade, nicht durch Werke; ihre Frucht jedoch ist Gehorsam gegenüber den Geboten. Dieser Gehorsam trägt dazu bei, einen christlichen Charakter zu entfalten und führt zu innerem Frieden. Er bekundet unsere Liebe zum Herrn und unsere Verantwortung für die Mitmenschen. Im Gehorsam des Glaubens erweist sich Christi Macht, das Leben eines Menschen zu ändern, und bekräftigt so das christliche Zeugnis. (2 Mo 20,1-17; Ps 40,9; Mt 22,36-40; 5 Mo 28,1-14; Mt 5,17-20; Hbr 8,8-10; Joh 14,15.21; 15,10; Eph 2,8-10; 1 Joh 5,3; Röm 8,3.4; Ps 19,8-12)

20. Der Sabbat

Nach sechs Schöpfungstagen ruhte Gott, auf unser Wohl bedacht, am siebenten Tag und setzte den Sabbat für alle Menschen zum Gedenken an die Schöpfung ein. Das vierte Gebot in Gottes unwandelbarem Gesetz gebietet die Heiligung des siebenten Tages der Woche als Tag der Ruhe, der Anbetung und des Dienens, so wie es uns Jesus Christus, der Herr des Sabbats, gelehrt und vorgelebt hat. Der Sabbat ist ein Tag froher Gemeinschaft – mit Gott und untereinander. Er ist ein Sinnbild unserer Erlösung durch Christus, ein Zeichen unserer Heiligung, ein Ausdruck unserer Treue und ein Vorgeschmack ewigen Lebens im Reich Gottes. Der Sabbat ist Gottes bleibendes Zeichen seines ewigen Bundes mit seinem Volk. Wer diese heilige Zeit freudig beachtet, von Abend zu Abend, von Sonnenuntergang bis Sonnenuntergang, feiert Gottes schöpferisches und erlösendes Handeln. (1 Mo 2,1-3; 2 Mo 20,8-11; Lk 4,16; Jes 56,1-8; 58,13.14; Mt 12,1-12; 2 Mo 31,12-17; Hes 20,12.20; 5 Mo 5,12-15; Hbr 4,9-11; Neh 13,15-21; Mk 1,32; 16,1.2)

21. Gottes Haushalter

Wir sind Haushalter Gottes. Er hat uns Zeit und Möglichkeiten, Fähigkeiten und Besitz, den Ertrag der Erde und ihre Güter anvertraut. Für einen vernünftigen Umgang damit sind wir Gott verantwortlich. Wir erkennen Gott als Eigentümer an, wenn wir ihm und den Mitmenschen treu dienen, ihm den Zehnten und Gaben darbringen, um die Verkündigung seines Evangeliums und das Wachstum seiner Gemeinde zu fördern. Mit der Haushalterschaft gibt uns Gott eine Möglichkeit, in der Liebe zu wachsen und Selbstsucht und Habgier zu überwinden. Der Haushalter freut sich über den Segen, den andere durch seine Treue empfangen. (1 Mo 1,26-28; 2,15; 1 Chr 29,14; Hag 1,3-11; Mal 3,8-12; 1 Kor 9,9-14; Mt 23,23; 2 Kor 8,1-15; Röm 15,26.27)

22. Christlicher Lebensstil

Wir sind berufen, ein gottesfürchtiges Volk zu sein, das in Übereinstimmung mit den Grundsätzen des Wortes Gottes denkt, fühlt und handelt. Damit der Heilige Geist in uns einen Christus ähnlichen Charakter ausprägen kann, beschäftigen wir uns bewusst mit dem, was in uns Reinheit, Gesundheit und Freude fördert. Freizeitgestaltung und Unterhaltung sollen dem hohen Anspruch von Geschmack und Schönheit entsprechen, wie sie christlichem Glauben angemessen sind. Während wir durchaus kulturelle Unterschiede berücksichtigen, sind wir darauf bedacht, uns schlicht, anständig und geschmackvoll zu kleiden; denn wahre Schönheit besteht nicht in Äußerlichkeiten, sondern in dem unvergänglichen Schmuck der Freundlichkeit und Herzensgüte. Das schließt auch ein, dass wir für unseren Leib, der ein Tempel des Heiligen Geistes ist, in vernünftiger Weise Sorge tragen. Neben ausreichender körperlicher Bewegung und Ruhe wollen wir uns so gesund wie möglich ernähren und uns der Speisen enthalten, die in der Heiligen Schrift als unrein bezeichnet werden. Weil wir uns nicht schaden wollen, enthalten wir uns auch alkoholischer Getränke, des Tabaks, jeglicher Drogen und lehnen den Missbrauch von Medikamenten ab. Stattdessen befassen wir uns mit dem, was unsere Gedanken und unseren Körper unter den Einfluss Christi stellt. Er wünscht uns Freude, Gesundheit und Wohlergehen. (Röm 12,1.2; 1 Joh 2,6; Eph 5,1-20; Phil 4,8; 2 Kor 10,5; 6,16-18; 7,1; 1 Ptr 3,1-4; 1 Kor 6,19.20; 10,31; 3 Mo 11; 3 Joh 2)

23. Ehe und Familie

Die Ehe, von Gott im Garten Eden eingesetzt und von Jesus Christus bestätigt, soll eine lebenslange Verbindung zwischen einem Mann und einer Frau in einer von Liebe erfüllten Gemeinschaft sein. Für den Christen gilt das Eheversprechen sowohl Gott als auch dem Ehepartner gegenüber. Eine Ehe sollte nur zwischen Partnern gemeinsamen Glaubens geschlossen werden. Gegenseitige Liebe, Wertschätzung, Achtung und Verantwortung sind die Grundlage der Ehe. Sie soll die Liebe, Heiligkeit, Innigkeit und Beständigkeit der Beziehung zwischen Christus und seiner Gemeinde widerspiegeln. Jesus hat gelehrt, dass Ehebruch begeht, wer sich von seinem Ehepartner scheiden lässt – es sei denn wegen Unzucht – und einen anderen heiratet. Selbst wenn manche ehelichen und familiären Verhältnisse nicht ideal sind, können dennoch Ehepartner, die in Christus zueinander halten, durch die Führung des Heiligen Geistes und den Beistand der Gemeinde ihre Liebe erneuern und miteinander verbunden bleiben. Gott segnet die Familie und möchte, dass die Familienangehörigen auf dem Weg zur völligen Reife einander beistehen. Eltern sollen ihre Kinder so erziehen, dass sie den Herrn lieben lernen und ihm gehorchen. Durch Wort und Vorbild sollen Eltern ihre Kinder zu der Erkenntnis führen, dass Christus ein liebevoller Erzieher ist, voll Güte und Fürsorge, der sie zu Gliedern seines Leibes, der Familie Gottes, machen möchte. Den Zusammenhalt der Familie zu stärken ist ein besonderes Anliegen der Verkündigung des Evangeliums in der Endzeit. (1 Mo 2,18-25; Mt 19,3-9; Joh 2,1-11; 2 Kor 6,14; Eph 5,21-33; Mt 5,31.32; Mk 10,11.12; Lk 16,18; 1 Kor 7,10.11; 2 Mo 20,12; Eph 6,1-4; 5 Mo 6,5-9; Spr 22,6; Mal 3,23.24)

24. Christi Dienst im himmlischen Heiligtum

Es gibt ein Heiligtum im Himmel, die wahre Stiftshütte, die Gott aufgerichtet hat und nicht ein Mensch. Dort dient Christus für uns und macht den Gläubigen das Angebot seines versöhnenden Opfers, das ein für alle Mal am Kreuz vollbracht wurde, zugänglich. Mit seiner Himmelfahrt wurde er als unser großer Hohepriester eingesetzt und nahm seinen Mittlerdienst auf. Am Ende der prophetischen Zeit der 2300 Tage, im Jahr 1844, begann die zweite und letzte Phase seines Versöhnungsdienstes. Sie leitet das Gericht vor dem zweiten Kommen Christi ein und gehört zur endgültigen Beseitigung der Sünde, wie sie durch die Reinigung des alttestamentlichen Heiligtums am Versöhnungstag vorgebildet war. Das irdische Abbild des himmlischen Heiligtums wurde mit dem Blut von Tieropfern gereinigt; für das wirkliche, das himmlische Heiligtum war ein besseres Opfer nötig: das vollkommene Opfer Jesu Christi. Das Gericht vor der Wiederkunft Jesu offenbart den himmlischen Wesen, wer im Glauben an den Herrn gestorben und durch ihn würdig ist, an der ersten Auferstehung teilzuhaben. Es zeigt auch auf, wer von den Lebenden Gemeinschaft mit Christus hat, an den Geboten Gottes festhält und den Glauben an Jesus bewahrt – also bereit ist für die Umwandlung zum Eingang in Gottes ewiges Reich. Dieses Gericht erweist die Gerechtigkeit Gottes, der alle rettet, die an Jesus Christus glauben. Es bestätigt, dass alle, die Gott treu geblieben sind, das Reich empfangen werden. Wenn Christus diesen Dienst vor seiner Wiederkunft vollendet, ist für die Menschen die Zeit der Gnade abgelaufen. (Hbr 8,1-5; 4,14-16; 9,11-28; 10,19-22; 1,3; 2,16-18; Dan 7,9-14.25-27; 8,13.14; 9,24-27; 4 Mo 14,34; Hes 4,5.6; 3 Mo 16; Offb 14,6.7.12; 22,12)

25. Die Wiederkunft Christi

Das zweite Kommen Christi ist die froh machende Hoffnung der Gemeinde. Mit ihm erreicht die Geschichte ihren Höhepunkt, wie es das Evangelium bezeugt. Der Erlöser wird wirklich, persönlich und weltweit sichtbar erscheinen. Wenn er wiederkommt, werden die verstorbenen Gerechten auferweckt und zusammen mit den lebenden Gerechten verherrlicht in den Himmel aufgenommen; die Ungerechten aber werden sterben. Die Erfüllung der meisten prophetischen Aussagen sowie der gegenwärtige Zustand der Welt weisen darauf hin, dass Christi Kommen nahe bevorsteht. Der Zeitpunkt dieses Ereignisses ist nicht offenbart worden; deshalb sind wir aufgefordert, jederzeit bereit zu sein. (Tit 2,13; Hbr 9,28; Joh 14,1-3; Apg 1,9-11; Mt 24,14; Offb 1,7; Mt 24,43.44; 1 Ths 4,13-18; 1 Kor 15,51-54;

2 Ths 1,7-10; 2,8; Offb 14,14-20; 19,11-21; Mt 24,29-31; Mk 13,26.27; 2 Tim 3,1-5; 1 Ths 5,1-6)

26. Tod und Auferstehung

Der Lohn der Sünde ist der Tod. Gott aber, der allein unsterblich ist, schenkt seinen Erlösten ewiges Leben. Bis zu jenem Tag sind alle verstorbenen Menschen in einem Zustand ohne Bewusstsein. Wenn Christus, der unser Leben ist, wiederkommt, werden die auferweckten und lebenden Gerechten verherrlicht und entrückt, um ihrem Herrn zu begegnen. Das ist die erste Auferstehung. Die zweite Auferstehung, die Auferstehung der Ungerechten, geschieht tausend Jahre später. (Röm 6,23; 1 Tim 6,15.16; Pred 9,5.6; Ps 146,4; Joh 11,11.14; Kol 3,4; 1 Kor 15,51-54; Phil 3,20.21; 1 Ths 4,13-17; Joh 5,28.29; Offb 20,1-6)

27. Das Millennium und das Ende der Sünde

Das Millennium umfasst die tausend Jahre zwischen der ersten und zweiten Auferstehung, in denen Christus mit seinen Heiligen im Himmel herrscht. Während dieser Zeit wird über die nicht erlösten Toten Gericht gehalten. Die Erde befindet sich in einem verwüsteten Zustand; kein Mensch lebt darauf, nur Satan und seine Engel. Am Ende der tausend Jahre kommen Christus und seine Heiligen sowie die Heilige Stadt vom Himmel zur Erde herab. Dann werden die Ungerechten aus dem Tod auferweckt. Mit Satan und seinen Engeln werden sie die Heilige Stadt belagern. Aber Feuer von Gott wird sie verzehren und die Erde reinigen. So wird das Universum auf ewig von Sünde und Sündern befreit. (Offb 20; 1 Kor 6,2.3; Jer 4,23-26; Offb 21,1-5; Mal 3,18.19; Hes 28,18.19)

28. Die neue Erde

Auf der neuen Erde, in der es endlich Gerechtigkeit gibt, wird Gott eine ewige Heimat für die Erlösten schaffen, eine vollkommene Welt des ewigen Lebens, der Liebe, der Freude und der wachsenden Erkenntnis in seiner Gegenwart. Gott selbst wird unter seinem Volk wohnen. Leid und Tod werden nicht mehr sein. Der große Kampf ist zu Ende. Nie mehr wird es Sünde geben. Alles, das Belebte und das Unbelebte, wird davon künden, dass Gott Liebe ist. Er wird in Ewigkeit regieren. (2 Ptr 3,13; Jes 65,17.22-25; Mt 5,5; Offb 21,1-7; 22,1-5; 11,15)

Kapitel 4

Organisation nach göttlichen Grundsätzen

Sinnvolle Organisation hat ihren Ursprung bei Gott. „Plan und Ordnung zeigen sich in allen Werken Gottes im ganzen Weltall." (*Testimonies to Ministers*, S. 26) Die zahllosen Sterne im Weltenraum bewegen sich in vollkommener Ordnung. Das Wachsen jeder Pflanze und jedes Lebewesens zeugt in wunderbarer Weise von Planung und Ordnung. Der Himmel ist vollkommen und fehlerlos organisiert. „Die Engel arbeiten harmonisch zusammen. Vollkommene Ordnung kennzeichnet all ihr Tun." (*Testimonies to Ministers*, S. 28) „Ordnung ist das Gesetz des Himmels und sollte das Gesetz des Volkes Gottes auf Erden sein." (*Testimonies to Ministers*, S. 26)

Die biblische Grundlage der Organisation

Als Gott die Kinder Israel aus Ägypten rief und zu seinem Volk erwählte, gab er ihnen zur Regelung ihres zivilen und religiösen Lebens eine eindrucksvolle Organisation. E. G. White schrieb als Botin des Herrn: „Die Verwaltung Israels zeichnete sich durch eine gründliche Ordnung aus. Sie war bewundernswert in ihrer Vollständigkeit wie in ihrer Einfachheit. Die göttliche Ordnung, die sich in der Harmonie der Schöpfung Gottes offenbart, prägte auch das Alltagsleben der Hebräer. Gott war der Mittelpunkt der Amts- und Regierungsgewalt, er war der Herrscher der Israeliten.

Mose war ihr von Gott bestimmter sichtbarer Führer, der die Gesetze im Sinne Gottes handhabte. Später wurde aus den Stammesältesten ein Rat von siebzig Männern gewählt, der Mose bei der Regierung des Volkes half. Dazu kamen die Priester, die den Herrn im Heiligtum um Rat fragten. Stammesoberhäupter oder Fürsten regierten die Stämme. Unter ihnen waren ‚Oberste über Tausend, über Hundert, über Fünfzig und über Zehn' (5 Mo 1,15) und schließlich Amtsleute, die für besondere Aufgaben eingesetzt werden konnten." (*Patriarchs and Prophets*, S. 374)

Auch in der neutestamentliche Gemeinde ist die Organisation genauso sinnvoll. Wie sollte es auch anders sein, denn sie ist göttlichen Ursprungs. „Gott hat die Glieder eingesetzt, ein jedes von ihnen im Leib, so wie er gewollt hat." (1 Kor 12,18) Er verlieh ihnen Gaben und Fähigkeiten für ihre Aufgaben und organisierte sie zu einem lebendigen, arbeitsfähigen Körper, dessen Haupt er selbst ist.

„Denn wie wir an einem Leib viele Glieder haben, aber nicht alle Glieder dieselbe Aufgabe haben, so sind wir viele ein Leib in Christus, aber untereinander ist einer des andern Glied." (Röm 12,4.5) „Und er [Christus] ist das Haupt des Leibes, nämlich der Gemeinde. Er ist der Anfang, der Erstgeborene von den Toten, damit er in allem der Erste sei." (Kol 1,18)

„Es sind verschiedene Gaben; aber es ist ein Geist. Und es sind verschiedene Ämter; aber es ist ein Herr ... Denn wie der Leib einer ist und doch viele Glieder hat, alle Glieder des Leibes aber, obwohl sie viele sind, doch ein Leib sind: so auch Christus ... Ihr aber seid der Leib Christi und jeder von euch ein Glied. Und Gott hat in der Gemeinde eingesetzt erstens Apostel, zweitens Propheten, drittens Lehrer, dann Wundertäter, dann Gaben, gesund zu machen, zu helfen, zu leiten und mancherlei Zungenrede." (1 Kor 12,4.5.12.27.28)

Die Bedeutung der Organisation

So wie ein Mensch nicht leben kann, ohne dass seine Glieder organisch miteinander verbunden sind und unter zentraler Leitung zusammenarbeiten, so kann es auch keine lebendig wachsende Gemeinde geben, ohne dass ihre Glieder in einer harmonischen Gemeinschaft organisiert sind, in der sie den Auftrag erfüllen, den Gott ihnen gegeben hat, und in der sie sich von der Autorität leiten lassen, die Gott eingesetzt hat.

Ohne Organisation kann keine Bewegung oder Institution gedeihen. Ein Staat ohne Regierung würde bald ins Chaos stürzen. Ein Wirtschaftsunternehmen ohne Organisation würde scheitern. Genauso ginge es der Gemeinde: Ohne Organisation würde sie zerfallen und untergehen. Damit sich die Gemeinde gesund entwickeln und ihre große Aufgabe, das Evangelium von der Erlösung in alle Welt zu tragen, erfüllen kann, gab Christus ihr eine einfache, aber wirkungsvolle Form der Organisation. Die Erfüllung ihres Auftrages und der Erfolg ihrer Bemühungen hängen davon ab, ob sie sich gewissenhaft nach dem richtet, was Gott vorgegeben hat.

Ellen G. White schrieb dazu: „Einige sind der Überzeugung, je mehr wir uns dem Ende nähern, umso unabhängiger von jeder religiösen Organisation müsste jedes Kind Gottes handeln. Mir wurde aber vom Herrn gesagt, dass es in seinem Werk so etwas wie Unabhängigkeit für jeden Einzelnen nicht gibt. Die Sterne des Himmels stehen alle unter einem Gesetz und beeinflussen sich gegenseitig, den Willen Gottes zu tun, indem sie dem Gesetz, das ihre Bewegung regelt, gemeinsam gehorchen. Damit das Werk des Herrn gute Fortschritte macht, muss sein Volk zusammenhalten." (*Testimonies to Ministers*, S. 489)

„Satan würde sich freuen, wenn seine Bemühungen, bei uns einzudringen und das Werk durcheinander zu bringen, Erfolg hätten. Deshalb ist eine Organisation wichtig, die über die Vollmacht verfügt, Abfallbewegungen auszugrenzen und Lehren abzuwehren, die nicht auf das Wort Gottes gegründet sind! Wir wollen eine klare Linie einhalten, damit das Organisationssystem und die Ordnung, die durch weise, sorgfältige Arbeit aufgebaut wurden, nicht niedergerissen werden. Ordnungsfeindliche Elemente, die in dieser Zeit das Werk beherrschen möchten, dürfen nicht geduldet werden." (*Testimonies to Ministers*, S. 489)

Gottes Ziel mit der Organisation

„Als unsere Gliederzahl zunahm, wurde klar, dass ohne Organisation große Verwirrung entstehen würde und das Werk nicht erfolgreich vorangebracht werden könnte. Eine Organisation war unumgänglich, um die Versorgung der Prediger gewährleisten zu können, die Arbeit in neuen Gebieten zu beginnen, Gemeinden und Predigtamt vor unwürdigen Gliedern zu schützen, das Gemeindeeigentum rechtlich zu sichern, die Wahrheit in gedruckter Form zu verbreiten und aus vielen anderen Gründen." (*Testimonies to Ministers*, S. 26)

„Jeder einzelne Mitarbeiter hat bei seiner Arbeit auf das Verhältnis zu seinen Kollegen zu achten, mit denen er im Werke Gottes verbunden ist. Wir dürfen nicht vergessen, dass andere genauso wie wir in diesem Werk eine Aufgabe zu erfüllen haben. Wir dürfen uns nicht gegen gute Ratschläge verschließen. In unsere Pläne für die Fortführung des Werkes müssen wir die Gedanken der anderen mit einbeziehen.

Lasst uns den Geist des Vertrauens zu unseren Brüdern pflegen und auch ihre Weisheit achten. Wir müssen bereit sein, von unseren Mitarbeitern Rat und Ermahnung anzunehmen. Im Dienst Gottes muss sich jeder Einzelne darüber klar sein, dass wir Teile eines großen Ganzen sind. Lasst uns Weisheit von Gott erbitten und lernen, wie wir anderen gegenüber geduldig und anteilnehmend sein können und dass wir zu unserem Heiland gehen können, wenn wir müde und niedergeschlagen sind." (*Testimonies to Ministers*, S. 500)

„Als Glieder der sichtbaren Gemeinde und als Mitarbeiter im Werke Gottes sollten alle bekennenden Christen ihr Bestes tun, um Frieden, Harmonie und Liebe in der Gemeinde aufrechtzuerhalten. Beachtet das Gebet Christi: ‚Ich bete darum, dass sie alle eins seien, so wie du in mir bist, Vater, und ich in dir. So wie wir sollen auch sie in uns eins sein, damit die Welt glaubt, dass du mich gesandt hast.' (Joh 17,21 GNB) Die Einigkeit der Gemeinde ist ein überzeugender Beweis dafür, dass Gott Jesus als Erlöser in die Welt gesandt hat." (*Testimonies for the Church*, Band 5, S. 619f.)

„Durch das Band gütiger Liebe und Zuneigung hat der Herr alle Menschen mit sich selbst verbunden. Von uns sagt er: Ihr seid ‚Gottes Mitarbeiter; ihr seid Gottes Ackerfeld und Gottes Bau' (1 Kor 3,9). Diese Beziehung sollten wir anerkennen. Wenn wir selbst eng mit Christus verbunden sind, werden wir auch denen stets mit christusähnlicher Anteilnahme und Geduld begegnen können, die sich mit den Gaben, die sie von Gott empfangen haben, darum bemühen, ihre Last zu tragen, so wie auch wir uns mühen, die uns auferlegten Lasten zu tragen." (*Testimonies to Ministers*, S. 495)

Kapitel 5

Die Organisation der Gemeinschaft der Siebenten-Tags-Adventisten

Der Auftrag des Herrn an die Gemeinde, das Evangelium in alle Welt zu tragen (siehe Mt 28,19.20; Mk 16,15), bedeutete nicht nur, diese Botschaft überall zu verkündigen, sondern auch, sich um alle zu kümmern, die diese Botschaft annahmen. Dazu gehörte, dass die Herde wohl gehütet, gut versorgt und sicher untergebracht werden musste sowie sich um die Probleme zu kümmern, die durch Spannungen untereinander aufkamen. All das machte Organisation erforderlich.

Zunächst berieten sich die Apostel, um die Arbeit der jungen Gemeinde in Jerusalem zu leiten (siehe Apg 6,2; 8,14). Als aber die Gemeinde in dieser Stadt so stark wuchs, dass die Bewältigung der praktischen Probleme immer schwieriger wurde, wählte sie Diakone, die sich um diese Anliegen kümmern sollten (siehe Apg 6,2-6).

Als immer mehr Gemeinden entstanden, nicht nur in Asien, sondern auch in Europa, wurden weitere Schritte der Organisation erforderlich. In Kleinasien wurden zum Beispiel „in jeder Gemeinde Älteste" eingesetzt (Apg 14,23). Aus dem biblischen Bericht ist zu entnehmen, dass die Ausbreitung des Werkes in den verschiedenen Provinzen des Römischen Reiches es erforderlich machte, so etwas wie Vereinigungen zu schaffen, die vermutlich jeweils Gemeinden eines bestimmten Gebietes zusammenschlossen, wie zum Beispiel „die Gemeinden in Galatien" (Gal 1,2). So wurde die frühe Kirche Schritt für Schritt organisiert. Gott führte die Leiter seines Werkes so, dass sie in Beratung mit den Gemeinden eine Form der Organisation entwickeln konnten, die den Bedürfnissen entsprach und die Interessen des Werkes Gottes schützte, als es sich in alle Welt ausbreitete.

Formen der Kirchenverwaltung

Es gibt vier allgemein anerkannte Formen der Kirchenverwaltung, die wie folgt zusammengefasst werden können:

1. Die bischöfliche Form: Die Kirche wird durch Bischöfe geleitet. Üblicherweise gibt es dabei drei Ränge von Geistlichen: Bischöfe, Priester und Diakone.
2. Die päpstliche Form: Die Kirche wird durch den Papst geleitet, der allein mit der höchsten Autorität ausgestattet ist. Er leitet die Kirche durch Kardinäle, Erzbischöfe, Bischöfe und Priester. Die Ortsgemeinden und die einzelnen Glieder haben in Bezug auf die Verwaltung der Kirche keinerlei Autorität.
3. Die unabhängige Form: Die Kirche besteht aus unabhängigen Ortsgemeinden. Die Ortsgemeinde ist die höchste und letzte Instanz in ihrem jeweiligen Bereich. Diese Form wird auch als Kongregationalismus bezeichnet.
4. Die repräsentative Form: Die Kirche wird als Gemeinschaft der Ortsgemeinden gesehen. Es wird anerkannt, dass die Autorität der Kirche auf ihren Gliedern beruht. Sie übertragen Leitung und Verwaltung der Kirche durch Wahlen auf repräsentative Gremien und Verantwortungsträger. Bei dieser Form der Kirchenverwaltung wird die Ordination aller Geistlichen als gleichwertig anerkannt.

Die Gemeinschaft der Siebenten-Tags-Adventisten verwaltet sich weitgehend repräsentativ.

Vier Verwaltungsebenen in der Organisation der Siebenten-Tags-Adventisten

Bei den Siebenten-Tags-Adventisten gibt es vier durch Verfassungen bzw. Satzungen und Wahlversammlungen autorisierte Verwaltungsebenen von der Ortsgemeinde bis zur weltweiten Organisation des Werkes:
1. Die Ortsgemeinde als organisierter Zusammenschluss der einzelnen Gläubigen.
2. Die Vereinigung als organisierter Zusammenschluss von Gemeinden innerhalb eines Landes, einer Region oder eines Gebietes. (Siehe auch S. 27.)
3. Der Verband (Union) als organisierter Zusammenschluss mehrerer Vereinigungen oder Missionsfelder eines größeren Gebietes.
4. Die Generalkonferenz (wörtlich übersetzt: die Allgemeine Konferenz), die größte Organisationseinheit, die alle Verbände (Unionen) der Welt in sich vereinigt. Die Divisionen sind Teile der Generalkonferenz, denen die administrative Verantwortung für bestimmte geografische Gebiete übertragen ist.

„Jedes Glied einer Gemeinde ist stimmberechtigt bei der Wahl der Verantwortungsträger seiner Gemeinde. Die Ortsgemeinden wählen (durch ihre Delegierten) die Verantwortungsträger ihrer Vereinigung. Die Delegierten, die von den Vereinigungen gewählt werden, wählen die Verantwortungsträger der Verbände (Unionen) und die Delegierten, die von den Verbänden (Unionen) gewählt werden, wählen die Verantwortungsträger der Generalkonferenz. Durch diese Regelung hat jeder Verband (Union), jede Vereinigung, jede Institution, jede Gemeinde und jedes Glied direkt oder indirekt eine Stimme bei der Wahl der Personen, die die Hauptverantwortung in der Generalkonferenz tragen." (*Testimonies for the Church*, Band 8, S. 236f.)

Die Institutionen der Gemeinschaft

Auf diesen vier verfassungsgemäßen Ebenen der Gemeinschaftsorganisation arbeiten verschiedene Institutionen. Siebenten-Tags-Adventisten schließen aus dem Evangeliumsauftrag und dem Vorbild ihres Herrn und seiner Apostel, dass Nachfolger Christi verpflichtet sind, dem ganzen Menschen zu dienen. Von Anfang an haben sie daher bei ihrer Arbeit überall auf der Welt Erziehungs-, Gesundheits-, Verlags- und andere Einrichtungen ins Leben gerufen.

Diese Institutionen waren begründet durch die adventistische Theologie und das Verständnis vom Auftrag der Gemeinde in dieser Welt und von Anfang an fester Bestandteil der Gemeinschaft und unmittelbare Werkzeuge zur Erfüllung ihres göttlichen Auftrags.

Die Gemeinschaft der Siebenten-Tags-Adventisten nutzt die Einrichtungen, die ihr gehören und die von ihr geleitet werden, wie z. B. Gesundheits- und Bildungseinrichtungen, Verlagshäuser und Nahrungsmittelfabriken, um ihren Dienst für die Gesundheit, die Bildung oder die Verbreitung von Schrifttum zu erfüllen.

Sie sind unverzichtbar für die Ausführung des Auftrags der Gemeinschaft, das Evangelium in alle Welt zu tragen, und untrennbar damit verbunden.

Die vielen verschiedenen Zweige der weltweiten Gemeinschaft – Ortsgemeinden, Vereinigungen, Gesundheitseinrichtungen, Verlagshäuser, Schulen oder andere Institutionen – sind organisatorisch in der Generalkonferenz der Gemeinschaft der Siebenten-Tags-Adventisten vereint, in der sie auch vertreten werden. Durch sie wirkt die weltweite Gemeinschaft, um im Namen Christi den Bedürfnissen einer zerrütteten Welt zu begegnen.

Die Generalkonferenz als höchste Autorität

Die Vollversammlung der Generalkonferenz ist die höchste Instanz in der Organisation unserer weltweiten Gemeinschaft; in der Zeit zwischen den Vollversammlungen ist es der Exekutivausschuss der Generalkonferenz. Beide sind durch die Verfassung berechtigt, nachgeordnete Organisationen zu schaffen, um so die Arbeit in den verschiedenen Teilen der Welt zu fördern. Von daher versteht sich auch, dass alle nachgeordneten Organisationen und Institutionen in der ganzen Welt die Generalkonferenz als höchste Autorität unter Gott innerhalb der Gemeinschaft der Siebenten-Tags-Adventisten anerkennen.

Wenn innerhalb oder zwischen den einzelnen Organisationen und Institutionen Meinungsverschiedenheiten aufkommen, ist es daher der richtige Weg, sich an die nächsthöhere Instanz zu wenden bis hin zur Vollversammlung der Generalkonferenz oder zum Exekutivausschuss auf der Jahresversammlung. Zwischen den Sitzungsperioden bildet der Exekutivausschuss in allen Fragen, wo Meinungsverschiedenheiten bestehen, die letzte Instanz. Die Entscheidungen dieses Ausschusses können jedoch durch die Vollversammlung der Generalkonferenz oder bei einer Jahresversammlung des Exekutivausschusses überprüft werden.

„Ich bin oft vom Herrn unterwiesen worden, dass niemand das Recht hat, von anderen Unterwerfung zu verlangen. Der Verstand eines Einzelnen oder das Urteilsvermögen einiger weniger reichen nicht aus, über das Werk zu bestimmen und vorzuschreiben, welche Pläne befolgt werden müssten. Wenn jedoch auf einer Generalkonferenz, bei der die Gemeindeglieder aus allen Teilen der Welt versammelt sind, eine Entscheidung getroffen wird, dann dürfen persönliche Unabhängigkeit und eigene Meinung nicht hartnäckig aufrechterhalten, sondern müssen untergeordnet werden. Kein Mitarbeiter darf das beharrliche Aufrechterhalten seiner unabhängigen Position als Tugend ansehen, wenn er damit im Gegensatz zu dem Beschluss der Gesamtgemeinschaft steht.

Es kam vor, dass eine kleine Gruppe von Männern, die mit der allgemeinen Verwaltung des Werkes betraut war, im Namen der Generalkonferenz versuchte, unweise Pläne auszuführen und Gottes Werk zu beeinträchtigen. Damals habe ich gesagt, dass ich die Äußerungen der Generalkonferenz, vertreten durch diese wenigen Männer, nicht länger als die Stimme Gottes ansehen konnte. Das bedeutet aber nicht, dass die Beschlüsse der Generalkonferenz, die auf einer Versammlung von ordnungsgemäß gewählten Vertretern aus allen Teilen der Welt verabschiedet werden, nicht gelten sollen. Gott hat es so geordnet, dass die Vertreter seiner Gemeinde aus allen Teilen der Welt Autorität haben, wenn sie als Generalkonferenz zusammentreten. Es ist ein Fehler, der Meinung oder dem Urteil eines Einzelnen oder einer kleinen Gruppe von Männern die Machtbefugnis und den Einfluss zuzugestehen, die Gott der Gemeinde durch Meinungsbildung und Abstimmung der Generalkonferenz zugeordnet hat, wenn sie sich versammelt, um Pläne für das Gedeihen und die Förderung seines Werkes zu beschließen.

Wird die Macht, die Gott seiner Gemeinde verliehen hat, einem Einzelnen zugeschrieben und er mit dem Recht ausgestattet, für andere zu entscheiden, dann wird die wahre biblische Ordnung umgestoßen. Ein solcher Mensch wird den scharfsinnigsten und nahezu überwältigenden Anstrengungen Satans ausgesetzt, denn der Feind hofft, durch diese Person auf viele andere einwirken zu können. Lasst uns der höchsten Instanz in der Organisation unserer Gemeinschaft die Autorität geben, die ihr zukommt, und der Neigung widerstehen, sie einem Einzelnen oder einer kleinen Gruppe von Männern zu geben."
(*Testimonies for the Church*, Band 9, S. 260f.)

Zur Autorität der Gemeinschaft und der *Gemeindeordnung* siehe Kapitel 1 (S. 29f.)

Kapitel 6

Die Zugehörigkeit zur Gemeinde

Die geistliche Grundlage der Zugehörigkeit

Wer in die Gemeinde aufgenommen werden will, sollte gewissenhaft mit allem vertraut gemacht werden, was mit einer Gemeindezugehörigkeit verbunden ist. Jeder sollte sorgfältig unterrichtet werden, was es heißt, Glied am Leibe Christi zu sein. Nur wer erkennen lässt, dass er wiedergeboren ist und mit dem Herrn Jesus geistliche Erfahrungen macht, ist auch vorbereitet, in die Gemeinde aufgenommen zu werden. Jede interessierte Person soll sorgfältig in die Glaubensüberzeugungen und die Glaubenspraxis der Gemeinschaft eingeführt werden, bevor sie getauft und in die Gemeinde aufgenommen werden kann.

Die Gemeinde ist eine geistliche Gemeinschaft, daher können nur bekehrte Menschen aufgenommen werden. Nur so kann die geistliche Einstellung und die Reinheit der Gemeinde gewahrt bleiben. Der Prediger hat darauf zu achten, dass jeder, der die biblischen Lehren annimmt, über eine geistliche Grundlage verfügt. Obwohl es kein vorgeschriebenes Mindestalter für die Taufe gibt, wird empfohlen, dass Kinder, die die Taufe wünschen, zum Bibelunterricht ermutigt werden, der sie langfristig zur Taufe hinführt.

„Die Glieder der Gemeinde, die Gott ‚von der Finsternis zu seinem wunderbaren Licht' (1 Ptr 2,9) berufen hat, sollen seine Herrlichkeit widerspiegeln. Die Gemeinde ist das Schatzhaus der Reichtümer der Gnade Christi, durch sie wird schließlich sogar ‚den Mächten und Gewalten im Himmel' (Eph 3,10) die endgültige und volle Entfaltung der Liebe Gottes dargestellt werden." (*The Acts of the Apostles*, S. 9)

Die Taufe als Forderung des Evangeliums

Nach dem Neuen Testament wird der Mensch durch die Taufe in die Gemeinde aufgenommen. „Darum gehet hin und machet zu Jüngern alle Völker: Taufet sie auf den Namen des Vaters und des Sohnes und des Heiligen Geistes und lehret sie halten alles, was ich euch befohlen habe. Und siehe, ich bin bei euch alle Tage bis an der Welt Ende." (Mt 28,18-20)

„Petrus sprach zu ihnen: Tut Buße, und jeder von euch lasse sich taufen auf den Namen Jesu Christi zur Vergebung eurer Sünden, so werdet ihr empfangen die Gabe des heiligen Geistes." (Apg 2,38)

Die Taufe als Voraussetzung der Zugehörigkeit zur Gemeinde
„Christus hat die Taufe als Zeichen des Eintritts in sein geistliches Reich eingesetzt. Er hat sie zu einer Vorraussetzung gemacht, die alle erfüllen müssen, die sich erkennbar unter die Autorität des Vaters, des Sohnes und des Heiligen Geistes stellen wollen. Ehe ein Mensch in der Gemeinde seine Heimat finden kann, ehe er die Schwelle zum geistlichen Reich Gottes überschreitet, soll er das Merkmal des göttlichen Namens empfangen: ‚Der HERR unsere Gerechtigkeit.' (Jer 23,6)

Die Taufe ist eine feierliche Absage an die ‚Welt'. Wer in dem dreifachen Namen des Vaters, des Sohnes und des Heiligen Geistes getauft wird, erklärt zu Beginn seines christlichen Lebens öffentlich, dass er Satan nicht mehr dienen will, weil er ein Glied der königlichen Familie und ein Kind des himmlischen Königs geworden ist. Er ist der Aufforderung Gottes gefolgt: ‚Darum geht aus von ihnen und sondert euch ab ... und rührt nichts Unreines an.' Für ihn ist die Verheißung erfüllt: ‚So will ich euch annehmen und euer Vater sein und ihr sollt meine Söhne und Töchter sein, spricht der allmächtige Herr.' (2 Kor 6,17.18)

Wer die biblische Wahrheit kennenlernt, soll auch sorgfältig in den Grundsätzen des christlichen Lebens unterwiesen werden. Das formale Glaubensbekenntnis allein ist noch kein Beweis für eine rettende Verbindung zu Christus. Es kommt nicht nur darauf an zu sagen: ‚Ich glaube', sondern darauf, die Wahrheit auszuleben. In der Übereinstimmung unserer Worte, unseres Verhaltens und unseres Wesens mit dem Willen Gottes beweisen wir unsere Verbindung mit ihm." (*Testimonies for the Church*, Band 6, S. 91f.)

Die Form der Taufe
Siebenten-Tags-Adventisten bekennen sich zur biblischen Form der Taufe durch Untertauchen und nehmen nur Gläubige in die Gemeinde auf, die auf diese Weise getauft worden sind. Wenn jemand durch Christus seine Verlorenheit erkennt, seine Sünden aufrichtig bereut, sich vom bisherigen Leben abwendet und ein neues Leben beginnt, kann er nach gründlicher Unterweisung getauft und in die Gemeinde aufgenommen werden.

Gründliche Unterweisung durch den Prediger

Ein Prediger sollte nur dann eine Empfehlung zur Taufe und Aufnahme in die Gemeinde geben, wenn der Taufanwärter durch sein öffentliches Bekenntnis vor der Gemeinde bezeugen kann, dass er gut unterrichtet und für diesen Schritt vorbereitet ist. In Gemeinden, wo häufig Taufen stattfinden, könnte das öffentliche Bekenntnis an Bedeutung verlieren, wenn es jedes Mal ausführlich abgefragt wird. Hier kann ein anderer Weg gewählt werden (siehe weiter unten).

Die Arbeit des Predigers ist nicht beendet, bevor der Taufanwärter nicht gründlich unterwiesen wurde und er alle Glaubensüberzeugungen und die damit verbundene Lebensweise kennt und anerkennt sowie bereit ist, die Verantwortung zu übernehmen, die sich aus der Zugehörigkeit zur Gemeinde ergibt. Unsere Gemeinden sollten darauf achten, dass bei der Aufnahme neuer Glieder immer so verfahren wird. Der Gemeindeausschuss sollte Wert darauf legen, dass die Taufbewerber persönlich und möglichst auch in einer Taufklasse unterwiesen werden.

„Die Prüfung der Taufanwärter ist nicht immer so auf die tatsächliche Nachfolge Christi ausgerichtet, wie es sein sollte. Es geht nicht nur darum, den Namen Siebenten-Tags-Adventist anzunehmen, sondern sich wirklich auf die Seite des Herrn zu stellen und sich von weltlichen Zielen und Verhaltensweisen zu lösen. Vor der Taufe sollte mit den Taufbewerbern über ihre Glaubenserfahrung gesprochen werden. Fragen dazu sollten nicht formal und distanziert, sondern verständnisvoll und freundlich gestellt werden, denn Christus ist das Lamm Gottes, das die Sünden der Welt wegnimmt. Die Taufbewerber sind mit den Verpflichtungen vertraut zu machen, die sich aus der Heilsbotschaft für ihr Leben ergeben." (*Testimonies for the Church*, Band 6, S. 95f.)

„Sie können aufgenommen werden, wenn deutlich wird, dass sie verstanden haben, was es bedeutet, auf der Seite des Herrn zu stehen." (*Testimonies to Ministers*, S. 128)

Das Taufbekenntnis erfolgt öffentlich

Die Gemeinde hat ein Recht darauf, die Glaubenserkenntnis und die Haltung des Einzelnen kennen zu lernen, der in die Gemeinde aufgenommen werden möchte. Daher ist es angebracht, dem Taufbewerber vor der Taufe – möglichst vor der Gemeinde – Fragen zu stellen. Erweist sich das als undurchführbar, sollte diese Befragung vor dem Gemeindeausschuss erfolgen bzw. vor einem Ausschuss, der vom Gemeindeausschuss damit beauftragt wurde, z. B. dem Ältestenrat.

Dieser Ausschuss muss der Gemeinde vor der Taufe das Ergebnis der Befragung mitteilen. Wenn diese Alternative gewählt wird, sollte dem Taufbewerber Gelegenheit gegeben werden, öffentlich vor der Gemeinde zu bekunden, dass er sich ihr anschließen, sich für sie einsetzen und von ihr aufgenommen werden möchte.

Der Taufunterricht und die Taufbestätigung
Die Gemeinschaft stellt Unterrichtsmaterial für den Taufunterricht zur Verfügung, in dem die Glaubensüberzeugungen und das Taufbekenntnis in einer für die Taufvorbereitung geeigneten Form enthalten sind. Eine Taufbestätigung mit dem Taufbekenntnis soll allen überreicht werden, die sich durch die Taufe der Gemeinschaft anschließen möchten. Glieder, die durch das Bekenntnis ihres Glaubens in die Gemeinde aufgenommen wurden, sollen eine entsprechende Bestätigung erhalten.

Die Glaubensüberzeugungen (siehe Kapitel 3, Seite 37ff.) wurden auch für den Taufunterricht formuliert. Jeder Taufbewerber sollte sie kennen und in seinem Leben deutlich werden lassen, dass er mit dem übereinstimmt, was Siebenten-Tags-Adventisten lehren, denn „an ihren Früchten sollt ihr sie erkennen" (Mt 7,16.20).

Zur Unterweisung der zukünftigen Gemeindeglieder bietet das *Handbuch für Prediger* zusätzliche Hilfen an.

Das Taufbekenntnis und die Taufe

Taufbewerber oder diejenigen, die auf das Bekenntnis ihres Glaubens hin aufgenommen werden wollen, sollen vor der Gemeinde oder einem ordnungsgemäß eingesetzten Ausschuss (siehe oben) bestätigen, dass sie die Lehren und die Glaubensüberzeugungen der Gemeinschaft der Siebenten-Tags-Adventisten annehmen. Die folgenden Fragen, die mündlich oder durch Aufheben der Hand beantwortet werden können, sollten sinngemäß vom Prediger bzw. vom Ältesten gestellt werden.

Die Fragen an die Taufbewerber
1. Glaubst du an den einen Gott, der sich von Ewigkeit her in der Person von Vater, Sohn und Heiligem Geist offenbart?
2. Glaubst du, dass Jesus Christus am Kreuz von Golgatha gestorben ist zur Versöhnung für deine Sünden und die aller Menschen, und glaubst du, dass du aufgrund der Gnade Gottes durch den Glauben an sein vergossenes Blut von Sünde und Strafe erlöst bist?

3. Nimmst du Jesus Christus als deinen Herrn und persönlichen Retter an und glaubst du, dass Gott dir in Christus deine Sünden vergeben und dir ein neues Herz geschenkt hat? Lehnst du die sündhaften Wege der Welt ab?
4. Nimmst du im Glauben die Gerechtigkeit Christi, deines Fürsprechers im himmlischen Heiligtum, an? Nimmst du seine Verheißung in Anspruch, dir die umwandelnde Kraft seiner Gnade zu schenken? Möchtest du dich von Christus in deinem privaten und gesellschaftlichen Leben leiten lassen und so ein von der Liebe Christi gekennzeichnetes Leben führen?
5. Glaubst du, dass die Bibel das inspirierte Wort Gottes ist und für den Christen die einzige Richtschnur seines Glaubens und Handelns darstellt? Bist du bereit, regelmäßig zu beten und die Bibel zu lesen?
6. Anerkennst du die Zehn Gebote, die das Wesen Gottes darstellen und seinen Willen offenbaren? Willst du in der Kraft des innewohnenden Christus nach diesen Geboten leben, einschließlich des vierten Gebotes, das uns auffordert, den siebenten Tag der Woche als Sabbat des Herrn und Gedenktag seiner Schöpfung zu heiligen?
7. Freust du dich auf das baldige Kommen Jesu und hoffst du darauf, dass dann unser vergänglicher Körper in einen unvergänglichen verwandelt wird? Bist du bereit, deinen Fähigkeiten entsprechend die Liebe Jesu anderen Menschen zu bezeugen und sie mit ihm bekannt zu machen, damit auch sie sich auf sein Kommen vorbereiten können?
8. Glaubst du, was die Bibel über die Gaben des Geistes lehrt, und glaubst du, dass die Gabe der Weissagung ein Kennzeichen der Übrigen ist?
9. Bist du überzeugt, dass Gemeindeorganisation notwendig ist und bist du bereit, die Gemeinde bzw. die Gemeinschaft durch deinen persönlichen Einsatz und Einfluss sowie durch Zehnten und Gaben zu unterstützen?
10. Glaubst du, dass dein Körper „ein Tempel des Heiligen Geistes" ist (1 Kor 6,19)? Bist du bereit, Gott zu ehren, indem du auch mit deinem Körper verantwortungsvoll umgehst, schädliche Dinge meidest und dich von allen unreinen Speisen enthältst und ebenso von dem Genuss, der Herstellung und dem Verkauf von Alkohol und Tabak für den menschlichen Gebrauch sowie dem Missbrauch und der Verbreitung von Rauschmitteln und anderen Drogen?

11. Kennst und verstehst du die grundlegenden biblischen Prinzipien, wie sie die Gemeinschaft der Siebenten-Tags-Adventisten lehrt? Willst du mit Gottes Hilfe seinen Willen tun und nach biblischen Grundsätzen leben?
12. Anerkennst du die neutestamentliche Lehre von der Taufe durch Untertauchen und möchtest du so getauft werden, um damit öffentlich dein Vertrauen zu Christus und seiner Vergebung deiner Schuld zu bezeugen?
13. Anerkennst und glaubst du, dass die Gemeinschaft der Siebenten-Tags-Adventisten die Kennzeichen der Übrigen der biblischen Endzeit-Prophetie trägt[1] und dass in diese Gemeinde Menschen aus allen Nationen, Rassen und Sprachen aufgenommen werden sollen? Ist es dein Wunsch, in eine Ortsgemeinde dieser weltweiten Gemeinschaft aufgenommen zu werden?

Alternativer Vorschlag für das Taufbekenntnis

1. Nimmst du Jesus Christus als deinen persönlichen Heiland und Herrn an und möchtest du in enger Beziehung zu ihm leben?
2. Nimmst du die Lehren der Bibel an, wie sie in den Glaubensüberzeugungen der Siebenten-Tags-Adventisten zum Ausdruck kommen, und möchtest du dich mit Gottes Hilfe in deinem Leben nach den Weisungen des Wortes Gottes richten?
3. Möchtest du getauft werden und damit deinen Glauben an Jesus Christus öffentlich bezeugen? Möchtest du in die Gemeinschaft der Siebenten-Tags-Adventisten aufgenommen werden und die Gemeinde und ihren Auftrag als ein treuer Haushalter mit deinem Einfluss, deiner Mitarbeit und mit deinen Zehnten und Gaben unterstützen?

Die Taufurkunde mit dem Taufbekenntnis

Die Taufurkunde, die das neue Gemeindeglied erhält, wird so gestaltet, dass es durch seine Unterschrift die Zustimmung zum Ausdruck bringen kann. Nach der Taufe wird die Urkunde mit dem Bekenntnis dem neuen Gemeindeglied ausgehändigt. Das Taufbekenntnis lautet wie folgt:

---

[1] Wörtlich: „Anerkennst und glaubst du, dass die Kirche der Siebenten-Tags-Adventisten die Gemeinde der Übrigen nach der biblischen Prophetie ist?" Die obige sinngenaue Übersetzung wurde gewählt, weil die wörtliche Wiedergabe in der deutschen Sprache einen Exklusivanspruch impliziert, den die Siebenten-Tags-Adventisten nicht erheben. Siehe Glaubensüberzeugungen, Artikel 11 und 12 und Jan Paulsen, Präsident der Generalkonferenz, in „Die theologische Landschaft der Adventgemeinde", „4. Das Konzept der ‚Übrigen'", *Adventecho*-Extra, Dezember 2002, S. III: „Ich glaube, wir waren immer aufrichtig, wenn wir festgestellt haben, dass Gott nicht unser Eigentum ist und wir nicht beanspruchen, seine Exklusivfamilie zu sein."

1. Ich glaube an den einen Gott, der sich von Ewigkeit her in der Person von Vater, Sohn und Heiligem Geist offenbart hat.
2. Ich glaube, dass Jesus Christus am Kreuz von Golgatha gestorben ist zur Versöhnung für meine Sünden und die aller Menschen. Ich glaube, dass ich aufgrund der Gnade Gottes durch den Glauben an sein vergossenes Blut von Sünde und Strafe erlöst bin.
3. Ich nehme Jesus Christus als meinen Herrn und persönlichen Retter an und glaube, dass Gott mir in Christus meine Sünden vergeben und mir ein neues Herz geschenkt hat. Ich lehne die sündhaften Wege der Welt ab.
4. Ich nehme im Glauben die Gerechtigkeit Christi, meines Fürsprechers im himmlischen Heiligtum, an. Ich nehme seine Verheißung in Anspruch, mir die umwandelnde Kraft seiner Gnade zu schenken. Ich möchte mich von Christus in meinem privaten und gesellschaftlichen Leben leiten lassen und so ein von Liebe Christi gekennzeichnetes Leben führen.
5. Ich glaube, dass die Bibel das inspirierte Wort Gottes ist und die einzige Richtschnur für den Glauben und das Handeln eines Christen darstellt. Ich will regelmäßig beten und die Bibel lesen.
6. Ich anerkenne die Zehn Gebote, die das Wesen Gottes darstellen und seinen Willen offenbaren. Ich möchte in der Kraft des innewohnenden Christus nach diesen Geboten leben, einschließlich des vierten Gebotes, das uns auffordert, den siebenten Tag der Woche als Sabbat des Herrn und Gedenktag seiner Schöpfung zu heiligen.
7. Ich freue mich auf das baldige Kommen Jesu und hoffe darauf, dass dann unser vergänglicher Körper in einen unvergänglichen verwandelt wird. Ich bin bereit, meinen Fähigkeiten entsprechend die Liebe Jesu anderen Menschen zu bezeugen und sie mit ihm bekannt zu machen, damit auch sie sich auf sein Kommen vorbereiten können.
8. Ich glaube, was die Bibel über die Gaben des Geistes lehrt, und dass die Gabe der Weissagung ein Kennzeichen der Übrigen ist.
9. Ich bin überzeugt, dass Gemeindeorganisation notwendig ist, und bin bereit, die Gemeinde bzw. die Gemeinschaft durch meinen persönlichen Einsatz und Einfluss sowie durch Zehnten und Gaben zu unterstützen.
10. Ich glaube, dass mein Körper „ein Tempel des Heiligen Geistes" ist (1 Kor 6,19). Ich bin bereit Gott zu ehren und mit meinem Körper verantwortungsvoll umzugehen, schädliche Dinge zu meiden und mich aller unreinen Speisen zu enthalten und ebenso von dem

Genuss, der Herstellung und dem Verkauf von Alkohol und Tabak für den menschlichen Gebrauch sowie dem Missbrauch und der Verbreitung von Rauschmitteln und anderen Drogen.

11. Ich kenne und verstehe die grundlegenden biblischen Prinzipien, wie sie die Gemeinschaft der Siebenten-Tags-Adventisten lehrt. Mit Gottes Hilfe will ich seinen Willen tun und nach biblischen Grundsätzen leben.
12. Ich anerkenne die neutestamentliche Lehre von der Taufe durch Untertauchen und möchte so getauft werden, um damit öffentlich mein Vertrauen zu Christus und seine Vergebung meiner Schuld zu bezeugen.
13. Ich anerkenne und glaube, dass die Gemeinschaft der Siebenten-Tags-Adventisten die Kennzeichen der Übrigen der biblischen Endzeit-Prophetie trägt [2] und dass in diese Gemeinde Menschen aus allen Nationen, Rassen und Sprachen aufgenommen werden sollen.

Die Zustimmung der Gemeinde zur Taufe

Wenn Taufbewerber die Fragen vor der Gemeinde zustimmend beantwortet haben oder vor einem dafür zuständigen Ausschuss und die Gemeinde davon in Kenntnis gesetzt wurde, soll die Gemeindeversammlung der Taufe und Aufnahme in die Gemeinde zustimmen. Die Taufhandlung sollte dann so bald wie möglich durchgeführt werden.

Taufbewerber, die der Gemeinde nicht bekannt sind

Bereitet ein Evangelist Menschen auf die Taufe vor, sollte er den Prediger oder Ältesten zu seinem Unterricht einladen, damit sie einander kennen lernen. Derartige Kontakte werden es der Gemeinde leichter machen, die neuen Geschwister aufzunehmen.

Dieses Verfahren gilt jedoch nicht für isoliert lebende Gläubige, die in die Vereinigungsgemeinde (Gemeinde für entfernt lebende Glieder) aufgenommen werden möchten.

Die Taufhandlung

Diakone und Diakoninnen treffen die notwendigen Vorbereitungen zur Taufhandlung (siehe S. 91 und 92) und helfen z. B. beim Betreten und Verlassen des Taufbeckens. Die Diakoninnen kümmern sich um die weiblichen Taufkandidaten. Geeignete Taufkleider sollten zur Verfügung gestellt werden, vorzugsweise aus schwerem Material. Sollte das nicht möglich sein, ist darauf zu achten, dass sich die Taufbewer-

---

[2] Siehe die Fußnote auf Seite 64.

ber angemessen kleiden. Nach der Taufhandlung werden die neuen Glaubensgeschwister durch den Prediger oder den Gemeindeältesten im Namen der gesamten Gemeinde herzlich willkommen geheißen.

Ordentliche Mitgliedschaft

Alle Gemeindeglieder sind als ordentliche Mitglieder zu betrachten, solange sie nicht unter disziplinarische Maßnahmen (korrigierende Seelsorge) gestellt worden sind (siehe Kapitel 14, S. 240-242).

Wenn Glieder in eine andere Gemeinde wechseln

Die Überweisung von Gemeindegliedern

Wenn ein Gemeindeglied umzieht, sollte der Gemeindeschreiber (ggf. über die Vereinigung) veranlassen, dass der für den neuen Wohnort zuständige Prediger das Gemeindeglied besucht, um die Aufnahme in die neue Gemeinde vorzubereiten. Der Gemeindeschreiber der bisherigen Gemeinde sollte das Gemeindeglied informieren, dass die neue Anschrift dem für den neuen Wohnort zuständigen Prediger mitgeteilt wird.

Wechselt ein Gemeindeglied länger als sechs Monate seinen Wohnsitz, so sollte es die Aufnahme in einer seinem neuen Wohnort nahe gelegenen Gemeinde so bald wie möglich beantragen. In isolierten Gebieten ohne Gemeinde sollte der Antrag um Aufnahme in die Vereinigungsgemeinde gestellt werden.

Der Gemeindebrief gilt vom Datum der Ausstellung an sechs Monate. Er verfällt, wenn nicht innerhalb dieser Zeit über die Aufnahme entschieden wird.

Das Ausstellen von Gemeindebriefen

Der Gemeindebrief ist von der überweisenden Gemeinde auszustellen. Ein Gemeindebrief wird beim Schreiber der Gemeinde beantragt, der man sich anschließen möchte. Dieser leitet den Antrag an den Schreiber der bisherigen Gemeinde weiter, der ihn seinem zuständigen Pastor oder Gemeindeältesten übergibt. Der Antrag wird dem Gemeindeausschuss vorgelegt. Nach entsprechender Beratung wird der Gemeinde die Ausstellung des Gemeindebriefes empfohlen oder nicht empfohlen (dazu mehr im Folgenden, siehe auch die Seiten 248 und 263).

Die entsprechende Empfehlung teilt der Prediger oder der Gemeindeälteste der Gemeinde ein erstes und nach einer Woche ein zweites

Mal mit. Danach erfolgt die Abstimmung durch die Gemeinde. Der Zeitraum von einer Woche gibt jedem Gemeindeglied die Möglichkeit, bei triftigen Gründen Einspruch zu erheben. Diese Gründe werden nicht öffentlich erörtert, sondern dem Prediger oder Gemeindeältesten vertraulich mitgeteilt. Sie haben den Gemeindeausschuss erneut einzuberufen, um die Einwände zu prüfen.

Wer Einspruch erhebt, sollte Gelegenheit erhalten, seine Einwände vor dem Ausschuss zu erläutern. Sind diese Einwände nicht stichhaltig, so sollte darauf hingewirkt werden, sie zurückzunehmen. Sind sie aber begründet, sollte der Gemeindeausschuss die Sache sorgfältig prüfen. In solchen Fällen wird das Ausstellen des Gemeindebriefes solange zurückgestellt, bis die Angelegenheit zufrieden stellend geklärt ist.

Stellt sich heraus, dass der Einspruch aufgrund gestörter persönlichen Beziehungen gemacht wurde, so sollte alles versucht werden, um eine Aussöhnung der Betreffenden herbeizuführen. Handelt es sich aber um offensichtliches Fehlverhalten, so ist zu überlegen, ob Maßnahmen der korrigierenden Seelsorge angebracht sind. Ist der Betreffende im Glauben untreu oder gleichgültig geworden, so sollte alles getan werden, ihn zurückzugewinnen.

Der Gemeindeschreiber stellt den Gemeindebrief aus

Wenn die Gemeinde der Ausstellung eines Gemeindebriefes zugestimmt hat, füllt der Schreiber das dafür übliche Formular aus und sendet es an den Schreiber der Gemeinde, der sich das Gemeindeglied anschließen möchte.

Der Gemeindeschreiber der aufnehmenden Gemeinde übergibt den Gemeindebrief dem Prediger oder Gemeindeältesten, der ihn zunächst dem Gemeindeausschuss zur Empfehlung vorlegt.

Im nächsten Gottesdienst wird die Bitte um Aufnahme der ganzen Gemeinde vorgetragen. Eine Woche später wird daraufhin endgültig durch die Gemeinde über die Aufnahme des betreffenden Gliedes abgestimmt. Sein Name und das Datum der Aufnahme wird dann vom Schreiber in die Gemeindeliste eingetragen. Außerdem füllt dieser den Rückantwortteil des Gemeindebriefes aus, auf dem er die Aufnahme in die Ortsgemeinde bestätigt, und sendet ihn an den Schreiber der Gemeinde zurück, aus der das Glied überwiesen wurde (siehe S. 94).

Eine andere Methode zur Überweisung vom Gemeindegliedern

Eine Division kann andere Methoden zur Überweisung von Gemeindegliedern von einer Gemeinde in eine andere innerhalb ihres Zuständigkeitsbereiches festlegen. Wenn aber ein Gemeindeglied in eine Gemeinde einer anderen Division überwiesen werden will, sind die Regeln unter „Das Ausstellen von Gemeindebriefen" zu beachten (siehe S. 67f.).

Die Mitgliedschaft während der Zeit der Überweisung

Solange die Bestätigung der Aufnahme in die neue Gemeinde nicht eingetroffen ist, darf kein überwiesenes Glied aus der Gemeindeliste gestrichen werden. Auf keinen Fall darf es vom Schreiber, der einen Gemeindebrief ausstellt, aus der Gemeindeliste gestrichen werden, bevor nicht die Bestätigung der Aufnahme in die neue Gemeinde eingetroffen ist. Sonst wäre das Glied während der Zeit der Überweisung ohne Gemeindezugehörigkeit. Das sollte niemals geschehen.

Gemeindeschreiber, Gemeindeälteste, Prediger und Vereinigungsvorsteher sind dafür verantwortlich, dass das hier beschriebene Überweisungsverfahren in allen Gemeinden einheitlich angewendet wird.

Wenn die Aufnahme von Gliedern durch äußere Umstände behindert wird

Äußere Umstände können dazu führen, dass aus der Gemeinde, aus der das Glied kommt, keine Nachricht zu erhalten ist und auch keine Verbindung zu ihr hergestellt werden kann. In solchen Fällen sollte die um Aufnahme gebetene Gemeinde nach Beratung mit der Vereinigung das Glied, nachdem sie es kennen gelernt hat, durch das Bekenntnis seines Glaubens aufnehmen. Wenn es später möglich wird, mit der bisherigen Gemeinde Kontakt aufzunehmen, sollte sie durch die neue Gemeinde schriftlich über die Aufnahme informiert werden.

Das Führen der Gliederliste

Am Ende eines Vierteljahres oder eines Jahres, wenn die Gemeindeberichte zusammengestellt werden, sind alle Gemeindeglieder, für die Gemeindebriefe versandt wurden, deren Aufnahmebestätigung aber noch nicht vorliegt, ihrer bisherigen Gemeinde zuzurechnen.

Wenn die Aufnahmebestätigung eingegangen ist, wird der Name des betreffenden Gliedes aus der Gemeindeliste seiner bisherigen Gemeinde gestrichen und es wird im nächsten Vierteljahresbericht dort nicht mehr als Glied gezählt. Stattdessen wird die aufnehmende Gemeinde das neue Glied in ihre Gemeindeliste eintragen und im nächsten Vierteljahresbericht aufführen.

Wenn ein Glied nicht aufgenommen wird

Die Gemeinde, an die ein Gemeindebrief gerichtet wird, ist verpflichtet, das betreffende Gemeindeglied aufzunehmen, es sei denn, sie hat einen triftigen Grund, ihm die Aufnahme zu verweigern.

Falls sie das Glied nicht aufnimmt, muss der Gemeindeschreiber den Gemeindebrief an die überweisende Gemeinde zurückschicken zusammen mit einer klaren Darlegung der Gründe für die Weigerung.

Das nicht aufgenommene Glied gehört dann weiterhin zu der Gemeinde, aus der es kommt. Es sollte zusammen mit dieser Gemeinde versuchen, alle Fragen zu klären, die seiner Aufnahme in die neue Gemeinde entgegenstehen.

Keine Gemeindebriefe für Glieder, die unter korrigierender Seelsorge stehen

Für Gemeindeglieder, die unter korrigierender Seelsorge stehen, darf auf keinen Fall ein Gemeindebrief ausgestellt werden. Das verstößt gegen den Sinn der „Goldenen Regel" (siehe Mt 7,12).

Gemeindebriefe nur bei ordentlicher Mitgliedschaft

Gemeindebriefe werden nur für Glieder bei ordentlicher Mitgliedschaft ausgestellt. Auf Gemeindebriefen sind keine wertenden Bemerkungen zulässig. Wenn ein Gemeindeglied, das seine Heimatgemeinde verlässt, im Glauben untreu oder gleichgültig geworden ist, kann der Gemeindeälteste sich, bevor ein Gemeindebrief ausgestellt wird, mit dem Ältesten der aufnehmenden Gemeinde in Verbindung setzen und beraten, ob der Gemeindebrief ausgestellt werden kann.

Kein Gemeindebrief ohne Zustimmung des betreffenden Gliedes

Weder die Ausstellung eines Gemeindebriefes durch eine Gemeinde noch die Aufnahme durch eine andere Gemeinde dürfen gegen den Willen des Gemeindegliedes erfolgen.

Die Zugehörigkeit zur Gemeinde ist eine persönliche Verbindung des einzelnen mit dem Leib Christi. Die Gemeinde muss dies anerkennen und alles vermeiden, was nach Willkür aussehen könnte. Andererseits gehört es zur Verantwortung eines jeden Gliedes, zum Wohl der Gemeinde beizutragen und diese vor Problemen zu bewahren, die durch ihre ständige Abwesenheit entstehen. Im Falle eines Umzuges sollte es daher die Aufgabe der Gemeinde erleichtern, indem es selbst um Überweisung durch Gemeindebrief bittet.

Wenn bei der Delegiertenversammlung einer Vereinigung eine ganze Gemeinde aus der Gemeinschaft ausgeschlossen wird, ist darauf zu achten, dass die Zugehörigkeit treuer Glieder dieser Gemeinde zur Gemeinschaft sichergestellt bleibt. Darum müssen alle Glieder der ausgeschlossenen Gemeinde vorläufig an die Vereinigungsgemeinde überwiesen werden – außer denen, die dies ausdrücklich nicht wollen. Für die Glieder, die diese Überweisung verweigern, erlischt die Zugehörigkeit zur Gemeinschaft der Siebenten-Tags-Adventisten mit dem Ausschluss dieser Gemeinde.

Die Vereinigungsgemeinde hat das Recht, den treuen Gliedern Gemeindebriefe auszustellen, wohin sie das wünschen, und mit den anderen Gliedern so zu verfahren, wie es die *Gemeindeordnung* erfordert (siehe S. 265).

Der Gemeindeausschuss darf keine Gemeindebriefe ausstellen

Der Gemeindeausschuss hat nicht das Recht, Gemeindebriefe auszustellen oder Glieder aus anderen Gemeinden auf ihren Gemeindebrief hin aufzunehmen. Seine Befugnis beschränkt sich darauf, der Gemeinde Empfehlungen zu geben. Ob ein Gemeindeglied überwiesen bzw. aufgenommen werden soll oder nicht, entscheidet die ganze Gemeinde (siehe S. 67f., 88). Dementsprechend darf der Gemeindeschreiber auch nur nach Abstimmung der Gemeinde Namen von der Gemeindeliste streichen oder in sie eintragen. Nur im Todesfall ist keine Abstimmung durch die Gemeinde nötig. Der Name ist mit dem Vermerk des Sterbedatums zu streichen.

Die Vereinigungsgemeinde

Die Vereinigungsgemeinde wird organisiert, um Gemeindegliedern, die so abgelegen wohnen, dass sie sich keiner Ortsgemeinde anschließen können, die Möglichkeit der Verbindung mit der Gemeinschaft der Siebenten-Tags-Adventisten zu bieten.

Alte und behinderte Glieder, die in erreichbarer Nähe einer Ortsgemeinde wohnen, sind in diese Ortsgemeinde aufzunehmen. Für sie ist eine Aufnahme in die Vereinigungsgemeinde nicht möglich, denn sie kann nicht die Stelle einer Ortsgemeinde einnehmen. Es ist die Pflicht und die Aufgabe der Ortsgemeinde, auch ihre entfernt wohnenden Glieder zu betreuen.

Obwohl die gewählten Verantwortungsträger der Vereinigungsdienststelle zugleich verantwortlich für die Vereinigungsgemeinde sind, sollten sie sich doch der Ortsgemeinde anschließen, in deren Bezirk sie wohnen. Die Vereinigungsgemeinde ist nicht dazu gedacht, den Mitarbeitern der Vereinigung die Heimatgemeinde zu ersetzen.

Auch Prediger und andere Angestellte der Gemeinschaft sollten sich der Ortsgemeinde anschließen, in deren Bezirk sie ihren Wohnsitz haben.

Der Vereinigungsvorsteher ist der verantwortliche Älteste der Vereinigungsgemeinde. Die Aufgaben des Gemeindeschreibers und Schatzmeisters werden vom Vereinigungssekretär bzw. -schatzmeister übernommen. Der Vereinigungsausschuss übernimmt die Aufgaben des Gemeindeausschusses. Er ernennt auch die Abgeordneten, die die Vereinigungsgemeinde in der Delegiertenversammlung vertreten.

Organisierte Gruppen

Wo mehrere entfernt wohnender Glieder nahe genug beieinander leben, können sie sich als Gruppe für Gemeinschaft und Gottesdienst zusammenschließen mit dem Ziel, zu wachsen und eine Gemeinde zu gründen.

Diese Gläubigen können als Gruppe durch Beschluss des Vereinigungsausschusses organisiert oder aufgelöst werden. Wenn der Vereinigungsausschuss der Bildung einer solchen Gruppe zustimmt, wird sie durch den Bezirksprediger oder einen anderen vom Vereinigungsausschuss damit beauftragten Prediger gegründet. Dieser ernennt nach Beratung mit den getauften Gliedern der Gruppe einen Gruppenleiter und einen Schatzmeister.

Alle anderen Verantwortungsträger, wie z. B. Sabbatschul-, Missions- und Jugendleiter werden auf einer Versammlung von den getauften Gliedern dieser Gruppe durch Abstimmung gewählt. Den Vorsitz dieser Versammlung führt der Bezirksälteste oder eine vom Vereinigungsausschuss beauftragte Person.

Der Leiter einer solchen Gruppe soll nicht ordiniert werden. Er ist nicht berechtigt, Aufgaben wahrzunehmen, die einem eingesegneten Gemeindeältesten vorbehalten sind. Wo es aber ratsam ist, kann der Vereinigungsausschuss eine erfahrene Person als Ältesten für diese Gruppe einsetzen.

Der Schatzmeister der Gruppe muss über alle empfangenen und ausgegebenen Gelder sorgfältig Bericht führen. Er hat jeden Monat zu dem von der Vereinigung festgesetzten Termin alle Gaben, die nicht für die Belange der örtlichen Gruppe bestimmt sind, sowie alle Zehnten an den Vereinigungsschatzmeister zu überweisen.

Da alle getauften Gemeindeglieder einer Gruppe gleichzeitig Glieder der Vereinigungsgemeinde sind, hat die Gruppe nicht das Recht,

Maßnahmen im Sinne der korrigierenden Seelsorge zu beschließen. Solche Angelegenheiten sind dem Vereinigungsausschuss zuzuweisen, denn dieser ist gleichzeitig der Ausschuss der Vereinigungsgemeinde und sein Vorsitzender, der Vereinigungsvorsteher, ist auch der Älteste der Vereinigungsgemeinde.

Eine Gruppe von Gläubigen sollte wachsen und sich so weit entwickeln, dass sie schließlich zu einer ordnungsgemäßen Gemeinde organisiert werden kann. Die Gruppenleitung sollte deshalb alle Pläne und Aktivitäten unterstützen und fördern, die üblicherweise von Gemeinden angestrebt und durchgeführt werden. Auf diese Weise werden die Glieder der Gruppe auf die größere Verantwortung, die mit der Organisation einer Gemeinde verbunden ist, vorbereitet.

Einzelheiten zur Aufnahme von Gliedern und zum Entzug der Mitgliedschaft

Die Aufnahme von Gliedern auf das Bekenntnis ihres Glaubens

Unter folgenden Umständen werden Personen, die die Glaubensüberzeugungen der Siebenten-Tags-Adventisten angenommen haben, durch das Bekenntnis ihres Glaubens in die Gemeinde aufgenommen:
1. Ein Christ, der aus einer anderen christlichen Gemeinschaft kommt und durch Untertauchen getauft wurde, so wie es in der Gemeinschaft der Siebenten-Tags-Adventisten praktiziert wird (siehe S. 60).
2. Ein Glied der Gemeinschaft der Siebenten-Tags-Adventisten, das wegen äußerer Umstände keinen ordnungsgemäßen Gemeindebrief seiner Heimatgemeinde erhalten kann (siehe S. 69).
3. Ein Glied der Gemeinschaft der Siebenten-Tags-Adventisten, dessen Antrag auf Überweisung von der Gemeinde, aus der es kommt, nicht beantwortet wurde und bei dem auch die Einschaltung der zuständigen Vereinigungen zu keinem Ergebnis geführt hat.
4. Ein ehemaliges Gemeindeglied, dessen Mitgliedschaft gestrichen wurde, weil es die Gemeinde verlassen hat oder die Verbindung zur Gemeinde verloren ging, das aber seine Beziehung zu Christus aufrecht erhalten hat.

Bei der Aufnahme von ehemaligen Gemeindegliedern ist Sorgfalt nötig. Es gibt Beispiele dafür, dass Personen, denen die Mitgliedschaft in einer Gemeinde entzogen wurde, sich danach von einer anderen Gemeinde auf das Bekenntnis ihres Glaubens wieder aufnehmen lassen wollten. Wenn jemand auf das Bekenntnis seines Glaubens aufgenommen werden möchte, sollte die Gemeinde sich gewissenhaft nach seinem Werdegang erkundigen. Hierbei sollte der Vereinigungsvorsteher zurate gezogen und um Hilfe gebeten werden. Die Erkundigungen sollten ohne zeitlichen Druck so gründlich wie nötig durchgeführt werden, um den Sachverhalt zu klären.

Falls jemand auf das Bekenntnis seines Glaubens aufgenommen werden möchte und sich herausstellt, dass er noch einer anderen Gemeinde unserer Gemeinschaft angehört, so darf er erst dann aufgenommen werden, wenn ihm die Gemeinde, der er angehört, einen Gemeindebrief ausgestellt hat (siehe S. 67). Weigert sich die Gemeinde, das zu tun, kann sich der Betreffende an den zuständigen Vereinigungsausschuss wenden. Die Gemeinde, der er angehört, oder der für diese Gemeinde zuständige Vereinigungsausschuss haben das Recht zu entscheiden, ob ihm ein Gemeindebrief ausgestellt werden kann. Dadurch soll der Weg zur Vergebung und Bereinigung geebnet werden und es soll vermieden werden, dass die Gemeindezugehörigkeit zur bloßen Formsache wird. Keine Gemeinde hat das Recht, eine Überweisung abzulehnen, es sei denn, das Gemeindeglied steht unter korrigierender Seelsorge.

Ein Glied, dem die Mitgliedschaft entzogen wurde, wird normalerweise erst nach einer erneuten Taufe wieder aufgenommen (siehe auch S. 76 und 242).

Das Streichen von Namen aus der Gemeindeliste

Bei einem Gemeindewechsel oder bei Entzug der Mitgliedschaft dürfen Namen von Gemeindegliedern erst dann von der Gemeindeliste gestrichen werden, wenn die Gemeinde darüber abgestimmt hat. Verstorbene Glieder werden ohne Beschluss der Gemeinde gestrichen. (Siehe S. 93f.)

Wenn ein Gemeindeglied aus der Gemeinde austritt, so ist dies der Gemeinde bekannt zu geben. Danach wird der Name von der Liste gestrichen (siehe S. 246).

Die Gemeindeliste ist zeitaktuell zu führen

Jede Gemeinde sollte nur eine Gemeindeliste führen. Veraltete Gliederlisten sind einzuziehen. Die Gemeindeliste muss die Namen aller Gemeindeglieder enthalten. Die Namen von Personen, die durch Überweisung per Gemeindebrief, auf das Bekenntnis ihres Glaubens hin oder durch Taufe um Aufnahme gebeten haben, sind erst in die Gemeindeliste einzutragen, wenn die Gemeinde darüber abgestimmt hat.

Die erneute Taufe

Eine erneute Taufe wird im Neuen Testament nur in einer einzigen Bibelstelle erwähnt (in Apg 19,1-7). Hier taufte der Apostel Paulus eine Gruppe von etwa zwölf Gläubigen noch einmal. Sie waren zuvor „auf die Taufe des Johannes" getauft worden, bei der es um die Buße ging. Die christliche Taufe ist zusätzlich verbunden mit einem klaren Verständnis des Evangeliums, der Lehren Jesu, mit persönlicher Hingabe an Jesus und dem Empfang des Heiligen Geistes. Aufgrund ihres erweiterten Verständnisses und ihrer neuer Hingabe war es für sie richtig, erneut getauft zu werden.

Gläubige aus anderen christlichen Kirchen und Freikirchen

Es kommt vor, dass Gläubige aus anderen christlichen Kirchen oder Freikirchen, die bereits durch Untertauchen getauft wurden und sich der Adventgemeinde anschließen wollen, aufgrund biblischer Aussagen eine erneute Taufe wünschen. Wie die folgenden Beispiele zeigen, kann niemand eine erneute Taufe von ihnen verlangen. Die Situation in Apostelgeschichte 19 war offensichtlich eine besondere, denn die Bibel berichtet, dass auch Apollos die Taufe des Johannes erhalten hatte (siehe Apg 18,25). Aber von ihm wird nicht gesagt, dass er erneut getauft wurde. Offenbar waren einige Apostel von Johannes getauft worden (siehe Joh 1,25-40), doch es gibt keinen biblischen Hinweis auf eine erneute Taufe.

Ellen G. White unterstützt eine erneute Taufe, wenn jemand, vom Geist geführt, zu wesentlichen neuen Erkenntnissen gekommen ist und darum eine erneute Taufe wünscht. Das entspricht dem Beispiel aus Apostelgeschichte 19. Christen, die zuvor eine Glaubenstaufe erlebt haben, sollten ihre eigene neue Erkenntnis bewerten und dann entscheiden, ob eine erneute Taufe für sie in Betracht kommt. Sie dürfen nicht dazu gedrängt werden.

„Dies [die erneute Taufe] ist ein Thema, zu dem jeder Einzelne seinen Standpunkt gewissenhaft in der Verantwortung vor Gott finden muss. Alles, was dazu gesagt wird, sollte sorgfältig, verständnisvoll und in Liebe geäußert werden. Nur Gott allein darf einen Menschen dazu drängen. Gebt Gott Gelegenheit, durch seinen Heiligen Geist auf die Gemüter einzuwirken, damit jeder Einzelne völlig überzeugt und befriedigt diesen weitreichenden Schritt tun kann." (*Evangelism*, S. 373)

Erneute Taufe bei Abfall vom Glauben

Obwohl es in der neutestamentlichen Gemeinde Abfall vom Glauben gab (siehe z. B. Hbr 6,4-6), berichtet die Heilige Schrift nicht von einer erneuten Taufe. Ellen G. White unterstützt eine erneute Taufe, wenn Gemeindeglieder vom Glauben abgefallen sind und so gelebt haben, dass die Glaubensüberzeugungen und Prinzipien der Gemeinde öffentlich in Misskredit gerieten. Wenn sie umkehren und wieder in die Gemeinde aufgenommen werden wollen, sollten sie ihren Neuanfang durch eine erneute Taufe bezeugen. (Siehe *Evangelism*, S. 189, 197)

„Der Herr fordert eine entschiedene Erneuerung. Wenn jemand wieder umkehrt, dann gebt ihm die Möglichkeit, auch erneut getauft zu werden. Er soll seinen Bund mit Gott erneuern und Gott erneuert seinen Bund mit ihm." (*Evangelism*, S. 375) Hier wird deutlich, dass es nicht nur um eine wiederholte Belebung des Glaubens geht, sondern um eine radikale Änderung des Lebens.

Unzulässige Erneuerung der Taufe

Auf der Grundlage der Heiligen Schrift und des Rates durch Ellen G. White kann eine erneute Taufe nur unter außergewöhnlichen Umständen und recht selten in Betracht gezogen werden. Wird sie wiederholt und unter emotionalen Eindrücken durchgeführt, schwächt das die Bedeutung der Taufe und zeugt von einem mangelnden Verständnis der Einzigartigkeit, die ihr nach der Heiligen Schrift zukommt. Ein Gemeindeglied, dessen Glaubensleben erkaltet ist, braucht den Geist der Reue, der zur Erneuerung und Veränderung führt. Auf diese Erfahrung folgt die Teilnahme an der Fußwaschung und am Abendmahl. Dadurch kommen die erneute Reinigung und die Gemeinschaft mit dem Leib Jesu zum Ausdruck. Eine erneute Taufe ist deshalb nicht erforderlich.

Richtig verstanden und gehandhabt, öffnet die Taufe die Tür zur Gemeinde. Die Taufe ist das Eintreten in die rettende Bundesgemeinschaft mit Christus; das dabei abgelegte Versprechen ist auf Dauer angelegt. Sie soll als freudige und feierliche Aufnahme in die Familie Gottes verstanden und erlebt werden.

Kapitel 7

Die Verantwortungsträger in der Gemeinde und ihre Aufgaben

Die Auswahl der Verantwortungsträger für die Gemeinde oder Vereinigung ist von Bedeutung, denn Arbeit und Atmosphäre einer Gemeinde hängen weitgehend von ihrer Leitung ab. Deshalb muss sorgfältig vorgegangen werden, wenn Gemeindeglieder für Aufgaben berufen werden. Auf folgende Voraussetzungen ist zu achten.

Die Voraussetzungen

Charakterliche Eignung

„Sieh dich aber unter dem ganzen Volk um nach redlichen Leuten, die Gott fürchten, wahrhaftig sind und dem ungerechten Gewinn feind. Die setze über sie als Oberste über Tausend, über Hundert, über Fünfzig und über Zehn." (2 Mo 18,21)

„Darum, ihr lieben Brüder, seht euch um nach sieben Männern in eurer Mitte, die einen guten Ruf haben und voll heiligen Geistes und Weisheit sind, die wir bestellen wollen zu diesem Dienst." (Apg 6,3)

„Auch außerhalb der Gemeinde muss er in gutem Ruf stehen; es darf nichts Belastendes gegen ihn vorgebracht werden können. Sonst kann ihm der Teufel daraus einen Strick drehen." (1 Tim 3,7 GNB)

„Was du von mir [Paulus] gehört hast vor vielen Zeugen, das befiehl treuen Menschen an, die tüchtig sind, auch andere zu lehren." (2 Tim 2,2)

Geistliche Eignung

„Das ist gewisslich wahr: Wenn jemand ein Bischofsamt begehrt, der begehrt eine hohe Aufgabe. Ein Bischof aber soll untadelig sein, Mann einer einzigen Frau, nüchtern, maßvoll, würdig, gastfrei, geschickt im Lehren, kein Säufer, nicht gewalttätig, sondern gütig, nicht streitsüchtig, nicht geldgierig, einer, der seinem eigenen Haus gut vorsteht und gehorsame Kinder hat in aller Ehrbarkeit. Denn wenn jemand seinem eigenen Haus nicht vorzustehen weiß, wie soll er für die Gemeinde Gottes sorgen? Er soll kein Neugetaufter sein, damit er sich nicht aufblase und dem Urteil des Teufels verfalle. Er muss aber auch einen guten Ruf haben bei denen, die draußen sind, damit er nicht geschmäht werde und sich nicht fange in der Schlinge des Teufels.

Desgleichen sollen die Diakone ehrbar sein, nicht doppelzüngig, keine Säufer, nicht schändlichen Gewinn suchen; sie sollen das Geheimnis des Glaubens mit reinem Gewissen bewahren. Und man soll sie zuvor prüfen und wenn sie untadelig sind, sollen sie den Dienst versehen. Desgleichen sollen ihre Frauen ehrbar sein, nicht verleumderisch, nüchtern, treu in allen Dingen. Die Diakone sollen ein jeder der Mann einer einzigen Frau sein und ihren Kindern und ihrem eigenen Haus gut vorstehen. Welche aber ihren Dienst gut versehen, die erwerben sich selbst ein gutes Ansehen und große Zuversicht im Glauben an Christus Jesus." (1 Tim 3,1-13)

„Niemand verachte dich wegen deiner Jugend; du aber sei den Gläubigen ein Vorbild im Wort, im Wandel, in der Liebe, im Glauben, in der Reinheit. Fahre fort mit Vorlesen, mit Ermahnen, mit Lehren ... Hab acht auf dich selbst und auf die Lehre; beharre in diesen Stücken! Denn wenn du das tust, wirst du dich selbst retten und die, die auf dich hören." (1 Tim 4,12.13.16)

„Deswegen ließ ich dich in Kreta, dass du vollends ausrichten solltest, was noch fehlt, und überall in den Städten Älteste einsetzen, wie ich dir befohlen habe: wenn einer untadelig ist, Mann einer einzigen Frau, der gläubige Kinder hat, die nicht im Ruf stehen, liederlich oder ungehorsam zu sein. Denn ein Bischof soll untadelig sein als ein Haushalter Gottes, nicht eigensinnig, nicht jähzornig, kein Säufer, nicht streitsüchtig, nicht schändlichen Gewinn suchen, sondern gastfrei, gütig, besonnen, gerecht, fromm, enthaltsam; er halte sich an das Wort der Lehre, das gewiss ist, damit er die Kraft habe, zu ermahnen mit der heilsamen Lehre und zurechtzuweisen, die widersprechen. Denn es gibt viele Freche, unnütze Schwätzer und Verführer, besonders die aus den Juden, denen man das Maul stopfen muss, weil sie ganze Häuser verwirren und lehren, was nicht sein darf, um schändlichen Gewinns willen." (Tit 1,5-11)

„Du aber rede, wie sich's ziemt nach der heilsamen Lehre ... Dich selbst aber mache zum Vorbild guter Werke, mit unverfälschter Lehre, mit Ehrbarkeit, mit heilsamem und untadeligem Wort, damit der Widersacher beschämt werde und nichts Böses habe, das er uns nachsagen kann." (Tit 2,1.7.8)

Die Gemeinde muss geführt und betreut werden

Der Apostel Paulus rief „die Ältesten der Gemeinde" zusammen und erteilte ihnen folgenden Rat: „So habt nun acht auf euch selbst und auf die ganze Herde, in der euch der heilige Geist eingesetzt hat zu Bischöfen, zu weiden die Gemeinde Gottes, die er durch sein eigenes Blut erworben hat. Denn das weiß ich, dass nach meinem Abschied reißende Wölfe zu euch kommen, die die Herde nicht verschonen werden. Auch aus eurer Mitte werden Männer aufstehen, die Verkehrtes lehren, um die Jünger an sich zu ziehen. Darum seid wachsam und denkt daran, dass ich drei Jahre lang Tag und Nacht nicht abgelassen habe, einen jeden unter Tränen zu ermahnen." (Apg 20,17.28.31)

„Die Ältesten unter euch ermahne ich, der Mitälteste und Zeuge der Leiden Christi, der ich auch teilhabe an der Herrlichkeit, die offenbart werden soll: Weidet die Herde Gottes, die euch anbefohlen ist; achtet auf sie, nicht gezwungen, sondern freiwillig, wie es Gott gefällt; nicht um schändlichen Gewinns willen, sondern von Herzensgrund; nicht als Herren über die Gemeinde, sondern als Vorbilder der Herde." (1 Ptr 5,1-3)

Die Arbeit der Prediger und Verantwortungsträger sollte in der Gemeinde geachtet und anerkannt werden

„Wir bitten euch aber, liebe Brüder, erkennt an, die an euch arbeiten und euch vorstehen in dem Herrn und euch ermahnen; habt sie umso lieber um ihres Werkes willen. Haltet Frieden untereinander." (1 Ths 5,12.13)

„Die Ältesten, die gut vorstehen, sollen doppelter Ehre gewürdigt werden, besonders die in Wort und Lehre arbeiten." (1 Tim 5,17 EB)

„Gedenkt an eure Lehrer, die euch das Wort Gottes gesagt haben; ihr Ende schaut an und folgt ihrem Glauben nach ... Gehorcht euren Lehrern und folgt ihnen, denn sie wachen über eure Seele – und dafür müssen sie Rechenschaft geben –, damit sie das mit Freuden tun und nicht mit Seufzen; denn das wäre nicht gut für euch." (Hbr 13,7.17)

„Die Gläubigen zu Thessalonich litten, weil einige unter ihnen fanatische Ideen und Lehren vertraten. Sie lebten unordentlich und arbeiteten nichts, sondern trieben unnütze Dinge (siehe 2 Ths 3,11). Die Gemeinde war ordnungsgemäß organisiert und Verantwortungsträger waren beauftragt worden, als Prediger und Diakone zu dienen. Aber es gab auch eigenwillige, aufsässige Glieder, die sich denen nicht unterordneten, die Verantwortung in der Gemeinde trugen. Sie beanspruchten nicht nur das Recht für sich, alles selbst beurteilen zu können, sondern sie wollten der Gemeinde ihre Ansicht aufdrängen. Deshalb ermahnte Paulus die Thessalonicher, die notwendige Achtung und Ehrerbietung denen entgegenzubringen, die gewählt worden waren, Verantwortung in der Gemeinde zu tragen (siehe V. 12.13)." (*The Acts of the Apostles*, S. 261f.)

„Viele erkennen nicht die Heiligkeit der Beziehung zur Gemeinde und sind nicht bereit, sich Beschränkungen zu unterwerfen und sich in eine Ordnung einzufügen. Ihre Handlungsweise zeigt, dass sie die eigene Meinung über das Urteil der Gesamtgemeinde stellen. Sie wollen sich selbst nicht zurücknehmen und erzeugen, um ihre Vorstellungen durchzusetzen, einen Geist der Opposition. Wer in der Gemeinde Verantwortung trägt, kann, wie auch andere Menschen, Fehler haben und sich in seinen Entscheidungen irren. Dennoch hat ihm die Gemeinde Christi auf Erden eine Vollmacht gegeben, die nicht geringgeschätzt werden darf." (*Testimonies for the Church*, Band 4, S. 17)

Niemand sollte vorschnell in eine Verantwortung gedrängt werden

„Immer wieder treffen wir Menschen an, denen die Verantwortung als Älteste in der Gemeinde vorschnell aufgedrängt wurde, obwohl sie nicht die Voraussetzungen für diese Aufgabe hatten. Da sie nicht genügend Selbstbeherrschung haben, üben sie keinen guten Einfluss aus. Die Gemeinde ist ständig in Unruhe durch die Art und Weise des Auftretens ihrer Leiter. Diese Männer sind zu früh ordiniert worden." (*Testimonies for the Church*, Band 4, S. 406f.)

„Der Apostel Paulus schreibt an Titus: ‚Deswegen ließ ich dich in Kreta, dass du vollends ausrichten solltest, was noch fehlt, und überall in den Städten Älteste einsetzen, wie ich dir befohlen habe: wenn einer untadelig ist, Mann einer einzigen Frau, der gläubige Kinder hat, die nicht im Ruf stehen, liederlich oder ungehorsam zu sein. Denn ein Bischof soll untadelig sein als ein Haushalter Gottes.' (Tit 1,5-7) Es wäre gut, wenn alle unsere Prediger diese Worte beachteten und nicht übereilt Männer zu einer Aufgabe beriefen, ohne reifliche Überlegung und ohne zuvor ernstlich zu Gott zu beten, damit er durch seinen Heiligen Geist zeige, wen er annimmt.

Der Apostel sagt unter Eingebung des Heiligen Geistes: ‚Die Hände lege niemandem zu bald auf.' (1 Tim 5,22) In manchen unserer Gemeinden schritt man zu schnell zur Einsetzung und Einsegnung von Ältesten; die biblischen Regeln wurden nicht beachtet und große Schwierigkeiten in der Gemeinde waren die Folge. Sollten Zweifel an der Eignung für diese Aufgabe bestehen, sollte nicht vorschnell gewählt und ordiniert werden." (*Testimonies for the Church*, Bd. 5, S. 16f.)

Wer nicht um Einheit bemüht ist, eignet sich nicht für eine Aufgabe

„Es gibt seit einiger Zeit Menschen unter uns, die behaupten, Diener Christi zu sein; was sie tun, untergräbt aber die Einheit, die unser Herr in der Gemeinde gestiftet hat. Sie folgen ihren eigenen Plänen und Vorgehensweisen. Sie möchten Veränderungen in der Gemeinde einführen, die ihren Vorstellungen von Fortschritt entsprechen, und sie glauben, auf diese Weise große Erfolge zu erzielen. Es wäre besser für sie, wenn sie in der Schule Christi Schüler und nicht Lehrer wären. Sie sind immer in Unruhe, bestrebt irgendetwas Großes zu vollbringen, etwas, das ihnen Ehre einbringt. Die wichtigste Lehre müssen sie erst noch lernen: Demut und Vertrauen in Jesus.

Lehrer der Wahrheit, Missionare, Verantwortungsträger der Gemeinde könnten für ihren Meister Großes leisten, wenn sie selbst geistlich wachsen durch Gehorsam zur Wahrheit ... Als Glieder des Leibes Christi werden alle Gläubigen von demselben Geist und derselben Hoffnung belebt. Spaltungen in der Gemeinde schaden dem Christentum vor der Welt und bieten den Feinden der Wahrheit Gelegenheit, ihre Denk- und Handlungsweise zu rechtfertigen. Was Paulus lehrte, galt nicht nur für die Gemeinde seiner Zeit. Gott wollte, dass es auch für uns heute gilt." (*Testimonies for the Church*, Band 5, S. 238f.)

Es ist nicht gut Personen zu wählen, die mit anderen nicht zusammenarbeiten wollen

„Gott beruft in der Gemeinde Menschen mit den verschiedensten Gaben, damit sie durch die Weisheit vieler gemeinsam das erfüllen, was der Heilige Geist fordert. Menschen, die nur ihren eigenen Kopf durchsetzen wollen und sich weigern, mit andern, die schon reiche Erfahrungen im Werke Gottes gesammelt haben, zusammenzuwirken, werden durch ihre Selbsteinschätzung so geblendet, dass sie Falsches und Wahres nicht voneinander zu unterscheiden vermögen. Es ist nicht ratsam, solche Leute zu Leitern in der Gemeinde zu wählen; denn ohne Rücksicht auf das Urteil ihrer Brüder würden sie nur ihrem eigenen Urteil folgen und nur nach ihren Plänen handeln. Wer selbst für jeden Schritt Rat braucht, wer von Christus weder Sanftmut noch Demut gelernt hat und dennoch aus eigener Kraft andere zu leiten wagt, kann vom Feind leicht für seine Zwecke gebraucht werden." (*The Acts of the Apostels*, S. 279) (Siehe auch S. 86.)

Nur Gemeindeglieder können gewählt werden

In leitende Aufgaben der Gemeinde können nur Glieder gewählt wer-

den, die in dieser Gemeinde als Mitglied eingetragen sind. In folgenden Fällen können Ausnahmen gemacht werden:
1. Studenten, die regelmäßig den Gottesdienst in einer Gemeinde an ihrem Studienort besuchen, können in dieser Gemeinde gewählt werden, auch wenn sie reguläre Mitglieder in ihrer Heimatgemeinde bleiben.
2. Mitarbeiter, die in der Vereinigung angestellt sind und von dieser beauftragt wurden, leitende Aufgaben in mehr als einer Gemeinde zu übernehmen, können in jeder dieser Gemeinden gewählt werden. (Siehe auch S. 188.)
3. Wo es notwendig und von der Vereinigung empfohlen wird, kann ein Gemeindeglied in mehr als einer Gemeinde als Ältester gewählt werden (siehe S. 84).

Der Vereinigungsausschuss kann weitere Ausnahmen beschließen.

Die Wahlperiode

Die Wahlperiode für die Verantwortungsträger in den Aufgabenbereichen der Gemeinde beträgt ein Jahr. Die Mitgliederversammlung hat die Möglichkeit, eine Wahlperiode von zwei Jahren zu beschließen, um Kontinuität zu fördern, die geistlichen Gaben zu entwickeln und den Arbeitsaufwand der jährlichen Wahl zu verringern. Obwohl es für eine Person nicht ratsam ist, für eine lange Zeit dieselbe Aufgabe zu übernehmen, können Verantwortungsträger wiedergewählt werden.

Der Gemeindeälteste

Die Bedeutung der Gemeindeleitung

Der Gemeindeälteste hat dort, wo von der Vereinigung kein Pastor eingesetzt wurde, die höchste Verantwortung für die Arbeit und Organisation der Gemeinde. Die charakterlichen und geistlichen Voraussetzungen von Ältesten und anderen Verantwortungsträgern in der Gemeinde wurden in den vorigen Abschnitten bereits beschrieben.

Ein geistlicher Führer der Gemeinde

Der Gemeindeälteste muss von seiner Gemeinde als geistlicher Leiter anerkannt werden und „außerhalb der Gemeinde ... in gutem Ruf stehen" (1 Tim 3,7 GNB). Bei Abwesenheit des Pastors ist er der geistliche Leiter der Gemeinde. Er hat sie durch Wort und Tat zu einer Vertiefung der Beziehung zu Christus zu führen.

Die Befähigung zu predigen

Der Älteste sollte fähig sein, den Gottesdienst der Gemeinde zu leiten. Die Vereinigung kann nicht immer allen Gemeinden Prediger schicken. Deshalb muss der Älteste bereit sein, der Gemeinde mit Wort und Lehre zu dienen. Trotzdem darf er aber nicht in erster Linie wegen seiner gesellschaftlichen Stellung oder seiner rednerischen Begabung gewählt werden, sondern ausschlaggebend sind seine geistliche Haltung und seine Befähigung als Leiter. Darauf hat der Ernennungsausschuss zu achten, wenn er den Vorschlag für die Wahl erarbeitet.

Die Wahlperiode für den/die Ältesten

Wie alle anderen Verantwortungsträger wird auch der Älteste für ein bzw. zwei Jahre gewählt entsprechend dem Wahlmodus der Ortsgemeinde (siehe S. 82). Er kann wiedergewählt werden. Es ist jedoch nicht ratsam, dieselbe Person zu lange in einer Aufgabe zu belassen. Die Gemeinde ist nicht zu einer Wiederwahl verpflichtet. Wo ein Wechsel ratsam scheint, kann ein anderes Gemeindeglied für diese Aufgabe gewählt werden. Nach der Wahl eines neuen Ältesten legt der Vorgänger seine Aufgabe nieder. Er kann aber für irgendeine andere Aufgabe gewählt werden.

Die Ordination (Einsegnung) zum Gemeindeältesten

Die Wahl zum Ältesten reicht noch nicht aus, die Aufgaben eines Gemeindeältesten wahrzunehmen. Zur Erfüllung der Aufgaben eines Ältesten ist die Ordination erforderlich. In der Zeit zwischen seiner Wahl und seiner Ordination darf er zwar den Dienst eines Gemeindeleiters versehen, aber nicht die Amtshandlungen durchführen, die eine Ordination erfordern.

Die Ordination darf nur durch einen ordinierten und von der zuständigen Vereinigung beglaubigten Prediger erfolgen. Auch wenn es eine Sache der Höflichkeit sein mag, einen zu Besuch weilenden ordinierten Prediger zu bitten, die Hände mit aufzulegen, darf dieser Prediger oder ein pensionierter Prediger die Ordination nur dann vornehmen, wenn er von der Vereinigung ausdrücklich damit beauftragt worden ist.

Die Handlung der Ordination soll in schlichter Weise in Gegenwart der Gemeinde vorgenommen werden. Während der Feier kann ein kurzer Überblick gegeben werden über den Dienst des Ältesten, die Voraussetzungen für diesen Dienst und die wichtigsten Aufgaben, die damit verbunden sind. Im Anschluss daran wird der Prediger, unterstützt von anderen ordinierten Predigern und/oder ordinierten Gemeindeältesten, die an der Ordinationsfeier teilnehmen, den Ältesten durch Gebet und Handauflegen einsegnen.

Wer einmal zum Ältesten ordiniert worden ist, braucht bei seiner Wiederwahl oder bei seiner Wahl zum Ältesten einer anderen Gemeinde nicht noch einmal ordiniert zu werden, es sei denn, er stand in der Zwischenzeit unter korrigierender Seelsorge. Wer als Ältester ordiniert worden ist, ist dadurch auch zum Dienst als eingesegneter Diakon berechtigt, wenn er später dazu gewählt werden sollte.

Die Ausbildung und Ausrüstung von Gemeindeältesten

Die Predigtamtsabteilung fördert in Zusammenarbeit mit den anderen Abteilungen die Ausbildung und Schulung von Gemeindeältesten. Hauptverantwortlich für die Einarbeitung der Gemeindeältesten ist aber der Pastor. (Siehe Anmerkungen zu Kapitel 7, Punkt 1, S. 100.)

Die Arbeit des Ältesten beschränkt sich auf seine Gemeinde

Autorität und Wirken eines ordinierten Gemeindeältesten sind auf die Gemeinde begrenzt, die ihn gewählt hat. Ein Vereinigungsausschuss hat nicht das Recht zu beschließen, einem Gemeindeältesten den Status eines ordinierten Predigers zu verleihen, indem er beauftragt wird, auch anderen Gemeinden als Ältester zu dienen.

Wenn entsprechender Bedarf besteht, kann der Vereinigungsausschuss der Gemeinde bzw. den Gemeinden, die dies wünschen, vorschlagen, ihn zu bitten, auch ihnen als Ältester zu dienen. Ist er dazu bereit, muss ihn die Gemeinde ordnungsgemäß zum Ältesten wählen. Auf diese Weise kann, wenn erforderlich, ein Gemeindeglied durch Wahl mehreren Gemeinden zugleich als Ältester dienen.

Obwohl diese Entscheidung Sache der Gemeinde und nicht des Vereinigungsausschusses ist, sollte eine solche Regelung erst nach Beratung mit dem Vereinigungsausschuss getroffen werden.

Verantwortung über den Bereich der Ortsgemeinde hinaus darf nur denen übertragen werden, die zum Predigtamt ordiniert worden sind.

Der Älteste soll alle Abteilungen der Gemeindearbeit fördern

An der Seite des Pastors und bei Abwesenheit des Pastors ist der Gemeindeälteste nicht nur ein geistlicher Leiter der Gemeinde, sondern er trägt auch die Verantwortung für die Förderung aller Abteilungen und Unternehmungen der Gemeinde. Allen anderen Verantwortungsträgern in der Gemeinde soll er hilfsbereit zur Seite stehen, wie auch sie ihn in seiner Arbeit unterstützen.

Das Verhältnis des Ältesten zum ordinierten Prediger

Wenn der Vereinigungsausschuss einen ordinierten Prediger zum Dienst als Pastor der Gemeinde berufen hat, trägt dieser die Hauptverantwortung und der Gemeindeälteste steht ihm zur Seite. Der Prediger sollte nicht alle Verantwortung auf seine Person konzentrieren, sondern sie mit dem Gemeindeältesten und den anderen Verantwortlichen teilen. Der Prediger, der für eine Gemeinde zuständig ist, führt in der Regel den Vorsitz im Gemeindeausschuss (siehe S. 121 und 187). Unter Umständen kann es ratsam sein, dass der Gemeindeälteste diese Aufgabe übernimmt. Die Seelsorgearbeit sollte von beiden getragen werden.

Der Älteste soll sich in Abstimmung mit dem Prediger an den seelsorgerlichen Aufgaben beteiligen, z. B. Besuche bei Gemeindegliedern, Dienst an Kranken und Krankensalbungen, Kindersegnungen und Beistand für Entmutigte. Dieser Teil seiner Arbeit kann nicht ernst genug genommen werden. Der Älteste ist der Unterhirte seiner Gemeinde, sie braucht darum seine beständige Aufmerksamkeit. Ist der zuständige Pastor noch nicht ordiniert, so sollte er von der Ortsgemeinde bzw. den Ortsgemeinden, denen er dient, zum Ältesten gewählt werden (siehe S. 188).

Der Gemeindepastor wird durch die Vereinigung in eine Ortsgemeinde berufen. Er dient der Gemeinde als Angestellter der Vereinigung und ist dem Vereinigungsausschuss verantwortlich; trotzdem ist er seiner Gemeinde eng verbunden und tut seine Arbeit aus Liebe zu ihr und in voller Übereinstimmung mit ihren Plänen und Richtlinien.

Da der Älteste von der Ortsgemeinde gewählt wird, ist er natürlich dieser Gemeinde und ihrem Ausschuss verantwortlich.

Die Leitung der Gottesdienste

An der Seite des Pastors oder bei dessen Abwesenheit ist der Älteste für die Gottesdienste der Gemeinde verantwortlich. Er muss sie entweder selbst leiten oder jemanden damit beauftragen. Der Abendmahlsgottesdienst muss immer von einem ordinierten Prediger oder Ältesten geleitet werden. Nur ordinierte Prediger oder gewählte und ordinierte Älteste sind dazu berechtigt.

Mitgliederversammlungen werden normalerweise vom Prediger geleitet. In seiner Abwesenheit hat der Älteste den Vorsitz.

Der Taufgottesdienst

Wenn kein ordinierter Prediger zuständig ist, sollte der Älteste den Vereinigungsvorsteher bitten, für die Durchführung der Taufe zu sorgen (siehe S. 60). Der Gemeindeälteste darf die Taufe nur mit Zustimmung des Vereinigungsvorstehers durchführen.

Die Eheschließung

Bei einer Eheschließung darf nur ein ordinierter Prediger das Ehegelübde abnehmen und das Paar rechtsgültig zu Mann und Frau erklären, ausgenommen in den Gebieten, wo der Divisionsausschuss beschlossen hat, dass ausgewählte nichtordinierte Prediger oder Mitarbeiter im geistlichen Verwaltungsdienst, die zu Gemeindeältesten eingesegnet worden sind, die Eheschließung durchführen dürfen (siehe S. 188).

Der ordinierte Prediger, ein nichtordinierter Prediger, eine bevollmächtigte Predigerin oder der Gemeindeälteste darf die Ansprache halten, beten und den Segen zusprechen. (Siehe Anmerkungen zu Kapitel 7, Punkt 2, S. 101.)

Die Zusammenarbeit mit der Vereinigung

Alle Verantwortungsträger in der Gemeinde einschließlich des Pastors und des Ältesten sollten in allen Belangen mit dem Vorstand und den Abteilungsleitern der Vereinigung zusammenarbeiten, um die Pläne der Vereinigung, des Verbandes bzw. der Union, der Division und der Generalkonferenz durchzuführen. Sie müssen die Gemeinde über alle regelmäßigen und besonderen Gabensammlungen unterrichten und alle Programme und Aktivitäten der Gemeinschaft fördern.

Der Älteste sollte eng mit dem Schatzmeister zusammenarbeiten und dafür sorgen, dass alle für die Vereinigung bestimmten Gaben zum von der Vereinigung festgesetzten Termin an die Vereinigung überwiesen werden. Er sollte auch darauf achten, dass die Berichte des Gemeindeschreibers termingerecht der Vereinigung zugesandt werden.

Schreiben der Vereinigung sind als wichtig anzusehen. Bekanntmachungen sind der Gemeinde rechtzeitig mitzuteilen.

Der Älteste hat in Zusammenarbeit mit dem Pastor dafür zu sorgen, dass Abgeordnete für die Delegiertenversammlung der Vereinigung gewählt werden und dass der Gemeindeschreiber ihre Namen an die Vereinigungsdienststelle weitergibt.

Er soll alle Verantwortungsträger der Gemeinde beraten und ihnen helfen, ihrer Verantwortung in der Zusammenarbeit mit der Vereinigung gerecht zu werden, damit alle Pläne und Richtlinien ausgeführt und alle Berichte genau abgefasst und pünktlich abgeschickt werden.

Die Förderung der weltweiten Missionsarbeit

Eine andere wichtige Aufgabe des Ältesten besteht darin, unser weltweites Missionswerk zu fördern, indem er sich selbst eingehend damit beschäftigt und der Gemeinde die Bedürfnisse des Werkes vor Augen führt. Er sollte die Gemeindeglieder ermutigen, die Mission finanziell zu unterstützen und auch persönlich mitzuarbeiten. Eine freundliche, taktvolle Haltung des Ältesten trägt wesentlich dazu bei, die Gemeindeglieder in den Gottesdiensten und in der Sabbatschule zur Freigebigkeit zu ermuntern.

Die Förderung der Bereitschaft, den Zehnten zu geben

Der Älteste kann die Gewissenhaftigkeit der Gemeindeglieder im Zehntengeben fördern, wenn er selbst treu den Zehnten gibt. Wer in diesem Punkt kein Vorbild ist, sollte weder zum Ältesten noch in einen anderen Gemeindedienst gewählt werden (siehe S. 205).

Die Treue im Zehntengeben kann gefördert werden, wenn der Älteste öffentlich über den Segen und die Verantwortung des zuverlässigen Haushalters im Lichte der Bibel spricht und sich persönlich um einzelne Glieder bemüht. Das sollte in taktvoller und hilfsbereiter Haltung geschehen. Auch der Älteste hat alle finanziellen Angelegenheiten der Gemeindeglieder vertraulich zu behandeln. Er darf keinem Unbefugten mitteilen, was er darüber weiß.

Die Verteilung der Verantwortung

Bei der Verteilung von Aufgabenbereichen innerhalb der Gemeinde muss sorgfältig vermieden werden, willigen Gemeindegliedern zu viel Verantwortung aufzubürden, während andere mit vielleicht nur weniger offensichtlichen Gaben übergangen werden. Es ist davon abzuraten, einem Einzelnen zu viele Aufgaben zu übertragen, es sei denn, besondere Umstände machen dies erforderlich. Vor allem sollte der Älteste von allen weiteren Lasten entbunden sein, damit er den vielen Pflichten seiner verantwortungsvollen Aufgabe gut nachkommen kann. In einigen Fällen kann es ratsam sein, den Ältesten zu bitten, die Gemeindeaufbauarbeit (Mission) zu leiten. Doch auch das sollte vermieden werden, wenn andere dafür geeignete Personen zur Verfügung stehen.

Der leitende Älteste

In großen Gemeinden ist es angebracht, mehr als nur einen Ältesten zu wählen. Die Lasten sind oft für einen Einzelnen zu umfangreich und sollten darum unter mehreren aufgeteilt werden. In diesem Fall kann einer von ihnen zum „ersten Ältesten" ernannt werden. Die Arbeit sollte unter den Ältesten entsprechend ihren Erfahrungen und Fähigkeiten aufgeteilt werden.

Der Älteste ist kein Delegierter von Amts wegen
Wenn ein Gemeindeältester die Gemeinde bei der Delegiertenversammlung (Landesversammlung) vertreten soll, muss er von der Gemeinde als Abgeordneter gewählt werden. Er ist nicht von Amts wegen Delegierter.

Grenzen der Befugnis von Ältesten
Älteste haben nicht das Recht, von sich aus Gemeindeglieder aufzunehmen oder auszuschließen. Dies kann nur durch Abstimmung in der Gemeinde geschehen. Der Älteste und der Gemeindeausschuss dürfen jedoch der Gemeinde Glieder zur Aufnahme, zur Überweisung oder zum Entzug der Mitgliedschaft empfehlen (siehe S. 67f. und 244).

Der Gemeindeleiter

Manchmal hat in einer neu organisierten, gelegentlich auch in einer schon länger bestehenden Gemeinde niemand die nötige Erfahrung und Eignung zum Ältesten. Unter diesen Umständen wählt die Gemeinde einen Gemeindeleiter. Der Gemeindeleiter ist für die Gottesdienste einschließlich der Mitgliederversammlungen verantwortlich. Wenn kein Pastor oder kein von der Vereinigung gesandter Prediger anwesend ist, hat er diese Versammlungen selbst zu leiten oder jemand damit zu beauftragen.

Ein Gemeindeleiter ist jedoch nicht berechtigt, Tauf- und Abendmahlsgottesdienste zu leiten oder eine Trauung durchzuführen. Er darf auch keine Mitgliederversammlung leiten, bei der Glieder unter korrigierende Seelsorge gestellt werden sollen. In diesem Fall muss der Vereinigungsvorsteher gebeten werden, einen ordinierten Prediger zu entsenden, der den Vorsitz übernimmt.

Der Diakon

Die Anforderungen an die Diakone werden im Neuen Testament erklärt (siehe 1 Tim 3,8-13). Im griechischen Grundtext finden wir das Wort „diakonos". Dieses Wort hatte ursprünglich verschiedene Bedeutungen: Diener, Helfer, Schreiber und Begleiter. In christlichen Kreisen kam die besondere Bedeutung hinzu, die wir heute mit dem Begriff

„Diakon" verbinden. Die Heilige Schrift bestätigt eindeutig die Aufgabe der Diakone in der neutestamentlichen Gemeinde: „Die Diakone ... [die] aber ihren Dienst gut versehen, erwerben sich selbst ein gutes Ansehen und große Zuversicht im Glauben an Christus Jesus." (1 Tim 3,12.13) Darauf gestützt wählt die Gemeinde einige ihrer Glieder zu einem vorwiegend praktischen Dienst: Sie übernehmen verschiedene Funktionen im Gottesdienst und kümmern sich um das Gemeindeeigentum.

Ein Diakon wird für ein bzw. zwei Jahre gewählt, so wie es die durch die Gemeinde festgelegte Wahlperiode vorsieht (siehe S. 82).

Die Bedeutung dieser Aufgabe

Im Bericht von der Wahl der sieben Diakone der apostolischen Gemeinde in Apostelgeschichte 6,1-6 lesen wir, dass sie gewählt und eingesegnet wurden, um die Geschäfte der Gemeinde zu übernehmen.

Die Berufung zum Diakon schloss aber mehr ein als diesen Dienst in der schnell wachsenden Christengemeinde. Die Diakone arbeiteten in einem wichtigen Aufgabenbereich der Gemeinde, der kaum geringere Anforderungen an ihre Befähigung stellte als die Arbeit der Ältesten (siehe 1 Tim 3,1-13). „Die Tatsache, dass diese Brüder vor allem zur Fürsorge für die Armen eingesetzt worden waren, schloss die Unterweisung in der Glaubenslehre nicht aus. Im Gegenteil, sie waren durchaus in der Lage, andere in der Wahrheit zu unterrichten, und dieser Aufgabe widmeten sie sich mit großem Ernst und gutem Erfolg." (*The Acts of the Apostles*, S. 90) Stephanus, der erste christliche Märtyrer, und Philippus, den man später als Evangelisten bezeichnete, gehörten zu den ersten sieben Diakonen der christlichen Gemeinde (siehe Apg 6,5.8-10; 8,5-12; 21,8).

Diese von Gott inspirierte Einrichtung trug viel zum Fortschritt und Aufbau der Urgemeinde bei. „Die Berufung der Sieben zur Aufsicht über besondere Zweige des Werkes erwies sich als ein großer Segen für die Gemeinde. Diese Helfer achteten sorgfältig auf die Bedürfnisse der einzelnen Glieder wie auch auf die allgemeinen finanziellen Angelegenheiten der Gemeinde. Durch ihre kluge Handlungsweise und ihr gottesfürchtiges Beispiel wurden sie eine wichtige Hilfe für ihre Mitarbeiter, indem sie die verschiedenen Gemeindebelange als gemeinsames Ganzes verbanden." (*The Acts of the Apostles*, S. 89)

Die Einsetzung von durch die Gemeinde gewählten Diakonen wirkt sich auch heute segensreich für die Gemeindearbeit aus, weil dadurch Pastoren, Älteste und andere Verantwortungsträger von Aufgaben entlastet werden, die gut von Diakonen wahrgenommen werden können.

„Die Zeit und Kraft derer, die nach Gottes Absicht in der Gemeinde leitende und verantwortliche Stellungen einnehmen, sollten wichtigen Angelegenheiten gewidmet sein, die besonderer Weisheit und Herzensgröße bedürfen. Es entspricht nicht Gottes Plan, wenn man solche Männer mit untergeordneten Aufgaben belastet, die auch andere gut erledigen können." (*The Acts of the Apostels*, S. 93)

Der Diakoniearbeitskreis

Wenn eine Gemeinde viele Diakone hat, ist es ratsam, einen Diakoniearbeitskreis zu gründen. Der erste Diakon führt den Vorsitz, und ein anderer Diakon dient als Schriftführer. Ein solch gut organisierter Arbeitskreis hilft, die Verantwortung zu verteilen und die Arbeit der einzelnen Diakone zum Wohle der ganzen Gemeinde zu koordinieren. Das ist außerdem eine gute Schule, in der jüngere Gemeindeglieder, die zu Diakonen gewählt werden, in ihren Aufgaben unterwiesen werden können. Der erste Diakon ist Mitglied im Gemeindeausschuss.

Diakone sollen eingesegnet werden

Ein neu gewählter Diakon kann seine Aufgabe nicht voll wahrnehmen, solange er nicht durch einen von der Vereinigung beglaubigten ordinierten Prediger eingesegnet worden ist.

Die Handlung der Einsegnung sollte in einfacher Form durch einen ordinierten Prediger vor der Gemeinde erfolgen. Dazu gehören ein kurzer Hinweis auf die Arbeit des Diakons, auf die Eigenschaften, die ein solcher Diener der Gemeinde aufweisen sollte, und auf die Hauptaufgaben, die er für die Gemeinde wahrnehmen soll. Nach einer kurzen Ermutigung, diesen Dienst treu zu tun, segnet der Prediger – wo es angebracht ist, zusammen mit dem Ältesten – den Diakon ein, indem er für ihn betet und ihm die Hände auflegt.

Wer einmal zum Diakon eingesegnet worden ist, braucht nicht noch einmal eingesegnet zu werden, selbst wenn er die Gemeinde wechselt – es sei denn, er stand in der Zwischenzeit unter korrigierender Seeldorge. Wenn seine Wahlzeit abgelaufen ist, muss er erneut gewählt werden, um weiterhin als Diakon tätig sein zu können. Wird ein ehemaliger eingesegneter Ältester als Diakon gewählt, so braucht er nicht noch einmal eingesegnet zu werden. Seine Einsegnung zum Ältesten gilt auch für diese Aufgabe.

Diakone sind nicht zur Leitung befugt

Ein Diakon ist nicht befugt, Amtshandlungen zu leiten. Er darf auch keine Trauungen durchführen oder Mitgliederversammlungen leiten, noch darf er die Aufnahme oder Überweisung von Gliedern leiten. Wenn eine zu diesen Amtshandlungen befugte Person fehlt, muss die Vereinigung um Hilfe gebeten werden.

Die Aufgaben der Diakone
Der Aufgabenbereich der Diakonie umfasst das breite Spektrum der praktischen Dienste in der Gemeinde:
1. Hilfen bei Gottesdiensten und Versammlungen
   Bei den Gottesdiensten haben die Diakone gewöhnlich die Aufgabe, Gemeindeglieder und Besucher zu begrüßen, wenn sie die Kapelle betreten, und ihnen nötigenfalls zu helfen, einen Platz zu finden. Sie sorgen zusammen mit dem Pastor und den Ältesten für einen reibungslosen Ablauf aller Versammlungen der Gemeinde.
2. Besuchsdienst
   Eine wichtige Aufgabe der Diakonie ist es, die Gemeindeglieder zu Hause zu besuchen. In vielen Gemeinden wird das geregelt, indem jedem Diakon ein bestimmter Bezirk zugeteilt wird. Es wird erwartet, dass er jedes Gemeindeglied, das in diesem Bezirk lebt, wenigstens einmal im Vierteljahr besucht.
3. Vorbereitung von Taufgottesdiensten
   Die Diakone bereiten alles so vor, dass die Versammlung ordentlich und ohne Verzögerung durchgeführt werden kann. (Siehe Anmerkungen zu Kapitel 7, Punkt 3, S. 101.)
4. Hilfen bei Abendmahlsgottesdiensten (siehe auch S. 115)
   Bei der Fußwaschung sorgen die Diakone und Diakoninnen für alles, was zur Durchführung nötig ist, z. B. Handtücher, Schüsseln, Wasser. Nach der Fußwaschung achten sie darauf, dass die benutzten Gefäße und Tücher gereinigt und weggeräumt werden.
   Nach dem Abendmahl ist sorgfältig auf das übrig gebliebene Brot und den restlichen Wein zu achten. Das restliche gesegnete Brot sollte vergraben, verbrannt oder in angemessener Weise entsorgt, aber nicht in den alltäglichen Gebrauch zurückgenommen werden.
5. Die Fürsorge für Arme und Kranke
   Eine andere wichtige Aufgabe der Diakonie besteht in der Fürsorge für Kranke, der Unterstützung der Armen und anderer Hilfsbedürftiger. Zu diesem Zweck ist eine Diakoniekasse einzurichten. Der Schatzmeister gibt auf Empfehlung des Gemeindeausschusses die benötigten Gelder frei. Obwohl diese Arbeit besonders den Diakonen ind Diakoninnen zufällt, sollte die Gemeinde laufend über diese Arbeit und die Bedürfnisse informiert werden, um die Unterstützung der Gemeinde zu erhalten.

6. Verantwortung für das Gemeindeeigentum
In den Gemeinden, in denen die Verantwortung für die Pflege und Instandhaltung des Gemeindeeigentums nicht einem dafür berufenen Bauausschuss (oder einem Beauftragten) übertragen wurde, sind die Diakone dafür verantwortlich (siehe Anmerkungen zu Kapitel 7, Punkt 4, S. 101).

Die Diakonin

Weibliche Diakone gehörten schon zum Mitarbeiterkreis der urchristlichen Gemeinden. Paulus schreib: „Ich empfehle euch unsere Schwester Phöbe; sie ist Diakonin der Gemeinde in Kenchreä. Nehmt sie auf im Namen des Herrn, wie es sich für Christen gehört. Gebt ihr jede Hilfe, die sie braucht. Sie selbst hat vielen geholfen, auch mir." (Röm 16,1.2 GNB)

Eine Diakonin wird auf ein Jahr bzw. zwei Jahre gewählt, entsprechend der Wahlperiode der Gemeinde (siehe S. 82). Eine Frau wird nicht dadurch zur Diakonin, dass ihr Mann zum Diakon gewählt wurde. Dies gilt auch umgekehrt. Eine Diakonin wird auf Grund ihrer Befähigung und Hingabe für diese Aufgabe gewählt. Die Gemeinde sollte sie in einem geeigneten gottesdienstlichen Rahmen von einem ordinierten und beglaubigten Prediger zu ihrem Dienst bevollmächtigen.

Die Aufgaben der Diakoninnen

Diakoninnen dienen der Gemeinde auf sehr vielfältige Weise. Dazu gehört u. a.:
1. Die Hilfe bei einer Taufe
   Diakoninnen helfen bei der Vorbereitung und während der Durchführung einer Taufe. Sie helfen den Taufbewerberinnen vor und nach der Taufe. Sie stehen ihnen auch bei der Wahl passender Taufkleider mit Rat und Tat zur Seite. (Siehe auch S. 66.) Wenn Taufkleider der Gemeinde benutzt werden, haben die Diakoninnen darauf zu achten, dass sie anschließend gewaschen und sorgfältig für späteren Gebrauch aufbewahrt werden.
2. Die Hilfe bei Abendmahlsgottesdiensten (siehe auch S. 115)
   Die Diakoninnen helfen bei der Fußwaschung und nehmen sich besonders der Besucherinnen und der Glaubensschwestern an, die neu in die Gemeinde aufgenommen worden sind. Es gehört auch zu ihren Aufgaben, darauf zu achten, dass Tischtücher, Handtücher usw., die bei diesen Gelegenheiten gebraucht werden, gewaschen und gebügelt wieder an ihren Platz kommen.

Sie bereiten das Abendmahlsbrot zu. Sie decken auch den Tisch zum Abendmahl, gießen den Wein ein, stellen die Teller mit dem ungesäuerten Brot bereit und decken alles mit einem Tuch zu. Das hat bereits vor dem Gottesdienst zu geschehen.

3. Die Sorge für Arme und Kranke
Es gehört zu ihren Aufgaben, gemeinsam mit den Diakonen für die Kranken zu sorgen und sich der Hilfsbedürftigen annehmen (siehe S. 91, Punkt 5).

Der Arbeitskreis der Diakoninnen

In großen Gemeinden kann ein Arbeitskreis von Diakoninnen mit Leiterin und Schriftführerin gebildet werden. Dieser Arbeitskreis hat das Recht, Aufgaben an einzelne Diakoninnen zu verteilen. Er arbeitet eng mit dem Diakoniearbeitskreis zusammen (siehe S. 90), besonders bei der Begrüßung von Gemeindegliedern und Besuchern und bei Hausbesuchen (siehe S. 91, Punkte 1 und 2).

Der Gemeindeschreiber

Die Bedeutung der Aufgabe

Der Gemeindeschreiber versieht eine wichtige Aufgabe in der Gemeinde. Es hängt größtenteils von seiner gewissenhaften Arbeit ab, ob die Gemeindeverwaltung gut funktioniert. Wie alle Mitarbeiter wird auch der Gemeindeschreiber nur für ein Jahr bzw. zwei Jahre gewählt (siehe S. 82). Wegen der speziellen Aufgaben dieses Dienstes ist es jedoch sinnvoll, jemanden zu wählen, der mehrfach wiedergewählt werden kann, um die Kontinuität in der Protokollführung und Berichterstattung zu gewährleisten. In großen Gemeinden können auch je nach Bedarf Assistenten gewählt werden.

Der Gemeindeschreiber ist Schriftführer bei allen Gemeindeausschusssitzungen und -mitgliederversammlungen und verfasst das Protokoll. Ist er verhindert, an einer Sitzung teilzunehmen, so ist dafür zu sorgen, dass der Assistent oder ein anderes Ausschussmitglied das Protokoll führt. (Siehe Anmerkungen zu Kapitel 7, Punkt 5, S. 101f.)

Änderungen in der Gemeindeliste

Bevor ein Name in der Gemeindeliste eingetragen oder aus ihr gestrichen wird, muss in der Gemeinde darüber abgestimmt worden sein (siehe Seite 67f.), außer bei Todesfällen. Kein Name darf allein auf Beschluss des Gemeindeausschusses eingetragen oder gestrichen werden. Auch der Gemeindeschreiber selbst ist dazu ohne vorherige

Abstimmung in der Gemeinde nicht berechtigt. Stirbt ein Gemeindeglied, so muss der Schreiber so bald wie möglich neben dem Namen des Verstorbenen den Todestag vermerken. (Siehe S. 74)

Das Überweisen von Gliedern
Bei Überweisung von Gliedern in andere Gemeinden (siehe S. 67f.) erledigt der Gemeindeschreiber den Briefwechsel zwischen Gliedern und Gemeinden.

Briefwechsel mit abwesenden Gliedern
Der Gemeindeschreiber sollte sich bemühen, mit abwesenden Gliedern in brieflicher Verbindung zu bleiben. (Siehe Anmerkungen zu Kapitel 7, Punkt 6, S. 102.)

Die Beglaubigungsschreiben für Abgeordnete zu Delegiertenversammlungen
Der Gemeindeschreiber wird vom Gemeindeausschuss ermächtigt, Beglaubigungen für alle Abgeordneten auszustellen, die die Gemeinde bei Delegiertenversammlungen (Landesversammlungen) vertreten sollen. (Siehe S. 199.) Er hat sie fristgemäß an den Sekretär der Vereinigung zu senden. Formulare für Berichte, Beglaubigungen, Gemeindebriefe usw. sind von den zuständigen Dienststellen erhältlich.

Fristgerechtes Einsenden von Berichten
Der Gemeindeschreiber ist verpflichtet, erbetene Berichte schnellstmöglich abzuliefern. Es gibt Vierteljahres- und Jahresberichte. Sie müssen jeweils bis zum festgesetzten Termin der Vereinigung zugesandt werden, damit sie zur Genauigkeit der Berichte beitragen, die für die weltweite Gemeinschaft gebraucht werden. Die nötigen Angaben für diese Berichte hat sich der Gemeindeschreiber vom Schatzmeister und von den Leitern der Abteilungen, z. B. Gemeindeaufbau und Evangelisation, Sabbatschule, Jugend zu beschaffen. (Siehe Anmerkungen zu Kapitel 7, Punkt 7, S. 102.)

Das Gemeindearchiv
Der Gemeindeschreiber ist verantwortlich für das Gemeindearchiv bzw. die Gemeindechronik. Berichte müssen sorgfältig aufbewahrt werden. Alle Berichts- und Kontobücher sind Eigentum der Gemeinde. Sie sind nach Ablauf der Amtszeit dem neu gewählten Schreiber weiterzugeben und müssen jederzeit auf Bitten des Pastors oder des Ältesten der Gemeinde ausgehändigt werden.

Der Gemeindeschatzmeister

Ein heiliger Dienst

Der Schatzmeister ist zu einer wichtigen Aufgabe berufen und wird wie alle Verantwortungsträger für ein oder zwei Jahre gewählt (siehe S. 82). In größeren Gemeinden kann es ratsam sein, je nach Bedarf Assistenten zu wählen.

Der Schatzmeister kann viel tun, um die Gemeindeglieder zur Treue im Zehntenzahlen zu ermutigen und den Geist der Freigebigkeit zu fördern. Ein im Geist des Herrn gegebener Rat wird dem Bruder oder der Schwester helfen, Gott das Seine an Zehnten und Gaben treu zu geben, auch in Zeiten finanzieller Belastung.

Die Verantwortung des Schatzmeisters

Der Gemeindeschatzmeister ist der Verwalter aller Gemeindegelder. Das sind:
1. Gelder der Vereinigung,
2. Gelder der Ortsgemeinde,
3. Gelder der einzelnen Abteilungen und Organisationen innerhalb der Ortsgemeinde.

Alle Gelder, die für die Vereinigung, die Ortsgemeinde und die Abteilungen der Ortsgemeinde bestimmt sind, werden vom Schatzmeister auf ein Konto einer Bank oder eines Geldinstitutes eingezahlt, das auf den Namen der Gemeinschaft der Siebenten-Tags-Adventisten eingerichtet ist. Dieses Konto ist gesondert zu führen und darf nicht mit dem persönlichen Konto einer Privatperson verbunden sein.

Die Gelder einer Gemeinde können auf Sparkonten der Gemeinschaft eingezahlt werden, wenn der Gemeindeausschuss das genehmigt. Wo große Guthaben für Gebäude oder besondere Projekte bestehen, kann der Gemeindeausschuss mehrere Konten genehmigen. Auch sie werden vom Schatzmeister verwaltet.

Gelder zur Weiterleitung an die Vereinigung

Gelder der Vereinigung sind der Zehnten, alle regelmäßigen Missionsgaben und alle Gelder für besondere Vereinigungs- bzw. Gemeinschaftsprojekte und Sondersammlungen. Sie sind Treuhandgelder. Am Ende jedes Monats oder, wenn von der Vereinigung erbeten, auch öfter, überweist der Gemeindeschatzmeister die gesamte während dieser Zeit eingegangene Summe dieser Gelder an den Vereinigungsschatzmeister. Die Gemeinde darf Vereinigungsgelder nicht für eigene Vorhaben ausleihen, verwenden oder zurückhalten.

Sabbatschulgaben

Alle für die Mission bestimmten Sabbatschulgaben müssen dem Gemeindeschatzmeister wöchentlich übergeben werden, der darüber sorgfältig Buch führt. Diese Missionsgaben werden wie oben beschrieben an die Vereinigung überwiesen. Gelder, die für die Belange der Sabbatschule gesammelt werden, sind ebenfalls dem Gemeindeschatzmeister zu übergeben. Sie werden auf Beschluss des Sabbatschularbeitskreises bestimmungsgemäß verwendet. (Siehe S. 135.)

Gelder der Jugendabteilung

Die Gelder der Jugendabteilung gehören den Jugendgruppen und den Pfadfindergruppen (Adventwacht). Sie sind in der Buchführung des Schatzmeisters getrennt zu führen. Besondere Sammlungen der Jugendgruppen und Pfadfindergruppen (Adventwacht) für die Mission, das Werk im Allgemeinen oder für Vereinigungsprojekte sollen nach Empfang so schnell wie möglich dem Gemeindeschatzmeister ausgehändigt werden, damit er sie an die Vereinigung weiterleiten kann. Alle Mittel, die aus der Gemeinde für die Jugend- bzw. Pfadfinderarbeit gegeben werden, verwaltet der Schatzmeister treuhänderisch.

Die Ausgaben der Jugendgruppe werden durch den Jugendarbeitsausschuss beschlossen (siehe S. 143), die der Pfadfinder (Adventwacht) von der Pfadfinderleitung (Adventwacht-Leitung).

Gelder der örtlichen Gemeinde

Gelder der örtlichen Gemeinde werden z. B. für allgemeine Ausgaben der Gemeinde, für Unterhaltung und Renovierung der Gottesdiensträume oder für die Versorgung Bedürftiger gebraucht. Diese Gelder gehören der Ortsgemeinde und können nur dann vom Schatzmeister ausgegeben werden, wenn das vom Gemeindeausschuss oder in der Mitgliederversammlung beschlossen wurde. Von diesen Geldern hat der Gemeindeschatzmeister alle vom Gemeindeausschuss genehmigten Rechnungen für Miete, Hausmeister, Wasser, Strom, Heizung, Versicherung, Grundsteuern usw. zu bezahlen. Dabei ist sorgfältig darauf zu achten, dass für die Bezahlung von Rechnungen Belege vorhanden sind.

Gelder für die Abteilungsarbeit auf Gemeindeebene

Alle Gelder, die für die Abteilungsarbeit auf Gemeindeebene eingehen (z. B. für Gemeindeaufbau und Evangelisation, Sozialarbeit, Gesundheitsprogramme, Gemeindeschule usw.), müssen dem Gemeindeschatzmeister übergeben und von ihm verwaltet werden. Solche Gelder gehören den einzelnen Abteilungen und können nur auf deren Anordnung verwendet werden.

Der Schatzmeister soll für alle erhaltenen Gelder Quittungen ausstellen, auch für die bei ihm von den Abteilungen der Gemeinde eingezahlten Beträge. Auch die Leiter dieser Abteilungen sollen dem Gemeindeschatzmeister jeden Geldempfang ordnungsgemäß quittieren.

Zweckgebundene Gelder

Wenn der Zweck einer Sammlung, z. B. Gaben für die Weltmission oder für ein allgemeines oder örtliches Vorhaben, angegeben wird, sind alle Beträge, die bei dieser Gabensammlung einkommen, dem angegebenen Zweck zuzuführen – es sei denn, ein Geber hat etwas anderes vermerkt. Es ist außerordentlich wichtig, dass alle Opfer und Gaben, die der Gemeinde von einzelnen für einen bestimmten Fonds oder Zweck anvertraut werden, auch für diesen Zweck verwendet werden. Weder der Schatzmeister noch der Gemeindeausschuss ist befugt, Gelder von den Vorhaben abzuzweigen, für die sie gespendet wurden.

Die Gelder der Abteilungen bestehen oft zu einem beträchtlichen Teil aus Spenden für ganz bestimmte Zwecke und sollen den Zielen dienen, für die diese Abteilungen arbeiten. Solche Gelder werden vom Gemeindeschatzmeister treuhänderisch verwaltet. Auch sie dürfen weder vom Schatzmeister noch vom Gemeindeausschuss ausgeliehen oder zweckentfremdet ausgegeben werden.

Wenn eine Abteilung oder Unterorganisation aufgelöst wird, kann die Gemeinde in einer ordentlichen Mitgliederversammlung beschließen, wie über ein eventuelles Restguthaben auf dem Konto der betreffenden Abteilung verfügt werden soll.

Gelder für Bücher- und Zeitschriftenbestellungen

Wo es keinen Büchertisch bzw. keinen Schriftenverwalter in einer örtlichen Gemeinde gibt, hat der Schatzmeister dafür zu sorgen, dass die Rechnungen für die Zeitschriften und Bücher von den Bestellern bezahlt werden. (Siehe Anmerkungen zu Kapitel 7, Punkt 8, S. 102.)

Die Abgabe von Geldern durch Gemeindeglieder

Der Schatzmeister soll alle Gemeindeglieder dazu anhalten, ihre Gelder (außer bei den regelmäßigen Gabensammlungen) in Zehnten- und Gabentüten abzugeben, entweder mit der Gabensammlung oder direkt beim Schatzmeister. Er soll die Gemeindeglieder anleiten, wie die verschiedenen Angaben und Beträge auf der Tüte oder dem Einlagezettel einzutragen sind. Dabei ist darauf zu achten, dass das eingelegte Geld mit der angegebenen Summe übereinstimmt. Die Einlagezettel sind als Belege aufzubewahren, bis die Unterlagen vom Revisor der Vereinigung geprüft worden sind.

Glieder, die ihre Zehnten und Gaben per Scheck oder Banküberweisung zahlen, sollten, wo dies gesetzlich möglich ist, ihre Gelder auf ein Konto der Gemeinschaft und nicht einer Einzelperson überweisen.

Quittungen für Gemeindeglieder

Der Schatzmeister soll für alle erhaltenen Gelder, ganz gleich, wie gering die Beträge auch sein mögen, unverzüglich Quittungen ausstellen, über alle Einzahlungen genau Buch führen und die Quittungsdurchschläge aufbewahren. Alle allgemeinen Gaben, die nicht in Umschlägen abgegeben werden, müssen in Gegenwart eines anderen Verantwortlichen, am besten eines Diakons, gezählt werden. Dieser zeichnet den Einnahmebeleg gegen.

Überweisung von Geldern an die Vereinigung

Wenn der Vereinigung Geld überwiesen wird, müssen alle Schecks und Überweisungen, wo es rechtlich möglich ist, auf die Vereinigung ausgestellt werden und nicht auf eine Einzelperson. Die überwiesenen Beträge sind im Bericht des Gemeindeschatzmeisters an die Vereinigung aufzuführen. Formulare sind bei den Vereinigungen erhältlich.

Die Aufbewahrung von Belegen

Für alle eingenommenen und ausgegebenen Gelder müssen Belege bzw. quittierte Rechnungen vorhanden sein, die nach den Richtlinien der Vereinigung verbucht und aufbewahrt werden.

Die Bücher sollen geprüft werden

Der Vereinigungsschatzmeister oder ein vom Vereinigungsausschuss Beauftragter prüft in der Regel einmal jährlich die Bücher des Gemeindeschatzmeisters. (Siehe S. 212.) Diese Bücher und andere Unterlagen über die Arbeit des Schatzmeisters der Gemeinde, der Gemeindeschule oder irgendeiner anderen Gemeindeorganisation können jederzeit durch den Buchprüfer der Vereinigung, den Gemeindepastor, den Bezirksältesten, den leitenden Gemeindeältesten oder eine andere vom Gemeindeausschuss bevollmächtigte Person eingesehen werden. Sie dürfen jedoch niemandem zugänglich gemacht werden, der nicht dazu bevollmächtigt ist.

Auf Mitgliederversammlungen sollte regelmäßig über alle empfangenen und ausgegebenen Gelder und die ordnungsgemäße Buchführung berichtet werden. Die Verantwortungsträger sollten den Bericht schriftlich erhalten.

Beim Bericht über die Anzahl der Glieder, die Zehnten geben, werden Ehepartner und Kinder von Zehntengebern mitgezählt, wenn sie Gemeindeglieder sind, aber kein eigenes Einkommen haben.

Das Vertrauensverhältnis zu den Gliedern

Für den Schatzmeister sind alle im Rahmen seiner Tätigkeit gewonnenen Einsichten und Erkenntnisse absolut vertraulich. Er darf nie über die von Gemeindegliedern gegebenen Zehnten, über ihr Einkommen oder irgendetwas, das damit in Zusammenhang steht, sprechen, außer mit Personen, die auf Grund ihrer Verantwortung dazu berechtigt sind. Wo dieser Grundsatz nicht beachtet wird, kann viel Unheil entstehen.

Der Koordinator für Glaubensfreunde und Gäste

Es ist wichtig, dass interessierte Glaubensfreunde und Gäste, die durch Heimatmission und Evangelisation erreicht werden, schnell betreut werden. Zu diesem Zweck sollte bei der Gemeindewahl ein Koordinator gewählt werden (siehe S. 82). Er gehört dem Gemeindeausschuss sowie dem Arbeitskreis für Gemeindeaufbau und Evangelisation an (siehe S. 132) und arbeitet unmittelbar mit dem Pastor und dem Leiter für Gemeindeaufbau und Evangelisation zusammen.

Zu dieser Aufgabe gehört:
1. Das Führen einer übersichtlichen Liste aller Interessierten, die durch die verschiedensten Aktivitäten auf die Gemeinde aufmerksam geworden sind, z. B. durch Gottesdienste, öffentliche Versammlungen, Evangelisationen, Haus- oder Bibelkreise, Bibelstunden, persönliche Kontakte und Evangelisationen von Gemeindegliedern, Missionszeitschriften, Landes- oder Erntedanksammlungen, Zweigsabbatschulen, Buchevangelisten, Gesundheitsseminare, Bibeltelefon, Radio- oder Fernsehsendungen, Gemeindeliteratur u. a. In dieser Liste sollte eingetragen werden, wie der Kontakt zustande gekommen ist, wie der Glaubensfreund heißt, wann er besucht wurde, wie sein Interesse beurteilt wird und was getan worden ist.
2. Die Zusammenarbeit mit dem Pastor und dem Leiter für Gemeindeaufbau und Evangelisation bei der Auswahl der Glieder, die geeignet sind, den Kontakt mit den Glaubensfreunden zu pflegen.

3. Monatliche Berichte an den Gemeindeausschuss, wie viele Adressen von Glaubensfreunden vorhanden sind und zu wie vielen von ihnen Kontakt besteht. Wenn das Interesse einer Person schon weit fortgeschritten ist, sollte der Pastor hinzugezogen werden.

Ehemalige Verantwortungsträger, die nicht mehr Gemeindeglieder sind

Wenn ein Verantwortungsträger aus der Gemeinde ausgetreten ist oder ihm die Mitgliedschaft entzogen wurde und er wieder in die Gemeinde aufgenommen wird, erhält er dadurch nicht seine früheren Aufgaben zurück.

Einführungsgottesdienst

Alle neu gewählten Verantwortlichen der Gemeinde können in einem besonderen Gottesdienst in ihren Dienst eingeführt werden (Einführungsgottesdienst/segnende Beauftragung, siehe auch S. 166). Dieser Gottesdienst kann von einem beglaubigten Prediger durchgeführt werden oder, wenn kein Prediger da ist, von einem ordinierten Ältesten der Gemeinde.

Anmerkungen zu Kapitel 7

Diese Anmerkungen enthalten Erläuterungen zu den in diesem Kapitel beschrieben Themen. In den folgenden Punkten kann eine Gemeinde von der üblichen Vorgehensweise abweichen, wenn sie dabei in Übereinstimmung mit den allgemein geltenden Grundsätzen für Organisation und Ordnung in der Gemeinschaft der Siebenten-Tags-Adventisten bleibt.

1. Ausbildung und Ausrüstung von Gemeindeältesten (siehe S. 84)

Die Hauptverantwortung für die Ausbildung der Gemeindeältesten für ihren Dienst liegt in den Händen des Pastors. Die Vereinigungen werden ermutigt, regelmäßige Versammlungen für die Gemeindeältesten zu planen, die ihrer Aus- bzw. Fortbildung dienen. Damit die Zusammenarbeit zwischen Predigern und Ältesten gefördert wird, sollten die Pastoren an diesen Veranstaltungen ebenfalls teilnehmen. Auch die Leiter von organisierten Gruppen sollten eingeladen werden.

2. Eheschließung und kirchliche Trauung (siehe S. 86 und 288f.)

In manchen Ländern oder Staaten muss ein Prediger von Gesetzes wegen autorisiert und registriert sein, um eine Eheschließung vollziehen zu können. In vielen Ländern darf der Prediger zwar die Trauung in der Kapelle vollziehen, aber die Heiratsurkunde wird vom örtlichen Standesbeamten unterzeichnet, der gewöhnlich im Nebenraum sitzt und Zeuge der rechtsgültigen Eheschließungsformel ist. In anderen Ländern darf der Prediger keine Ehe schließen, da sich dies der Staat vorbehält, weil er die Eheschließung als zivilrechtlichen Akt ansieht. Wo das der Fall ist, hält der Prediger eine kirchliche Trauung in der Gemeinde, einer Kirche oder im Heim, um den Segen Gottes für das jung vermählte Paar zu erbitten (siehe auch S. 221f. und 251).

3. Die Aufgaben der Diakone und Diakoninnen (siehe S. 91 u. 92)

Die Diakonie ist zuständig für die Vorbereitung und Begleitung der Taufe. Diakone kümmern sich um die männlichen, die Diakoninnen um die weiblichen Taufbewerber vor und nach der Taufhandlung.

4. Pflege und Instandhaltung von Gemeindeeigentum (siehe S. 92)

Die Diakone sind verantwortlich dafür, dass die Hausmeisterarbeiten erledigt werden, das Gebäude sauber und in gutem Zustand gehalten wird und das Grundstück gepflegt und anziehend aussieht. In großen Gemeinden wird es notwendig sein, dafür jemand anzustellen. Die Diakone schlagen dem Gemeindeausschuss eine geeignete Person vor, der dann die Entscheidung trifft. Der Ausschuss kann diese Entscheidung aber auch an den Diakoniearbeitskreis delegieren.

Für alle großen Ausgaben, die zum Unterhalt der Gemeinderäume und des Grundstückes getätigt werden müssen, ist die Zustimmung des Gemeindeausschusses einzuholen. Rechnungen über Reparaturen, Wasser-, Energieverbrauch u. a. werden an den Schatzmeister zur Bezahlung weitergegeben.

5. Die Bedeutung der Aufgabe des Gemeindeschreibers (siehe S. 93)

Protokolle werden im Ablagesystem der Gemeinde gesammelt. Sie enthalten Datum und Uhrzeit, die Zahl der Anwesenden und den Wortlaut aller gefassten Beschlüsse. Werden Unterausschüsse oder Arbeitskreise beschlossen, soll der Gemeindeschreiber die Namen der Mitglieder, deren Aufgaben und Kompetenzen schriftlich festhalten und dem dafür gewählten Leiter eine Kopie übergeben. Berichtsordner oder andere Ablagesysteme für dieses Gemeindearchiv können beim Zentralversand des Verbandes oder bei der Dienststelle der Vereinigung erbeten werden.

Der Gemeindeberichtsordner enthält auch die aktuelle Gemeindeliste und vermerkt, wann Glieder aufgenommen wurden oder infolge von Überweisung, Tod, Austritt oder Entzug der Mitgliedschaft gestrichen wurden. Der Bericht wird chronologisch geführt und mit Hinweisen auf die entsprechenden Beschlüsse der Gemeinde versehen. Die Mitgliederliste der Gemeinde wird gewissenhaft auf dem neuesten Stand geführt und gibt jeder Zeit die aktuelle Gliederzahl wieder.

6. Briefwechsel mit abwesenden Gliedern (siehe S. 94)

Der Gemeindeschreiber sollte schriftlich Verbindung zu Gemeindegliedern halten, die nicht kommen können, ihnen die Informationen über das Gemeindeleben senden und sie ermutigen, vierteljährlich von ihren christlichen Aktivitäten zu berichten. Es ist gut, wenn die Gemeinde zu diesen Gliedern regelmäßig Kontakt hält.

7. Fristgerechtes Einsenden von Berichten (siehe S. 94)

Berichte sind vollständig und pünktlich auszufüllen. Mit besonderer Sorgfalt sollen, wie im Formular vorgegeben, die Überweisung, die Aufnahme und die Streichung von Gliedern aufgeführt werden. Die Vereinigung berichtet vierteljährlich dem Verband, der Verband der Division und die Division der Generalkonferenz. Jede Auslassung und jede Verzögerung der Berichte behindert den Informationsfluss. Wer die einzelnen Punkte in den Berichtsformularen gewissenhaft beachtet, trägt dazu bei, genaue Unterlagen über unser weltweites Werk zu erstellen.

8. Gelder für Bücher- und Zeitschriftenbestellungen (siehe S. 97)

Wo es keine adventistischen Buchzentren bzw. Buchhandlungen gibt, werden Geldbeträge für Bestellungen von Büchern, Broschüren und Zeitschriften am besten dem Schriftenverwalter in einem Briefumschlag übergeben. Er leitet die Bestellung und das Geld dann direkt an die zuständige Dienststelle, den Verlag oder das Zentrallager weiter. Am Ende jedes Vierteljahres berichtet der Schriftenverwalter der Mitgliederversammlung über den Kassenstand. Der Gemeindeschatzmeister erhält eine Kopie des Berichtes.

Kapitel 8

Gottesdienste und Versammlungen der Gemeinde

Allgemeine Prinzipien

Anbetung im Geist

„Obwohl Gott nicht in Tempeln wohnt, die mit Händen gemacht sind, ehrt er doch die Versammlungen seines Volkes durch seine Gegenwart. Er hat verheißen, dass er seinen Kindern mit seinem Geist begegnen wird, wenn sie zusammenkommen, um ihn zu suchen, ihre Sünden zu bekennen und füreinander zu beten. Aber alle, die sich versammeln, um ihn anzubeten, sollen alles Böse ablegen. Wo Gott nicht im ‚Geist und in der Wahrheit' (Joh 4,24) und ‚in heiligem Schmuck' (Ps 96,9) angebetet wird, sind die Zusammenkünfte wertlos. Der Herr sagt: ‚Dies Volk ehrt mich mit seinen Lippen, aber ihr Herz ist fern von mir; vergeblich dienen sie mir.' (Mt 15,8.9) Wer Gott anbeten will, muss ihn anbeten ‚im Geist und in der Wahrheit; denn der Vater will solche Anbeter haben' (Joh 4,23)." (*Prophets and Kings*, S. 50)

Die Bedeutung von Gottesdiensten und Versammlungen

Kennzeichen des christlichen Lebens sind geistliche Wiedergeburt, die Freude der Versöhnung, Treue zu Sendung und Auftrag und demütiger Gehorsam gegenüber Gott (siehe 2 Kor 5,17; Phil 2,5-8). Was immer ein Christ tut oder woran er sich auch beteiligt, wird das neue Leben in Christus bezeugen und die Früchte, die der Heilige Geist bewirkt. Das betrifft auch die Gottesdienste und Versammlungen in der Gemeinde. Sie haben das Ziel:

- Gott anzubeten und ihn als Schöpfer und Erlöser zu ehren.
- Gottes Wort, seine Lehren und Absichten verständlich zu machen.
- Die Gemeinschaft im Glauben und in Liebe untereinander zu ermöglichen.
- Das persönliche Vertrauen in das versöhnende Opfer Christi am Kreuz zu bezeugen.
- Zu lernen, wie der Verkündigungsauftrag des Herrn erfüllt werden kann, Menschen zu Jüngern zu machen (siehe Mt 28,19.20).

Ehrfurcht vor der Anbetungsstätte

„Für einen aufrichtigen, demütigen und gläubigen Menschen ist das Haus Gottes auf Erden der Zugang zum Himmel. Gott hat vorgesehen, dass seine Gemeinde durch Lobgesang, Gebet und die Verkündigung des Wortes Gottes vorbereitet wird für die zukünftige ewige Gemeinde, für den erhebenden Gottesdienst, an dem kein Ungereinigter teilnehmen kann (siehe Offb 21,27).

Von der Heiligkeit des irdischen Heiligtums können Christen lernen, wie sie den Ort achten sollen, an dem der Herr seinem Volk begegnet ... Gott selbst gab Ordnungen für seinen Dienst und stellte ihn so weit über alles Vergängliche.

Das Heim ist das Heiligtum für die Familie. Der ungestörte Platz zuhause oder in der Natur ist für den Einzelnen der Ort, an den er sich zur persönlichen Andacht zurückzieht. Die Kapelle oder Kirche aber ist das Heiligtum für die Gemeinde. Zeit, Ort und Art des Gottesdienstes sollen durch eine Ordnung festgelegt sein.

Alles, was heilig ist und zur Anbetung Gottes gehört, soll mit Achtung und Sorgfalt behandelt werden. Um Gottes Ruhm uneingeschränkt verkündigen zu können, muss das Heilige vom Alltäglichen unterschieden werden. Wer weiter und edler denkt, wird sich auf das konzentrieren, was Gott wichtig ist. Wer sich mit Gottes Gedanken beschäftigt, wird gestärkt für eine klare Denkweise, für edle Motive und Neigungen.

Glücklich sind die zu nennen, die einen Anbetungsort haben, sei er prächtig oder gering, in der Stadt oder in Berghöhlen, in der niedrigsten Hütte oder in der Wildnis. Wenn es das Beste ist, was sie zur Anbetung finden konnten, wird der Herr diesen Ort durch seine Gegenwart heiligen, und dieser Ort wird ihm heilig sein." (*Testimonies for the Church*, Band 5, S. 491f.)

Kinder sollten Ehrfurcht lernen

„Ihr Eltern, lehrt eure Kinder, christliche Werte zu schätzen. Helft ihnen, Jesus in ihr tägliches Leben hineinzunehmen. Erzieht sie zu höchster Ehrfurcht vor dem Hause Gottes und zu der Einsicht, dass sie das Haus Gottes mit der Einstellung betreten: ‚Gott ist hier, dies ist sein Haus. Hier will ich reine Gedanken haben und mir Gutes vornehmen. In mir sollen kein Stolz, kein Neid oder Hass, kein Misstrauen oder Betrug wohnen, denn hier komme ich zu Gott. Hier begegnet Gott seiner Gemeinde und segnet sie. Der hohe und erhabene Gott schaut auf mich, erforscht mein Herz und kennt meine Gedanken und Taten.'" (*Testimonies for the Church*, Band 5, S. 494)

Ruhiges und angemessenes Verhalten im Gottesdienstraum

„Wenn die Gläubigen den Versammlungsraum betreten, sollten sie sich andächtig auf ihre Plätze begeben ... Es ist weder vor noch nach dem Gottesdienst angebracht, im Gotteshaus über Alltägliches zu flüstern, tratschen und lachen. Gottesdienstbesucher brauchen ungeteilte innere Beteiligung und Ausrichtung auf Gott.

Die Minuten bis zu Beginn der Versammlung sollten sie im Geist stiller Andacht verbringen und dafür beten, dass der Gottesdienst für sie selbst zum Segen wird und zur Bekehrung anderer Besucher führt. Es ist gut daran zu denken, dass himmlische Boten anwesend sind. Durch unsere Ruhelosigkeit und weil wir Augenblicke der Besinnung und des Gebets nicht nutzen, verlieren wir viel von der herrlichen Gemeinschaft mit Gott. Unser Verhalten und unsere Einstellung müssen immer wieder überprüft werden und Herz und Gemüt Jesus Christus näher kommen.

Wenn die Menschen in wahrer Ehrfurcht vor dem Herrn das Haus Gottes betreten und daran denken, dass sie sich in seiner Gegenwart befinden, wird ihr Schweigen ein beredtes Zeugnis sein. Flüstern, Lachen und Erzählen, was normalerweise nichts Unrechtes ist, gehören nicht an die Stätte des Gottesdienstes. Die Gedanken sollen auf das Hören des Wortes Gottes ausgerichtet werden, damit es richtig und nachhaltig wirken kann." (*Testimonies for the Church*, Band 5, S. 492)

Versammlungen in der Gemeinde

Jede Gemeinde sollte die Gottesdienste und Versammlungen ihren Bedürfnissen entsprechend einrichten. Die zur Anbetung, zum Lernen und für die Arbeit der Gemeinde wesentlichsten Versammlungen sind der Sabbatgottesdienst mit Bibelgespräch und Predigt, die Abendmahlsfeier, die Gebetsversammlung, die Jugendstunde und die Missionsversammlung. Organisatorische Anliegen der Gemeinde werden in der Mitgliederversammlung behandelt.

Gastfreundschaft

Es ist Aufgabe jeder Gemeinde, den Geist der Gastfreundschaft zu fördern. Nichts kann das geistliche Leben einer Gemeinde gründlicher abtöten als eine kalte, formale Atmosphäre, die die Gastfreundschaft und Nächstenliebe vertreibt.

Gepflegte Gastfreundschaft ist ein wesentliches Element christlichen Lebens. Besonders in Verbindung mit dem Gottesdienst ist dazu Gelegenheit gegeben. Jeder Besucher unserer Gottesdienste muss herzlich aufgenommen werden, damit er sich willkommen fühlen kann. Es gehört zur Verantwortung der Gemeindeleitung dafür zu sorgen, dass jemand die Besucher freundlich begrüßt und willkommen heißt. „Gastfrei zu sein vergesst nicht, denn dadurch haben einige ohne ihr Wissen Engel beherbergt." (Hbr 13,2)

Nichtbevollmächtigte Sprecher in unseren Gemeinden
Unter keinen Umständen dürfen Prediger, Älteste oder andere Verantwortungsträger Unbekannte oder Personen, die nicht dazu bevollmächtigt sind, einladen, unsere Gottesdienste zu leiten. Wer aus dem Predigtamt entlassen wurde, wem die Mitgliedschaft in der Gemeinde entzogen wurde oder wer keine Vollmacht von der Gemeinschaft hat, dem darf der Zutritt zum Podium trotz seiner freundlichen Worte nicht erlaubt werden. Darauf ist sorgfältig zu achten. Wer das Vertrauen unserer Gemeinden hat, wird von der Gemeinschaft entsprechend beglaubigt (siehe S. 187f. und 190).

Es gibt Gelegenheiten, bei denen Personen des öffentlichen Lebens eingeladen werden können, das Wort an unsere Gemeinden zu richten. In allen anderen Fällen ist eine Sprecherlaubnis durch die zuständige Vereinigung/Union einzuholen. Älteste, Prediger und Vereinigungsvorsteher haben darauf zu achten, dass diese Regel eingehalten wird. (Siehe auch S. 267.)

Die Bedeutung der Musik im Gottesdienst

„Musik kann einen nachhaltigen Einfluss zum Guten ausüben; deshalb sollten wir dieses Element der Anbetung besser nutzen. Häufig werden die Lieder nicht sorgfältig genug ausgewählt oder nur gesungen, um eine formale Funktion zu erfüllen. Manchmal sind Gesang und Begleitung von so mangelhafter Qualität, dass sie keine positive Wirkung auf die Anwesenden haben. Musik sollte schön und kraftvoll sein und unser Inneres bewegen. Erhebt die Stimmen zu Lob- und Weiheliedern! Wenn möglich, nehmt Instrumente zu Hilfe und lasst die Harmonien als angenehmes Opfer zu Gott emporsteigen." (*Testimonies for the Church*, Band 4, S. 71)

Singen im rechten Geist und mit Verständnis
„In ihren Bemühungen, die Menschen zu erreichen, sollten sich Gottes Boten nicht von den Maßstäben der Welt leiten lassen. Sie dürfen in ihren Versammlungen das Interesse nicht durch ungläubige Sänger und Showeffekte zu wecken suchen. Wie können wir von Menschen erwarten, die sich nicht für Gottes Wort interessieren und es nicht mit

dem aufrichtigen Wunsch, seine Wahrheiten zu erfassen, gelesen haben, dass sie im rechten Geist und Verständnis singen? Wie können sie mit den Worten eines Gemeindeliedes übereinstimmen? Wie könnte der himmlische Chor einstimmen in einen Gesang, der nur äußerliche Form ist?
Wählt für die Versammlungen gute Sängerinnen und Sänger aus, die uns in unseren Liedern leiten. Lasst diesen Gesang von geübten Instrumentalspielern begleiten. Gegen den Gebrauch von Instrumenten ist nichts einzuwenden. Die Musik im Gottesdienst braucht eine gute Führung, denn durch sie wird Gott gelobt.
Es sollen auch nicht immer nur Wenige singen. So oft wie möglich sollte die ganze Gemeinde mit einstimmen." (*Testimonies for the Church*, Band 9, S. 143f.)

Die Chorleiter

Chorleiter und die Verantwortlichen für die musikalische Gestaltung sind sorgfältig auszuwählen. Nur wer sich mit seinen Gaben dem Herrn geweiht hat, darf für diese Aufgabe gewählt werden. Durch die Wahl unbekehrter Chorleiter kann großer Schaden entstehen. Wer nicht fähig ist, gute und passende Musikstücke für den Gottesdienst auszuwählen, darf nicht gewählt werden. Weltliche, fragwürdige oder zweifelhafte Musik sollte in unseren Gottesdiensten nicht vorgetragen werden.
Bei der Auswahl der Musikstücke arbeiten die Chorleiter eng mit dem Pastor und dem Gemeindeältesten zusammen, damit sie zum Thema der Predigt passen. Der Chorleiter untersteht dem Pastor und den Gemeindeältesten und darf nicht unabhängig von ihnen arbeiten. Er sollte sich mit ihnen in der Auswahl der Musikstücke, der Wahl der Sänger und Musiker beraten. Der Chorleiter gehört nicht von Amts wegen dem Gemeindeausschuss an.

Vortragende und Mitwirkende

Musik, die Gott ehrt, ist ein wichtiger Teil des Gottesdienstes. Die Gemeinde wählt ihre Chormitglieder und alle, die etwas vortragen, sorgfältig aus. Sie haben eine Vorbildfunktion im Gottesdienst und sollten deshalb in ihrem Auftreten den Grundsätzen der Gemeinschaft entsprechen. Ihre musikalische Begabung ist darum nur eine von mehreren Voraussetzungen. Es ist wünschenswert, dass sie der Gemeinde, einer Bibelgesprächsgruppe oder der Jugendgruppe angehören und in ihrem persönlichen Leben und in der äußeren Erscheinung keinen Anstoß erregen. Eine gewinnende Ausstrahlung und eine angenehme Erscheinung üben einen guten Einfluss auf die Versammlung aus. Es bleibt der Entscheidung der einzelnen Gemeinde überlassen, ob die Sänger im Gottesdienst einheitlich gekleidet sein sollen.

Gemeinden können unterschiedliche Chöre haben. Die Organisation eines Kinderchores sollte gefördert werden. Er übt einen guten geistlichen Einfluss auf die Mitwirkenden aus, bindet sie an die Gemeinde und kann zu ihrer Wirkung in der Öffentlichkeit beitragen.

Der Gottesdienst

Der Gottesdienst am Sabbat

Der Gottesdienst am Sabbat ist die wichtigste aller Versammlungen der Gemeinde. Hier treffen sich die Gläubigen Woche für Woche, um sich zur Anbetung Gottes in Lob und Dank und zum Hören des Wortes Gottes zu vereinigen. So empfangen sie Kraft und Gnade für das tägliche Leben, erfahren Gottes Willen und werden ermutigt für ihren Dienst zur Rettung von Menschen. Der Gottesdienst sollte würdig, schlicht und durchgehend pünktlich sein.

Die Heiligkeit des Gottesdienstes

Die Anbetung Gottes ist das höchste und heiligste, wozu der Mensch befähigt ist. Darum ist der Gottesdienst mit der größten Sorgfalt vorzubereiten. Ellen G. White fragte: „Ist es nicht unsere Aufgabe bei allem, was zur Vorbereitung und Durchführung von Gottesdiensten gehört, Nachdenken, Planung und Qualität einzubringen, damit sie für alle, die teilnehmen werden, den höchstmöglichsten Gewinn bringen und den tiefsten Eindruck hinterlassen?" (*Review and Herald*, 14. April 1885, S. 225)

„Unser Gott ist ein liebevoller, mitfühlender Vater. Der Gottesdienst für ihn sollte nicht als traurige, anstrengende Last erlebt werden. Es soll eine Freude sein, ihn anzubeten und an seinem Werk Anteil zu haben ... Lasst uns über Christus und sein Erlösungswerk nachdenken, sprechen und uns darüber freuen. ... Je mehr wir unserer Dankbarkeit Ausdruck verleihen, umso ähnlicher wird unsere Anbetung der der himmlischen Heerscharen. ‚Wer Dank opfert, der preiset mich.' (Ps 50,23) Lasst uns mit ehrfürchtiger Freude vor unseren Schöpfer treten, mit ‚Dank und Lobgesang' (Jes 51,3)." (*Steps to Christ*, S. 103f.)

Die Form des Gottesdienstes

Der Gottesdienst am Sabbatmorgen hat zwei Hauptteile: Die Anbetung und der Lobpreis der Gemeinde, die in Gesang, Gebet und Gabensammlung zum Ausdruck kommt, und die Verkündigung des Wortes Gottes. (Siehe Anmerkungen zu Kapitel 8, Punkt 1, S. 124f.) Die Siebenten-Tags-Adventisten schreiben keine fest umrissene Gottesdienstform oder -ordnung vor. Eine kurze Gottesdienstordnung entspricht im Allgemeinen dem Geist wahrer Anbetung am besten. Vorbemerkungen oder Vorprogramme sind zu vermeiden. Einleitung und Bekanntmachungen dürfen die Zeit für Anbetung und Predigt nicht beschneiden. (Vorschläge für die Gottesdienstgestaltung siehe Anmerkungen zu Kapitel 8, Punkt 2, S. 125f.)

Die Sabbatschule (das Bibelgespräch)

Das Bibelgespräch in der Sabbatschule wird mit Recht „die lernende Gemeinde" genannt. Es ist eine der wichtigsten Zusammenkünfte im Gemeindeleben. Sabbat für Sabbat versammeln sich die meisten unserer Glieder und Tausende von interessierten Freunden zur Sabbatschule, um Gottes Wort zu studieren. Jedes Gemeindeglied sollte ermutigt werden, an dem Bibelgespräch teilzunehmen und Freunde mitzubringen. Die Gemeinde bemüht sich, für jede Altersgruppe passende Gesprächsgruppen einzurichten. Die Gemeinschaft stellt Studienhefte und zusätzliches Material für das Bibelstudium und das Gespräch zur Verfügung. Dieser Teil des Gottesdienstes dauert gewöhnlich etwa eine Stunde und zehn Minuten. Die Zeit kann je nach Bedarf verlängert oder verkürzt werden. Bei der Festlegung des regulären Gottesdienstablaufes sollte aber darauf geachtet werden, dass wenigstens dreißig Minuten für das Studium der Wochenbetrachtung zur Verfügung stehen.

Bekanntmachungen

Bekanntmachungen sind sorgfältig vorzubereiten. Bekanntmachungen, die nicht im engen Zusammenhang mit dem Sabbatgottesdienst oder der Gemeindearbeit stehen, sollten nicht im Gottesdienst gemacht werden, um den Geist der Anbetung und Sabbatheiligung nicht zu beeinträchtigen. Größere Gemeinden geben gedruckte Programme heraus, die sowohl die Gottesdienstordnung als auch die Bekanntmachungen für die Woche enthalten. Wo das der Fall ist, sind mündliche Bekanntmachungen nahezu überflüssig. Wenn keine gedruckten Programme verteilt werden können, ist es üblich, die Bekanntmachungen vor Beginn des Predigtgottesdienstes anzusagen.

Die verschiedenen Abteilungen der Gemeinde sollen ausreichend berücksichtigt werden. Allerdings dürfen ihre Mitteilungen nicht die Wortverkündigung einschränken.

Das öffentliche Gebet

„Christus prägte seinen Jüngern den Grundsatz ein, in kurzen Gebeten das auszudrücken, was ihnen mangelte ... Normalerweise genügen dafür ein oder zwei Minuten." (*Testimonies for the Church*, Band 2, S. 581)

„Betet kurz und kommt gleich zur Sache. Haltet dem Herrn nicht in langen Gebeten eine Predigt." (*Ebd.*, Band 5, S. 201)

„Wer betet oder predigt, muss die Worte deutlich aussprechen, mit klarer, vernehmbarer und ruhiger Stimme. Ein so gesprochenes Gebet ist eine Macht zum Guten. Es ist eines der Mittel, die der Herr benutzt, um Menschen die kostbaren Schätze der Wahrheit mitzuteilen. Häufig wird nicht so gebetet, wie es sein sollte, weil nicht laut und deutlich genug gesprochen wird. Satan freut sich über Gebete, die kaum zu hören sind. Gottes Volk soll lernen, so zu sprechen und beten, wie es den ihm anvertrauten großen Wahrheiten in rechter Weise entspricht. Gebt eure Zeugnisse und sprecht eure Gebete stets klar und deutlich. So werden sie Gott verherrlichen." (*Testimonies for the Church*, Band 6, S. 382)

Der Abendmahlsgottesdienst

In der Gemeinschaft der Siebenten-Tags-Adventisten wird das Abendmahl üblicherweise einmal im Vierteljahr gefeiert. Dieser Gottesdienst schließt Fußwaschung und Abendmahl ein. Er ist für die Gemeinde ein heiliges und freudiges Erlebnis, auch für Prediger und Älteste. Einen Abendmahlsgottesdienst durchzuführen gehört zu den speziellen Aufgaben eines Predigers oder Ältesten.

Jesus, der Erlöser der Welt, ist heilig. Die Engel rufen: „Heilig, heilig, heilig ist Gott der Herr, der Allmächtige, der da war und der da ist und der da kommt." (Offb 4,8) Und da Jesus heilig ist, sind auch die Symbole, die für seinen Leib und sein Blut stehen, geheiligt. Der Herr selbst hat die bedeutungsvollen Symbole des ungesäuerten Brotes und der unvergorenen Frucht des Weinstocks gewählt und mit einfachen Mitteln den Jüngern die Füße gewaschen. Darum sollten wir keine anderen Symbole und Mittel benutzen (es sei denn, unter Verhältnissen wirklicher Not), damit die ursprüngliche Bedeutung dieses Dienstes nicht verloren geht.

Das Gleiche gilt für die Ordnung dieses Gottesdienstes und die Aufgaben, die den Predigern, Ältesten, Diakonen und Diakoninnen bei der Abendmahlsfeier zufallen. Jede Veränderung und Erneuerung bedarf größter Vorsicht. Es ist darauf zu achten, dass das Heilige nicht zum Gewöhnlichen wird. Individualismus und eigenmächtige Durchführung bei dieser heiligen Handlung sind Ausdruck der Missachtung von Gemeinsamkeit und Einigkeit in der Gemeinde. Veränderungen dürfen das Gedächtnismahl, das Jesus am Anfang seines Leidensweges eingesetzt hat, nicht unverständlich werden lassen.

Der Abendmahlsgottesdienst ist heute genauso heilig wie damals, als Christus ihn einsetzte. Jesus ist gegenwärtig, wenn diese Handlung vollzogen wird. „Jesus hat bestimmt, dass er so seinem Volk begegnet und ihm durch seine Gegenwart Kraft gibt." (*The Desire of Ages*, S. 656)

Die Fußwaschung

„Jesus sagte, nachdem er den Jüngern die Füße gewaschen hatte: ,Ein Beispiel habe ich euch gegeben, damit ihr tut, wie ich euch getan habe.' (Joh 13,15) Mit diesen Worten hat Jesus nicht nur die Erfüllung von Gastfreundschaftspflichten verlangt. Es ging um mehr, als nur einem Gast die Füße vom Reisestaub zu säubern. Christus setzte damit einen religiösen Dienst ein. Durch die Tat unseres Herrn wurde dieser erniedrigende Dienst zu einer Handlung mit heiliger Bedeutung, die von den Jüngern weitergeführt werden muss, damit Jesu Lehren der Demut und Hingabe stets im Gedächtnis bleiben.

Die Fußwaschung ist die von Christus bestimmte Vorbereitung zum Gemeinschaftsmahl. Solange Stolz, Uneinigkeit und Machtstreben genährt werden, kann das Herz keine Gemeinschaft mit Christus haben. Wir sind dann nicht bereit, die Gemeinschaft seines Leibes und seines Blutes zu empfangen. Deshalb setzte Jesus das Gedächtniszeichen seiner Selbsterniedrigung dem Abendmahl voran." (*The Desire of Ages*, S. 650)

Indem er den Jüngern die Füße wusch, vollbrachte Jesus eine tiefere Reinigung: Er wusch die Flecken der Sünde aus ihren Herzen. Die Teilnehmer am Abendmahl fühlen sich unwürdig, die heiligen Symbole zu empfangen, bevor sie die Reinigung erfahren, die ‚ganz rein' macht (Joh 13,10). Jesus wollte „ihr Herz von Eifersucht, Zwietracht und Stolz befreien ... Stolz und Selbstsucht erzeugen Zwietracht und Hass; dies alles tilgte Jesus, indem er ihnen die Füße wusch ... Als Jesus sie anblickte, konnte er sagen: ‚Ihr seid rein.' (Joh 13,10)" (*The Desire of Ages*, S. 646)

Dieses geistliche Erlebnis, das durch die Fußwaschung vermittelt wird, macht aus einem allgemeinen Brauch eine heilige Handlung. Sie übermittelt eine Botschaft der Vergebung, der Annahme, der Gewissheit und der Solidarität, in erster Linie von Christus zu den Gläubigen, aber genauso auch der Gläubigen untereinander. Diese Botschaft wird in einer Atmosphäre der Demut deutlich.

Ungesäuertes Brot und unvergorener Wein

„Christus sitzt schweigend an der Tafel, auf der das Passahmahl aufgetragen worden ist. Die ungesäuerten Brote, die in der Passahzeit gegessen wurden, liegen vor ihm. Der unvergorene Passahwein steht auf dem Tisch. Christus gebraucht diese Dinge als Sinnbilder für sein eigenes makelloses Opfer. Nicht verdorben durch Gärung oder Säuerung, dem Sinnbild der Sünde und des Todes (siehe 1 Kor 5,7.8), weisen sie auf Jesus als ‚eines unschuldigen und unbefleckten Lammes' hin (1 Ptr 1,19)". (*The Desire of Ages*, S. 653)

Weder der „Kelch" noch das Brot enthielten Vergorenes, denn am Vorabend des ersten Passah der Hebräer war aller Sauerteig bzw. alles Vergorene aus ihren Hütten entfernt worden (siehe 2 Mo 12,15.19; 13,7). Deshalb sind nur unvergorener Traubensaft und ungesäuertes Brot für das Abendmahl geeignet. Darum müssen diese Symbole mit großer Sorgfalt beschafft werden.

In Gebieten der Welt, in denen Traubensaft, Rosinen- oder Traubensirup nicht ohne weiteres erhältlich sind, ist es Aufgabe der Vereinigungsdienststelle, die Gemeinden bei der Beschaffung zu beraten oder zu unterstützen.

Gedenken an die Kreuzigung

„Durch die Teilnahme am Abendmahl des Herrn, durch das gebrochene Brot und die Frucht des Weinstocks, ‚verkündigen wir den Tod des Herrn, bis er kommt' (1 Kor 11,26). Die Szenen seiner Leiden und seines Todes werden uns so erneut ins Gedächtnis gebracht." (*Early Writings*, S. 217)

„Wenn wir Brot und Wein empfangen, die den gebrochenen Leib und das vergossene Blut Christi versinnbildlichen, stellen wir uns in Gedanken vor, was damals beim Abendmahl geschah. Wir gehen in Gedanken durch den Garten Gethsemane, die Stätte, an der unser Heiland litt, der die Sünden der Welt trug. Wir sind Zeugen des Todeskampfes, durch den Jesus unsere Versöhnung mit Gott bewirkt hat. Wir sehen den gekreuzigten Heiland mitten unter uns." (*The Desire of Ages*, S. 661)

Die Verkündigung der Wiederkunft des Herrn

„Das Abendmahl weist auf Christi Wiederkunft hin. Es wurde eingesetzt, um diese Hoffnung in den Herzen der Jünger lebendig zu erhalten. Wann immer sie zusammenkamen, um an seinen Tod zu denken, erzählten sie sich, wie er den Kelch nahm, dankte, ihnen den Kelch gab und sprach: ‚Trinket alle daraus; das ist mein Blut des Bundes, das vergossen wird für viele zur Vergebung der Sünden. Ich sage euch: Ich werde von nun an nicht mehr von diesem Gewächs des Weinstocks trinken bis an den Tag, an dem ich von Neuem davon trinken werde mit euch in meines Vaters Reich.' (Mt 26,27-29). In ihrer Traurigkeit tröstete sie die Hoffnung auf die Wiederkunft ihres Herrn. Unbeschreiblich wertvoll war ihnen der Gedanke: ‚Sooft ihr von diesem Brot esst und von diesem Kelch trinkt, verkündigt ihr den Tod des Herrn, bis er kommt.' (1 Kor 11,26)." (*The Desire of Ages*, S. 659)

Die Ankündigung der Abendmahlsfeier

Die Abendmahlsfeier kann Teil eines jeden christlichen Gottesdienstes sein. Um die besondere Bedeutung des Abendmahls zu unterstreichen und möglichst viele Gemeindeglieder daran teilnehmen zu lassen, wird es normalerweise im Sabbatgottesdienst gefeiert, möglichst regelmäßig, zum Beispiel am vorletzten Sabbat des Vierteljahres.

An den Sabbaten davor sollte das Abendmahl angekündigt werden, damit alle Gemeindeglieder sich vorbereiten können und die Möglichkeit erhalten, ungelöste Differenzen auszuräumen. Wenn sie dann an den Tisch des Herrn treten, kann ihnen der Abendmahlsgottesdienst den versprochenen Segen bringen. Gemeindeglieder, die abwesend waren und die Ankündigung nicht gehört haben, sollen benachrichtigt und zur Teilnahme an der Abendmahlsfeier eingeladen werden.

Die Durchführung der Abendmahlsfeier

Die Dauer der Abendmahlsfeier – Zeit ist nicht der wichtigste Faktor bei der Planung der Abendmahlsfeier. Dennoch können folgende Maßnahmen die Beteiligung und die geistliche Wirkung fördern:
1. Verzicht auf alles, was nicht zu diesem Gottesdienst gehört.
2. Vermeidung von Verzögerungen vor und nach der Fußwaschung.
3. Rechtzeitiges Vorbereiten und Decken des Abendmahlstisches durch die Diakone vor dem Gottesdienst.

Die Einleitung – Der einleitende Teil des Gottesdienstes sollte nur kurze Ankündigungen, ein Loblied, ein Gebet, eine Gabensammlung und eine kurze Predigt enthalten, bevor sich die Gemeinde zur Fußwaschung trennt und anschließend wieder zum Abendmahl zusammenkommt. Wird dieser Teil des Gottesdienstes kurz gehalten, werden mehr Besucher bis zum Ende des Gottesdienstes bleiben.

Die Fußwaschung – Jede Gemeinde sollte sorgfältig planen, wie die Fußwaschung den Bedürfnissen der Gemeinde entsprechend durchgeführt werden kann. (Siehe Anmerkungen zu Kapitel 8, Punkt 3, S.126f.)

Brot und Wein – Nach der Fußwaschung kommt die Gemeinde wieder zusammen, um Brot und Wein zu empfangen. (Siehe Anmerkungen zu Kapitel 8, Punkt 4, S. 127f.)

Der feierliche Ausklang – Der Gottesdienst kann mit einem Musikstück oder mit gemeinsamem Singen und dem abschließenden Segen beendet werden. Der Ausklang sollte auf jeden Fall froh gestimmt sein, welche Form auch immer gewählt wird. Das Abendmahl sollte immer eine feierliche, aber niemals eine bedrückende oder beklemmende Stimmung haben. Fehler sind bereinigt, Sünden sind vergeben und der Glaube ist gestärkt worden. Darum ist das Abendmahl eine Zeit des Feierns. Die Musik sollte deshalb fröhlich klingen.

In vielen Gemeinden ist es üblich, dass die Gabensammlung am Ausgang für Hilfsbedürftige verwendet wird.

Nach dem Gottesdienst räumen die Diakone und Diakoninnen den Tisch ab, sammeln die Gläser ein und entsorgen das restliche Brot sowie den übrig gebliebenen Wein in angemessener Weise. Sie werden nicht in den alltäglichen Gebrauch zurückgenommen.

Wer darf am Abendmahl teilnehmen?

Die Gemeinschaft der Siebenten-Tags-Adventisten praktiziert das offene Abendmahl. Jeder, der sein Leben dem Heiland übergeben hat, darf teilnehmen. Kinder lernen die Bedeutung dieses Gottesdienstes kennen, indem sie beobachten, wie andere Gläubige daran teilnehmen. Wenn sie Taufunterricht erhalten und sich selber in der Taufe Jesus übergeben haben, können sie auch am Abendmahl teilnehmen.

„Christi Beispiel verbietet, jemanden vom Abendmahl fern zu halten. Es ist wahr, dass offene Sünde den Schuldigen davon ausschließt. Das lehrt der Heilige Geist deutlich (siehe 1 Kor 5,7.11). Aber niemand hat das Recht, darüber hinaus ein Urteil zu fällen. Gott hat es nicht Menschen überlassen festzulegen, wer teilnehmen darf oder nicht. Denn wer kann in die Herzen blicken? Wer kann die Spreu vom Weizen unterscheiden? Paulus sagte: ‚Darum sollt ihr euch prüfen, bevor ihr das Bort esst und von dem Becher trinkt.' (1 Kor 11,28 GNB) Denn wer ‚auf unwürdige Weise das Brot isst und von seinem Becher trinkt, macht sich am Leib und Blut des Herrn schuldig ... Denn wenn ihr esst und trinkt ohne Rücksicht darauf, dass ihr es mit dem Leib des Herrn zu tun habt, zieht ihr euch durch euer Essen und Trinken Gottes Strafgericht zu.' (1 Kor 11,27.29 GNB).

Wenn sich die Gläubigen zum Abendmahl versammeln, sind auch Boten anwesend, die von menschlichen Augen nicht gesehen werden können. Selbst ein Judas kann dabei sein. In diesem Falle fehlen sogar die Boten des Fürsten der Finsternis nicht; denn sie kümmern sich um alle, die sich nicht vom Heiligen Geist leiten lassen wollen. Auch himmlische Engel sind anwesend. Sie sind bei diesem Anlass immer gegenwärtig. Manchmal sind Menschen dabei, die nicht wirklich von Wahrheit und Heiligung erfüllt sind, die aber doch gerne am Abendmahl teilnehmen möchten. Es soll ihnen nicht verwehrt werden ... Der dem Judas die Füße wusch, möchte jeden von Sünde befreien ... Bei jedem Abendmahl soll den Nachfolgern Christi das große Opfer vor Augen stehen, das der Herr für die Erlösung der Menschheit gebracht hat." (*The Desire of Ages*, S. 656.659)

Alle Gemeindeglieder sollten teilnehmen

„Niemand sollte sich vom Abendmahl ausschließen, nur weil ‚Unwürdige' daran teilnehmen. Jeder Nachfolger Christi ist aufgerufen, teilzunehmen und dadurch öffentlich zu bezeugen, dass er Jesus als seinen persönlichen Heiland angenommen hat. Jesus hat bestimmt, dass er im Abendmahl seinem Volk begegnet und ihm durch seine Gegenwart Kraft gibt. Selbst wenn ‚unwürdige' Hände und Herzen die gottesdienstliche Handlung vollziehen, dient Christus doch seinen Kindern. Alle, die ihren Glauben auf ihn gründen, werden reich gesegnet werden. Alle, die dieses Angebot Gottes versäumen, werden Schaden erleiden." (*The Desire of Ages*, S. 656)

Die Leitung des Abendmahlsgottesdienstes

Die Abendmahlsfeier muss von einem ordinierten Prediger oder Gemeindeältesten geleitet werden. Diakone, auch wenn sie eingesegnet sind, dürfen das nicht. Sie können aber beim Austeilen von Brot und Wein helfen.

Abendmahl für kranke Gemeindeglieder

Ist ein Gemeindeglied krank oder kann es aus irgendeinem anderen Grund das Haus nicht verlassen, um am Abendmahl teilzunehmen, so kann in seinem Heim eine besondere Abendmahlsfeier durchgeführt werden. Sie darf nur von einem eingesegneten Prediger oder Gemeindeältesten geleitet werden. Diakone oder Diakoninnen können ihn begleiten und ihm helfen.

Die Gebetsversammlung

„Gebetsstunden sollten die interessantesten Versammlungen sein. Häufig werden sie jedoch mangelhaft geleitet. Viele kommen zur Predigt, vernachlässigen jedoch die Gebetsversammlungen. Darüber muss nachgedacht werden. Weisheit von Gott und gute Vorbereitung sind notwendig, damit die Versammlungen anziehend und abwechslungsreich sind. Menschen hungern nach dem Brot des Lebens. Wenn sie es in der Gebetsversammlung finden, werden sie auch hingehen, um es zu bekommen.

Lange, weitschweifige Reden und Gebete sind nirgends angebracht, erst recht nicht, wenn die Gemeinde sich versammelt. Es darf nicht geschehen, dass diejenigen, die schnell mit dem Wort sind, sich so ausbreiten, dass sie die nicht zu Wort kommen lassen, die schüchtern und zurückhaltend sind. Häufig ist es so, dass die Oberflächlichsten am meisten reden. Sie beten weitschweifig und ohne Überlegung und ermüden Engel und Menschen, die ihnen zuhören müssen. Gebete sollen kurz und treffend sein. Wenn jemand meint, lange und ermüdend beten zu müssen, soll er das zu Hause im stillen Kämmerlein tun. Gebt dem Geist Gottes Raum und er wird allen trockenen Formalismus vertreiben." (*Testimonies for the Church*, Band 4, S. 70f.)

Es soll alles getan werden, was zu einer erfolgreichen wöchentlichen Gebetsstunde beiträgt. Die Versammlung sollte pünktlich beginnen, auch wenn nur zwei oder drei Personen anwesend sind. Es kann mit einer kurzen Schriftbetrachtung oder einer Lesung aus dem Schrifttum von Ellen G. White begonnen werden. Dafür genügen fünfzehn bis zwanzig Minuten. Danach ist Zeit zum Gebet und Austausch von Erfahrungen.

Gestaltet die Gebetsversammlung in jeder Woche etwas anders. Die einzelnen Elemente wie Lieder, Gebete, Schriftbetrachtung und Gespräch sind an keine feste Reihenfolge gebunden.

Wenn es den Gemeindegliedern nicht möglich ist, sich im Gemeindezentrum zur Gebetsstunde zu versammeln, können Hausgebetskreise segensreich sein.

Die Adventjugend[1]

Die Jugendgruppe ist die Organisation der Jugendlichen der Ortsgemeinde. Unter der Leitung eines gewählten Jugendgruppenleiters sol-

---

[1] Diese Kurzfassung gilt als Name der offiziellen Jugendorganisation der Gemeinschaft der STA.

len die jungen Leute zusammenarbeiten, um einen starken Jugenddienst zu entwickeln. Dazu gehört die Förderung der geistlichen, geistigen und körperlichen Fähigkeiten jedes Einzelnen, der Gemeinschaft von Christen untereinander und eines aktiven evangelistischen Programms, das die allgemeine Missionsarbeit der Ortsgemeinde unterstützt. Ziel der Jugendgruppe sollte sein, jeden Jugendlichen an sinnvollen Aktivitäten zu beteiligen, die ihn fester an die Gemeinde binden und ihn auf einen nützlichen Dienst vorbereiten.

Die Jugendstunden sollten einmal wöchentlich stattfinden. Es wird empfohlen, die Jugendstunden am Freitagabend oder am Sabbatnachmittag durchzuführen. Die Jugendstunde kann im Heim von verantwortlichen Gemeindegliedern stattfinden oder als größere öffentliche Versammlung in der Gemeinde. Da die Jugend nicht von der übrigen Gemeinde losgelöst werden kann, sollten die Jugendstunden allen Gemeindegliedern offen stehen. Trotzdem sollten sie von den Jugendlichen selbst geplant und durchgeführt werden. In kleineren Gemeinden schließen die Aktivitäten der Jugend gewöhnlich die Familien mit ein. (Siehe Anmerkungen zu Kapitel 8, Punkt 5, S. 128.)

Es ist wichtig, dass das Jugendprogramm einer Ortsgemeinde mit der Arbeit der anderen Abteilungen koordiniert wird, die für die Kinder und Jugendlichen zuständig sind. Um diese Zusammenarbeit und Koordination zu erleichtern, wird ein Komitee für Jugendarbeit gebildet (siehe S. 142f.), das die Schirmherrschaft für die Jugendarbeit der Gemeinde übernimmt. Ihm gehören die Verantwortungsträger der Jugend-, Pfadfinder- und Teeniegruppe, des Abenteurer-Clubs sowie die Leiter der folgenden Bereiche an: Gemeindeaufbau und Evangelisation, Gesundheit, Jugendsabbatschule, Gemeindeschule und andere nach Bedarf. (Siehe Anmerkungen zu Kapitel 8, Punkt 6, S. 128.)

Zu einem erfolgreichen Jugendprogramm in der Ortsgemeinde gehört eine starke Jugendsabbatschule. Es ist aber auch wichtig, dass die Jugendlichen sich regelmäßig zu festen Zeiten an einem geeigneten Ort versammeln können, um Gemeinschaft untereinander zu haben, Freizeit miteinander zu verbringen und sich weiterzubilden. Das gehört zum Förderungskonzept der Adventjugend (siehe S. 140ff.).

Die jüngere Jugend („Teeniegruppe")

Die Arbeit für die jüngere Jugend („Teenies") hat ein ähnliches Ziel wie die Jugendgruppe. Ihr Anliegen ist es, den Charakter zu bilden, Gemeinschaftserlebnisse zu vermitteln und Gruppenleiter heranzubilden. Sie bindet die jüngere Jugend in den christlichen Dienst ein.

In den Ländern, in denen es adventistische Schulen gibt, gehört die Arbeit für die jüngere Jugend üblicherweise zum geistlichen Lehrplan der Schulen. (Siehe S. 146 und Anmerkungen zu Kapitel 8, Punkt 7, S. 128.)

Christliche Pfadfinder der Adventjugend/ Adventwacht

Die Pfadfinder bieten ein Programm, das auf die Bedürfnisse der jüngeren Jugend zugeschnitten ist (siehe S. 147f.). In manchen Gebieten wird es in der Ortsgemeinde anstelle eines Programms für die jüngere Jugend (Teeniegruppe) durchgeführt. Wo es sowohl eine Pfadfindergruppe als auch ein Programm für die jüngere Jugend gibt, müssen beide Organisationen eng zusammenarbeiten und planen. Für die Pfadfinderarbeit gibt es über die Vereinigung Material und Richtlinien.

Der Abenteurer-Club

Der Abenteurer-Club bietet ein Programm für die Bedürfnisse der Kinder in der Gemeinde, die sich im Vor- und Grundschulalter befinden und in dieser Zeit schnelle Entwicklungen durchlaufen. Sein Ziel ist es, das Engagement der Eltern für ihre Kinder in dieser wichtigen Altersphase zu fördern (siehe S. 148f.).

Die Gemeinschaft entwickelt in Zusammenarbeit der Abteilungen Jugend- und Familiendienste Material und Richtlinien für Versammlungen und andere Aktivitäten. In der Gemeinde sollten die Angebote mit der Jugend, Pfadfinder- und Familienarbeit koordiniert werden.

Versammlungen für Gemeindeaufbau und Evangelisation

Der Gemeinde ist der Auftrag des Erlösers gegeben, das Evangelium der ganzen Welt zu verkünden. Damit trägt jedes Glied persönlich die Verantwortung, so vielen Menschen wie möglich die Heilsbotschaft zu bringen. Der Heiland „gab seinen Knechten Vollmacht, einem jeden seine Arbeit" (Mk 13,34). Nach seiner Auferstehung traf er mit seinen elf Jüngern zusammen, um sie zu beraten und zu ermutigen. Damals gab er ihnen und der versammelten Gemeinde, die mehr als 500 Glieder zählte, den Evangeliumsauftrag (siehe Mt 28,18-20). Das war die erste Missionsversammlung der christlichen Gemeinde, der noch viele folgen sollten.

Gott hat Gemeindeaufbau und Evangelisation von Anfang an und für alle Zeit zu einem Anliegen christlicher Vesammlungen gemacht. Ellen G. White schreibt: „Gott hat uns ein überaus heiliges Werk anvertraut und *wir müssen zusammenkommen*, um uns unterweisen zu lassen, damit wir zur Ausführung dieses Werkes befähigt werden." (*Testimonies for the Church*, Band 6, S. 32, Hervorhebung hinzugefügt)

Versammlungszeiten

Der erste Sabbat im Monat gilt allgemein als Sabbat für Gemeindeaufbau und Evangelisation. Die Predigt an diesem Sabbat beschäftigt sich besonders mit der Glaubensverbreitung durch die Gemeindeglieder, aber auch andere Abteilungen können an diesem besonderen Tag Gelegenheit bekommen, ihre Anliegen vorzutragen. Das sollte in sorgfältiger Beratung mit den betreffenden Abteilungen geschehen. (Siehe Anmerkungen zu Kapitel 8, Punkt 8, S. 129.)

Die Bereitstellung von Verteilmaterial am Sabbat

Allgemein bietet sich sabbats die beste Gelegenheit, den Gemeindegliedern Verteilmaterial anzubieten. Der Leiter für Gemeindeaufbau und Evangelisation sollte bei dieser Tätigkeit am Sabbat alles vermeiden, was Anstoß erregen oder die Aufmerksamkeit der Gemeinde von wahrer Anbetung und Ehrfurcht ablenken könnte.

Die Mitgliederversammlung (Gemeindestunde)

Die Mitgliederversammlung der Gemeinde kann vom Prediger oder vom Gemeindeausschuss, in Absprache mit dem Prediger, monatlich, vierteljährlich oder nach Bedarf einberufen werden. Teilnahme- und stimmberechtigt sind alle Gemeindeglieder der Ortsgemeinde, außer denen, die unter korrigierender Seelsorge stehen. Zu einer Mitgliederversammlung muss im regulären Sabbatgottesdienst eingeladen werden mit Angaben über Versammlungszeit und -ort. Die Gemeinde kann auf einer Mitgliederversammlung eine Mindestzahl für die Beschlussfähigkeit generell festlegen. Bei Abwesenheit ist die Übertragung der Stimme auf ein anderes Gemeindeglied oder die Abstimmung per Brief nicht zulässig.

Um der guten Zusammenarbeit zwischen Ortsgemeinde und Vereinigung willen sollte sich die Gemeinde in allen wichtigen Angelegenheiten mit den Verantwortungsträgern der Vereinigung beraten. Die Vorstandsmitglieder der Vereinigung (Vorsteher, Sekretär und Schatzmeister), zu der die Gemeinde gehört, haben das Recht, an jeder Mitgliederversammlung in ihrem Vereinigungsgebiet teilzunehmen. Sie haben kein Stimmrecht, es sei denn, die Mitgliederversammlung räumt es ihnen ein.

Die Mitgliederversammlung wird vom Pastor oder einem von ihm beauftragten Gemeindeältesten geleitet. In der Mitgliederversammlung erhält die Gemeinde einen vollständigen Überblick über Gemeindeanliegen und -arbeit. Nach Ablauf eines Jahres werden die Berichte über die Gemeindeaktivitäten vorgelegt. Auf ihrer Grundlage soll die Gemeinde über die Planungen und den Haushalt des neuen Jahres abstimmen. Diese Berichte sollten möglichst in schriftlicher Form vorgelegt werden. (Siehe Anmerkungen zu Kapitel 8, Punkt 9, S. 129f.)

Der Gemeindeausschuss und seine Sitzungen

Ziel und Aufgaben

Der Gemeindeausschuss setzt sich aus den Verantwortungsträgern der Gemeinde zusammen. Er hat eine Reihe wichtiger Aufgaben, sein Hauptanliegen aber sind die geistliche Führung der Gemeinde sowie die Planung und Förderung der Verbreitung des Evangeliums.

Der große Auftrag Jesu macht die Evangelisation, also die Verkündigung der Frohen Botschaft, zur Hauptaufgabe der Gemeinde (siehe Mt 28,18-20). Sie ist somit auch die Hauptaufgabe des Gemeindeausschusses, der seiner Ortsgemeinde als oberstes Leitungskomitee dient. Wenn der Gemeindeausschuss sein vorrangiges Ziel darin sieht, alle Gemeindeglieder zur Beteiligung an der Verkündigung des Evangeliums zu gewinnen und sich mit aller Kraft dafür einsetzt, dann lassen sich die meisten anderen Probleme innerhalb der Gemeinde lindern oder sogar völlig lösen. Sein starker, positiver Einfluss hat spürbare Auswirkungen auf das geistliche Leben und Wachstum der Gemeinde.

Zu den Aufgaben des Gemeindeausschusses gehören:
1. die geistliche Stärkung der Gemeinde,
2. die Evangeliumsverkündigung in allen Schritten,
3. die Bewahrung der biblischen Lehre,
4. die Förderung christlicher Werte und Maßstäbe,
5. Empfehlungen bezüglich der Gemeindezugehörigkeit,
6. die Verwaltung der Gemeindefinanzen,
7. Erhaltung und Pflege des Gemeindeeigentums und
8. die Koordination der Arbeit der verschiedenen Abteilungen.

Der Gemeindeausschuss wird bei der regulären Gemeindewahl gewählt (siehe S. 82).

Die Mitglieder des Gemeindeausschusses

Die folgenden Verantwortungsträger sollten dem Gemeindeausschuss angehören:

Älteste(r)
Erster Diakon
Erste Diakonin
Schatzmeister
Gemeindeschreiber
Leiter für Gemeindeaufbau und Evangelisation
Leiter der Wohlfahrtsarbeit
Leiter der Kinderabteilung (bzw. der Kindersabbatschule)
Sabbatschulleiter
Leiter der Abteilung Familie
Leiterin der Frauenarbeit
Leiter der Erziehungsabteilung (bzw. der Gemeindeschule)
Jugendgruppenleiter
Pfadfindergruppenleiter
Koordinator für Glaubensfreunde und Gäste
Leiter der Abteilung Kommunikation
Leiter der Gesundheitsarbeit (DVG bzw. LLG)
Leiter der Abteilung Christliche Haushalterschaft
Leiter der Abteilung Religiöse Freiheit

In vielen Fällen kann die Verantwortung für zwei oder mehrere dieser Aufgabenbereiche von einer Person übernommen werden. Die Gemeinde kann zusätzlich weitere Glieder in den Gemeindeausschuss wählen.

Der zuständige Prediger der Gemeinde ist immer Mitglied im Gemeindeausschuss.

Die Leitung des Ausschusses

Der Prediger der Gemeinde hat den Vorsitz im Gemeindeausschuss. Wenn er den Vorsitz nicht übernehmen möchte oder nicht anwesend sein kann, überträgt er dem Gemeindeältesten die Leitung. Sind mehrere Älteste gewählt, kann er sie abwechselnd mit der Leitung beauftragen.

Der Gemeindeschreiber ist Schriftführer des Ausschusses und führt bei den Sitzungen Protokoll.

Die Sitzungen des Ausschusses

Da die Arbeit des Gemeindeausschusses für das Leben, die Funktion und das Wachstum der Gemeinde entscheidend ist, ist es erforderlich, dass er mindestens einmal im Monat zur Beratung zusammenkommt. In größeren Gemeinden sind möglicherweise häufigere Sitzungen angebracht. Es ist ratsam, die monatlichen Sitzungen jeweils an einem bestimmten Tag einer bestimmten Woche anzusetzen (zum Beispiel an jedem ersten Montag im Monat).

Die Ausschusssitzung wird im Sabbatgottesdienst angekündigt. Alle Ausschussmitglieder sollten sich darum bemühen, möglichst an sämtlichen Sitzungen teilzunehmen.

Jede Gemeinde sollte in einer ihrer regelmäßig einberufenen Mitgliederversammlungen darüber entscheiden, wie viele Ausschussmitglieder anwesend sein müssen, damit der Gemeindeausschuss beschlussfähig ist. Bei Abwesenheit ist Stimmabgabe durch ein anderes Ausschussmitglied oder durch Brief nicht zulässig.

Die Arbeit des Gemeindeausschusses

1. Planung der Evangeliumsverkündigung in allen Phasen
Da die Verkündigung die Hauptaufgabe der Gemeinde ist, sollte der erste Punkt auf der Tagesordnung jeder Gemeindeausschusssitzung mit der Evangelisation des Gemeindebezirkes in Zusammenhang stehen. Zusätzlich kann einmal im Vierteljahr eine ganze Ausschusssitzung evangelistischen Plänen gewidmet sein. Der Ausschuss wird die Pläne und Empfehlungen der Vereinigung für Gemeindewachstumsprogramme und -methoden beraten und entscheiden, wie diese am besten von der Gemeinde verwirklicht werden können. Prediger und Gemeindeausschuss werden Planungen für öffentliche Evangelisationen anregen und entwickeln.
2. Koordination der Außenarbeit der Gemeindeabteilungen
Der Gemeindeausschuss ist für die Koordination sämtlicher Aktivitäten aller Gemeindeabteilungen verantwortlich. Dazu gehören die nach außen gerichteten Unternehmungen der Abteilung für Gemeindeaufbau und Evangelisation, der Sabbatschule, der Kinderabteilung, der Jugendgruppe, der Abteilungen Gesundheit und Erziehung. Jede dieser Abteilungen entwickelt ihre eigenen Programme für die Öffentlichkeitsarbeit in ihrem speziellen Bereich. Eine gute Abstimmung ist unerlässlich, um Konflikte in der Zeitplanung und unnötige Konkurrenz beim Bemühen um freiwillige Helfer zu vermeiden sowie bestmögliche Ergebnisse zu erzielen. Deshalb sollte jede Abteilung ihre Pläne dem Gemeindeausschuss vorlegen, bevor

sie abgeschlossen und bekannt gemacht werden. Außerdem berichten die Abteilungen dem Gemeindeausschuss regelmäßig über Fortschritte und Ergebnisse ihrer nach außen gerichteten Aktivitäten. Der Gemeindeausschuss kann dann den Abteilungen Vorschläge machen, wie sie diese Aktivitäten in die Vorbereitung, Durchführung und Nacharbeit einer öffentlichen Evangelisation einbinden können.

3. Hilfestellung und Ermutigung für die Gemeindeabteilungen
Die verschiedenen nach außen gerichteten Aktivitäten sollten durch Schulungen vorbereitet werden. So können Gemeindeglieder und Jugendliche in die missionarischen Dienste mit einbezogen werden.

4. Zusammenarbeit mit dem Koordinator für Glaubensfreunde
Alle Glaubensfreunde, unabhängig davon, wodurch sie mit der Gemeinde in Verbindung kamen, sollten so bald wie möglich durch ein Gemeindeglied betreut werden.

5. Berichterstattung der Abteilungen
Alle Abteilungen werden gebeten, mindestens vierteljährlich dem Gemeindeausschuss und den Gemeindegliedern in einer Mitgliederversammlung oder in einer Versammlung am Sabbat zu berichten.

6. Administrative und seelsorgerliche Anliegen
Die administrativen Aufgaben der Gemeinde sollten vom Gemeindeausschuss besprochen werden. Der Schatzmeister sollte regelmäßig über die Finanzlage der Gemeinde berichten. Die Gemeindeliste muss durchgesehen und die geistliche Entwicklung aller Glieder bedacht werden. Es muss für die Betreuung kranker, entmutigter und glaubensschwacher Gemeindeglieder gesorgt werden. Alle Verantwortungsträger in der Gemeinde sollten dem Ausschuss über die Arbeit berichten, für die sie verantwortlich sind.

Arbeitskreise (Unterausschüsse) des Gemeindeausschusses

Der Gemeindeausschuss darf sich nicht davon abhalten lassen, für die Verkündigung des Evangeliums zu planen. Sollten andere Angelegenheiten zu viel Zeit in Anspruch nehmen, kann er Arbeitskreise (Unterausschüsse) ernennen, die für bestimmte Geschäftsbereiche der Gemeinde, wie Finanzen oder Kapellenbauprojekte, zuständig sind. Diese Arbeitskreise werden dann dem Gemeindeausschuss Empfehlungen unterbreiten. Auf diese Weise werden die Kräfte des Ausschusses für seine Hauptaufgabe – die Planung der Evangelisation – geschont. (Siehe Anmerkungen zu Kapitel 8, Punkt 10, S. 130.)

Die Beratungen des Schulausschusses

In Gemeinden mit einer Gemeindeschule wird die Schularbeit gewöhnlich von einem Schulausschuss überwacht. Es wird ein Vorsitzender gewählt, der die Sitzungen dieses Ausschusses leitet. Ein dazu gewählter Schriftführer erstellt über die Sitzungen und Beschlüsse dieses Ausschusses ein Protokoll. Dieser Ausschuss sollte regelmäßig zusammentreten. Wenn nötig, kann der Ausschussvorsitzende besondere Sitzungen einberufen. Es ist auch möglich, dass der Gemeindeausschuss oder einer seiner Unterausschüsse als Schulausschuss dient.

Der Eltern- und Schulverein

Der Eltern- und Schulverein wird von der Ortsgemeinde organisiert, um die Aktivitäten der Schule, der Familien und der Gemeinde zu koordinieren. Es wird empfohlen, dass er monatlich zusammentritt. Seine Aufgabe ist es, die Weiterbildung der Eltern zu fördern und die Schule darin zu unterstützen, nötige Hilfen wie Betreuung durch Eltern, Bücher, Unterrichtsmaterial und Arbeitsmaterialien zu beschaffen.

Material für die Arbeit der Eltern- und Schulvereinsleiter sind bei der Erziehungsabteilung der Gemeinschaft erhältlich.

Anmerkungen zu Kapitel 8

Diese Anmerkungen enthalten Erläuterungen zu den in diesem Kapitel beschrieben Themen. In den folgenden Punkten kann eine Gemeinde von der üblichen Vorgehensweise abweichen, wenn sie dabei in Übereinstimmung mit den allgemein geltenden Grundsätzen für Organisation und Ordnung in der Gemeinschaft der Siebenten-Tags-Adventisten bleibt.

1. Die Form des Gottesdienstes (siehe S. 109)

Während Prediger und Ältester zum stillen Gebet niederknien, steht die Gemeinde auf und bittet im Stillen um Gottes Gegenwart und Segen. In der Stille des Gebets bereitet sich die Gemeinde auf den Predigtgottesdienst vor.

Der Predigtgottesdienst gliedert sich in zwei Teile:
a. Die Gemeinde bringt durch Gesang, Gebet und Gaben Lobpreis und Anbetung zum Ausdruck.

b. Die Verkündigung aus dem Wort Gottes. Wer predigt, also das Brot des Lebens bricht, wird sich der Heiligkeit seines Dienstes voll bewusst sein und sich gründlich vorbereitet haben.

Die Bedeutung des einleitenden Gebets (Pastoralgebet, Hirtengebet) liegt darin, die versammelte Gemeinde in die Gegenwart Gottes zu führen. Dessen sollte sich der Beter bewusst sein. Zu diesem Gebet sollten der Beter und die Gemeinde niederknien. Der Beter wendet sich der Versammlung zu, die Gemeinde kniet, sofern das praktikabel ist, in Richtung Podium. Das Gebet soll kurz sein, Lob und Dank zum Ausdruck bringen und die persönlichen Bedürfnisse der Gläubigen vor Ort sowie der Menschen in der Welt berücksichtigen.

Musikalische Darbietungen oder ein Lied gehören am besten unmittelbar vor die Predigt. Die Predigt bildet den Höhepunkt der geistlichen Speise der Gemeinde Gottes. Die Gemeinde wird gesegnet, wenn sie richtig gespeist wird und erlebt, dass Gott sein Volk „besucht und erlöst hat" (Lk 1,68).

Die Gabensammlung ist ein Teil des Gottesdienstes. So wie uns geraten wird: „Betet an den HERRN in heiligem Schmuck", so wird uns auch gesagt: „Bringet Geschenke und kommt in seine Vorhöfe!" (Ps 96,9.8) Deshalb gehört auch die Darbringung unserer Gaben vor Gott zum Gottesdienst.

Der Älteste arbeitet mit dem zuständigen Pastor bei der Planung des Gottesdienstes zusammen, insbesondere wenn er ein noch nicht ordinierter Prediger ist. Hat die Gemeinde keinen eigenen Pastor, so ist der Älteste für die Durchführung des Gottesdienstes verantwortlich. Entweder er leitet ihn selbst oder beauftragt jemanden mit der Leitung. Ist ein ordinierter Prediger anwesend, wird der Älteste ihn selbstverständlich bitten, die Predigt zu übernehmen. Von Zeit zu Zeit kann eine Dank- und Zeugnisstunde geplant werden oder einige Glaubensgeschwister erhalten Gelegenheit, von ihren Erfahrungen in der Missionsarbeit zu berichten.

2. Die Form des Gottesdienstes (siehe S. 109): Vorschläge für den Ablauf

Ein Beispiel für die Gottesdienstordnung
    Lobpreis und Anbetung (durchzieht den ganzen Gottesdienst)
    Die lernende Gemeinde (Bibelgespräch)
    Die bezeugende Gemeinde („lebendige Gemeinde")
    Die hörende Gemeinde (Predigt)
Es folgen zwei Vorschläge für den Ablauf des Predigtgottesdienstes:

Längeres Programm
Orgelvorspiel
Bekanntmachungen
Prediger, Älteste und Chor betreten das Podium
Stilles Gebet
Lobgesang
Eröffnungsgebet
Schriftlesung
Gemeindegesang
Gebet
Chor oder Musikstück
Gabensammlung
Gemeindegesang
Predigt
Gemeindegesang
Segen
Die Versammlung verharrt stehend oder sitzend
einige Augenblicke in stiller Andacht
Orgelnachspiel

Kürzeres Programm
Bekanntmachungen
Gabensammlung
Prediger und Älteste betreten das Podium
Stilles Gebet
Gemeindegesang
Gebet
Besonderer Musikbeitrag
Predigt
Gemeindegesang
Segen
Die Versammlung verharrt stehend oder sitzend
einige Augenblicke in stiller Andacht.

3. Abendmahlsfeier: die Fußwaschung (siehe S. 114)

Männern und Frauen sollten getrennte Bereiche für die Fußwaschung zur Verfügung stehen. Wo Treppen oder Entfernungen Probleme aufwerfen, sollten für Behinderte besondere Vorkehrungen getroffen werden. Wo es gesellschaftlich akzeptabel ist und die Kleidung keine Probleme hinsichtlich der Schicklichkeit aufwirft, können Vorkehrungen getroffen werden, damit Ehepartner oder auch Eltern und getaufte Kinder einander die Füße waschen können. Da es schüchterne oder besonders sensible Gläubige in Verlegenheit bringen kann, sich einen Partner für die Fußwaschung suchen zu müssen, sollte die Gemeindeleitung darauf achten, solchen Gläubigen zu helfen, einen Partner zu finden. Vor dem Gottesdienst stellen die Diakone und Diakoninnen Schüsseln, Handtücher und warmes Wasser bereit. Außerdem sollten Handwaschmöglichkeit und Seife zur Verfügung stehen.

4. Abendmahlsfeier: Austeilung von Brot und Wein (siehe S. 114)

Es kann ein Lied gesungen werden, während die Gemeinde nach der Fußwaschung wieder zusammenkommt, die dienenden Prediger oder Ältesten ihre Plätze am Tisch einnehmen, auf dem Brot und Wein stehen, und die helfenden Diakone in der ersten Sitzreihe Platz nehmen. Dann kann ein passender Bibeltext verlesen werden, zum Beispiel 1. Korinther 11,23.24, Matthäus 26,26, Markus 14,22 oder Lukas 22,19. Wenn die Predigt nicht vorher gehalten wurde, kann sie jetzt nachgeholt werden. Dies ist besonders dann wirkungsvoll, wenn sie die Bedeutung von Brot und Wein behandelt, weil die Botschaft den Teilnehmern am Abendmahl dann noch frisch im Gedächtnis ist, wenn die Abendmahlssymbole ausgeteilt werden.

Die Prediger und Ältesten knien normalerweise nieder, wenn sie den Segen für das Brot erbitten. Die Gemeinde kann während des Gebets ebenfalls niederknien oder auch sitzen bleiben. Meistens wird der größte Teil des Brotes schon vorher gebrochen, so dass auf jedem Teller nur noch ein kleiner Teil von den Ältesten oder Predigern gebrochen werden muss. Der Prediger und die Ältesten geben die Teller mit dem Brot den Diakonen. Diese bedienen dann die Gemeinde. Währenddessen können geeignete Musikstücke, Bekenntnisse, Hauptgedanken der Predigt oder ausgewählte Bibeltexte vorgetragen werden oder die Gemeinde kann gemeinsam singen oder die Orgel bzw. das Klavier gespielt werden.

Jeder sollte sein Stück Brot behalten, bis auch der Prediger und Älteste es erhalten hat. Dann fordert der Leiter des Gottesdienstes alle auf, gemeinsam das Brot zu essen. Während das Brot gegessen wird, betet jeder still für sich. Anschließend zitiert der Prediger einen passenden Text, zum Beispiel aus 1. Korinther 11,25.26, Matthäus 26,27-29, Markus 14,23-25 oder Lukas 22,20. Die Prediger und Ältesten knien nieder, wenn sie um den Segen Gottes für den Wein beten. Wieder bedienen die Diakone die Gemeinde. Der Ablauf gleicht dem Austeilen des Brotes. Wenn der Wein an alle, einschließlich der Prediger und Ältesten, ausgeteilt worden ist, trinken alle gemeinsam.

Eine andere Möglichkeit besteht darin, das Brot zu segnen und zu brechen, dann Brot und Wein zusammen auf ein Tablett zu stellen, das an die Gemeinde weitergereicht wird. Die Teilnehmer nehmen Brot und Wein gleichzeitig vom Tablett. Das Brot wird in stiller Andacht gegessen. Nachdem über dem Wein gebetet worden ist, wird er getrunken.

Wo die Sitzreihen mit Ablagen ausgestattet sind, auf denen Einzelkelche abgestellt werden können, brauchen sie erst nach dem Gottesdienst wieder eingesammelt zu werden.

5. Materialien für die Adventjugend (siehe S. 117)

Die Gemeinschaft gibt Arbeitsmaterial und Zeitschriften für Jugendliche und die Jugendarbeit heraus. Genauere Informationen sind vom zuständigen Abteilungsleiter für Jugend der Vereinigung zu bekommen. Die Jugendabteilung der Generalkonferenz gibt vierteljährlich eine Materialsammlung unter dem Titel *Youth Ministry Accent* heraus. Außerdem steht denen, die im Dienst für die Jugend arbeiten, als Hilfe eine Reihe von Broschüren zur Verfügung, die ein breites Themenspektrum abdecken. Sie sind bei den Jugendabteilungen der Vereinigungen oder von den Zentrallagern der Verbände erhältlich.

6. Die Adventjugend (siehe S. 117)

Ein Überblick über die Organisationsstruktur der Adventjugend wird in Kapitel 9, „Weitere Aufgaben in der Gemeinde" gegeben (siehe S. 140ff.). Mehr Informationen sind über den Jugendabteilungsleiter der Vereinigung zu erhalten.

Es ist wichtig, dass jede Gemeinde ihre Jugend- und Familienstruktur, ihr Personal, ihre Geldmittel, Räumlichkeiten und Schulverhältnisse genau untersucht, um unter Berücksichtigung dieser Faktoren den bestmöglichen Jugenddienst aufzubauen. Die Jugendgruppen können ihre Zusammenkünfte und Aktivitäten unterschiedlich bezeichnen, der Name „Adventjugend" sollte aber immer verwendet werden, um deutlich zu machen, um welche Organisation es sich handelt.

7. Die jüngere Jugend („Teeniegruppe", siehe S. 117f.)

Wenn eine Gemeindeschule vorhanden ist, wird jede Klasse der Mittelstufe als eine eigene Gruppe betrachtet. Der Lehrer ist der Gruppenleiter und Schüler werden für weitere Aufgaben als Helfer der Gruppe gewählt. Auch wo es keine Gemeindeschule gibt, sollen Teenie- und Pfadfindergruppen gebildet werden. Sie werden dann in das Gesamtjugendprogramm integriert, das die Familien mit einbezieht.

8. Versammlungen für Gemeindeaufbau und Evangelisation (siehe S. 119)

Um die Gemeinde zu motivieren und zu stärken, können zusätzliche Versammlungen für Gemeindeaufbau und Evangelisation durchgeführt werden, zum Beispiel:

a. Durch eine wöchentliche zehnminütige Zeit für die öffentliche Arbeit der Gemeinde im Gottesdienst nach dem Bibelgespräch oder vor der Predigt.

b. Durch eine Verbindung mit der wöchentlichen Gebetsstunde mitten in der Woche. Im ersten Teil der Stunde kann eine Andacht mit Gebetsgemeinschaft gehalten werden. Anbetung ist für das geistliche Wachstum und die Vorbereitung zum Dienst äußerst wichtig. Danach ist Zeit für Anleitungen für Gemeindeaufbau und Evangelisation. Dabei werden Möglichkeiten der Kontaktpflege vorgestellt und die Gemeindeglieder erhalten die Gelegenheit, die bei ihrem Dienst aufgetauchten Probleme zur Sprache zu bringen.

c. Durch besondere Versammlungen zur Förderung des Gemeindewachstums zu unterschiedlichen Zeiten nach den Bedürfnissen der Gemeinde. Der Arbeitskreis für Gemeindeaufbau und Evangelisation sollte die Versammlungen sorgfältig planen und so gestalten, dass sie der geistlichen Erweckung und praktischen Schulung dienen. Er achtet darauf, dass sie ebenso regelmäßig und beständig durchgeführt werden wie die übrigen Versammlungen der Gemeinde.

9. Die Mitgliederversammlungen: Berichte (siehe S. 119f.)

Über Folgendes kann berichtet werden:

a. Der Gemeindeschreiber berichtet über die gegenwärtige Gliederzahl der Gemeinde sowie die Zahl der aufgenommenen und überwiesenen Glieder. Auch die Anzahl derer, die während des Jahres verstarben, aus der Gemeinde austraten oder denen die Mitgliedschaft entzogen wurde, sollte genannt werden, aber nicht unbedingt noch einmal ihre Namen. Ein kurzer Überblick über die wichtigsten Beschlüsse des Gemeindeausschusses wird für alle Glieder von Interesse sein.

b. Der Leiter für Gemeindeaufbau und Evangelisation berichtet über die Aktivitäten für das Gemeindewachstum, die Wohlfahrtsarbeit und die zukünftigen Pläne. Dem sollte ein Bericht des Schriftenverwalters folgen, in dem auch der Abrechnungsstand mit dem Verlag dargelegt wird.

c. Der Schatzmeister berichtet über die Summe des eingegangenen Zehnten und der Missions- und sonstigen Gaben, die an die Vereinigung weitergeleitet wurden, sowie über die vereinnahmten und ausgegebenen Gemeindegelder.
d. Die Leiter der Diakonie berichten über Besuche bei Gemeindegliedern, Hilfeleistungen für Bedürftige und andere Aufgaben ihres Verantwortungsbereiches.
e. Der Jugendgruppenleiter berichtet über die Missionsarbeit und andere Aktivitäten der Adventjugend.
f. Der Sabbatschulleiter berichtet über Anliegen der Sabbatschule und die Entwicklung der Besucherzahl.
g. Der Schatzmeister berichtet über die Finanzlage der Gemeindeschule, notwendige Anschaffungen und anderes.
h. Der Leiter der Gemeindeschule berichtet über deren Angelegenheiten wie die Anzahl der Schüler und deren Ausbildungsniveau, Taufen und Mitarbeit in der Gemeinde.
i. Der Vorsitzende des Eltern- und Schulvereins berichtet über Tätigkeit und Bedürfnisse dieser Einrichtung.
j. Der Leiter für Kommunikation berichtet über die Presse-, Rundfunk-, Fernseh- und andere Öffentlichkeitsarbeit.

10. Arbeitskreise des Gemeindeausschusses (siehe S. 123)

In großen Gemeinden kann der Gemeindeausschuss einen speziellen Arbeitskreis für die Planung von Gemeindeaufbau und Evangelisation einsetzen. Er setzt sich aus den Leitern der Abteilungen zusammen, die nach außen arbeiten. Ein Ältester führt den Vorsitz. Dieser Arbeitskreis berichtet dem Gemeindeausschuss und übernimmt die Aufgabe, die öffentliche Arbeit der verschiedenen Abteilungen zu koordinieren.

Kapitel 9

Die Organisation weiterer Aufgaben in der Gemeinde

Unter der Leitung des Heiligen Geistes ist eine strukturierte Organisation in der Gemeinde für das geistliche Wachstum ihrer Glieder und zur Erfüllung ihres Auftrages von großer Bedeutung. Die Organisationsstruktur kann mit dem Skelett des Körpers verglichen werden. Das Haupt ist Jesus Christus. „Dieses Haupt bestimmt über den ganzen Leib, wobei die einzelnen Körperteile miteinander verbunden sind. Jedes hilft auf seine Weise mit, dass der ganze Körper funktionsfähig bleibt. So wachsen wir durch die Liebe zusammen, zu seiner Gemeinde, die sein Leib ist." (Eph 4,16 Hfa)

Die wichtigsten Elemente der Organisation und Struktur einer Ortsgemeinde werden in Kapitel 7 „Die Verantwortungsträger in der Gemeinde und ihre Aufgaben" beschrieben. In diesem Kapitel werden weitere Aufgaben mit ihren Zielen, Möglichkeiten, ihrer Leitung und den Formen der Zusammenarbeit beschrieben. Von allen Gemeindegliedern, die dabei mitwirken, wird eine gute Zusammenarbeit untereinander und mit den Abteilungen der Vereinigung, des Verbandes und der Division erwartet.

Diese verschiedenen Aufgaben der Abteilungen in der Ortsgemeinde sind eng verbunden mit der Arbeit des Pastors für den Aufbau der Gemeinde. Er berät die Verantwortlichen und Arbeitskreise, die in diesen Aufgabenbereichen tätig sind. Sie wiederum setzen sich gemeinsam dafür ein, dass die Programme der Gemeinde und der Gemeinschaft vor Ort verwirklicht werden.

Bei Bedarf kann der Pastor jeden Ausschuss oder Arbeitskreis einberufen, um die notwendigen Maßnahmen zum Wohle der Gemeinde zu veranlassen. Jede Gemeinde sollte die Möglichkeiten und Dienste der Abteilungen nutzen, die in diesem Kapitel beschrieben werden, um ihre Glieder zu fördern und den Auftrag zu erfüllen, den Christus seiner Gemeinde gegeben hat. Das gilt besonders für die Adventgemeinde in der letzten Zeit (siehe Mt 28,19; Offb 10,11; 14,6).

Die Abteilung Gemeindeaufbau und Evangelisation

Die Abteilung Gemeindeaufbau und Evangelisation stellt Material bereit, leitet Gemeindeglieder an und bildet sie aus, damit sie gemeinsam mit den Predigern und Verantwortungsträgern der Gemeinde die letzte Botschaft der Erlösung durch Christus verkündigen. Ziel dieser Abteilung ist es, jedes Gemeindeglied in den Dienst einzubeziehen, Menschen für Christus zu gewinnen.

Der Arbeitskreis Gemeindeaufbau und Evangelisation

Der Arbeitskreis für Gemeindeaufbau und Evangelisation leitet die missionarischen Aktionen der Gemeinde. Er untersteht dem Gemeindeausschuss. Er sollte sich wenigstens einmal im Monat treffen.

Dieser Arbeitskreis soll sich aus folgenden Personen zusammensetzen: dem Leiter für Gemeindeaufbau und Evangelisation als Vorsitzenden und dem Schriftführer dieser Abteilung, dem Prediger, einem Ältesten, dem Gemeindeschatzmeister, dem Leiter und dem Schriftführer des AWW-Helferkreises, der Leiterin des Frauenkreises, dem Leiter des Männerkreises, dem Koordinator für Glaubensfreunde und Gäste, dem Leiter der Gesundheitsabteilung (DVG/LLG), dem Pressebeauftragten, dem Sabbatschulleiter, dem Kinder-, Pfadfinder- und Jugendgruppenleiter, den Verantwortlichen für die Behindertenarbeit und anderen Gliedern, deren Mitarbeit für notwendig angesehen wird. Dieser Arbeitskreis kann spezielle Arbeitsgruppen einsetzen, die ihm Bericht erstatten. Auch alle anderen Arbeitskreise der Gemeinde informieren ihn über ihre Ziele und Tätigkeit. (Siehe Anmerkungen zu Kapitel 9, Punkt 1, S. 166f.)

Der Leiter für Gemeindeaufbau und Evangelisation

Der Leiter für Gemeindeaufbau und Evangelisation wird von der Gemeinde gewählt. Er leitet die Dienste der Gemeinde für Gemeindewachstum und Mission und sorgt für die Ausbildung der Mitarbeiter. Ihm können Mitarbeiter zur Seite gestellt werden, die die Zusammenarbeit mit der Stimme der Hoffnung und die Arbeit in den Bereichen Evangelisation, Schriftenmission, Landessammlungen, Kleingruppen, Ausbildung oder anderes koordinieren. Der Leiter hat den Vorsitz im Arbeitskreis für Gemeindeaufbau und informiert die Gemeinde monatlich über alle ihre missionarischen Aktivitäten.

Die Aufgaben des Schriftenverwalters

Aufgabe des Schriftenverwalters ist es, die Verbreitung von Literatur in der Gemeinde zu fördern und die Zusammenarbeit mit dem Verlag der Gemeinschaft zu koordinieren. Der Schriftenverwalter fördert die Bestellung der Gemeindezeitschriften und unterstützt die einzelnen Abteilungen der Gemeinde bei der Beschaffung von Missionsliteratur. Er arbeitet dabei so mit dem Pastor und allen Abteilungen der Gemeinde zusammen, dass sich bei ihren Planungen möglichst viele Gemeindeglieder erfolgreich beteiligen können. (Siehe Anmerkungen zu Kapitel 9, Punkt 2, S. 167f., und Punkt 30, S. 184.)

Der Arbeitskreis Schriftenmission

Der Gemeindeausschuss kann einen Arbeitskreis für Buch- und Schriftenmission einsetzen. Er wird vom Schriftenverwalter geleitet. Der Pastor und der Leiter für Gemeindeaufbau und Evangelisation sind darin ständige Mitglieder. Die anderen Mitglieder werden nach ihrem Interesse an der Schriften- und Buchevangelisation ausgewählt. (Siehe Anmerkungen zu Kapitel 9, Punkt 3, S. 168.)

„Es gibt viele Orte, an denen die Stimme des Predigers nicht gehört wird. Sie können nur durch unsere Literatur erreicht werden, Bücher, Zeitschriften und Flugblätter, gefüllt mit der biblischen Wahrheit, die die Menschen brauchen." (*Colporteur Ministry*, S. 4)

Die Wohlfahrtsarbeit (AWW-Helferkreis/ADRA-Ortsgruppe)

Die Wohlfahrtsarbeit (Adventwohlfahrtswerk AWW) bildet einen wichtigen Zweig der Arbeit der Gemeinde für die Öffentlichkeit. Ihr Leiter und die Stellvertreter (wenn benötigt) sowie der Schriftführer und Kassenverwalter werden von der Gemeinde gewählt. Zu den Aufgaben der Wohlfahrtsarbeit gehört es, Kleidung, Nahrung und andere Dinge für Arme und Notleidende zu sammeln und herzurichten. Dabei arbeiten Wohlfahrt und Diakonie eng zusammen. Zur Wohlfahrtsarbeit gehören außer der materiellen Hilfe auch Erwachsenenbildung, Besuche, Hilfen bei der Haushaltsführung, häusliche Krankenpflege, Beratung und anderes. Diese Arbeit steht in der Regel unter der Verantwortung der Abteilung Gemeindeaufbau und Evangelisation.

Ein Zentrum für Wohlfahrts- und Sozialarbeit

Wenn eine Gemeinde ein Zentrum für Wohlfahrts- und Sozialarbeit unterhält, gehört es in die Zuständigkeit der Abteilung Gemeindeaufbau und Evangelisation. Die Leitung dieses Dienstes wird vom Arbeitskreis für Gemeindeaufbau ernannt und gehört ihm an. (Siehe Anmerkungen zu Kapitel 9, Punkt 4, S. 169.)

Der Männerkreis

Als ein weiterer Bereich der Abteilung Gemeindeaufbau und Evangelisation kann ein Männerkreis organisiert werden. (Siehe Anmerkungen zu Kapitel 9, Punkt 5, S. 169.)

Der Behindertendienst

Der Behindertendienst wendet die Aufmerksamkeit der Gemeinde auf Menschen mit Behinderungen. Zu seinen Aufgaben gehört die Entwicklung von Programmen, durch die Behinderte mit dem Evangelium bekannt gemacht werden, die Erarbeitung von Empfehlungen an den Gemeindeausschuss, wie die Räume der Gemeinde leichter für Behinderte zugänglich gemacht werden können, die Organisation von Transportmöglichkeiten für Behinderte und die Beratung der Abteilungen der Gemeinde, wie Behinderte ihren Möglichkeiten entsprechend mitarbeiten können.

Der Koordinator für den Behindertendienst pflegt Kontakt zu Behindertenorganisationen (z. B. dem Blindenhördienst der „Stimme der Hoffnung") und fördert ihre Angebote in der Gemeinde.

Der Bibelstundenkoordinator

Der Bibelstundenkoordinator wird gewählt, um die Bemühungen der Gemeinde, Menschen ihrer Umgebung mit der Bibel vertraut zu machen, zu koordinieren und eine enge Zusammenarbeit zwischen denen, die Bibelstunden halten, und dem Pastor, dem Interessiertenkoordinator und dem Leiter für Gemeindeaufbau und Evangelisation zu gewährleisten. (Siehe Anmerkungen zu Kapitel 9, Punkt 6, S. 169.)

Jedes Gemeindeglied soll am Dienst beteiligt werden/ Die Organisation von Kleingruppen zum Dienst

Die Abteilungen für Gemeindeaufbau und Evangelisation und für die Sabbatschule sind dafür verantwortlich, dass jedes Gemeindeglied an irgendeinem Dienst in der Gemeinde beteiligt wird und dass kleine Gruppen für die Durchführung verschiedener Dienste organisiert werden (siehe die Anmerkungen 7 und 8 zu Kapitel 9, S. 169-174).

Die Sabbatschulabteilung

Die Sabbatschule ist das grundlegende religiöse Bildungssystem der Siebenten-Tags-Adventisten. Sie hat vier Ziele: Sie soll das Studium der Heiligen Schrift, die Gemeinschaft untereinander sowie die Mission vor Ort und weltweit fördern.

In Zusammenarbeit mit den Divisionen der Weltgemeinschaft hat die Sabbatschulabteilung der Generalkonferenz den besonderen Auftrag, Studienhefte zur Bibel für alle Altersgruppen herauszugeben, Programmhilfen im Kontext der weltweit unterschiedlichen Kulturen zu entwickeln, Material und Ausbildung für die Gesprächsleiter zur Verfügung zu stellen und das Geben von Gaben für die Weltmission (Sabbatschulgaben) zu fördern.

„Die Sabbatschule ist ein wichtiger Zweig unseres Missionswerkes, nicht nur weil sie für Jung und Alt Kenntnisse des Wortes Gottes vermittelt, sondern weil sie in ihnen die Liebe zur Wahrheit zu wecken vermag und den Wunsch, das Wort Gottes für sich selbst ganz persönlich zu studieren. So können sie lernen, wie die Lehren des Wortes Gottes im täglichen Leben wirksam werden." (*Counsels on Sabbath School Work*, S. 10f.) „Wird die Sabbatschule richtig durchgeführt, so ist sie eines der besten Werkzeuge Gottes, Menschen zur Erkenntnis der Wahrheit zu führen." (*Ebd.*, S. 115)

Die Verantwortungsträger und Gruppenleiter der Sabbatschule und alle übrigen Glieder sollten in Zusammenarbeit mit den anderen Abteilungen der Gemeinde dazu beitragen, dass Menschen für das Evangelium gewonnen und durch das Bibelgespräch im Missionsauftrag gestärkt werden. Gesprächsgruppen, besondere Studiengruppen zur Vorbereitung auf die Taufe, die Taufklasse des Predigers, „Tage der offenen Tür", Ferienbibel- und Zweigsabbatschulen, Hausbibelkreise und Erzählstunden für Kinder bieten Möglichkeiten, Menschen für das Evangelium zu gewinnen. In Gemeinden, die eine eigene Kinderabteilung haben, werden die Kindersabbatschule, die Ferienbibelschule, Nachbarschafts-Bibelclubs u. a. Aktivitäten durch diese Abteilung geleitet (siehe S. 162f.). Alle Abteilungen der Gemeinde sind aufgefordert, mit der Sabbatschulabteilung zusammenzuarbeiten, um so die Gemeindearbeit zu fördern.

Die Verantwortungsträger für die Sabbatschule sollten der Ortsgemeinde angehören. Die folgenden Verantwortungsträger werden durch die Gemeinde gewählt (siehe S. 82): der Sabbatschulleiter, der Schriftführer, ein Leiter für die einzelnen Altersstufen der Sabbatschule und für die Ferienbibelschule, der Investmentleiter und alle Stellvertreter sowie die Glieder, die den Sabbatschularbeitskreis bilden.

Der Sabbatschularbeitskreis

Der Sabbatschularbeitskreis ist das Leitungsorgan für die Organisation des Bibelgespräches. Er setzt sich zusammen aus dem Sabbatschulleiter (der den Vorsitz führt), seinen Stellvertretern, dem Schriftführer und seinem Stellvertreter, den Leitern der Altersstufen der Sabbatschule (z. B. Kinder und Jugend), dem Investmentleiter, dem Leiter der Ferienbibelschule, einem Ältesten (der vom Gemeindeausschuss oder vom Ältestenrat ernannt wird) und dem Prediger. Sobald die Verantwortlichen gewählt sind, sollte der Sabbatschularbeitskreis einberufen werden, um den Bedürfnissen entsprechend die Gesprächsleiter für die einzelnen Gruppen und Altersklassen zu wählen, die Verantwortlichen für die Musik, die Orgel- oder Klavierspieler und den Begrüßungsdienst. Sie gehören nicht dem Sabbatschularbeitskreis an.

Zusätzlich ernennt der Sabbatschularbeitskreis Leiter für die einzelnen Gesprächsgruppen und Lehrer für die Altersstufen, die dann vom Gemeindeausschuss zu bestätigen sind. Die Bedürfnisse der einzelnen Gruppen sind dabei zu berücksichtigen, insbesondere die der Kindersabbatschule.

Damit die biblische Wahrheit unverkürzt gelehrt wird und die Qualität der Gesprächsführung gewährleistet bleibt, sind die Gesprächsgruppenleiter und Lehrer sorgfältig auszuwählen. Sie sollen Gemeindeglieder sein, die nicht unter korrigierender Seelsorge stehen.

Der Sabbatschularbeitskreis unter der Leitung des Sabbatschulleiters ist für die erfolgreiche Gestaltung der gesamten Sabbatschule verantwortlich. Er sollte regelmäßig zusammenkommen, um das Programm aller Gruppen und Altersstufen zu koordinieren. Er sollte darauf achten, dass die von der Gemeinschaft herausgegebenen Studienanleitungen und Gesprächshilfen ausreichend zur Verfügung stehen und verwendet werden.

Für das Bibelgespräch sollten mindestens dreißig Minuten zur Verfügung stehen.

Der Sabbatschulleiter

Als Leiter der Sabbatschule trägt er die Verantwortung für einen ungestörten und guten Verlauf. Er sollte die Pläne der Sabbatschulabteilung der Vereinigung fördern und die Beschlüsse des Sabbatschularbeitskreises beachten. (Siehe Anmerkungen zu Kapitel 9, Punkt 9, S. 174.)

Der stellvertretende Sabbatschulleiter

Zur Unterstützung der Sabbatschulleiters können ein oder mehrere Stellvertreter gewählt werden. Einer von ihnen kann für die evangelistischen Aktionen der Sabbatschule zuständig sein, ein weiterer für die Steigerung der Teilnehmerzahlen.

Zu den weiteren Aufgaben, die ihnen übertragen werden können, gehören die Vorbereitung des wöchentlichen Missionsberichtes, die

Darstellung von Sammlungszielen, die Einteilung von Gesprächsgruppenleitern und Lehrern und deren Ersatz bei Ausfällen, die Betreuung von Besuchern, neuen Gliedern und Gemeindegliedern, die nicht mehr kommen.

Der Schriftführer der Sabbatschule
Der Schriftführer ist die rechte Hand des Sabbatschulleiters. Seine vielfältigen Aufgaben erfordern darum besondere Sorgfalt, Zuverlässigkeit und Freundlichkeit. (Siehe Anmerkungen zu Kapitel 9, Punkt 10, S. 175.)

Der stellvertretende Schriftführer
Er übernimmt die Aufgaben des Schriftführers bei dessen Verhinderung und hilft überall da, wo der Sabbatschulleiter oder der Schriftführer ihn brauchen.

Der Investmentleiter
Der Investmentleiter fördert den Investmentplan der Generalkonferenz für die Weltmission (Weihefonds) in der Gemeinde. Er ermutigt Investmentaktivitäten in allen Altersstufen der Sabbatschule und informiert die Gemeindeglieder darüber.

Der Ferienbibelschulleiter
Der Ferienbibelschulleiter organisiert möglichst jährlich die Ferienbibelschule mit dem Ziel, Kinder aus der Nachbarschaft mit dem Evangelium vertraut zu machen. (In manchen Gemeinden liegt das in der Verantwortung der Kinderabteilung, siehe S. 162f.)

Der Verantwortliche für Musik in der Sabbatschule
Der Sabbatschularbeitskreis kann einen Verantwortlichen für Musik wählen. Gemeinsam mit den Leitern der verschiedenen Altersstufen der Sabbatschule plant er die Darbietungen für diesen Teil des Gottesdienstes für jeden Sabbat.
    Die Musik, die dafür ausgewählt wird, soll Gott ehren. Für die Auswahl der Sänger und Musiker gilt der gleiche Maßstab wie für alle anderen, die an der Gestaltung des Gottesdienstes beteiligt sind. (Siehe S. 107f.)

Pianisten und Organisten
Werden in der Sabbatschule zusätzliche Pianisten oder Organisten benötigt, so werden sie vom Sabbatschularbeitskreis beauftragt.

Die Leiter der einzelnen Altersstufen der Sabbatschule

Für jede Altersstufe der Sabbatschule wird ein Leiter gewählt, wo erforderlich auch Stellvertreter. Mehr Informationen über die einzelnen Altersgruppen finden sich im *Handbuch für die Sabbatschule*, das durch die Gemeinschaftsleitung herausgegeben wird.

Zu den Aufgaben der Leiter der einzelnen Altersstufen gehört es, die wöchentlichen Programme zu planen. Dabei sollte den allgemeinen Richtlinien des Handbuches gefolgt werden und ausreichend Zeit für das Bibelgespräch und den Missionsbericht vorgesehen werden, entsprechend dem jeweiligen Alter in der Gruppe. Sie achten darauf, dass die Räume entsprechend den Anforderungen und Möglichkeiten ausgerüstet sind, genügend Studienhefte vorhanden sind und das nötige Anschauungs- und Lehrmaterial zur Verfügung steht.

Die Heimsabbatschule

Die Heimsabbatschule kümmert sich um die Glieder, die nicht am Bibelgespräch teilnehmen können, weil sie zu alt oder behindert sind. Informationen dazu finden sich im *Sabbath School Handbook*.

Die Gesprächsgruppenleiter und Lehrer

Die Leiter für die Gesprächsgruppen werden vom Sabbatschularbeitskreis gewählt und vom Gemeindeausschuss bestätigt. Sie sollten zur Gesprächsführung und zum Lehren befähigt und bereit sein, sich darin fortbilden zu lassen. Sie sollten sich sorgfältig vorbereiten und regelmäßig und pünktlich teilnehmen und den Gemeindegliedern ein Beispiel für die Bedeutung des täglichen Bibelstudium geben.

Besonders sorgfältig sind die Lehrer für die Kinder- und Jugendgruppen auszuwählen. Sie sollten ein Herz für Kinder und Jugendliche haben und sich auf ihre Bedürfnisse einstellen können.

Alle Gesprächsgruppenleiter und Lehrer sollten ermutigt werden, an den Tagungen und Ausbildungen der Sabbatschulabteilung der Vereinigung oder des Verbandes teilzunehmen.

Die Gesprächsgruppenleiter- oder Helfervorbereitung

Jede Gemeinde sollte eine wöchentliche Vorbereitungsstunde für die Gesprächsgruppenleiter durchführen. Verantwortlich dafür ist der Sabbatschulleiter. Es wird empfohlen, diese Vorbereitung nicht erst am Sabbat durchzuführen, damit noch Zeit für das weitere persönliche Studium bleibt. Außerdem steht dann auch mehr Zeit als am Sabbatmorgen zur Verfügung.

Für die Vorbereitung sollte ausreichend Zeit vorgesehen werden, damit mindestens drei Ziele erreicht werden: einen Überblick über die

Betrachtung zu vermitteln, die Ziele für das Gespräch zu finden und die Diskussion von Fragen und Problemen zu ermöglichen.

Das Studienheft zur Bibel

„Nur die, die ihren Verstand mit den Wahrheiten der Bibel gefestigt haben, werden im letzten großen Kampf standhalten." (*The Great Controversy*, S. 593f.) Sabbatschul- und Gesprächsgruppenleiter, die das bedenken, werden alles tun, um das regelmäßige und systematische Studium des Wortes Gottes zu fördern. Die Studienhefte zur Bibel sehen die tägliche Begegnung mit dem Wort Gottes vor. Die dafür investierte Zeit trägt viel zur Einheit des Glaubens in der weltweiten Gemeinschaft bei.

Die Generalkonferenz bringt Studienhefte zur Bibel für jede Altersstufe der Sabbatschule heraus. Jeder Teilnehmer sollte Zugang zu einem seinem Alter entsprechendem Studienheft haben. Für die Leiter und Lehrer werden von der Gemeinschaft Lehranleitungen und andere Hilfsmittel zur Verfügung gestellt.

Die Sabbatschulgaben

Der Schriftführer hat alle Sabbatschulgaben zu vereinnahmen und sie schnellstmöglich dem Gemeindeschatzmeister auszuhändigen. Die Gaben aus den Zweig- oder Heimsabbatschulen sind zu den regulären Sabbatschulgaben hinzuzufügen.

Mit Ausnahme der extra zur Deckung der Ausgaben der eigenen Sabbatschule getrennt gesammelten Gaben gehören alle Sabbatschulgaben der Generalkonferenz und müssen in voller Höhe vom Gemeindeschatzmeister an die Vereinigung überwiesen werden, die sie an die Generalkonferenz weiterleitet. Zu diesen Gaben gehören die regulären wöchentlich gesammelten Sabbatschulgaben, die Gaben vom 13. Sabbat, die Investmentgaben (Weihefonds) und die Geburtstagsgaben. Diese Missionsgelder müssen in den Berichten der Ortsgemeinden bis hin zur Generalkonferenz gesondert aufgeführt werden. Das ist notwendig, damit die Generalkonferenz diese Gelder ihren Regeln entsprechend für den vorgesehenen Zweck verwenden kann. Von den Missionsgeldern darf weder die Ortsgemeinde noch die Vereinigung etwas zurückbehalten.

Gelder für Ausgaben zur Durchführung der Sabbatschule

Manche Gemeinden sammeln regelmäßig für die Kosten, die für die Durchführung der Sabbatschule in allen Altersstufen entstehen. (Siehe Anmerkungen zu Kapitel 9, Punkt 11, S. 175.)

Diese Gelder dürfen nicht gleichzeitig mit den Sabbatschulgaben für die Mission eingesammelt und nach einem vorher festgelegten Prozentsatz aufgeteilt werden. Die Sammlung für Ausgaben zur Durchführung der Sabbatschule muss von den Missionsgaben deutlich getrennt werden.

Der Vierteljahresbericht der Sabbatschule

Nach dem letzten Sabbat des Vierteljahres wird der Bericht zusammengestellt und durch den Gemeindeschreiber der Vereinigung in der vorgesehen Form zum festgesetzten Termin zugesandt. Der Bericht wird in der vierteljährlichen Mitgliederversammlung vorgetragen. Eine Kopie behält der Schriftführer für seine Unterlagen, Prediger und Sabbatschulleiter erhalten ebenfalls eine Kopie.

Die Adventjugend

Die Adventjugend ist eine Abteilung der Gemeinschaft der Siebenten-Tags-Adventisten, in der die Gemeinde für und durch ihre jungen Leute tätig ist.

„Mose antwortete: ‚Wir wollen mit jung und alt losziehen, mit unseren Söhnen und Töchtern, mit unseren Schaf-, Ziegen- und Rinderherden, um ein Fest zu Ehren des Herrn zu feiern!'" (2 Mo 10,9 Hfa)

„Bewahrt die Worte im Herzen, die ich euch heute sage! Prägt sie euren Kindern ein! Redet immer und überall davon, ob ihr zu Hause oder unterwegs seid, ob ihr euch schlafen legt oder aufsteht. Schreibt euch diese Worte zur Erinnerung auf ein Band und bindet es um die Hand und die Stirn! Ritzt sie ein in die Pfosten eurer Haustüren und Stadttore!" (5 Mo 6,6-9 Hfa)

„Niemand hat ein Recht, auf dich herabzusehen, weil du noch so jung bist. Allerdings musst du in jeder Beziehung ein Vorbild sein, in allem, was du sagst und tust: in der Liebe, im Glauben und in Selbstbeherrschung." (1 Tim 4,12 Hfa)

„Wir haben heute viele junge Menschen, die Großes leisten können, wenn sie richtig angeleitet und ermutigt werden ... Sie sollen von Gott gesegnet werden. Sie sollen in gut organisierte Pläne zum Nutzen für andere Jugendliche einbezogen werden." (Ellen G. White, *General Conference Bulletin*, 29./30. Januar 1893, S. 24)

Ellen G. White rief dazu auf, in jeder Gemeinde eine Jugendabteilung ins Leben zu rufen und beschrieb Inhalt und Ziel dieser Organisation: „Wenn junge Menschen ihr Herz Gott übergeben haben, hört unsere Verantwortung für sie nicht auf. Ihr Interesse für das Werk des

Herrn muss geweckt werden. Gott traut ihnen zu, dass sie sein Werk voranbringen können. Es reicht nicht, ihnen nur zu zeigen, wie viel getan werden müsste, und sie aufzufordern, etwas zu tun. Sie müssen unterwiesen werden, wie sie für den Meister wirken können, und erzogen, geschult und angeleitet werden, wie Menschen am besten für Christus gewonnen werden können. Bringt ihnen bei, wie sie ihren Altersgenossen einfach und unaufdringlich helfen können. Teilt ihnen systematisch Aufgaben der Missionsarbeit zu, in denen sie mitarbeiten können, und gebt ihnen Anleitung und Unterstützung. So werden sie lernen, für den Herrn zu arbeiten." (*Gospel Workers*, S. 210)

„Wie schnell könnte mit einer solchen Armee von Mitarbeitern, wie sie unsere Jugend bildet, wenn sie gut geschult ist, die Botschaft vom gekreuzigten, auferstandenen und wiederkommenden Heiland in die ganze Welt getragen werden!" (*Messages to Young People*, S. 196)

Es sollte in jeder Gemeinde eine aktive Jugendgruppe geben. Dabei ist es wichtig, darauf zu achten, dass sie sich nicht von der übrigen Gemeinde absondert. Neben ihrer Teilnahme an den Aktivitäten ihrer Jugendgruppe sollen die jungen Leute in die verantwortliche Leitung und die Unternehmungen der ganzen Gemeinde integriert werden. Es sollte junge Älteste, junge Diakone und Diakoninnen usw. geben, die mit erfahrenen Verantwortungsträgern zusammenarbeiten. Junge Menschen sollten auf allen Ebenen der Gemeinde und Gemeinschaft mitwirken. „Damit das Werk in allen seinen Zweigen Fortschritte macht, ruft Gott nach der Tatkraft, dem Eifer und dem Mut der Jugend. Er hat sie erwählt dabei mitzuhelfen, sein Werk voranzutreiben. Mit klarem Verstand zu planen und mutig zu handeln erfordert frische, gesunde Kräfte. Junge Männer und Frauen sind eingeladen, Gott die Kraft ihrer Jugend zu schenken, sodass sie ihn durch den Einsatz ihrer Fähigkeiten, durch klares Denken und tatkräftiges Handeln ehren und ihren Mitmenschen die Botschaft der Erlösung bringen." (*Gospel Workers*, S. 67)

Grundsatzerklärung[1]

Das Hauptziel der Jugendarbeit ist die Erlösung junger Menschen durch Jesus Christus. Unter dem Jugenddienst der Gemeinschaft der Siebenten-Tags-Adventisten verstehen wir die Arbeit, die in der Gemeinde für und durch junge Menschen und mit ihnen getan wird. Unsere Aufgaben sind:

---

[1] Diese Grundsatzerklärung wurde im Juli 1993 von den Jugendabteilungsleitern der Generalkonferenz und ihrer Divisionen angenommen.

1. Die Jugend dazu anleiten, ihren eigenen Wert zu erkennen und ihre geistlichen Gaben und persönlichen Fähigkeiten zu entdecken und zu entwickeln.
2. Die Jugend zu befähigen und auszurüsten für den Dienst für Gottes Gemeinde und die Gesellschaft.
3. Die Jugend zu integrieren in alle Bereiche des Gemeindelebens und in Führungsaufgaben, damit sie voll teilhaben am Auftrag der Gemeinde für die Welt. (Siehe Anmerkungen zu Kapitel 9, Punkt 12, S. 175f.)

Die Aufgaben der Adventjugend

Die Jugendabteilung wurde nach den oben angeführten inspirierten Weisungen ins Leben gerufen. Junge Menschen sollen in den Jugendgruppen der Ortsgemeinde zu Führungsaufgaben herangebildet und ihnen Möglichkeiten für die evangelistische Arbeit aufgezeigt sowie Arbeitsmaterialien dafür übergeben werden. Ellen G. White nannte folgende Aufgaben der Jugendorganisation:
1. Die Jugendlichen für die Arbeit an und mit jungen Menschen auszubilden.
2. Die Jugend dafür zu gewinnen, sich aktiv für die Gemeinde und ihre Glieder einzusetzen.
3. Für alle zu wirken, „die nicht unseren Glauben teilen" (*Signs of the Times*, 29. Mai 1893).

Um diese Aufgaben erfüllen zu können, werden die Jugendlichen aufgerufen, (1) gemeinsam zu beten, (2) gemeinsam Gottes Wort zu studieren, (3) miteinander Gemeinschaft zu pflegen, (4) in kleinen Gruppen zusammenzuarbeiten, um ihre Evangelisationspläne zu verwirklichen, (5) in Jesu Dienst Takt, Geschick und Fähigkeiten zu entwickeln und (6) einander zu geistlichem Wachstum zu ermutigen.

Das Ziel der Adventjugend lautet: „Der ganzen Welt die Adventbotschaft in dieser Generation."

Ihr Motto lautet: „Die Liebe, die uns Christus erwiesen hat, bestimmt mein ganzes Handeln." (2 Kor 5,14 GNB)

Mitgliedschaft in der Adventjugend

Für die Mitgliedschaft in der Adventjugend und ihrer Gruppen gibt es Voraussetzungen. (Siehe Anmerkungen zu Kapitel 9, Punkt 13, S. 176.)

Das Komitee für die Jugendarbeit

Dieses Komitee hat die Schirmherrschaft für die Jugendarbeit in der Gemeinde. Es trägt die Verantwortung für die allgemeine Planung der

Jugendarbeit (siehe S. 117). Ihm gehören die gewählten Verantwortungsträger der Jugendgruppe sowie der Leiter für Gemeindeaufbau und Evangelisation, der Leiter der Jugendsabbatschule, der Leiter der jüngeren Jugend (Teeniegruppe), der Pfadfindergruppenleiter (CPA/ADWA), der Abenteurer-Club-Leiter (siehe S. 117f.), der Leiter der DVG/LLG-Gruppe, der Leiter der Gemeindeschule (falls vorhanden), der Jugenddiakon (siehe S. 145) und der Prediger an. Der Jugendgruppenleiter, der auch Mitglied im Gemeindeausschuss ist, führt den Vorsitz. Dieses Komitee sollte nach Bedarf zusammentreten, um die Jugendarbeit der Ortsgemeinde zu planen und leiten. Zur Tagesordnung dieses Komitees gehören Gebetsgemeinschaft, Beratung über Möglichkeiten zur Förderung des geistlichen Wachstums der Jugend und die Planung missionarischer Aktivitäten. Das Komitee ist auch dafür verantwortlich, dass regelmäßige Treffen durchgeführt werden. Es arbeitet mit den anderen Abteilungen der Gemeinde zusammen, um das Jugendprogramm mit dem Gemeindeprogramm zu koordinieren. Die Jugendarbeit braucht kurz- und langfristige Ziele für die Erfüllung ihrer Aufgaben.

Der Jugendarbeitsausschuss

Der Jugendarbeitsausschuss ist verantwortlich für die Aktivitäten der Jugend in der Gemeinde. Über das Komitee für die Jugendarbeit arbeitet er in enger Kooperation mit den anderen Leitern für Jugend und Kinder. In Gemeinden, in denen es keine Pfadfinder- oder Abenteurergruppen gibt, soll diese Altersgruppe auch im Jugendarbeitsausschuss vertreten sein.

Die Verantwortungsträger der Jugendgruppe

Der Erfolg einer Jugendgruppe hängt in hohem Maße von ihrer Leitung ab. Wenn die Verantwortlichen überzeugte, aktive Christen sind und Unternehmungsgeist, Organisationstalent und Begeisterungsfähigkeit besitzen, wird die Gruppe wachsen, junge Menschen werden für Christus gewonnen und im Dienst für ihn ausgebildet. Dadurch wird die ganze Gemeinde gestärkt.

Die Verantwortungsträger der Adventjugend werden von der Gemeinde gewählt: Jugendgruppenleiter, stellvertretender Jugendgruppenleiter, Schriftführer, Kassenverwalter, Chor- bzw. Singkreisleiter, Pianist oder Organist und ein Jugenddiakon, der einer der Gemeindeältesten sein kann. Da Musik eine wichtige Rolle bei der charakterlichen Entwicklung junger Menschen spielt, sollten die Verantwortlichen für die Musik mit Sorgfalt ausgewählt werden (siehe S. 107f.).

Dieser Personenkreis bildet den Kern des Jugendarbeitsausschusses, der nach Beratung mit der Jugendgruppe weitere Verantwortliche ernennt, z. B. für Gemeinschaftsabende und gesellige Zusammenkünfte, Andachten, Jugendbücherei und Öffentlichkeitsarbeit sowie für verschiedene Aktionsgruppen. In kleineren Gemeinden wird eine Person mehrere Aufgaben übernehmen müssen, aber es sollten so viele Jugendliche wie möglich an der Planung und Ausführung des Jugendprogramms beteiligt werden.

Der Jugendgruppenleiter und sein Stellvertreter

Der Jugendgruppenleiter ist als Nachfolger Jesu ein treuer Christ. Er möchte Menschen für Jesus gewinnen und mit seiner Begeisterung andere mitreißen. Indem er die Jugend zur Zusammenarbeit und zur Übernahme von Verantwortung motiviert, kann er selbst im Hintergrund bleiben, führen, beraten, ermutigen und den Jugendlichen helfen, Erfahrungen zu sammeln und sich an Erreichtem zu freuen. Er wird die Struktur der Jugend seiner Gemeinde und deren Bedürfnisse untersuchen und sich bemühen, jeden Jugendlichen in die Gruppe einzubeziehen.

Der Jugendgruppenleiter hält engen Kontakt zum Prediger, zum Jugenddiakon und zum Jugendabteilungsleiter der Vereinigung und nutzt jede Gelegenheit, sich in seiner Arbeit weiterzubilden. Er wird die Jugendgruppe zu einer guten Zusammenarbeit mit der Gemeinde und der Vereinigung führen.

Sein Stellvertreter wird ihm bei seiner Arbeit helfen und in seiner Abwesenheit die Führungsaufgaben und den Vorsitz im Jugendarbeitsausschuss übernehmen. Ihm werden außerdem vom Jugendarbeitsausschuss weitere Aufgaben übertragen. In kleineren Gemeinden kann ihm die Aufgabe des Schriftführers und Kassenverwalters anvertraut werden.

Der Schriftführer und der Kassenverwalter der Adventjugend

Wie bei den übrigen Verantwortungsträgern sind auch beim Schriftführer und Kassenverwalter geistliche Gesinnung und Hingabe an Gott die erste Voraussetzung. Sie sollten Jesus kennen, über persönliche Erfahrung verfügen und mit jungen Menschen umgehen können. (Siehe auch Anmerkungen zu Kapitel 9, Punkt 14, S. 177.)

Der Schriftführer führt den Tätigkeitsbericht der Jugendgruppe und schickt diesen in der vorgesehenen Form pünktlich an den Jugendabteilungsleiter der Vereinigung. Er ermutigt die Jugendlichen der Gemeinde von den evangelistischen Bemühungen zu berichten.

Der Jugenddiakon
Jugenddiakon sollte ein Ältester oder ein anderes geeignetes Mitglied des Gemeindeausschusses sein, das die Anliegen der Jugend kennt und ein Herz für die Jugend und ihr Engagement für den Dienst der Gemeinde hat.

Er steht den Verantwortungsträgern der Jugendgruppe anleitend und beratend zur Seite und nimmt an den Beratungen des Komitees für Jugendarbeit teil. Er sollte bei den Jugendlichen akzeptiert sein, so dass sie ihn gern um Rat fragen. Zusammen mit dem Jugendgruppenleiter vertritt er die Anliegen der Jugend im Gemeindeausschuss.

Der Jugenddiakon sollte Kontakt mit dem Jugendabteilungsleiter der Vereinigung pflegen und ihn über die Situation und Veränderungen in der Jugend der Gemeinde auf dem Laufenden halten. Zusammen mit Verantwortungsträgern der Jugendgruppe sollte er an Schulungskursen der Vereinigung für Jugendliche teilnehmen, um mit den Entwicklungen in der Jugendarbeit Schritt zu halten und so die Gruppe wirksam beraten zu können.

Für eine kontinuierliche Jugendarbeit hat es sich bewährt, wenn der Jugenddiakon die Gruppe über mehrere Jahre betreut.

Programme für die Jugendgruppen
Die Jugendabteilung der Gemeinschaft ist ständig bemüht, altersgerechte Programme zu entwickeln. Sie sollen ein Klima schaffen, in dem die Mitarbeit der Jugendlichen gefördert wird und die geistlichen Gaben entwickelt werden können für dieses und das ewige Leben. Dazu gehören:
1. Persönliche Andacht, Bibelstudium und Fortbildung
   Morgenwache, Bibelleseplane, Studienkurse der „Stimme der Hoffnung", Jugendgebetswochen und -bibelfreizeiten, Jugendbegegnungswochenenden sowie Lehrgänge für Gruppenleitung, Jugendevangelisation, Jugendmusik und andere Ausbildungsschwerpunkte.
2. Zeugnis und Mission
   Jugendkongresse, -treffen und -festivals, Jugendfreizeiten, Jugendevangelisationen, Einsätze zur Verteilung von missionarischem Schrifttum, Straßenaktionen, Laienspiel- und Pantomimegruppen, Jugendmusikgruppen, Jugendbibelschule, Sozialdienste, Einsätze durch den Freiwilligen Adventistischen Hilfsdienst (FAH), internationaler Jugendaustausch, Brieffreundschaften u. a.
3. Freizeitgestaltung
   Gesellige Veranstaltungen, Freizeiten, Ausflüge, Wanderungen und

Zeltlager, Sportveranstaltungen, Musik- und andere Festivals, Leistungsabzeichen für CPA/ADWA und Scouts u. a.

Die jüngere Jugend („Teeniegruppe")

Ziel der Gruppenarbeit für die jüngere Jugend ist es, sie so früh wie möglich für Verantwortung und Dienst heranzubilden und jedem jungen Menschen zu helfen, sich entsprechend seiner Möglichkeiten zu entwickeln.

In Gemeinden, die über eine Gemeindeschule mit Sekundarstufe verfügen, gehört ein Programm für die jüngere Jugend zum Lehrplan der Schule. Die Verantwortung dafür trägt der Lehrer als Gruppenleiter. In der Gemeindeschule bilden die Kinder, die in einem Klassenraum (jahrgangsübergreifend) unterrichtet werden, eine Juniorjugendgruppe. Die Schüler der Grundschulstufe zählen dabei als Mitgliedsanwärter, die Schüler der Sekundarstufe bilden die ordentlichen Mitglieder der Gruppe.

Der Lehrer ist zwar der Leiter oder Berater der Gruppe, aber das Programm, das in der Regel wöchentlich angeboten wird, sollte von den Schülern gestaltet werden. Die Verantwortlichen für diese Gruppenstunde – Schüler-Gruppenleiter, stellvertretender Leiter, Schriftführer, Kassenverwalter, Gesangsleiter, Klavierspieler und die Leiter anderer Aufgabenbereiche – werden von den Schülern der Klasse in Beratung mit dem Lehrer gewählt. Sie werden normalerweise für einen Monat oder für ein Vierteljahr gewählt, dann wird gewechselt, um so jedem Schüler die Möglichkeit zu geben, Verantwortung und Leitung zu lernen.

Wo es keine Gemeindeschule gibt, ist es Aufgabe der Gemeinde, für die jüngeren Jugendlichen eine eigene Gruppe zu bilden oder ein Programm im Rahmen der Adventjugend anzubieten.

In vielen Gemeinden erfüllt die Organisation der Christlichen Pfadfinderinnen und Pfadfinder der Adventjugend (CPA/ADWA) diese Aufgabe, da sie das gleiche Ziel verfolgt und das besondere Programm viele Möglichkeiten bietet. Wo es in einer Gemeinde eine Pfadfindergruppe (siehe auch das *Handbuch für Pfadfinder* – CPA/ADWA) und/oder ein anderes Programm für die jüngere Jugend gibt (Teeniegruppe), müssen die Organisatoren dieser Programme eng zusammenarbeiten und planen. (Siehe Anmerkungen zu Kapitel 9, Punkt 15, S. 177)

Die Mitglieder dieser Gruppen lernen Motto und Leitspruch und bemühen sich, sie zu befolgen.

Das Motto: „Mit Jesus Christus fröhlich und mutig voran."

Der Leitspruch: „Jesus Christus liebt mich. Er ist immer und überall bei mir. Auf sein Wort will ich hören. Mit seiner Hilfe will ich gerne kameradschaftlich, ehrlich, zuverlässig, vergebungsbereit, freundlich und hilfsbereit sein. Ich will andere auf Jesu Liebe aufmerksam machen. Die Natur und den Menschen sehe ich als Schöpfung Gottes. Deshalb will ich lernen, verantwortungsvoll zu leben."

Die Gradabzeichen: Entsprechend der persönlichen Entwicklung des Pfadfinders können durch Prüfungen die folgenden Grade erreicht werden: Gefährte, Trapper, Kundschafter, Ranger, Guide und Master Guide. Wer die Anforderungen eines Grades erfüllt hat, bekommt das entsprechende Abzeichen.

Die Leistungsabzeichen: Für viele Gebiete des Wissens und der Fertigkeiten können Pfadfinder Leistungsabzeichen erwerben: Kunst und Werken, Haushalt, Pfadfindertechniken, Bibel und Mission, Naturkunde, Sport, Sammlungen, Erste Hilfe und viele andere. Die Leistungsanforderungen unterscheiden zwischen den Pfadfindern und den Jungpfadfindern. Ein Master Award Achievement-Programm bietet weitere Anreize für ältere Pfadfinderinnen und Pfadfinder (Scout-Programm).

Die Christlichen Pfadfinderinnen und Pfadfinder der Adventjugend (CPA/ADWA)

Die Organisation der Christlichen Pfadfinderinnen und Pfadfinder der Adventjugend (CPA)/Adventwacht (ADWA) ist ein Programm der Gemeinschaft der Siebenten-Tags-Adventisten. Es trägt dem Forschungsdrang und dem Bedürfnis nach Abenteuern der Altersgruppe der 8- bis 15-jährigen Rechnung. Es bietet mehr Aktivitäten in freier Natur, für Entdeckungen und Entwicklung von Fähigkeiten und Geschick als eine durchschnittliche Teenie-Gruppenstunde.

In Verbindung mit diesen erlebnisorientierten Aktivitäten werden die geistlichen Werte besser aufgenommen. Es ist erwiesen, dass durch die Pfadfinder junge Menschen für den Glauben an Jesus gewonnen werden können. So sind in vielen Gemeinden Pfadfindergruppen an die Stelle der traditionellen Angebote für diese Altersgruppen getreten. Wo es eine Gemeindeschule gibt, sollte das Pfadfinderprogramm die Arbeit für die jüngere Jugend ergänzen.

Zu den Unternehmungen der Pfadfinder gehören Zeltlager, die Förderung verschiedener handwerklicher und künstlerischer Geschicklichkeiten, Ausstellungen, Naturerforschung, Bibelstudium, Missionsprojekte, Geländespiele, Radwanderungen und andere interessante Abenteuer.

Die 8- bis 15-jährigen werden durch eine formelle Aufnahme Mitglied in der Pfadfinderorganisation. Die Christlichen Pfadfinderinnen und Pfadfinder der Adventjugend sind international durch das gleiche Emblem miteinander verbunden. Die Mitglieder tragen die offizielle Pfadfinderkluft bei allen Gruppenunternehmungen, bei den wöchentlichen Zusammenkünften, bei Zeltlagern, Treffen, Camporees und anlässlich besonderer Pfadfinder-Programme auch am Sabbatmorgen zum Gottesdienst.

In einigen Gemeinden werden nach Altersgruppen getrennte Gruppenstunden durchgeführt. Auch nach Vollendung des 16. Lebensjahres können die Jugendlichen weiter mitwirken, z. B. als Berater oder Gruppenleiter. Für ihre Ausbildung bietet die Jugendabteilung der Gemeinschaft Pfadfindergruppenleiterlehrgänge an.

Der Gruppenleiter der Pfadfinderorganisation und sein(e) Stellvertreter werden von der Gemeinde gewählt (siehe S. 82). Wenn zwei Stellvertreter gewählt werden, sollten beide Geschlechter vertreten sein. Einer der Stellvertreter kann gleichzeitig als Schriftführer und Kassenverwalter dienen. Der Gruppenleiter gehört dem Gemeindeausschuss und dem Komitee für die Jugendarbeit an. Zum Leitungsteam der Pfadfindergruppe gehören die Verantwortlichen für verschiedene Aufgabenbereiche wie Naturkunde oder Pfadfindertechniken sowie Berater, die für Untergruppen von jeweils sechs bis acht Pfadfindern verantwortlich sind.

Die Jugendabteilung der Vereinigung bietet umfangreiches Material für die Pfadfinderarbeit an.

Der Abenteurer-Club

Der Abenteurer-Club ist ein Gemeindeprogramm für Eltern mit Kindern im Vor- und Grundschulalter (5-7 Jahre). Es soll das aufkommende Bedürfnis dieser Kinder, die Welt um sich herum zu entdecken, anregen. Es soll Eltern und Kindern gemeinsame Freizeitbeschäftigung bieten, Fähigkeiten und Geschicklichkeiten entwickeln, dazu anleiten, die Schöpfung zu achten, und andere Aktivitäten anbieten, die für diese Altersgruppe interessant sind. Alles soll eine geistliche Ausrichtung haben und auf die spätere Mitwirkung in der Pfadfinderarbeit der Gemeinde vorbereiten. (Siehe Anmerkungen zu Kapitel 9, Punkt 16, S. 177.)

Der Leiter des Abenteurer-Clubs und die Stellvertreter werden bei der Gemeindewahl für die von der Gemeinde festgelegte Zeit von ein oder zwei Jahren gewählt (siehe S. 82). Die Leitung kann weitere Personen zur Mitarbeit bitten. Der Leiter gehört dem Gemeindeausschuss an und dem Komitee für die Jugendarbeit. Das verfügbare Material ist bei der Jugendabteilung der Gemeinschaft zu erhalten.

Christliche Erziehung und Bildung/Gemeindeschulen

Die Prinzipien

Die Gemeinschaft der Siebenten-Tags-Adventisten unterhält ein Schulsystem, um ihren Kindern und Jugendlichen eine ausgewogene körperliche, geistige, geistliche, soziale und berufliche Erziehung bieten zu können, die mit ihren Wertvorstellungen und Idealen übereinstimmt, in denen Gott als Quelle aller sittlichen Werte und Wahrheit gilt. Als Erziehungsideal sieht die Gemeinschaft die Wiederherstellung des Menschen nach dem Bild seines Schöpfers. Sie erstrebt die bestmögliche Entwicklung des ganzen Menschen für dieses und das ewige Leben.

Die Gemeinschaft unterhält eigene Bildungsstätten – vom Kindergarten bis zur Universität –, um ihre Ideale, Glaubensüberzeugungen, Einstellungen, Werte, Lebensweise und Gewohnheiten an ihre Kinder weiterzugeben. Staatliche Schulen bemühen sich, die Kinder zu verantwortungsbewussten Bürgern zu erziehen und ihnen bestimmte Grundwerte zu vermitteln; adventistische Schulen wollen darüber hinaus die Kinder anleiten, treue, gewissenhafte Christen und Gemeindeglieder zu werden.

Quelle, Mittel und Ziel adventistischer Erziehung sind eine schriftgemäße Erkenntnis Gottes, die Gemeinschaft mit ihm in Bibelstudium und Dienst und eine charakterliche Entwicklung, die an Jesus Christus ausgerichtet ist.

Ziele und Aufgaben

Adventistische Schulen bemühen sich darum, ihren Schülern eine Bildung gegründet auf die Erkenntnis der Erlösung zu vermitteln. Grundwissen und Allgemeinbildung sollen so gelehrt werden, dass die Schüler für das Leben qualifiziert werden.

Besonderen Wert legen diese Schulen auf die Vermittlung der Prinzipien einer gesunden Lebensweise, des systematischen und fortwährenden Lernens, der Fähigkeiten für das Zusammenleben in Familie, Gesellschaft und Beruf, für sinnvolle Gestaltung der Freizeit und die Erziehung zu ethischer Reife. Als Ziel ihrer Ausbildung erstreben sie die Befähigung zu geistlicher Hingabe, Selbsterkenntnis, sozialer Anpassung und gesellschaftlicher Verantwortung, Weltmission und Dienst sowie zu wirtschaftlicher Eigenverantwortlichkeit. Das wollen sie durch Unterricht von hoher Qualität, der an Christus ausgerichtet ist, erreichen.

Die Förderung der Erziehung und Bildung in der Gemeinde

Ein umfassendes Verständnis und eine klare Vorstellung von christlicher Erziehung, deren Ziele mit dem Erlösungsplan Gottes übereinstimmen, kann nur dort entwickelt und gefördert werden, wo die Gemeinde ständig an die außerordentliche Bedeutung christlicher Bildungseinrichtungen erinnert wird. Darum wird jeder Gemeinde empfohlen, einen Verantwortlichen zu wählen, der für die beständige Förderung christlicher Erziehung und Bildung eintritt. Er soll dem Leitungsgremium des Eltern- und Schulvereins angehören und mit ihm zusammenarbeiten. (Siehe Anmerkungen zu Kapitel 9, Punkt 17, S. 178.)

Der Eltern- und Schulverein

Der Zweck des Vereins

Der Eltern- und Schulverein hat zwei Ziele:
1. Die Aus- und Weiterbildung für die Aufgaben der Eltern.
2. Die Verbindung von Elternhaus, Schule und Gemeinde zu vertiefen zur Gewährleistung christlich-adventistischer Erziehung.

Die Aufgaben des Vereins

Zu den Aufgaben gehören:
1. Die Eltern in Zusammenarbeit mit der Gemeinde und der Schule in ihrer Aufgabe weiterzubilden, für die ganzheitliche Entwicklung ihrer Kinder zu sorgen. Es geht um „die harmonische Entwicklung der körperlichen, geistigen und geistlichen Kräfte" (*Erziehung*, S. 11).
2. Die Zusammenarbeit zwischen Eltern und Lehrern zu fördern.
3. Anregungen dafür zu geben, wie in den Familien eine Atmosphäre der Liebe und Disziplin entstehen kann, in der den Kindern durch Bibelstudium, Gebet, Familienandacht und Vorbild der Eltern adventistisch-christliche Werte vermittelt werden können.
4. Eltern und Lehrern ein Forum zu bieten, das ihnen hilft, in ihrer Arbeit für die Kinder ein positives Verhältnis zueinander aufzubauen.
5. Die Gemeindeschule in ihren Bemühungen zu unterstützen, die Grundsätze christlicher Erziehung in Zielsetzung, Inhalt und Methodik besser in die Praxis umzusetzen.
6. Das Verhältnis zwischen Elternhaus und Schule durch Aktivitäten wie die Folgenden zu stärken:

a) Vorschläge für die Verbesserung des Lehrplans;
b) regelmäßige Kommunikation zwischen Eltern und Schule;
c) Ermutigung der Eltern, die Schule aufzusuchen;
d) Ermutigung der Lehrer, die Eltern ihrer Schüler zu besuchen;
e) Freiwillige zu finden, die bereit sind, bei Aufgaben in der Schule zu helfen;
f) Hilfe bei der Ausrüstung der Schule mit Geräten und Einrichtungen, sofern diese nicht vom Schulträger aufgebracht werden können.
7. Darauf hinzuarbeiten, dass alle Kinder in der Gemeinde eine Gemeindeschule besuchen. Es sollte alles darangesetzt werden, dass auch benachteiligte Kinder die Gemeindeschule besuchen können, damit möglichst kein adventistisches Kind um den Vorteil einer adventistischen Erziehung gebracht wird.

Die Mitglieder des Eltern- und Schulvereins

Gemeindeglieder und Förderer der Schule können dem Eltern- und Schulverein als Mitglieder angehören.

Die Verantwortungsträger

Alle Eltern der Schüler werden ermutigt, aktiv im Eltern- und Schulverein mitzuwirken. Als Verantwortungsträger des Vereins sollen aber nur Mitglieder der Gemeinschaft der Siebenten-Tags-Adventisten gewählt werden.

Verantwortungsträger für den Eltern- und Schulverein sind: der Vorsitzende und sein Stellvertreter, ein Schriftführer und Kassenverwalter, ein Bibliothekar und der Verantwortliche der Gemeinde für Erziehung und Bildung (siehe S. 150). Um die Kontinuität zu bewahren, wird empfohlen, einige Verantwortungsträger für eine zweite Periode wiederzuwählen.

Der Vorsitzende und sein Stellvertreter

Vorsitzender des Eltern- und Schulvereins sollte ein erfahrenes und in der Erziehung erfolgreiches Gemeindeglied sein, das für neue Ideen aufgeschlossen ist, über pädagogische Fähigkeiten verfügt und von der Wichtigkeit christlicher Erziehung und Bildung überzeugt ist.

Der Schriftführer/Kassenverwalter

Der Schriftführer/Kassenverwalter führt das Protokoll des Eltern- und Schulvereins und übermittelt am Anfang und am Ende des Schuljahres der Erziehungsabteilung der Vereinigung einen Bericht.

Die Gelder des Eltern- und Schulvereins werden über den Gemeinde- oder Schulschatzmeister verwaltet, der sie auf einem dafür ausgewiesenen Konto führt, das nach den Richtlinien der Gemeinschaft geprüft wird.

Der Schulleiter ist Mitglied von Amts wegen
Der Schulleiter hat aufgrund seiner Aufgabe von Amts wegen Sitz und Stimme im Leitungsgremium des Eltern- und Schulvereins.

Der Ausschuss der Gemeindeschule
Die Mitglieder des Schulausschusses
Das Verwaltungsgremium einer Grund- und Sekundarschule, die von einer einzelnen Ortsgemeinde getragen wird, kann entweder durch einen Schulausschuss, der von der Gemeinde gewählt wird, oder durch einen Vorstand, der durch den Gemeindeausschuss ernannt wird, gebildet werden. Die Verwaltung kann also von einem eigenen Schulausschuss, vom Gemeindeausschuss oder von einem durch den Gemeindeausschuss berufenen Schulvorstand wahrgenommen werden.

Wo zwei oder mehr Gemeinden eine Schule gemeinsam unterhalten, soll sie von einem einzigen Schulausschuss verwaltet werden. (Siehe Anmerkungen zu Kapitel 9, Punkt 18, S. 178.)

Glieder der Gemeindeausschüsse können als Mitglieder des Schulausschusses gewählt werden, um ihn eng mit den Gemeindeausschüssen zu verbinden.

Der Pastor der Gemeinde sollte dem Schulausschuss angehören. Bei Schulen, die von mehreren Gemeinden gemeinsam unterhalten werden, sind üblicherweise die für diese Gemeinden zuständigen Pastoren auch Mitglieder des Schulausschusses. In Grund- und Sekundarschulen gehört der Schulleiter oder der leitende Lehrer dem Schulausschuss an.

Als Mitglieder dieses Ausschusses sollten auch Eltern gewählt werden, deren Kinder die Schule besuchen. Auf diese Weise kann der Ausschuss sich die Einsicht der Eltern und ihren Rat, die ja auf Erfahrung und Beobachtung aus nächster Nähe beruhen, zunutze machen.

Die Leitung des Schulausschusses
Ein Vorsitzender und ein Schriftführer sind für die Leitung des Schulausschusses verantwortlich. In einem Schulausschuss einer von mehr als nur einer Gemeinde getragenen Schule sollte auch ein Kassenverwalter sowie je ein Stellvertreter des Vorsitzenden und des Schriftfüh-

rers ernannt werden. In einer nur von einer Gemeinde unterhaltenen Schule wird der Vorsitzende von dieser Gemeinde gewählt.

In einer von mehreren Gemeinden getragenen Schule wird der Vorsitzende vom Schulausschuss selbst gewählt, wenn dieser das erste Mal nach seiner Wahl zusammentritt. Können sich die Gemeinden nicht einigen, werden die leitenden Mitglieder dieses Ausschusses vom Erziehungsausschuss der Vereinigung bzw. vom Vereinigungsausschuss ernannt. Es ist üblich, den Schulleiter zum Schriftführer des Ausschusses zu ernennen.

Das Verhältnis zwischen gemeinsamen Schulausschüssen und ihren Ortsgemeinden

Unterhalten zwei oder mehr Gemeinden gemeinsam eine Schule, muss jedes Vorhaben des Schulausschusses, das diese Gemeinden finanziell verpflichtet, den zuständigen Gemeindeausschüssen zur Genehmigung unterbreitet werden.

Die Wahlperiode der Schulausschussmitglieder

Für die Zeit der Wahl und die Amtsdauer der Mitglieder des Schulausschusses gibt es zwei Möglichkeiten:
1. Alle Mitglieder können am Ende des Kalender- oder des Geschäftsjahres auf ein Jahr gewählt werden.
2. Die Mitglieder des Ausschusses werden bei Schulgründung unterschiedlich für ein, zwei oder drei Jahre gewählt. Die danach neu zu wählenden Mitglieder werden auf drei Jahre gewählt. Auf diese Weise kann erreicht werden, dass durch einen Kern erfahrener Mitglieder die Stetigkeit erfolgreicher Bildungs- und Erziehungsarbeit im Ausschuss gewährleistet bleibt.

Frei gewordene Stellen werden wie bei jeder anderen Nachwahl in der Gemeinde neu besetzt; wer die frei gewordene Aufgabe übernimmt, dient nur für den Rest der verbliebenen Wahlperiode.

Die Sitzungen des Schulausschusses

Der Schulausschuss sollte während des Schuljahres regelmäßig, wenigstens einmal monatlich zusammenkommen.

Voraussetzungen für Schulausschussmitglieder

Die Mitglieder des Schulausschusses sollten aufgrund ihrer Einstellung zum Glauben und zu den Grundsätzen christlicher Erziehung, ihres gesunden Urteilsvermögens und ihrer Erfahrung in Schul- und Wirtschaftsangelegenheiten gewählt werden. Sie müssen sich den Erziehungsgrundsätzen und -empfehlungen der Gemeinschaft verpflichtet wissen.

Da der Schulausschuss der Grund- und Sekundarschulen eine wichtige Organisation innerhalb der Ortsgemeinde ist, sind seine Mitglieder mit großer Sorgfalt auszuwählen. Personen, die nicht vom Wert christlicher Schulen überzeugt sind und einem entsprechenden Unterrichtsprogramm kein Verständnis entgegenbringen, sollten nicht in den Schulausschuss gewählt werden. Die Überzeugung, dass dieses Werk von Gott gewollt ist, sowie Glauben, Mut und Verständnis sind auch hier wesentliche Voraussetzungen für den Erfolg.

Die Aufgaben der Verantwortungsträger

Der Vorsitzende beruft Sitzungen ein, leitet sie und achtet darauf, dass die Beschlüsse des Ausschusses durchgeführt werden. Er zeichnet alle vom Schriftführer ausgestellten Geldanweisungen gegen.

Der Vorsitzende ist von Amts wegen Mitglied des Aufsichtskomitees für Grund- und Sekundarschulen, das die Aufgabe hat, ihre Arbeit zu beaufsichtigen und zu bewerten.

Der Schriftführer führt und archiviert die Protokolle jeder Sitzung, regelt die finanziellen Verpflichtungen und führt den Schriftwechsel des Ausschusses.

Wo eine Schule nur von einer Gemeinde unterhalten wird, übernimmt gewöhnlich der Schatzmeister der Gemeinde oder sein Stellvertreter die Kassenverwaltung der Schule. Bei ihm werden das Schulgeld und andere Gelder eingezahlt. Er regelt den Zahlungsverkehr aufgrund von Anweisungen des Schriftführers, die vom Vorsitzenden abgezeichnet wurden. Er führt die Buchhaltung und gibt dem Ausschuss bei jeder monatlichen Sitzung einen ausführlichen Bericht.

In Schulen, die von zwei oder mehr Gemeinden getragen werden, ernennt der Schulausschuss einen Kassenverwalter für diese Aufgaben.

Die Öffentlichkeitsarbeit (Kommunikation)

Die Bedeutung der Öffentlichkeitsarbeit

Im Laufe ihrer Geschichte ist der Gemeinschaft von Gott gezeigt worden, wie wichtig es ist, zeitgemäße Kommunikationsmittel für die Verbreitung des Evangeliums einzusetzen. Uns wurde geraten: „Wir müssen jedes zu rechtfertigende Mittel verwenden, um den Menschen das Licht zu bringen. Machen wir uns deshalb die Presse zu Nutze, bedienen wir uns jedes Werbemittels, das auf das Werk aufmerksam machen kann." (*Testimonies for the Church*, Band 6, S. 36) „Es werden

Mittel und Möglichkeiten erfunden werden, mit denen die Herzen erreicht werden können. Einige dieser Methoden werden anders sein als die früheren Arbeitsweisen." (*Evangelism*, S. 105)

Die Durchführung dieses Dienstes
Damit die Gemeinschaft eine wirksame Öffentlichkeitsarbeit organisieren kann, braucht sie die Unterstützung jedes Mitarbeiters, jedes Gemeindegliedes und jeder adventistischen Institution. Die Abteilung für Kommunikation fördert die Entwicklung gut durchdachter Programme für die Öffentlichkeitsarbeit und die Nutzung aller zeitgemäßen Kommunikationstechniken und -mittel für die Verkündigung des Evangeliums. Darum soll in jeder Gemeinde ein Verantwortlicher für die Öffentlichkeitsarbeit gewählt werden und, wo erforderlich, auch ein Arbeitskreis.

Der Leiter für Öffentlichkeitsarbeit und seine Aufgaben
Der Leiter für die Öffentlichkeitsarbeit der Gemeinde ist verantwortlich für das Sammeln, Auswählen und Veröffentlichen von Nachrichten. Je nach Möglichkeit wird er versuchen, Berichte und Interviews über Aktivitäten oder Personen der Gemeinde und der Gemeinschaft im lokalen Rundfunk, Fernsehen und in Zeitungen zu verbreiten. Er wird sich stets bemühen, ein freundliches, kooperatives Verhältnis zu Redakteuren und anderen Mitarbeitern der Medien aufrechtzuerhalten. (Siehe Anmerkungen zu Kapitel 9, Punkt 19, S. 179.)

Er arbeitet mit dem Abteilungsleiter für Kommunikation der Vereinigung zusammen, unterstützt die Pläne der Vereinigung und berichtet ihr. Außerdem wird er regelmäßig in den Gemeindevollversammlungen von der Öffentlichkeitsarbeit berichten.

Der Arbeitskreis für Öffentlichkeitsarbeit
In einer großen Gemeinde kann ein Arbeitskreis den vielseitigen Anforderungen einer sorgfältig geplanten Öffentlichkeitsarbeit besser gerecht werden als eine einzelne Person. Dieser Arbeitskreis, bei dem der Leiter für Öffentlichkeitsarbeit den Vorsitz führt, wird bei der Gemeindewahl gewählt.

Mitgliedern des Arbeitskreises kann jeweils die Verantwortung für einzelne Bereiche übertragen werden: Presse, Rundfunk und Fernsehen, Bibelfernunterricht, Kommunikation innerhalb der Gemeinde (Gemeindemitteilungsblatt) usw.

Befindet sich eine Institution der Gemeinschaft im Gebiet der Ortsgemeinde, so sollte ein Verantwortlicher für Öffentlichkeitsarbeit aus dieser Institution eingeladen werden, an den Beratungen des Arbeitskreises teilzunehmen. (Siehe Anmerkungen zu Kapitel 9, Punkt 20, S. 179.)

Der Pastor, der letztlich für die Öffentlichkeitsarbeit seiner Gemeinde verantwortlich ist, arbeitet als Ratgeber eng mit dem Leiter und dem Arbeitskreis für Öffentlichkeitsarbeit zusammen.

Das Verhältnis zu den anderen Abteilungen der Gemeinde

Um der Gemeinde angemessen dienen zu können, müssen die Verantwortlichen für die Öffentlichkeitsarbeit laufend über alle Pläne und Vorhaben unterrichtet werden. Jede Abteilung der Gemeinde sollte darum jemanden damit beauftragen, den Leiter oder den Arbeitskreis für Öffentlichkeitsarbeit mit Informationen über die Aktivitäten der betreffenden Abteilung zu versorgen.

Die Arbeit in Ballungszentren

Bilden mehrere Gemeinden in einer Großstadt gemeinsam einen Zentralausschuss für Öffentlichkeitsarbeit, so sind die jeweiligen Leiter für Öffentlichkeitsarbeit Mitglieder dieses Ausschusses. Sie sind zu einer harmonischen Zusammenarbeit verpflichtet, damit sie die Nachrichten aus den einzelnen Gemeinden koordinieren und die Abfassung und Veröffentlichung von Berichten sowie die Organisation anderer Medienaktivitäten wirksamer planen können.

Die Gründung eines solchen Ausschusses wird gewöhnlich durch den Abteilungsleiter für Kommunikation der Vereinigung angeregt. Ein aus dem Zentralausschuss selbst gewählter Vorsitzender beruft die Sitzungen ein und leitet sie.

Die Abteilung für Öffentlichkeitsarbeit in der Division, des Verbandes/Union und der Vereinigung stellen den Leitern für Öffentlichkeitsarbeit ausführliche Anleitungen zur Verfügung. Durch Pressedienst, Rundschreiben und anderes Material bieten sie beständig Hilfe und Anregungen.

Voraussetzungen für die Aufgabe des Leiters

Bei der Wahl eines Leiters für Öffentlichkeitsarbeit sollte auf folgendes geachtet werden: 1. Die Fähigkeit, die Gemeinde in der Öffentlichkeit gut darzustellen, 2. ein gesundes Urteilsvermögen, 3. Organisationstalent, 4. die Fähigkeit, einen Sachverhalt verständlich und stilistisch einwandfrei und überzeugend zu Papier zu bringen, 5. die Bereitschaft, die ihm anvertrauten Aufgaben gewissenhaft auszuführen und 6. Kontaktfreudigkeit.

Die Gesundheitsabteilung

Die Gemeinschaft der Siebenten-Tags-Adventisten weiß sich verantwortlich, Christus in der Welt bekannt zu machen. Sie glaubt daran, dass zu dieser Verantwortung auch die Bewahrung der Menschenwürde gehört, die das Streben nach bestmöglicher körperlicher, geistiger und geistlicher Gesundheit einschließt.

Dieser Auftrag gilt nicht nur dem Dienst an Kranken, er umfasst auch die Vorbeugung gegen Krankheiten durch eine wirksame Gesundheitserziehung. Die Gesundheitsabteilung soll darum eine führende Rolle übernehmen bei der Förderung eines gesundheitsbewussten Lebens ohne den Genuss von Tabak, Alkohol, anderen Drogen und unreiner Speisen. Wo möglich, sollten die Gemeindeglieder zu einer vegetarischen Ernährungsweise ermutigt werden.

Die Leitung der Gesundheitsabteilung

Um diese Aufgaben wirksam und planvoll erfüllen zu können, ist es notwendig, dass die Gemeinde einen Leiter für Gesundheitserziehung wählt. Er sollte gesundheitsbewusst leben und daran interessiert sein, die Gesundheitsprinzipien der Siebenten-Tags-Adventisten bei den Gemeindegliedern und in der Stadt mit Hilfe geeigneter Angebote bekannt zu machen.

Der Leiter sollte in der Lage sein, Programme und Informationsmaterial so auszuwählen und weiterzugeben, dass sie den Idealen und Prinzipien der Siebenten-Tags-Adventisten entsprechen und als Bekenntnis zu einem ganzheitlichen Menschenbild verstanden werden können. (Siehe Anmerkungen zu Kapitel 9, Punkt 21, S. 179f.)

Der stellvertretende Leiter

Der Stellvertreter hat die Aufgabe, den Leiter in allen Angelegenheiten zu unterstützen.

Der Arbeitskreis der Gesundheitsabteilung

Wo es erforderlich ist, kann ein Arbeitskreis für Gesundheitserziehung gebildet werden. Dieser Arbeitskreis soll in Gemeinde und Öffentlichkeit zu gesunder Lebensführung anleiten und die evangelistischen Aktivitäten der Gemeinde durch ein entwicklungsfähiges Gesundheitsprogramm auf geistlicher Grundlage unterstützen. (Siehe Anmerkungen zu Kapitel 9, Punkt 22, S. 180.)

Der Pastor gehört dem Arbeitskreis von Amts wegen an, muss aber nicht den Vorsitz übernehmen.

Die Aktivitäten dieser Abteilung

Der Arbeitskreis der Gesundheitsabteilung der Gemeinde entwickelt in Zusammenarbeit mit dem Arbeitskreis für Gemeindeaufbau und Evangelisation die Planung für verschiedene Unternehmungen wie z. B. Kurse zur Raucherentwöhnung oder Stressbewältigung, Kochkurse und andere Gesundheitsseminare oder -aktionen.

Der Verein für Gesundheitspflege

In manchen Gegenden oder Ländern ist es angezeigt, Vereine für Gesundheitspflege zu gründen, die sich organisatorisch von der Gemeinde unterscheiden. An der Gründung solcher Vereine sollte der Leiter der Gesundheitsabteilung der Vereinigung beteiligt werden.

Die Gaben am Tag für Gesundheitserziehung

Die gesamten Gaben werden an die Vereinigung überwiesen, die sie den Regeln entsprechend an die Generalkonferenz, die Division, den Verband und die Vereinigung aufteilt. Auf Antrag an die Vereinigung können bis zu 25 Prozent der in der Ortsgemeinde gesammelten Gaben dieser Gemeinde für ihre Gesundheitsprogramme zur Verfügung gestellt werden.

Die Abteilung Haushalterschaft

Die Abteilung Haushalterschaft wurde organisiert, um den Gemeindegliedern zu helfen, ihre Gaben und Mittel effektiv einzusetzen, und um den göttlichen Plan für ein systematisches Geben in der Gemeinde einzuführen und zu verwirklichen.

Das Konzept der Haushalterschaft umfasst die gesamte Lebensführung des Menschen. Darum ist es Anliegen dieser Abteilung, jeden zu ermutigen, seinen Körper als Tempel des Heiligen Geistes anzusehen sowie seine Zeit, seine Fähigkeiten und seinen Besitz vernünftig zu pflegen und zu gebrauchen.

Diese Abteilung hilft der Gemeinde und der Gemeinschaft, ihre Mittel und Möglichkeiten für die Vollendung des Werkes zu planen und zu organisieren. Ihre geistlichen und finanziellen Ziele lassen sich in folgender Aussage zusammenfassen: „Wenn die Gemeindeglieder sich aufmachen und ihre Gebete, ihr Hab und Gut, all ihre Kräfte und ihr Geld Jesus zu Füßen legen, wird die Wahrheit siegen." (*Testimonies for the Church*, Band 4, S. 475)

Der Leiter der Abteilung Haushalterschaft in der Gemeinde
Der Leiter der Abteilung Haushalterschaft wird von der Gemeinde gewählt, um die Aufgabe, Konzepte und Ziele dieser Abteilung in der Gemeinde zu verwirklichen. Er sollte folgende Voraussetzungen erfüllen: 1. eine geistliche Führungsrolle übernehmen können; 2. die Grundsätze christlicher Haushalterschaft selbst praktizieren; 3. das geistliche und finanzielle Programm der Siebenten-Tags-Adventisten verstehen; 4. bereit sein, Zeit einzubringen, um in diesem Aufgabenbereich in Zusammenarbeit mit dem Abteilungsleiter für Haushalterschaft der Vereinigung, dem Pastor und dem Gemeindeausschuss zu planen, zu organisieren und zu leiten.

Der Leiter der Abteilung Haushalterschaft wirkt auch als Mittler zwischen der Abteilung Haushalterschaft der Vereinigung und der Gemeinde. (Siehe Anmerkungen zu Kapitel 9, Punkt 23, S. 180.)

Die Abteilung Familiendienste

Das weitreichende Ziel der Abteilung für Familiendienst ist die Stärkung des Familienlebens als stabilisierender Faktor in Gesellschaft und Gemeinde. Die Familie wurde von Gott geschaffen als die grundlegende Einheit menschlichen Zusammenlebens. Sie ist die Keimzelle, in der die Werte und Fähigkeiten für die Entwicklung der Beziehung zu Gott und zu anderen Menschen vermittelt werden.

Die Arbeit der Familienabteilung ist ein Dienst der Liebe, in der die allgemein verbindlichen biblischen Lehren auf die Familie angewandt und Gottes hohe Ideale für das Familienleben zur Geltung gebracht werden. Dazu gehört auch, Verständnis zu wecken für die Menschen, die in dieser gefallenen Welt erfahren müssen, wie ihre Familie zerbricht.

So hat der Familiendienst einen zweifachen Auftrag: Einerseits versucht er, Familien zu befähigen, sich nach göttlichen Idealen auszurichten, andererseits wird er unaufhörlich die gute Nachricht verbreiten von der vergebenden Gnade Gottes und von der Verheißung, dass Neuanfang und Wachstum möglich sind, wo Gottes Geist wirken kann.

Die Arbeit der Familienabteilung konzentriert sich auf die Beziehung zwischen Menschen. Sie kümmert sich um Ehepaare, Eltern und Kinder, Alleinstehende und Angehörige, die vorhersehbare Entwicklungen entsprechend ihrer Lebensphasen oder unerwartete Schicksalsschläge durchleben müssen.

Die Familienabteilung setzt sich für ein umfassendes Verständnis von Familie ein. Sie will helfen, die familiären Bindungen zu stärken, weil gesunde christliche Familien starke Glieder für das Reich Gottes hervorbringen und ein gewinnendes Zeugnis für ihre Umgebung sind.

Die Familienarbeit fördert Verständnis, gegenseitige Annahme und Liebe in der Familie und in der größeren Familie Gottes. Sie wirkt für die Versöhnung und Heilung der Kluft zwischen den Generationen nach der Verheißung der Elia-Botschaft (siehe Mal 3,23.24). Sie will denen Hoffnung und Beistand bringen, die durch Missbrauch, Konflikte im Familienleben oder zerbrochene Beziehungen verletzt wurden.

Der Familiendienst will die fachliche Kompetenz verbessern, die für den Umgang mit der Vielfalt der zwischenmenschlichen Beziehungen gebraucht wird. Er will Anstöße und Gelegenheiten bieten für Verbesserungen im Familienleben und die Vertiefung der Beziehungen. Wo es notwendig ist, ermutigt er Alleinstehende, Ehepaare und Familien, professionelle Beratung in Anspruch zu nehmen.

Ein wirksamer Dienst für Familien umfasst die Beratung aller Paare, die sich auf die Ehe vorbereiten, Angebote für Ehepaare zur Stärkung ihrer Beziehung, Weiterbildung für Eltern unter Beachtung der besonderen Bedürfnisse von Alleinerziehenden und Familien mit Stiefkindern, Anleitung für das christliche Zeugnis von Familie zu Familie und Unterstützung von Familien in schwierigen Lebenslagen.

Der Arbeitskreis Familiendienste

Um den Bedürfnissen der Familien in der Gemeinde besser entsprechen zu können, kann der Gemeindeausschuss einen Familienarbeitskreis einsetzen. Den Vorsitz führt der Leiter für Familiendienste. (Siehe Anmerkungen zu Kapitel 9, Punkt 24, S. 180f.)

Die Leitung der Abteilung Familiendienste

Für die Leitung kann ein einzelnes Gemeindeglied oder auch ein Ehepaar gewählt werden. Voraussetzung sind eine positive Einstellung zu Gott, zu sich selbst und zur Gemeinde, gefestigte familiäre Verhältnisse und ein aufrichtiges Interesse am Wohl anderer Familien.

Für diese Aufgabe ist es unverzichtbar zu verstehen, wie liebevoll und vergebend Gott mit Menschen umgeht, deren Beziehungen durch die Sünde belastet sind. Es ist wichtig, dass die Leitung die Schweigepflicht einhält und weiß, wann und wie Betroffenen geraten werden muss, professionelle Hilfe in Anspruch zu nehmen. (Siehe Anmerkungen zu Kapitel 9, Punkt 25, S. 181f.)

Die Abteilung Frauendienste

Die Abteilung Frauendienste wurde eingerichtet, um Frauen in ihrem täglichen Leben als Nachfolgerinnen Jesu Christi in der Ortsgemeinde und in der weltweiten Gemeinschaft der Siebenten-Tags-Adventisten zu erhalten, zu ermutigen und zu fördern. Die Ziele dieser Abteilung entsprechen dem Auftrag, der im weiteren Sinne allen Christen gegeben ist: Christus in der Gemeinde und in der Welt zu erhöhen.

Die Ziele der Abteilung

Diese Arbeit soll folgendes erreichen:
1. Die Förderung des geistlichen Wachstums und der Erweckung unter Frauen.
2. Die Bestätigung des unschätzbaren Wertes der Frauen durch Schöpfung und Erlösung, die Zurüstung zum Dienst in der Gemeinde und das Einbringen ihrer Sicht zu Fragen des Gemeindelebens.
3. Die Unterstützung der Frauen in ihren vielfältigen und spezifischen Bedürfnissen unter Beachtung der kulturell und ethnisch unterschiedlichen Blickwinkel.
4. Die Zusammenarbeit mit anderen Abteilungen der Gemeinschaft, um die Arbeit von Frauen für Frauen zu fördern.
5. Der Aufbau von Verbindungen von Frauen untereinander in der weltweiten Gemeinschaft zur Freundschaft, zur gegenseitigen Hilfe und Unterstützung für den Dienst in der Gemeinde und zum Austausch von Informationen und Ideen.
6. Die Ermutigung und Begleitung von Frauen, die neue Wege beschreiten wollen, um sich und ihre Gaben in den Dienst der Gemeinde einzubringen.
7. Das Finden von Wegen und Mitteln, um adventistische Frauen zu gewinnen, ihre Gaben so einzubringen, dass sie die Möglichkeiten derer, mit denen sie Seite an Seite arbeiten, ergänzen und verbessern, um die weltumfassende Mission der Gemeinde zu erfüllen.

Die Frauenbeauftragte der Gemeinde

Die Frauenbeauftragte für die Gemeinde wird von der Gemeinde gewählt, um Aktivitäten zur Förderung von Frauen für den Dienst für Gott und die Gemeinde zu planen und zu organisieren. Sie leitet den Frauenarbeitskreis und regt zu Ideen und Initiativen an, durch die Frauen mehr zur Erfüllung des Auftrag der Gemeinde beitragen können. Sie ist verantwortlich für die Erstellung der Agenda, die Ge-

sprächsleitung und den Zusammenhalt der Gruppe in Gemeinschaft, persönlichem Zeugnis und Gebet.
  Sie gehört dem Gemeindeausschuss an und integriert die Aktivitäten und Programme der Frauen in das allgemeine Programm der Gemeinde. Es gehört zu ihren Aufgaben, die Gemeinde über die Beiträge der Frauen zum Gemeindeleben zu informieren. Ihr Ansprechpartner für Material und Ausbildung ist die Frauenbeauftragte der Vereinigung.

Voraussetzungen für die Frauenbeauftragte

Als Frauenbeauftragte der Gemeinde sollte eine Person gewählt werden, die einfühlsam und fürsorglich ist. Die Arbeit für Frauen sollte ihr ein Anliegen sein. In ihren Anschauungen sollte sie ausgewogen und offen sein, damit sie möglichst viele Frauen erreicht. Sie sollte fähig sein, Frauen zu ermutigen, ihre geistlichen Gaben zu entwickeln und mit anderen Frauen, dem Pastor und dem Gemeindeausschuss gut zusammenzuarbeiten.

Der Frauenarbeitskreis der Gemeinde

Zur Förderung der Frauen in der Gemeinde richtet die Frauenbeauftragte in Zusammenarbeit mit dem Pastor und dem Gemeindeausschuss einen Frauenarbeitskreis ein. Er setzt sich zusammen aus Personen, die sich für das breite Spektrum der Bedürfnisse und Aufgabenbereiche von Frauen interessieren. Damit das Team ausgewogen ist, sollten Frauen mit unterschiedlichsten Begabungen und Erfahrungen vertreten sein. (Siehe Anmerkungen zu Kapitel 9, Punkt 26, S. 182.)

Die Abteilung für Kinder

Die Abteilung für Kinder hat die Aufgabe, den Glauben der Kinder von der Geburt bis zum 14. Lebensjahr zu fördern und ihnen den Weg in die Gemeinde zu ebnen. Sie bemüht sich darum, vielfältige Angebote zu machen, um die Kinder zu Jesus zu führen und zum täglichen Leben mit ihm zu ermutigen. Sie arbeitet mit der Sabbatschulabteilung und mit anderen Abteilungen zusammen, die an der christlichen Erziehung mitwirken.

Grundsätzliches zum Auftrag und den Aufgaben

Die Kinderabteilung hat das Ziel, Kinder in eine liebende und dienende Beziehung zu Jesus zu bringen. Sie versucht dies durch die Förderung eines Dienstes zu erreichen, der folgende Merkmale hat:

- *An der Gnade orientierter Dienst:* Kinder erfahren die bedingungslose Liebe Jesu, finden Annahme und Vergebung und werden zu einer Entscheidung für ihn befähigt.
- *An der Menschenwürde orientierter Dienst:* Mitarbeiter und Kinder erfahren Wertschätzung unabhängig von Rasse, Hautfarbe, Sprache, Geschlecht, Alter, Fähigkeiten oder sozialen und wirtschaftlichen Verhältnissen. Alle sollen ohne Diskriminierung einbezogen werden.
- *Leitungsdienst:* Freiwillige werden beauftragt, ausgebildet und ausgerüstet für einen wirksamen Dienst an Kindern.
- *Hilfsorientierter Dienst:* Kinder können lernen, wie sie Menschen in ihrer Nachbarschaft oder ihrem Wohnort praktisch helfen können und so eine Hilfsbereitschaft erwerben, die zur Lebenseinstellung werden kann.
- *Kooperativer Dienst:* Zusammenarbeit mit anderen Abteilungen, wie Familiendienste, Sabbatschule, Jugend und Erziehung, Haushalterschaft, um gemeinsame Ziele zu erreichen.
- *Schützender Dienst:* Es werden Mitarbeiter mit hohen geistlichen und moralischen Grundsätzen ausgewählt. Es wird sorgfältig darauf geachtet, die Kinder vor physischem, sexuellem, emotionalem und geistlichem Missbrauch zu schützen und die Gemeinschaft vor Schaden zu bewahren.
- *Evangelistischer Dienst:* Kindern aus dem Umfeld der Gemeinde wird die Liebe Jesu bekannt gemacht durch öffentliche Angebote wie Ferien-Bibelschulen, Zweigsabbatschulen, Nachbarschafts-Bibel-Clubs oder Erzählstunden. (Siehe auch die Anmerkungen zu Kapitel 9, Punkt 28, S. 183.)

Ellen G. White unterstreicht die Bedeutung des Dienstes für Kinder:

„Die Früherziehung von Kindern kann nicht überbetont werden. Was die Kinder während der ersten sieben Jahre ihres Lebens erleben, ist für die Prägung ihres Charakters entscheidender als das, was sie später lernen." (*Child Guidance*, S. 193)

„Es ist noch immer so, dass Kinder am empfänglichsten für das Evangelium sind. Sie begreifen schnell, worum es geht und erinnern sich nachhaltig, was ihnen erzählt wurde. Kleine Kinder können Christen sein und ihren Glauben entsprechend ihres Alters leben. Sie brauchen daher eine geistliche Erziehung. Die Eltern sollten sie darum in jeder Weise fördern, damit sich ihr Charakter nach dem Vorbild Jesu entwickeln kann." (*The Desire of Ages*, S. 515)

„Kinder im Alter von acht, zehn oder zwölf Jahren sind alt genug, um auf ihren persönlichen Glauben angesprochen werden zu können.

Lehrt sie nicht nur im Blick auf ihr zukünftiges Leben, wenn sie schon alt genug sind zu erfahren, was Reue und Vertrauen in die Wahrheit alltäglich für sie bedeuten. Richtig angeleitet, können Kinder schon sehr früh begreifen, dass sie sündigen und wie Jesus sie davon erlöst." (*Testimonies for the Church*, Band 1, S. 400)

„Als Jesus den Jüngern gebot, ‚lasset die Kinder ... zu mir kommen' (Mt 19,14) sprach er auch zu allen, die später seine Nachfolger werden sollten – zu den Verantwortungsträgern in der Gemeinde, zu Predigern, Helfern, zu allen Christen. Jesus will die Kinder um sich haben und er fordert uns auf, sich um sie zu kümmern. Er sagt uns: ‚Hindert sie nicht!' (Mt 19,14 GNB)" (*The Desire of Ages*, S. 517)

Die Leitung der Kinderarbeit

Die Leitung für die Kinderarbeit wird von der Gemeinde gewählt. Ihr Ziel ist es, den Glauben der Kinder zu fördern, so dass sie eine liebevolle Beziehung zu Jesus entwickeln können. Leiter sollten einen einwandfreien Ruf haben, Liebe und Hingabe für Gott, die Gemeinde und für Kinder erkennen lassen sowie Fähigkeiten und Erfahrung im Umgang mit Kindern haben. (Siehe Anmerkungen zu Kapitel 9, Punkt 27, S. 182f.)

Der Kinderarbeitskreis

Die Leitung kann in Zusammenarbeit mit dem Pastor und dem Gemeindeausschuss einen Arbeitskreis einberufen, der Angebote für die Kinderarbeit vorbereitet und durchführt. In den Arbeitskreis werden Gemeindeglieder berufen, die ein Herz für Kinder haben und für die Arbeit mit Kindern geeignet sind. Die Größe dieses Arbeitskreises richtet sich nach den Bedürfnissen der Gemeinde. Diesem Arbeitskreis gehören die Gruppenleiter der Kindersabbatschule, der Ferien-Bibelschule, der jüngeren Jugend und zwei oder drei weitere Gemeindeglieder an. (Siehe Anmerkungen zu Kapitel 9, Punkt 28, S. 183.)

Die Abteilung für Religionsfreiheit

Die Abteilung für Religionsfreiheit (die „Internationale Vereinigung zur Verteidigung und Förderung der Religionsfreiheit") setzt sich für die Förderung und Erhaltung der religiösen Freiheit ein, mit besonderer Betonung der Gewissensfreiheit.

Religiöse Freiheit ist ein Menschenrecht. Sie schließt das Recht ein, die religiöse Zugehörigkeit selbst zu bestimmen, das religiöse Bekenntnis nach der eigenen Gewissensentscheidung zu ändern und die eigene religiöse Überzeugung für sich selbst oder mit anderen Gleichgesinnten in Gottesdienst, in der Lebensführung, in Bekenntnis und Lehre öffentlich zu bekunden. Dies geschieht mit Achtung vor der Überzeugung anderer, die das gleiche Recht haben.

Da die Religionsfreiheit das Recht einschließt, Ruhetage und Gottesdienste in Übereinstimmung mit den Grundsätzen der eigenen Religion zu feiern, unterstützt diese Abteilung aktiv das Recht der Siebenten-Tags-Adventisten, den Sabbat in Übereinstimmung mit dem vierten Gebot der Bibel zu halten. Zu den Aufgaben dieser Abteilung gehört auch die Beobachtung und Interpretation gesellschaftlicher und politischer Entwicklungen vor dem Hintergrund prophetischer Aussagen.

Zum Schutze der religiösen Freiheit setzt sich die Abteilung Religionsfreiheit, wo immer es möglich ist, für die Trennung von Kirche und Staat ein, entsprechend dem Wort Jesu: „Gebt dem Kaiser, was des Kaisers ist, und Gott, was Gottes ist." (Mt 22,21) „Verbindungen zwischen Kirche und Staat, mögen sie noch so unbedeutend erscheinen, bringen die Welt der Kirche nicht näher, sondern tragen in Wirklichkeit nur dazu bei, dass die Kirche näher zur Welt geführt wird." (*The Great Controversy*, S. 297)

Der Staat sollte sich niemals in die spezifischen Belange der Kirche einmischen, nämlich die Freiheit des Gewissens und das Recht, die religiöse Überzeugung zu bekennen, auszuüben und zu verbreiten. Ebenso sollte die Kirche sich niemals in Belange des Staates einmischen, außer wenn es erforderlich ist, moralische Prinzipien für politisches Handeln anzumahnen.

Die Abteilung für Religionsfreiheit versucht, wachsam zu sein gegen Beeinträchtigungen der religiösen Freiheit, besonders im Blick auf die Verfolgungen, die in Offenbarung 13 vorausgesagt sind. „Es ist unsere Pflicht, alles zu tun, was in unserer Macht liegt, die drohende Gefahr abzuwenden." (*Testimonies for the Church*, Band 5, S. 452)

Die internationale Vereinigung für Religionsfreiheit

Die Abteilung Religionsfreiheit betreibt viele ihrer Aktivitäten durch die „Internationale Vereinigung zur Verteidigung und Förderung der Religionsfreiheit" und seine Zweigeinrichtungen in der ganzen Welt.

Die internationale Vereinigung für Religionsfreiheit vor Ort

Jede Ortsgemeinde wird als eine informelle Ortsgruppe der internationalen Vereinigung für Religionsfreiheit betrachtet. Jedes Gemeindeglied ist kooperativ Mitglied in diesem Verein. Der Pastor oder der Gemeindeälteste fungiert als Vorsitzender auf lokaler Ebene.

Der örtliche Beauftragte für Religionsfreiheit

Der örtliche Beauftragte für Religionsfreiheit wird von der Gemeinde gewählt und arbeitet in allen Anliegen der religiösen Freiheit eng zusammen mit dem Pastor bzw. Bezirksältesten und dem Abteilungsleiter der Vereinigung und des Verbandes/Union.

Voraussetzungen für diese Aufgabe sind eine gute geistliche Haltung, sicheres öffentliches Auftreten, Interesse an gesellschaftlichen Fragen, die Fähigkeit schriftlich zu formulieren und die Bereitschaft, sich im Auftrag des Herrn für die Bewahrung der religiösen Freiheit für das Volk Gottes einzusetzen. (Siehe Anmerkungen zu Kapitel 9, Punkt 29, S. 183f.)

Einführungsgottesdienst

Wenn ein Einführungsgottesdienst (segnende Beauftragung, siehe S. 100) für die örtliche Gemeindeleitung durchgeführt wird, sollten auch die Verantwortungsträger für die Aufgaben, die in diesem Kapitel beschrieben sind, mit einbezogen werden.

Anmerkungen zu Kapitel 9

Diese Anmerkungen enthalten Erläuterungen zu den in diesem Kapitel beschrieben Themen. In den folgenden Punkten kann eine Gemeinde von der üblichen Vorgehensweise abweichen, wenn sie dabei in Übereinstimmung mit den allgemein geltenden Grundsätzen für Organisation und Ordnung in der Gemeinschaft der Siebenten-Tags-Adventisten bleibt.

1. Der Arbeitskreis für Gemeindeaufbau und Evangelisation (siehe S. 132)

Dieser Arbeitskreis hat folgende Aufgaben:
a. Die Organisation der Missionsversammlungen der Gemeinde, die Ermittlung der missionarischen Möglichkeiten, die Beratung des Gemeindeausschusses für das Missionsprogramm der Gemeinde sowie die Gewinnung der Gemeindeglieder für die Mitarbeit in einzelnen Aufgabenbereichen.

b. Anleitung der Gemeindeglieder in Bereichen und Aktivitäten wie:
1) Verteilung/Verbreitung von Literatur und Missionsschriften.
2) Gewinnung von Teilnehmern für Bibelkurse (der Stimme der Hoffnung u. a.).
3) Wohlfahrts- und Gesundheitsarbeit (AWW, DVG/LLG), Planung und Vorsorge für Katastrophenhilfsmaßnahmen (ADRA).
4) Bedürfnisorientierte Veranstaltungen wie Kochkurse, Raucherentwöhnung, Stressmanagement.
5) Biblische Verkündigung einschließlich Evangelisationen (Bibelkurse, Hausbibelkreise, von Gemeindegliedern gehaltene Seminare und öffentliche Versammlungen, Straßenaktionen u. a.).
c. Planung und Durchführung von öffentlichen Sammlungen (Landessammlung, Erntedank).
d. Schulung von Gemeindegliedern für das persönliche Zeugnis:
1) Organisation von Kursen, wie Bibelstunden gehalten werden, persönliche Missionsarbeit geleistet und im Wohlfahrts- und Katastrophenhilfswerk mitgearbeitet werden kann.
2) Praktische Anleitung für diese Tätigkeiten.
e. Ermutigung der Gemeindeglieder, den Verantwortlichen der Abteilung von ihren Aktivitäten zu berichten.
f. Beratung und Verantwortung für das Wohlfahrts- und Sozialzentrum der Gemeinde.
g. Zusammenarbeit mit der Missionsabteilung der Vereinigung bei der Durchführung ihrer Pläne.
h. Über Ausgaben für missionarischen Gemeindeaufbau zu entscheiden im Rahmen der Mittel, die im Haushaltsplan der Gemeinde dafür bereitgestellt wurden.
i. Die Planung und Durchführung der wöchentlichen oder monatlichen Versammlungen für missionarischen Gemeindeaufbau entsprechend der Veranstaltungsplanung der Gemeinde.

2. Der Schriftführer der Abteilung Gemeindeaufbau und Evangelisation/Der Schriftenverwalter (siehe S. 132f.)
Zu seinen Aufgaben gehört:
a. Als Schriftführer der Abteilung Gemeindeaufbau und Evangelisation führt er das Protokoll des Arbeitskreises und arbeitet mit dem Leiter Hand in Hand bei der Durchführung der Pläne. Er sammelt die Berichte über die missionarischen Aktivitäten der Gemeindeglieder, füllt die Berichte aus, die von der Vereinigung erbeten werden und sorgt dafür, dass sie fristgerecht eingesandt werden.

b. Er berichtet der Gemeinde über die missionarischen Aktivitäten in den monatlichen Missionsgottesdiensten und in der Mitgliederversammlung.
c. Er kümmert sich um alle geschäftlichen Angelegenheiten der Gemeinde mit dem Verlagshaus. Er achtet auf sorgfältige Buchführung, legt von allen Bestellungen Kopien ab, sorgt in Zusammenarbeit mit dem Schatzmeister dafür, dass die Rechnungen des Verlagshauses pünktlich beglichen werden und überprüft monatlich die Außenstände.
d. Er informiert die Gemeinde über Neuerscheinungen und vorhandene Bücher und Zeitschriften.
e. Er achtet darauf, dass Sammlungen für Gemeindeaufbau und Evangelisation regelmäßig durchgeführt werden, wenn die Mittel nicht durch den Haushaltsplan der Gemeinde oder der Vereinigung zur Verfügung gestellt werden. Wenn eine Gemeinde solche Sammlungen beschließt, sollten sie für den ersten Sabbat im Monat vorgesehen werden. Es kann auch in regelmäßigen Missionsversammlungen für diesen Zweck gesammelt werden. Über die Ausgaben dieser Mittel entscheidet der Arbeitskreis für Gemeindeaufbau.
f. Er berichtet regelmäßig dem Abteilungsleiter für Gemeindeaufbau und Evangelisaton der Vereinigung über besondere Aktionen und Aktivitäten der Gemeinde und ihrer Glieder.

3. Der Arbeitskreis Schriftenmission (siehe S. 133)

Zu den Aufgaben des Arbeitskreises für die Schriftenmission gehören:
a. Die Unterstützung der Vereinigung und der adventistischen Verlage bei der Verbreitung von Schrifttum, die Zusammenarbeit mit den am Ort tätigen Buchevangelisten und die Förderung von Gemeindegliedern, die für die Verbreitung christlicher Literatur befähigt sind.
b. Die Zusammenarbeit mit dem zuständigen Verlag zur Organisation von Informationsveranstaltungen zur Verbreitung von Schrifttum oder zur Förderung der Buchevangelisation.
c. Die Förderung der Verbreitung und der Kenntnis des Schrifttums von E. G. White für die geistliche Entwicklung und Erbauung.
d. Die Unterstützung des zuständigen Verlags bei der Auswahl von Themen, bei der Verbreitung von Zeitschriften und Büchern für die Mission und die Gemeindearbeit, und bei deren Bekanntmachung in der Gemeinde.

4. Ein Zentrum für Wohlfahrts- und Sozialarbeit (siehe S. 133)

Unterhalten mehrere Gemeinden eines Bezirks gemeinsam ein Wohlfahrts- und Sozialzentrum, so ernennen diese Gemeinden dafür einen Verwaltungsausschuss, der sich aus Vertretern jeder Gemeinde zusammensetzt. Der Bezirksälteste übernimmt den Vorsitz.

Wird ein solches Zentrum von zwei oder mehreren Gemeindebezirken innerhalb einer Vereinigung unterhalten, sollte der Verwaltungsausschuss dieses Dienstes sich ebenfalls aus Vertretern der einzelnen Gemeinden zusammensetzen. Hinzu kommen Vertreter, die der Vereinigungsausschuss ernennt. Sie alle zusammen wählen einen Vorsitzenden für den Verwaltungsausschuss.

5. Der Männerkreis (siehe S. 134)

Die Ziele eines Männerkreises sind Gemeindeaufbau und Gemeindewachstum. Die Aufgaben bestehen hauptsächlich im Predigt- und Verkündigungsdienst, Besuchen in Gefängnissen und Hilfeleistungen im Rahmen des Wohlfahrtswerks.

6. Der Bibelstundenkoordinator (siehe S. 134)

Zu den weiteren Aufgaben des Bibelstundenkoordinators gehört es, Gemeindeglieder zu finden, die bereit sind Bibelstunden zu geben, und sie auszubilden, Bibelstudienanleitungen und anderes Material zu bestellen und zur Verfügung zu stellen sowie Pläne zu legen, um Teilnehmer für Bibelstunden zu finden. Bibelstudienanleitungen, Videos, DVDs und andere Materialien sind über die dafür zuständigen Institutionen (Zentrallager, Stimme der Hoffnung u. a.) zu erhalten.

7. Jedes Gemeindeglied soll am Dienst beteiligt werden (siehe S. 134 und S. 195)

Das biblische Wort „laos", von dem der Begriff „Laie" abgeleitet ist, schließt das ganze Volk Gottes ein, auch die Geistlichen. Es kann im Sinne von „Mitarbeiter im Dienst" gebraucht werden. „Die Verantwortung voranzugehen und den Auftrag Gottes zu erfüllen, liegt nicht nur bei den Predigern. Jeder, der Christus angenommen hat, ist berufen an der Errettung seiner Mitmenschen mitzuwirken." (*The Acts of the Apostles*, S. 110)

„Jeder und jede von uns hat einen eigenen Anteil an den Gaben erhalten, die Christus in seiner Gnade ausgeteilt hat. Von ihm heißt es in den Heiligen Schriften: ‚Er ist in den Himmel hinaufgestiegen und hat gefangen genommen, was uns gefangen hielt. Er hat den Menschen Gaben ausgeteilt.' ... Und auch die versprochenen ‚Gaben' hat er aus-

geteilt: Er hat die einen zu Aposteln gemacht, andere zu Propheten, andere zu Evangelisten, wieder andere zu Hirten und Lehrern der Gemeinde. Deren Aufgabe ist es, die Glaubenden zum Dienst bereitzumachen, damit die Gemeinde, der Leib von Christus, aufgebaut wird." (Eph 4,7.8.11.12 GNB)
Als Jesus die Erde verließ, wurde seinen Nachfolgern der Heilige Geist gegeben. Er verleiht jedem eine oder mehrere Gaben für den Dienst. „So wie er es will, teilt er jedem und jeder in der Gemeinde die eigene Fähigkeit zu." (1 Kor 12,11 GNB) Jeder, der den Geist empfängt, erhält damit von ihm auch die Befähigung zum Dienst für Christus.

Der Heilige Geist drängt uns, Möglichkeiten zu finden, wie wir mit unseren Gaben für andere nützlich sein und sie für Christus gewinnen können. In seinem Plan gibt es keinen Platz für Hierarchie. Jeder Christ ist zum Dienst berufen, entsprechend der erhaltenen Gaben.

Gabenorientierter Dienst – Jedes Gemeindeglied sollte für eine passende Aufgabe im Rahmen des Missionskonzepts der Gemeinde herangezogen werden. Manche Gemeinden erteilen diesen Auftrag dem Ernennungsausschuss (siehe S. 195).

Neue Aufgaben, die in der Gemeindeordnung nicht bereits vorgesehen sind, müssen zuerst vom Gemeindeausschuss befürwortet werden, bevor der Ernennungsausschuss dafür Personen benennen kann. Jeder Name auf der Gemeindeliste sollte unter Gebet in Betracht gezogen und jedes einzelne Gemeindeglied angesprochen werden, bevor es für eine Aufgabe gewählt wird.

Es kann sinnvoll sein, dass der Ernennungsausschuss als ständiger Ausschuss während der Wahlperiode tätig bleibt und sich regelmäßig (entsprechend der Größe einer Gemeinde) trifft, um ständig Gemeindeglieder für passende Aufgaben berufen zu können. In manchen Gemeinden wird diese Aufgabe einem Arbeitskreis für Gemeindedienste übertragen, um dadurch deutlich zu machen, dass die Gemeinde die Mitarbeit aller ihrer Glieder wünscht. Wenn der Ernennungsausschuss oder der Arbeitskreis für Gemeindedienste als ständiger Ausschuss eingesetzt werden soll, muss das durch die Mitgliederversammlung der Gemeinde beschlossen werden. Sie stimmt auch über die dafür vorgeschlagenen Gemeindeglieder ab.

Die Gemeinde kann auch entscheiden, sowohl einen Ernennungsausschuss als auch einen Arbeitskreis für Gemeindedienste zu bilden. Dann schlägt der Ernennungsausschuss die Personen für die Leitung der in der Gemeindeordnung genannten regulären Aufgabenbereiche vor und der Arbeitskreis für Gemeindedienste die weiteren Mitarbeiter in diesen Aufgabenbereichen.

Den Gemeinden, die jedes Glied in den Dienst einbeziehen möchten, steht Literatur und Arbeitsmaterial auf der Grundlage des biblischen Verständnisses der geistlichen Gaben zur Verfügung. Sie bieten Anregungen und Hilfsmittel für Ausbildung und Arbeit. Es ist so gestaltet, dass es sowohl von Gemeinden benutzt werden kann, die einen Arbeitskreis für Gemeindedienste berufen, als auch von denen, die auf herkömmliche Weise arbeiten.

8. Die Organisation von Kleingruppen zum Dienst (siehe S. 134)

Mose organisierte das Volk Israel in Gruppen von zehn Personen (siehe 2 Mo 18,24.25). Jesus wählte zwölf Jünger und verbrachte die meiste Zeit seines Dienstes mit ihnen. Er lehrte häufig in den Häusern (siehe Mt 13,36; 17,25; Mk 9,33; 10,10). Kleine Gruppen bildeten den Mittelpunkt des neutestamentlichen Gemeindelebens, das gekennzeichnet war durch Gemeinschaft, Bibelstudium, Anteilnahme, Gebet und gemeinsame Mahlzeiten (siehe Apg 2,42.46).

In Nordamerika und in vielen anderen Teilen der Welt begannen die Siebenten-Tags-Adventisten mit Ortsgemeinden, die kleine, informelle Gruppen waren und sich in privaten Heimen versammelten. Ellen G. White betont: „Die Bildung kleiner Gruppen als Grundlage christlicher Tätigkeit wurde mir von dem Einen offenbart, der nicht irren kann. Wenn eine Gemeinde größer ist, sollen ihre Glieder in kleine Gruppen aufgeteilt werden, die nicht nur für Gemeindeglieder, sondern auch für Ungläubige wirken." (*Testimonies for the Church*, Band 7, S. 21; *Evangelism*, S. 115)

Schon 1871 gab sie präzise Anweisungen („Wie Gemeinschaftsversammlungen durchgeführt werden sollen"), die in ihrem Ziel und den Methoden der heutigen Kleingruppenarbeit entsprechen (siehe *Review and Herald*, 30. Mai 1871, abgedruckt in *Testimonies for the Church*, Band 2, S. 577-582).

Das Leben des Körpers ist in seinen Zellen. Die Erkrankung einzelner Zellen kann den Tod des ganzen Körpers zur Folge haben. Sind die Zellen dagegen gesund, ist auch der Körper gesund. Vervielfältigen sich die Zellen, wächst auch der Körper. Studien der Erweckungsbewegungen belegen, dass jede bedeutsame Erweckung von zwei Faktoren beeinflusst wird: dem unmittelbaren Zugang zur Bibel und der Gemeinschaft der Gläubigen in kleinen, vertrauten Gruppen.

Bibelstudiengruppen (Hauskreise)
Ziel – Bibelstudiengruppen (Hauskreise) haben ein doppeltes Ziel: Gemeindeglieder geistlich zu beleben und Gäste anzuziehen. Sie sind

ein geeignetes Mittel, um passive Gemeindeglieder zu aktivieren. Ein besonderer Schwerpunkt dieser Gruppen ist die Gemeinschaft. Sowohl die kleine Zahl der Beteiligten als auch der informelle Rahmen fördern die Gemeinschaft stärker als die formellere Atmosphäre eines Gottesdienstes. Selbst Personen, die sich noch nicht der Adventgemeinde anschließen möchten, fühlen sich in der zwanglosen Atmosphäre einer kleinen Gruppe wohl.

Größe – Die Gruppen sollten nicht weniger als vier und nicht mehr als fünfzehn Personen umfassen. Sie treffen sich regelmäßig – wöchentlich, vierzehntägig oder wenigstens monatlich – in Heimen, am Arbeitsplatz oder in öffentlich zugänglichen Räumen. Ein Treffen dauert normaler Weise ein bis zwei Stunden und enthält in der Regel folgende Teile:

a. Anteilnahme: Zu Beginn des Treffens wird eine Zeit der Anteilnahme vorgesehen. Die Teilnehmer berichten von den Freuden, Segnungen oder Enttäuschungen, die sie erlebt haben. Das löst die Spannung, ermöglicht echtes Mitempfinden und schafft eine herzliche Atmosphäre. Gespräche sind der Schlüssel des Erfolgs. Niemand darf die Gruppe dominieren.

b. Bibelstudium: Die Gruppe kann ein biblisches Buch wählen oder eine Studienanleitung zur Bibel benutzen. Die Teilnehmer bereiten sich während der Woche auf einen vereinbarten Abschnitt vor und besprechen ihn in der Gruppe. Der Leiter fördert das Nachdenken durch Fragen wie: „Was will der Autor mit diesem Text sagen?" und „Was sagt mir dieser Schriftabschnitt persönlich?"

c. Gebet: Die Gruppe erstellt eine Liste mit Gebetsanliegen, Dank und Bitten. Es ist wichtig, dass die Teilnehmer füreinander beten, aber auch für Projekte, an denen die Gruppe interessiert oder beteiligt ist. Jeder, der es wünscht, sollte die Möglichkeit zum Beten erhalten.

d. Zeugnis: Die Gruppe nimmt sich Zeit, darüber nachzudenken, wie und bei welchen Gelegenheiten die Teilnehmer ihren Glauben bekennen wollen und an welchen Projekten sie sich beteiligen möchten. Dafür kann gemeinsam geplant werden. In den folgenden Treffen werden dann die Erfahrungen und Ergebnisse ausgetauscht. Dabei wird auch Zeit vorgesehen, in der die Mitglieder üben, wie ihr persönliches Zeugnis wirksamer werden kann. In Gruppen mit Gästen oder mit überwiegend passiven Gemeindegliedern sollte der Schwerpunkt auf der Hinführung zu Christus liegen.

Projektgruppen

Eine Gemeinde kann Kleingruppen bilden, in denen Personen zusammenfinden, die ein spezielles gemeinsames Interesse verbindet. Solche Projektgruppen können z. B. das Familienleben, Erziehungsfragen, Lebensbewältigung, die Förderung der körperlichen, geistigen und seelischen Gesundheit und andere Anliegen zum Inhalt haben. Die Projektgruppen können auch in Verbindung mit den Sabbatschugesprächsgruppen für Menschen mit besonderen Bedürfnissen entstehen.

Missionsgruppen

Eine Gemeinde kann Kleingruppen bilden als einen ersten Schritt, um die Arbeit in einem Ortsteil oder Nachbarort zu beginnen, in dem es noch keine Gemeinde gibt. So wurde seit dem 19. Jahrhundert mit Zweig- oder Heimsabbatschulen gearbeitet.

Eine kleine Gruppe, die sich in einer Wohnung zu Bibelstudium, Gemeinschaft und Anbetung versammelt, braucht kaum finanzielle Mittel und entlastet die Gemeinde von hohen Kosten für die Evangelisation. Dort, wo die Vereinigung keine Mittel für zusätzliche Pastoren zur Verfügung stellen kann, bleiben diese missionarischen Gruppen, die sich in benachbarten Stadtteilen oder Orten versammeln, weiter organisatorisch mit ihrer Muttergemeinde verbunden. Die Leiter dieser Gruppen arbeiten unter der Führung und Anleitung des zuständigen Pastors.

Organisatorische Hinweise

Normalerweise werden diese Kleingruppen über den Arbeitskreis für Evangelisation und Gemeindeaufbau organisiert. Der Gemeindeausschuss stimmt durch Beschluss zu und ernennt die Leiter. Das ist erforderlich um die Bildung von Gruppen zu verhindern, die Unfrieden oder Spaltungen verursachen.

Der Pastor braucht den Gruppen nicht anzugehören, sollte aber einen guten Überblick über alle Gruppen haben. Seine Hauptaufgabe besteht darin, die Leiter auszuwählen und auszubilden. Sie laden dann andere Gemeindeglieder, ihre Freunde, Bekannten und Nachbarn in die Gruppe ein.

Im ersten Treffen sollte sich die Gruppe auf eine schriftliche Erklärung oder eine Vereinbarung verständigen, in der Ziele und Regeln für die Gruppe festgelegt werden. Ihre Mitglieder sollten an der Formulierung dieses kurzen (gewöhnlich nicht mehr als eine Seite umfassenden) Dokuments beteiligt werden. Darin enthalten sind Angaben über Ort, Zeit, Dauer und Häufigkeit der Treffen, eine Absichtserklärung, regelmäßig teilzunehmen und das vereinbarte Material zu lesen, das Versprechen Vertraulichkeit zu bewahren und nicht negativ über andere Personen oder Organisationen zu reden, sowie andere Menschen zur Teilnahme einzuladen. Wer diese Vereinbarungen nicht einhalten kann, sollte sich diskret aus der Gruppe zurückziehen können.

9. Der Sabbatschulleiter (siehe S. 136)

Die Aufgaben des Leiters der Sabbatschule sind:

a. Er dient der Gemeinde als Leiter aller Altersstufen der Sabbatschule. Er ist nicht automatisch auch der Leiter der Erwachsenensabbatschule, kann aber zum Leiter dieser oder einer anderen Altersstufe gewählt werden.

b. Er befolgt die Richtlinien und Hinweise von E. G. White aus *Das Sabbatschulwerk* (*Counsels on Sabbath School Work*) und des von der Generalkonferenz herausgegebenen *Handbuches für die Sabbatschule* (*Sabbath School Handbook*). Er trägt dafür Sorge, dass Gesprächsleiter und Helfer diese Bücher erhalten oder mit dem Inhalt vertraut gemacht werden.

c. Es gehört zu seinem Aufgabenbereich, sich mit den Förderungsplänen der Gemeinschaft für die weltweite Mission vertraut zu machen und darauf zu achten, dass die Missionsberichte der Gemeinde vorgetragen werden, sodass sich eine opferfreudige Haltung entwickeln kann und die Weltmission bereitwillig unterstützt wird.

d. Er beruft den Sabbatschularbeitskreis ein, der für alle Anliegen der Sabbatschule verantwortlich ist, und leitet ihn. Wenn Gesprächsleiter oder Helfer ausfallen, sorgt er für eine Vertretungsregelung.

e. Er nimmt die Agendapunkte und Anträge auf Bewilligung von Geldern von den Leitern der einzelnen Altersstufen der Sabbatschule entgegen und legt sie dem Sabbatschularbeitskreis zur Beratung vor.

f. Er trägt Sorge dafür, dass die Entscheidungen des Sabbatschularbeitskreises umgesetzt werden.

g. Er ist verantwortlich für die Gesprächsgruppenleitervorbereitung. Auch wenn ein Gesprächsleiter die Vorbereitung für die Gesprächsgruppen leitet, ist es seine Aufgabe darauf zu achten, dass die Gesprächsleitervorbereitung ein wichtiger Teil der Sabbatschule bleibt und geistlich gefestigte Helfer ausgebildet werden.

10. Der Schriftführer der Sabbatschule (siehe S. 137)
Er hat folgende Aufgaben:
a. Er führt die von der Vereinigung erbetenen Berichte über die Sabbatschule, sorgt für ihre fristgerechte Einsendung und berichtet in der Gemeinde über die Arbeit der Sabbatschule.
b. Er teilt die Unterrichtshilfen an die Gesprächsgruppenleiter bzw. Lehrer aus und nimmt die Anwesenheitsberichte und die Gaben aus den Gesprächsgruppen entgegen.
c. Er stellt sicher, dass die einzelnen Gruppen das für ihre Arbeit erforderliche Material erhalten.
d. Er führt Buch über die wöchentlichen Sabbatschulgaben, die Gaben am 13. Sabbat, die Geburtstagsgaben, die Investmentgaben (Weihefonds) und die Ausgaben der Sabbatschule, sofern sie nicht im Haushaltsplan der Gemeinde vorgesehen sind, und achtet darauf, dass alle Gelder dem Gemeindeschatzmeister übergeben werden. Er überprüft die Übereinstimmung seiner Zahlen mit denen des Gemeindeschatzmeisters.
e. Er bestellt über den Schriftenverwalter das Material, das für die Sabbatschule benötigt wird, und beschafft die zusätzlichen Hilfen, deren Anschaffung der Sabbatschularbeitskreis beschließt.
f. Er führt bei den Sitzungen des Sabbatschularbeitskreises Protokoll.

11. Gelder für Ausgaben der Sabbatschule (siehe S. 139)
Der Schriftführer der Sabbatschule führt Buch über die Gelder, die für die Ausgaben der Sabbatschulabteilung eingenommen werden, und leitet sie an den Gemeindeschatzmeister weiter. Sie dürfen nur für diesen Zweck verwendet werden. Über die Ausgaben entscheidet der Sabbatschularbeitskreis. Viele Gemeinden stellen dem Sabbatschularbeitskreis ein Budget im Gemeindehaushalt zur Verfügung.

12. Die Grundsatzerklärung der Adventjugend (siehe S. 141f.)
Um ihren Auftrag zu erfüllen, erklären die Mitglieder der Adventjugend:
a. Wir wollen einen ausgewogenen Dienst für junge Menschen leisten und uns für die biblischen Werte Gemeinschaft untereinander, geistliches Wachstum, Anbetung und Mission einsetzen.
b. Unser Dienst soll für junge Menschen relevant und effektiv sein und ihren Bedürfnissen entsprechen. Es ist uns wichtig, jungen Menschen zuzuhören und informiert zu sein über ihre Interessen, Sorgen und Wünsche. Wirksamer Dienst wird in einer Atmosphäre

von Liebe, Akzeptanz und Vergebung möglich. Wir bemühen uns herauszufinden, welche Themen und Aufgaben unsere Aufmerksamkeit brauchen. In unseren Programmen sind wir offen für Experimente und für Neues, denn wir erkennen, wie schnell sich die Jugend von heute ändert.

c. Wir wollen uns vom Wort Gottes und unserer Geschichte leiten lassen. Für die Zukunft vertrauen wir auf Gott. Unser Selbstverständnis drückt sich aus in einer Vielfalt von Stilen und Programmen im Dienst für Gott.

d. Wir sind bereit, unser Tun beständig zu überprüfen, um sicher zu stellen, dass wir das Ziel erreichen.

13. Mitgliedschaft in der Adventjugend (siehe S. 142)

Es gibt drei Kategorien der Mitgliedschaft in der Adventjugend:

a. Ordentliche Mitglieder
Junge Menschen im Alter von 16 bis 30 Jahren, die reguläre Glieder der Gemeinschaft der Siebenten-Tags-Adventisten sind, die Ziele und Aufgaben der Adventjugend bejahen und sich aktiv beteiligen wollen.

b. Außerordentliche Mitglieder
Junge Menschen, die der Gemeinschaft der Siebenten-Tags-Adventisten nicht angehören, aber christliche Ideale haben und sich der Adventjugend anschließen und aktiv mitwirken möchten. Sie können nicht für Aufgaben gewählt werden, sollten aber herzlich bei allen Aktivitäten willkommen sein und zur Mitarbeit gebeten werden, sodass sie zu einer baldigen ordentlichen Mitgliedschaft ermutigt werden.

c. Ehrenmitglieder
Erwachsene Gemeindeglieder, die sich für die Jugend engagieren, können als Ehrenmitglieder aufgenommen werden. Viele Personen, die älter als dreißig sind, nehmen weiter an den Versammlungen der Jugend teil und unterstützen sie auf jede möglich Weise. Sie können eine Ehrenmitgliedskarte erhalten. Die Ehrenmitglieder werden nicht im statistischen Bericht der Adventjugend geführt. Ihre Missionstätigkeit berichten sie über die Gemeinde.

Bei der Aufnahme in die Adventjugend geben neue Mitglieder das folgende Versprechen ab: „Aus Liebe zum Herrn Jesus verspreche ich, die Arbeit der Jugendgruppe aktiv mitzutragen, anderen zu helfen und bei der Verbreitung des Evangeliums mitzuwirken."

14. Der Kassenverwalter der Adventjugend (siehe S. 144)

Eine wichtige Aufgabe ist die Buchführung über alle eingegangenen und ausgegebenen Gelder der Gruppe. Auch die Gelder der Jugendkasse werden unter der Aufsicht des Gemeindeschatzmeisters geführt. Über ihre Verwendung entscheidet der Jugendarbeitsausschuss. Die Abrechnung sollte vierteljährlich vom Jugendarbeitsausschuss und einmal jährlich vom Gemeindeschatzmeister überprüft werden. Viele Gemeinden planen in ihren Jahreshaushaltsplan Gelder für die Jugendarbeit ein.

15. Die jüngere Jugend („Teeniegruppe", siehe S. 146f.)

Zu den Tätigkeiten der jüngeren Jugend- oder CPA/ADWA-Gruppe gehören: Lesen guter Bücher, Bibelstudium, Bibelquiz, Musik und verschiedene Programme, die die Gruppe selbst ausarbeitet. Material dafür kann sie bei der Jugendabteilung der Vereinigung erhalten oder in adventistischen Schulen beim Lehrer. Da Musik ein wichtiges Element der Jugendarbeit ist, sollte sie sorgfältig zur Ehre Gottes ausgewählt werden. Die Gruppenleiter sollten ermutigt werden, eigene Ideen und Vorstellungen zu entwickeln, die durch die ganze Gruppe verwirklicht werden.

Zur Programmplanung für die Gruppe gehören evangelistische Einsätze und Aktivitäten, durch die der Glaube bekannt wird. Jedes Jahr sollte es ein besonderes Missionsprojekt geben, für das ein Teil der Gelder verwendet wird, die die Gruppe selbst aufbringt. Auch gesellige Aktivitäten sollten gefördert werden. Einige Gruppenstunden sind dazu zu verwenden, die Teilnehmer auf die Gradprüfungen der CPA/ADWA vorzubereiten.

16. Der Abenteurer-Club (siehe S. 148f.)

Eine Auswahl verschiedener Aktivitäten wie Ausflüge und Fahrten, das Lernen und die Anwendung biblischer Geschichten, Talentförderung, Naturentdeckungen, Basteln und Werken, Üben von sozialem Verhalten und vieles andere wird im *Abenteurer-Handbuch (Adventurer-Manual)* der Generalkonferenz dargestellt.

Der Club kann einen eigenen Wimpel, eine Kluft und Abzeichen erhalten, die sich von denen der Pfadfinder unterscheiden, um eine Verwechslung mit der Pfadfindergruppe zu vermeiden.

Ein wesentliches Anliegen des Abenteurer-Clubs ist die Weiterbildung von Eltern in den Bereichen Entwicklungspsychologie der Kinder und christliche Elternschaft.

17. Die Förderung der Erziehung und Bildung in der Gemeinde (siehe S. 150)

Zu den Aufgaben des Verantwortlichen für Erziehung und Bildung gehört:

a. Die Darstellung der Bedeutung und die Förderung der christlichen Erziehung und Bildung in der Gemeinde sowie die Organisation regelmäßiger Programme oder Gottesdienste, die den Wert der christlichen Erziehung zeigen, in Zusammenarbeit mit dem Prediger und dem Leiter des Eltern- und Schulvereins.
b. Die Kontaktaufnahme mit allen Familien in der Gemeinde, die schulpflichtige Kinder haben, um sie zu ermutigen, die örtliche Gemeindeschule, eine adventistische Sekundarschule oder eine adventistische Hochschule zu besuchen. Wo es dabei Probleme gibt, sind Lösungswege aufzuzeigen bzw. zu vermitteln.
c. Die Ermutigung, dort Möglichkeiten für adventistische Bildung zu schaffen, wo es im Einzugsgebiet der Gemeinde keine Gemeindeschule gibt.
d. Die Verbindung mit Schülern und Studenten aus der Ortsgemeinde zu halten, die eine adventistische oder eine andere Schule auswärts besuchen.
e. Den Kontakt mit Gemeindegliedern zu pflegen, die selbst keine schulpflichtigen Kinder haben, um sie zu gewinnen, bedürftigen adventistischen Schülern und Studenten finanzielle Hilfe zu gewähren.
f. Die Führung einer aktuellen Liste aller Kinder und Jugendlichen in seiner Gemeinde.

18. Die Mitglieder des Schulausschusses (siehe S. 152)

Wenn jede Gemeinde für sich einen Schulausschuss einsetzen möchte, so sollte er aus fünf bis sieben Gliedern der Gemeinde gebildet werden, die diese Schule unterhält. Unterhalten zwei oder mehr Gemeinden eine gemeinsame Schule, wird die Verwaltung der Schule einem gemeinsamen Schulausschuss übertragen, dem fünf bis sieben Glieder aus diesen Gemeinden angehören.

Wenn zwei oder mehr Gemeinden eine gemeinsame Schule planen, sollte im Einvernehmen mit dem Vereinigungsvorsteher eine Versammlung der betreffenden Gemeinden einberufen werden. Sie beschließt die Gründung eines gemeinsamen Schulausschusses, einschließlich der Größe des Ausschusses und der Anzahl der Mitglieder, die jede beteiligte Gemeinde stellt. Die Aufteilung der Mitglieder auf die einzelnen Gemeinden richtet sich nach der Größe, dem finanziellen Beitrag und der Anzahl der Schüler der beteiligten Gemeinden.

19. Der Leiter für Öffentlichkeitsarbeit und seine Aufgaben (siehe S. 155)

Der Leiter für die Öffentlichkeitsarbeit fördert die Zusammenarbeit der Gemeinde mit der Kommunikationsabteilung der Gemeinschaft, dem Medienzentrum der „Stimme der Hoffnung" und dem Institut für Bibelfernunterricht. Dazu gehören u. a. Ankündigungen und Werbung für adventistische Rundfunk- und Fernsehsendungen und Bibelfernunterricht, die Förderung der Sammlungen für die „Stimme der Hoffnung" und die Öffentlichkeitsarbeit sowie die Organisation von Aktionen zur Verteilung von Werbematerial für Radio- und Fernsehsendungen und Bibelfernunterricht.

20. Der Arbeitskreis für Öffentlichkeitsarbeit (siehe S. 155f.)

Weitere Aufgaben für die Öffentlichkeitsarbeit der Gemeinde sind u. a.: Berichterstattung über besondere Ereignisse und Feiern in der Gemeinde, Planung von Ausstellungen und öffentlichkeitswirksamen Aktionen der Gemeinde, Teilnahme an Messen, Straßenfesten u. ä. am Ort, Veranstaltungs- und Gottesdiensthinweise in Zeitungen sowie Versorgung von öffentlichen Büchereien und anderen Informationsstellen mit Material über die Siebenten-Tags-Adventisten. Die Verteilung der Aufgaben wird weitgehend von den Fähigkeiten der Arbeitskreismitglieder abhängen. Alle Aktivitäten des Arbeitskreises werden durch den Vorsitzenden koordiniert.

21. Die Leitung der Gesundheitsabteilung (siehe S. 157)

Zu den Aufgaben des Leiters gehören:

a. In Absprache mit dem Pastor und dem Arbeitskreis der Gesundheitsabteilung oder dem Gemeindeausschuss Jahresprogramme auszuarbeiten, mit denen der Gemeinde und der Öffentlichkeit die Bedeutung einer ausgewogenen und gesunden Lebensweise gezeigt wird.
b. Im Umfeld der Gemeinde regelmäßig Angebote zu fördern, in denen auf die zerstörerische Wirkung von Tabak, Alkohol und anderen gesundheitsschädigenden Drogen und Substanzen hingewiesen wird.
c. Gute Beziehungen zu den Gesundheitsorganisationen am Ort zu pflegen.
d. Zum Studium der biblischen Grundsätze und des Schrifttums von E. G. White bezüglich der Gesundheit zu ermutigen.
e. Die Gemeindeglieder zu motivieren, die gesunde Lebensweise selbst zu praktizieren.

f. In enger Zusammenarbeit mit dem Leiter der Gesundheitsabteilung der Vereinigung Ausbildungsmaßnahmen für Gesundheitsprogramme in der Gemeinde und in der Stadt zu organisieren und durchzuführen.
g. Als Schriftführer im Arbeitskreis der Gesundheitsabteilung zu fungieren, sofern er nicht mit dem Vorsitz beauftragt wird.

22. Der Arbeitskreis der Gesundheitsabteilung (siehe S. 157)

Die Mitglieder werden von der Gemeinde ernannt. Dazu können gehören:
a. der Pastor oder ein Gemeindeältester als Vorsitzender;
b. der Leiter der Gesundheitsabteilung;
c. der Leiter der Wohlfahrtsabteilung;
d. der Leiter der Adventjugend oder zwei Vertreter aus der Jugendgruppe;
e. drei Gemeindeglieder, nach Möglichkeit aus medizinischen, pflegenden oder beratenden Berufen;
f. der Leiter der Regional- oder Ortsgruppe des DVG (LLG);
g. ein Vertreter der adventistischen Gesundheitsinstitution am Ort.

23. Der Leiter der Abteilung Haushalterschaft in der Gemeinde (siehe S. 159)

Er stellt das Bildungsprogramm der Abteilung Haushalterschaft in der Gemeinde dar, das immer wieder den Bedürfnissen angepasst werden soll. Er unterstützt den Pastor bei Anliegen der Haushalterschaft, bei der Durchführung von Haushalterschaftsseminaren, der Information über das Geben und die Verwendung von Zehnten und Gaben und bei der Unterweisung in den grundlegenden Haushalterschaftskonzepten im Sabbatgottesdienst oder bei anderer Gelegenheit.

Es gehört zu seinen organisatorischen Aufgaben, dass er 1. als Mitglied des Gemeindeausschusses an der geistlichen und finanziellen Planung der Gemeinde mitwirkt, 2. Mitglied des Haushalts- und Finanzkomitees ist und 3. den Pastor aktiv unterstützt beim jährlichen Anleitungsprogramm für Haushalterschaft und in den Nachfolgeprogrammen, wie sie im *Handbuch für Haushalterschaft (Stewardship Manual)* beschrieben sind.

24. Der Arbeitskreis Familiendienste (siehe S. 160)

Obwohl dieser Arbeitskreis nicht zu groß sein sollte, damit er effektiv arbeiten kann, sollten ihm doch geeignete Personen aus der Gemeindeleitung wie auch Gemeindeglieder mit Verständnis für die vielsei-

tigen Probleme des Familienlebens angehören. Personen, die selbst traumatische Erfahrungen im Familienleben hinter sich haben und daran geistlich gereift sind, können in einem solchen Arbeitskreis wertvolle Beiträge leisten. Dem Arbeitskreis sollten Männer und Frauen und – wenn möglich – wenigstens ein alleinstehendes Gemeindeglied, ein Ehepaar und Eltern angehören. Er sollte möglichst repräsentativ sein für alle Altersgruppen in der Gemeinde.
Zu den Aufgaben des Arbeitskreises gehören:
a. Die Gemeindeleitung darin zu unterstützen, dass sie sich durch statistische Umfragen in der Gemeinde und in der Stadt ein genaues Bild über die Familiensituation macht und Klarheit über die Zielgruppen für den Familiendienst gewinnt.
b. Der Gemeindeleitung zu helfen, eine klare Vorstellung von den Bedürfnissen der Gemeinde für Wachstum und Beratung in Bezug auf ihre Familien zu erhalten. Auf dieser Grundlage können Pläne entwickelt werden, wie die Hilfsmöglichkeiten, die der Gemeinde und in der Öffentlichkeit zur Verfügung stehen, genutzt werden können.
c. Die Bereitschaft und das Bewusstsein dafür zu erweitern, wie wertvoll es ist, für die Verbesserung des Familienlebens Zeit, Kraft, Geld und andere Mittel einzusetzen.
d. Mit der Abteilung Familiendienste der Vereinigung zusammenzuarbeiten und dazu beizutragen, dass ihre Angebote und das zur Verfügung stehende Material angenommen werden.
e. Mit der Gemeindeleitung gemeinsam Familienprogramme und evangelistische Angebote für die Gemeinde und die Öffentlichkeit zu planen und durchzuführen.
f. Dazu beizutragen, dass in der Gemeinde ein herzliches, familiäres Klima herrscht, in dem Gemeindeglieder, die Schwierigkeiten in Ehe und Familie erleben, den Geist der Versöhnung, Ermutigung und Annahme erfahren.

25. Die Leitung der Abteilung Familiendienste (siehe S. 160)

Zu den Aufgaben der Leitung gehört:
a. Der Vorsitz im Arbeitskreis Familiendienste.
b. Die Bedürfnisse und Interessen der Familien im Gemeindeausschuss zu vertreten und die Planungen für die Familienarbeit mit der Gesamtplanung der Gemeinde zu koordinieren.
c. Den Pastor und den Gemeindeausschuss über Arbeit und Anliegen der Familienarbeit zu informieren und sich für die Bereitstellung oder das Aufbringen der benötigten finanziellen Mittel für diese Arbeit einzusetzen.

d. Herauszufinden, welche Angebote und Möglichkeiten in der Gemeinde, in der Gemeinschaft und in der Öffentlichkeit für die Familienarbeit vorhanden sind und sie für die Gemeinde und ihre Familien nutzbar zu machen.

26. Der Frauenarbeitskreis der Gemeinde (siehe S. 162)

Zu den hauptsächlichen Aufgaben des Arbeitskreises für Frauen gehört:

a. Die Feststellung der Bedürfnisse der Frauen in der Gemeinde und in der Öffentlichkeit mit geeigneten Mitteln wie Umfragen und Interviews, in Beratung mit dem Prediger und der Gemeindeleitung.

b. Das Sammeln und Entwickeln von Strategien zur Mitwirkung von Frauen in den verschiedenen Aktivitäten und Programmen in Verbindung mit den anderen Abteilungen der Gemeinde.

c. Die Einführung dieser Strategien und Initiativen zur Förderung der Frauen in der Gemeinde in Zusammenarbeit mit dem Prediger, der Gemeindeleitung und den Leitern der betreffenden Abteilungen.

d. Die Förderung der Mitarbeit der örtlichen Gemeinde an Veranstaltungen und Programmen der Vereinigung oder anderer Institutionen der Gemeinschaft für Frauen wie dem Weltgebetstag der Frauen, Frauenfrühstück oder Kleingruppenarbeit. Informationen sind über die Frauenbeauftragten der Vereinigung oder des Verbandes zu erhalten.

27. Die Leitung der Kinderabteilung (siehe S. 164)

Zu den Aufgaben des Leiters der Kinderabteilung gehören:

a. den Vorsitz im Kinderarbeitskreis zu führen;

b. das von der Gemeinschaft zur Verfügung gestellte Arbeitsmaterial für die Kindersabbatschule einzuführen und darauf zu achten, dass die Leiter und Helfer die für den Umgang mit diesem Material notwendige Ausbildung erhalten;

c. die Erstellung eines Jahresplans für die Kinderarbeit der Gemeinde mit dem Ziel, die Kinder durch die Veranstaltungen mit Jesus vertraut zu machen und sie in die Aktivitäten der Gemeinde einzubinden;

d. einen Haushaltsplan für die Programme und Veranstaltungen für die Kinder aufzustellen;

e. die Belange und Interessen der Kinder zu vertreten:
   1. *im Gemeindeausschuss* – durch Information des Ausschusses über die Anliegen und Fortschritte der Arbeit mit den Kindern, durch Eintreten für die Bedürfnisse der Kinder und durch Anträge zur Bewilligung von Mitteln für diese Arbeit;

2. *beim Pastor* – um durch die Zusammenarbeit mit ihm die verschiedenen Aspekte des Gemeindelebens für Kinder bedeutungsvoll zu gestalten;
3. *bei den Leitern und Helfern der verschiedenen Gruppen* – um sie zu unterstützen und zu ermutigen;
f. die Verantwortung, auf die ethische und moralische Integrität aller zu achten, die zur Mitarbeit bei den Kindern berufen werden;
g. ein gutes Verhältnis zwischen Eltern und den Leitern und Helfern der Kindergruppen zu fördern, darauf zu achten, dass die Eltern über die Programme und Veranstaltungen für die Kinder informiert werden und den Eltern zu helfen, die Entwicklung und das Verhalten ihrer Kinder zu verstehen;
h. Zeit mit Kindern zu verbringen, um ihr Denken und ihre Bedürfnisse zu verstehen.

28. Der Kinderarbeitskreis (siehe S. 164)

Die wichtigsten Aufgaben des Arbeitskreises für die Kinderarbeit sind:
a. Die Bedürfnisse der Kinder in der Gemeinde und in ihrem Umfeld festzustellen. Dazu können – in Abstimmung mit dem Pastor und der Gemeindeleitung – Umfragen und Interviews durchgeführt werden.
b. Ideen zusammenzutragen, Strategien zu entwickeln und in Zusammenarbeit mit den anderen Abteilungen der Gemeinde Programme zu erarbeiten und Aktivitäten zu organisieren, durch die Kinder in ihrer Entwicklung und in ihrem Gemeinschaftssinn gefördert werden.
c. Einen Jahresplan für die Kinderarbeit aufzustellen, der mit den anderen Abteilungen der Gemeinde abgestimmt wird, damit Terminüberschneidungen und Konflikte vermieden werden.
d. Eine Liste der Teilnehmer an den Gemeindeveranstaltungen für Kinder zu führen und sie dem Gemeindeschreiber zur Verfügung zu stellen.
e. Mit der Kinderabteilung der Vereinigung zusammenzuarbeiten und ihre Bemühungen zur Förderung von Programmen für Kinder zu unterstützen.

29. Der örtliche Beauftragte für Religionsfreiheit (siehe S. 166)

Der von der Ortsgemeinde Beauftragte für Religionsfreiheit hat folgende Aufgaben:
a. Die Zusammenarbeit mit den Abteilungsleitern für Religionsfreiheit

in Vereinigung und Verband und die Vorschläge, die von ihnen kommen, in geeigneter Weise umzusetzen.
b. Die Gemeinde in Angelegenheiten der religiösen Freiheit zu beraten.
c. Die Verbreitung der Zeitschrift „Gewissen und Freiheit" und anderer Publikationen zu fördern, die von der Division oder der Generalkonferenz befürwortet werden.
d. Die Planung und Organisation von Veranstaltungen, Seminaren, Programmen oder Aktivitäten zur Förderung der Religionsfreiheit, je nachdem, wie die Umstände es erfordern.

30. Die Aufgaben des Schriftenverwalters (siehe S. 132f.)
Zu den Aufgaben des Schriftenverwalters gehört auch:
a. Die Leitung des Arbeitskreises für die Schriftenmission. Er ist verantwortlich für die Bekanntmachung der Empfehlungen und Vorhaben dieses Arbeitskreises in der Gemeinde.
b. Die Förderung von Gemeindegliedern, die befähigt sind für die Verbreitung christlicher Literatur.
c. Die Bestellung des benötigten Schrifttums.
d. Der Erstellung von Berichten über die Verbreitung von Schrifttum, wenn von der Vereinigung erbeten.
e. Die Vertretung dieser Anliegen beim Gemeindeausschuss.

Kapitel 10

Der Prediger und sein Verhältnis zur Gemeinde

Ein von Gott verordnetes Predigtamt

„Gott hat eine Gemeinde und diese hat ein von ihm verordnetes Predigtamt. ‚Und er hat einige als Apostel eingesetzt, einige als Propheten, einige als Evangelisten, einige als Hirten und Lehrer, damit die Heiligen zugerüstet werden zum Werk des Dienstes. Dadurch soll der Leib Christi erbaut werden, bis wir alle hingelangen zur Einheit des Glaubens und der Erkenntnis des Sohnes Gottes, zum vollendeten Mann, zum vollen Maß der Fülle Christi.' (Eph 4,11-13) Der Herr hat seine von ihm berufenen Mitarbeiter und eine Gemeinde, die Verfolgung, Kampf und Dunkelheit durchlebt hat. Jesus liebte die Gemeinde und gab sich selbst für sie. Er will sie bauen, läutern, veredeln und erhöhen, damit sie inmitten der verderblichen Einflüsse dieser Welt fest bleibt. Von Gott beauftragte Menschen wurden erwählt, mit unermüdlicher Fürsorge und Ausdauer über die Gemeinde zu wachen, damit sie nicht durch die bösen Schliche Satans zu Fall gebracht werde, sondern inmitten der Welt standhaft die Ehre Gottes vor allen Menschen verkünde." (*Testimonies to Ministers*, S. 52f.)

Der Vereinigungsvorsteher

Der Vereinigungsvorsteher soll ein erfahrener, ordinierter Prediger mit gutem Ruf sein. Er steht an der Spitze der Predigerschaft seiner Vereinigung und führt als der leitende Älteste die Aufsicht über alle Gemeinden. Er wirkt für das geistliche Wohl und den Aufbau der Gemeinden. Er berät sie bei ihren Aktivitäten und Plänen. Er hat Zugang zu allen Gemeinden, Gottesdiensten, Mitgliederversammlungen und Gemeindeausschüssen – ohne Stimmrecht, es sei denn, es wird ihm durch die Gemeinde gewährt. Kraft seines Amtes kann er alle Versammlungen leiten, wenn es erforderlich sein sollte. Er hat Einsicht in alle Gemeindebücher, Berichte u. a.

Er wird die ordnungsgemäß gewählten Verantwortungsträger der Gemeinde nicht übergehen, sondern mit ihnen zusammenarbeiten. Sie wiederum anerkennen, dass die Gemeinde durch die Vereinigung in die Gemeinschaft der Siebenten-Tags-Adventisten eingebunden ist. Sie werden ihn zur Beratung hinzuziehen, wo es das Wohl der Gemeinde erfordert. Sie dürfen nicht versuchen, ihn an einer korrekten Ausübung seiner Pflichten zu hindern.

Prediger und Bezirksälteste haben keine Verwaltungsvollmacht

Ordinierte Prediger, die der Vereinigungsausschuss zu Gemeindepastoren oder Bezirksälteste beruft, nehmen in dem Gebiet, in das sie berufen wurden, nicht die Stelle eines Vorstehers ein. Sie haben keine Verwaltungsvollmacht wie der Vorsteher, arbeiten aber mit ihm zusammen, um die Pläne und Anweisungen der Vereinigung zu verwirklichen.

Vorsteher und Vereinigungsausschuss beauftragen die Abteilungsleiter

Die Abteilungsleiter werden von der Vereinigung angestellt, um wichtige Aufgabenbereiche des Werkes zu fördern. Um die ihnen übertragene Arbeit erfolgreich tun zu können, müssen sie Zugang zu den Gemeinden haben. Ihnen sollte Gelegenheit gegeben werden, den Gemeinden ihre Pläne vorzulegen und darzustellen. Dabei wird erwartet, dass die Abteilungsleiter ihrerseits allen Plänen der Gemeinde, auch wenn sie nicht ihre Abteilung betreffen, aufgeschlossen gegenüberstehen. Sie arbeiten unter der allgemeinen Leitung des Vereinigungsausschusses in Beratung mit dem Vereinigungsvorsteher, der verantwortlich ist für alle Bereiche.

Die Arbeit der Abteilungsleiter ist keine Verwaltungsarbeit

Die Abteilungsleiter gehören nicht zum Vereinigungsvorstand und haben daher keine Weisungsbefugnis, üben aber eine beratende Funktion aus. Ihre Arbeit steht nicht im selben Verhältnis zu den Gemeinden wie die des Vereinigungsausschusses oder des Vorstehers. Sie konzentrieren sich in erster Linie auf einzelne Aufgabenbereiche und setzen sich in der ganzen Vereinigung für deren Förderung ein. Sie sind nicht zuständig für die Verwaltungs- bzw. Leitungsaufgaben in der Gemeinde, wie z. B. die Durchführung von Wahlen, es sei denn, der Vereinigungsvorsteher beauftragt sie dazu.

Die Stellung des ordinierten Predigers in der Gemeinde

Wird ein ordinierter Prediger an eine Ortsgemeinde berufen, so ist er den Ältesten übergeordnet. Sie arbeiten mit ihm zusammen. Kraft seiner Ordination zum Predigtamt vollzieht er alle gottesdienstlichen Amtshandlungen. Er sollte der geistliche Führer und Berater der Gemeinde sein, die Verantwortungsträger in ihren Aufgaben anleiten und mit ihnen gemeinsam Pläne für die gesamte Gemeindearbeit ausarbeiten. Er ist Mitglied des Gemeindeausschusses und übernimmt in der Regel den Vorsitz, den er an einen Ältesten delegieren kann (siehe S. 121). Prediger und Gemeindeältester sind auf engste Zusammenarbeit angewiesen (siehe S. 85).

Vom Prediger wird erwartet, dass er mithilfe der Ältesten alle geistlichen Versammlungen der Gemeinde vorbereitet und durchführt, so z. B. den Sabbatgottesdienst und die Gebetsversammlungen. Er leitet auch die Abendmahls- und Taufgottesdienste. Er sollte sich nicht mit selbst erwählten Ratgebern umgeben, sondern stets mit den ordnungsgemäß gewählten Verantwortlichen zusammenarbeiten.

Es wird erwartet, dass von der Vereinigung entsandten Gastpredigern die angemessene Achtung entgegengebracht wird und sie eingeladen werden, zur Gemeinde zu sprechen.

Gemeinden berufen ihren Pastor nicht selbst

Die Gemeinden wählen sich ihre Pastoren nicht selbst. Gemeindepastoren und Bezirksälteste werden durch den Vereinigungsausschuss eingesetzt. Dieser kann auch jederzeit ihre Versetzung beschließen. (Siehe auch S. 85.)

Nichtordinierte Prediger

Um jungen Mitarbeitern Gelegenheit zu geben, sich vor ihrer Ordination zu bewähren, werden sie als Prediger von der Vereinigung besonders in der Aufgabe, Menschen für Christus zu gewinnen, eingesetzt. Dafür erhalten sie eine Bestätigung (Dienstausweis als nichtordinierter Prediger). Eine solche Bestätigung berechtigt zu predigen, zu evangelisieren, Gemeindeaufbauarbeit zu organisieren und an allen Gemeindeaktivitäten mitzuwirken.

In manchen Gebieten machen es die Umstände allerdings erforderlich, dass die Vereinigung einem nichtordinierten Prediger die Aufgaben eines Pastors für eine oder mehrere Gemeinden überträgt. Um ihm zu ermöglichen, bestimmte Predigeraufgaben wahrzunehmen, können ihn die Gemeinden, in denen er dienen soll, zum Ältesten wählen. Da er jedoch von der Vereinigung angestellt und ernannt ist, vertritt er auch die Vereinigung. Diese hat daher auch die Möglichkeit, den jeweiligen Erfordernissen entsprechend seine Autorität und Verantwortung zu erweitern, damit er seine Aufgaben zufriedenstellend erfüllen kann.

Das Recht zur Erweiterung seiner Autorität und Verantwortung liegt zunächst beim Exekutivausschuss der Division. Seine Zustimmung muss vorliegen, bevor eine Vereinigung dem nichtordinierten Prediger größere Autorität und Verantwortung überträgt. In der entsprechenden Anweisung muss klar und deutlich definiert sein, welche zusätzlichen Amtshandlungen der nichtordinierte Prediger übernehmen darf. Sie gilt nur für die Gemeinde bzw. Gemeinden, denen er dient (siehe S. 84).

Der Vereinigungsausschuss darf in seinen Beschlüssen nicht über das hinausgehen, was der Divisionsausschuss erlaubt hat. Der Vereinigungsausschuss hat nicht das Recht, einem nichtordinierten Prediger zu erlauben, außerhalb der ihm zugewiesenen Gemeinde bzw. Gemeinden von Gemeinde zu Gemeinde zu gehen, um gottesdienstliche Amtshandlungen durchzuführen, die ausschließlich zu den Aufgaben eines ordinierten Predigers gehören. Ein Beschluss des Vereinigungsausschusses kann die Wahl in einer Gemeinde oder die Ordination zum Predigtamt nicht ersetzen.

Bibelarbeiter

Für besondere missionarische Dienste kann die Vereinigung Bibelarbeiter anstellen. Sie sind versetzbar, wenn es die Arbeit erfordert. Werden sie bei Evangelisationen eingesetzt, unterstehen sie unmittelbar dem Evangelisten; werden sie in Verbindung mit der Ortsgemeinde eingesetzt, unterstehen sie dem Gemeindepastor. In jedem Fall bleiben sie den Weisungen der Vereinigung unterstellt. Ohne Zustimmung der Vereinigung darf ein Bibelarbeiter nicht in Gemeindeaufgaben gewählt werden, denn er soll frei sein für seine eigentliche evangelistische Aufgabe.

Manager für adventistische Buchläden

Wo die Gemeinschaft in Gemeindezentren adventistische Buchläden unterhält, kann die Vereinigung einen Manager dafür beschäftigen. Dieser ist dann ein Mitarbeiter der Vereinigung und darum dem Ausschuss und dem Vorsteher der Vereinigung verantwortlich. Obwohl er eng mit dem Verlagshaus zusammenarbeitet, wird er nicht vom Ausschuss des Verlages gewählt und ist diesem auch nicht unterstellt. Bei der Auswahl eines solchen Managers ist auf eine Ausbildung im adventistischen Verlagswesen zu achten.

Der Pastor unterstützt den Evangelisten

Wenn ein Evangelist eingeladen wird, an einem Ort eine Evangelisation durchzuführen, an dem sich eine Gemeinde mit einem verantwortlichen Pastor befindet, so erhält dieser von der Vereinigung den Auftrag, dem Evangelisten zur Seite zu stehen. Das gibt ihm auch die Möglichkeit, Menschen kennen zu lernen, die sich der Gemeinde anschließen möchten.

Der Vorsteher und der Vereinigungsausschuss leiten die Mitarbeiter der Vereinigung

In Beratung mit dem Vereinigungsausschuss leitet der Vereinigungsvorsteher die Mitarbeiter der Vereinigung bei ihren verschiedenen Tätigkeiten. Seine Aufgabe ist es, sie mit den Plänen und Beschlüssen des Ausschusses bekannt zu machen und die Durchführung zu beaufsichtigen.

Der Vorsteher sollte besonders daran interessiert sein, die Evangelisationsarbeit in seiner Vereinigung zu fördern und alles in seinen Kräften Stehende zu tun, um seine Mitarbeiter zu stetiger evangelistischer Arbeit zu ermutigen. Er soll sich darum bemühen, junge Menschen für das Predigtamt zu gewinnen und ihre Ausbildung zu begleiten. Die Abteilungsleiter der Vereinigung haben die verschiedenen Anliegen ihrer Abteilung zu fördern.

Alle Angestellten der Vereinigung – Prediger, Predigerinnen, Bibelarbeiter, Abteilungsleiter usw. – unterstehen dem Vereinigungsausschuss. Sie erhalten ihre Beglaubigung von der Vereinigung und sind ihr verantwortlich, nicht der Ortsgemeinde. Die Gemeinden können über den Vereinigungsvorsteher um einen Prediger bitten, aber die Entscheidung darüber liegt in allen Fällen beim Vereinigungsausschuss.

Prediger werden beauftragt, in bestimmten Gemeinden zu arbeiten. Eine dafür erforderliche Versetzung beschließt der Vereinigungsausschuss.

Prediger oder Gemeinden können im Falle eines Versetzungsbeschlusses beim Vereinigungsausschuss beantragen, dazu gehört zu werden. Der Ausschuss wird diese Angelegenheit unter Berücksichtigung der Bedürfnisse der gesamten Vereinigung sowie der Bedürfnisse des Mitarbeiters sorgfältig prüfen und entsprechend entscheiden.

Sollte sich ein Mitarbeiter weigern, diese Entscheidung des Vereinigungsausschusses anzunehmen, kann sein Verhalten als Dienstverweigerung betrachtet und entsprechend reagiert werden.

Der Prediger darf bei solchen Entscheidungen nicht an die Gemeinde appellieren, in seinem Sinne tätig zu werden. Eine Gemeinde, die einen Prediger unter solchen Umständen in seiner Haltung unterstützt, muss sich vor der Vereinigung dafür verantworten.

Beglaubigungen und Bestätigungen

Die verantwortlichen Leiter auf jeder Ebene der Organisation, von der Ortsgemeinde bis hin zur Generalkonferenz, haben den Auftrag, Schaden vom Werk Gottes abzuwenden. Damit Gegner des Werkes sich keinen Zugang zum Predigtpult verschaffen können, darf niemandem erlaubt werden, ohne gültige Beglaubigung oder Beauftragung der Gemeinschaft zur Gemeinde zu sprechen.

Es gibt Gelegenheiten, bei denen Repräsentanten des öffentlichen Lebens eingeladen werden, zur Versammlung zu sprechen; alle anderen nicht dazu berechtigten Personen sollten vom Podium fern gehalten werden (siehe S. 106).

Die Gemeinden übertragen durch ihre verfassungsgemäße Körperschaft auf ihre Vereinigung das Recht, Prediger zu bevollmächtigen, die Gemeinden zu betreuen und sie zu vertreten. Diese Vollmacht wird den Predigern durch Beglaubigung erteilt. Sie wird nachgewiesen durch Ausweise, die mit Datum und Unterschrift der gewählten Verantwortungsträger der zuständigen Dienststelle versehen sind.

Die übertragene Vollmacht kann jederzeit – wenn ausreichende Gründe dafür vorliegen – entzogen und der verliehene Ausweis zurückverlangt werden. Die Mitarbeiter sind verpflichtet, die Ausweise über Beglaubigung oder Bestätigung auf Verlangen der Organisation zurückzugeben.

Die offiziellen Ausweise über Beglaubigung bzw. Bestätigung werden allen Mitarbeitern durch die zuständige Dienststelle der

Gemeinschaft der Siebenten-Tags-Adventisten ausgestellt. Dies geschieht auf Grund der geltenden Beschlüsse unter Angabe der Zeit ihrer Gültigkeit.

Abgelaufene Beglaubigungen

Ausweise über Beglaubigungen (Dienstausweise) werden für die Zeit entsprechend der Verfassung der Landeskörperschaft(en) vorgegebenen Wahlperiode der Vereinigung ausgestellt. Die Beglaubigungen werden durch Abstimmung auf der Delegiertenversammlung, gegebenenfalls durch den Vereinigungsausschuss, erneuert.

Wird ein Prediger nicht wieder beglaubigt, so kann er in dieser Aufgabe nicht weiter tätig sein. Der Besitz eines abgelaufenen oder ungültigen Ausweises berechtigt nicht zu einer weiteren Tätigkeit im Predigtdienst.

Ein Prediger ohne Beglaubigung hat innerhalb der Gemeinschaft keine andere Stellung als jedes andere Gemeindeglied.

Die Entlassung eines Predigers aus dem Dienst

Ein Prediger kann durch Beschluss des Vereinigungsausschusses aus dem Dienst entlassen werden. Seine Gemeindemitgliedschaft wird dadurch nicht berührt. Wenn einem Prediger die Gemeindemitgliedschaft entzogen und er später wieder aufgenommen wird, erhält er dadurch nicht wieder den Status eines Predigers. Er hat nur den Status eines Gemeindegliedes.

Mitarbeiter im Ruhestand

Mitarbeitern, die aus Alters- oder Gesundheitsgründen aus dem aktiven Dienst ausgeschieden sind, gebührt Ehrerbietung und Rücksichtnahme. Sie haben mitgeholfen, das Werk Gottes aufzubauen. Sie sind für die Gemeinde Segen und Hilfe.

Prediger im Ruhestand schließen sich gewöhnlich der Gemeinde an, die ihrem Wohnort am nächsten liegt. Sie können für jeden Gemeindedienst gewählt werden.

Durch Beschluss des Vereinigungsausschusses können sie auch Aufgaben eines Predigers übernehmen.

Ehemalige Prediger, die unseren Gemeinden ohne Beglaubigung dienen

Ordinierte Prediger, die aus dem Dienst ausgeschieden sind und keine Beglaubigung mehr haben, können als Gemeindeälteste gewählt werden. Wenn ihnen ihre Ordination bei ihrem Ausscheiden nicht entzogen wurde, brauchen sie nicht erneut zum Ältesten ordiniert zu werden. Ihr Dienst erstreckt sich nur auf die Aufgaben und Rechte eines Gemeindeältesten.

Kapitel 11

Die Gemeindewahl

Der Auftrag und die Verantwortung der Gemeinde erfordern, dass die Wahl ihrer Verantwortungsträger unter Gebet und ordnungsgemäß durchgeführt wird. Es dürfen nur solche Personen gewählt werden, die die ihnen anvertrauten Aufgaben voraussichtlich sorgfältig und gut ausführen werden.

Der Ernennungsausschuss

In der Gemeinschaft der Siebenten-Tags-Adventisten werden die Verantwortungsträger jährlich bzw. alle zwei Jahre (siehe S. 82) auf Vorschlag eines dazu einberufenen Ernennungsausschusses gewählt. Der Ernennungsausschuss unterbreitet seine Vorschläge der Gemeinde, die darüber abstimmt.

Durch den Ernennungsausschuss kann die Gemeinde jeden Kandidaten vor seiner Wahl sorgfältig prüfen, ohne dass eine öffentliche Personaldiskussion geführt wird, die den Charakter eines Wahlkampfes annehmen könnte.

Es ist Aufgabe des Ernennungsausschusses, der Gemeinde entsprechend ihren Bedürfnissen die Gemeindeglieder vorzuschlagen, die für die verschiedenen Aufgaben befähigt sind. Es darf keine Wahl durch Zuruf aus der Gemeindeversammlung und keine öffentliche Abstimmung zwischen mehreren Kandidaten durchgeführt werden.

Die *Gemeindeordnung* schreibt die Größe des Ernennungsausschusses nicht vor. Üblich sind fünf Glieder in kleineren Gemeinden und entsprechend mehr in größeren. Der Gemeindeausschuss berät darüber und macht der Gemeinde einen entsprechenden Vorschlag. Es soll möglichst wenig Gottesdienstzeit dafür verwendet werden.

Der Zeitpunkt der Wahl

Der Ernennungsausschuss sollte so früh wie möglich, spätestens im letzten Viertel des Gemeindejahres gewählt werden und mindestens drei Wochen vor dem letzten Sabbat des Viertels seine Vorschläge bekannt geben.

Die Wahl des Ernennungsausschusses

Der Bezirksprediger oder der Pastor, bei deren Abwesenheit der Gemeindeälteste, gibt der Gemeinde den zeitlichen Ablauf der Wahl bekannt. Diese ernennt einen Gründungsausschuss, der die Mitglieder des Ernennungsausschusses vorschlägt. Der Gründungsausschuss kann auf zwei Arten nominiert werden:
1. Die Teilnehmer werden mündlich oder schriftlich in der Mitgliederversammlung vorgeschlagen. Wird diese Methode gewählt, darf selbstverständlich kein Glied mehr als eine Person vorschlagen. Weder Einzelne noch Gruppierungen dürfen der Gesamtgemeinde ihren Willen aufzwingen. Es ist darauf zu achten, dass die Gemeinde in diesem Ausschuss fair und repräsentativ vertreten ist. Alles, was nach Taktik und Berechnung aussieht, ist zu vermeiden. Den Vorsitz im Gründungsausschuss hat der Bezirksprediger oder der Pastor. Wenn die Vereinigung keinen Pastor eingesetzt hat, wählt der Gemeindeausschuss eine Person aus den für den Gründungsausschuss vorgeschlagenen Gliedern zum Leiter des Gründungsausschusses. Die Anzahl seiner Mitglieder richtet sich nach der Größe des Gemeindeausschusses, plus fünf bis sieben Gemeindeglieder.
2. Die Gemeinde kann den Gemeindeausschuss ermächtigen, zusammen mit fünf bis sieben zusätzlichen, von der Gemeinde gewählten Gemeindegliedern die Funktion des Gründungsausschusses zu übernehmen. Die zusätzlichen Personen dieses Gründungsausschusses werden entsprechend dem unter 1. genannten Verfahren nominiert. Wird der Gründungsausschuss auf diese Weise gebildet, übernimmt üblicherweise der Vorsitzende des Gemeindeausschusses die Leitung (siehe Seite 121).

Für die Wahl gilt die folgende Reihenfolge:
a) Die Gemeinde nominiert den Gründungsausschuss nach einer der beiden genannten Verfahren und wählt ihn durch Abstimmung.
b) Der Gründungsausschuss schlägt der Gemeinde die Mitglieder des Ernennungsausschusses vor und empfiehlt einen Schriftführer. Es ist darauf zu achten, dass die Gemeinde im Ernennungsausschuss fair und repräsentativ vertreten ist.
c) Die Gemeinde wählt den Ernennungsausschuss und dessen Schriftführer.
d) Der Bezirksprediger oder der Pastor ist von Amts wegen Mitglied im Ernennungsausschuss und führt den Vorsitz. Wenn der Bezirkspre-

diger oder der Pastor entscheidet, diesen Ausschuss nicht zu leiten, oder wenn die Vereinigung keinen Pastor für diese Gemeinde berufen hat, schlägt der Gründungsausschuss auch den Leiter des Ernennungsausschusses vor. Er wird von der Gemeinde gewählt.
e) Der Ernennungsausschuss hat die Aufgabe, für jeden Aufgabenbereich in der Gemeinde eine Person vorzuschlagen und zur Wahl zu empfehlen. (Siehe dazu auch Anmerkung 7 zu Kap. 9, S. 169f.)
f) Die Gemeinde wählt die Verantwortungsträger durch Abstimmung für die kommende Wahlperiode.

Die Mitglieder des Ernennungsausschusses

In den Ernennungsausschuss sollten nur glaubenstreue Gemeindeglieder mit gesundem Urteilsvermögen gewählt werden, denen das Wohl und Gedeihen der Gemeinde am Herzen liegt.

Die Arbeit des Ernennungsausschusses

Sobald der Ernennungsausschuss gewählt ist, sollte er von seinem Vorsitzenden zusammengerufen werden. Er beginnt seine Arbeit mit der Bitte um göttliche Leitung und erstellt eine Liste von Personen, die er der Gemeinde als Verantwortungsträger für die jeweiligen Aufgabenbereiche und Dienste vorschlägt. Gemeindeglieder unter korrigierender Seelsorge können nicht vorgeschlagen werden. Der Ernennungsausschuss kann sich mit Gemeindegliedern beraten, wenn er zusätzliche Informationen braucht.

Pastoren werden nicht durch den Ernennungsausschuss ernannt. Sie werden durch den Vereinigungsausschuss eingesetzt (siehe S. 187).

Der Ernennungsausschuss schlägt Gemeindeglieder der Ortsgemeinde[1] für folgende Aufgabenbereiche vor:

Ältester oder Älteste
Leitende Diakone und Diakoninnen
Diakone und Diakoninnen
Gemeindeschreiber
Gemeindeschatzmeister und Stellvertreter
Leiter für die Abteilung Kinder
Leiter für Gemeindeaufbau und Evangelisation und Stellvertreter
Koordinator für Glaubensfreunde und Gäste

---

[1] Wenn von dieser Regel abgewichen wird, muss das Einverständnis der Vereinigung eingeholt werden (siehe S. 84: Die Arbeit des Ältesten beschränkt sich auf seine Gemeinde).

Schriftenverwalter
Wohlfahrtsleiter und Stellvertreter
Wohlfahrtskassenverwalter
Sabbatschulleiter, Leiter für alle Altersstufen
Gesprächsgruppenleiter der Sabbatschule und Lehrer
  für alle Altersstufen
Leiter Ferienbibelschule
Chorleiter oder Musikbeauftragter
Orgel- oder Klavierspieler
Jugendgruppenleiter und Stellvertreter (Adventjugend)
Kassenverwalter der Adventjugend
Jugenddiakon
Leiter für die jüngere Jugend (Teeniegruppe)
Gruppenleiter und Stellvertreter der Christlichen Pfadfinder
  der Adventjugend (CPA/ADWA)
Abenteurer-Club-Leiter
Verantwortliche bzw. Beauftragte für:
- Behinderte
- Erziehung und Bildung
- Öffentlichkeitsarbeit/Kommunikation
- Gesundheitsarbeit
- Haushalterschaft
- Familiendienst
- Frauen
- Religionsfreiheit
Gemeindeausschuss
Gemeindeschulausschuss (Wenn mehrere Gemeinden eine Schule
  unterhalten, siehe Anmerkungen zu Kapitel 9, Punkt 18, S. 178.)

Diese Liste ist ein Vorschlag; wenn erforderlich, können auch Personen für andere Aufgabenbereiche vorgeschlagen werden. Die Anzahl der zu wählenden Verantwortungsträger und Mitarbeiter legt die Gemeinde entsprechend ihrer Größe fest. In kleinen Gemeinden werden einige Aufgaben oder Stellvertreter entfallen.

Die Information der künftigen Verantwortungsträger

Nachdem der Ernennungsausschuss treue und verantwortungsvolle Glieder für die verschiedenen Aufgaben nominiert hat, beauftragt er geeignete Mitglieder des Ernennungsausschusses, die künftigen Verantwortungsträger von ihrer Nominierung in Kenntnis zu setzen und sie zu fragen, ob sie die Wahl annehmen.

Gemeindeglieder sollten vom Ernennungsausschuss gehört werden
Wenn ein Gemeindeglied dem Ernennungsausschuss Vorschläge machen oder Einspruch erheben möchte, sollte ihm die Möglichkeit dazu gegeben werden. Das Gemeindeglied trägt seine Vorschläge oder Einwände im Ernennungsausschuss vor. Die Beratung darüber findet in seiner Abwesenheit statt. Wenn der Ernennungsausschuss die vorgetragenen Vorschläge oder Einsprüche beraten und sich auf einen Wahlvorschlag geeinigt hat, legt er diesen der Gemeinde zur Abstimmung vor.

Die Vertraulichkeit des Ernennungsausschusses
Es widerspricht der christlichen Ethik und der goldene Regel (siehe Mt 7,12), wenn ein Mitglied des Ernennungsausschusses Informationen und Gespräche über Personen, die im Ausschuss genannt wurden, nach außen trägt. Verstößt ein Mitglied dagegen, so begründet das seinen Ausschluss aus dem Ernennungsausschuss. Alle Erkundigungen und Gespräche über die Eignung von Gemeindegliedern, eine Aufgabe in der Gemeinde zu übernehmen, sind streng vertraulich. Ist es nötig, außerhalb des Ausschusses Erkundigungen einzuziehen, sollte dies durch den Vorsitzenden geschehen.

Diese Grundsätze gelten für alle Ernennungsausschüsse sowohl der Ortsgemeinde als auch auf allen anderen Ebenen der Gemeinschaft.

Die Berichterstattung vor der Gemeinde
Der Ernennungsausschuss legt seinen Bericht der ganzen Gemeinde vor, nicht dem Gemeindeausschuss. Dieser ist für die Wahlvorschläge des Ernennungsausschusses nicht zuständig. Der Bericht kann der Gemeinde im Sabbatgottesdienst oder in einer eigens dazu einberufenen Mitgliederversammlung vorgelegt werden.

Wenn der Ernennungsausschuss bereit ist, der Gemeinde seinen Bericht vorzulegen, hat der Vorsitzende des Ausschusses die Möglichkeit, dazu Erklärungen zu geben. Der Schriftführer des Ernennungsausschusses liest die Vorschläge vor. Die Wahlvorschläge werden ausgehängt und der Wahltermin bekannt gegeben.

Einspruch gegen die Vorschläge des Ernennungsausschusses
Jedes Gemeindeglied hat das Recht, gegen Vorschläge des Ernennungsausschusses Einspruch zu erheben. Jeder Einwand sollte persönlich dem Ernennungsausschuss vorgetragen und dort beraten werden, bevor der Vorschlag ein zweites Mal verlesen wird. Zu diesem Zweck verabredet das Einspruch erhebende Glied mit dem zustän-

digen Pastor bzw. dem Vorsitzenden des Ernennungsausschusses einen Termin.

Ein Einspruch kann auch bei der zweiten Verlesung der Wahlvorschläge erhoben werden durch die Bitte, den ganzen Wahlvorschlag zur nochmaligen Prüfung an den Ernennungsausschuss zurückzuverweisen. In der Regel wird der Vorsitzende der Bitte entsprechen. Eine öffentliche Diskussion über den Inhalt des Einspruchs oder über Personen findet nicht statt. Wird der Einspruch allerdings als Antrag formuliert, muss ohne Diskussion darüber abgestimmt werden. Die Stimmenmehrheit entscheidet, ob dem Antrag stattgegeben wird oder nicht.

Im Falle eines Einwandes sollte der Ausschussvorsitzende bekannt geben, wann und wo sich der Ernennungsausschuss wieder trifft, um den Einwand anzuhören. Wer Einspruch erhoben hat oder erheben möchte, soll dann zu dieser Sitzung vor dem Ausschuss erscheinen. Es ist unverantwortlich, wenn die Wahl auf den Einspruch eines Gemeindegliedes hin verschoben wird, dieses Glied dann aber nicht vor dem Ausschuss erscheint.

Geringfügige oder unbegründete Einwände sollten nicht vorgebracht werden. Gibt es aber stichhaltige Gründe für die Änderung eines Vorschlages, so müssen sie vorgebracht werden. Der Ausschuss hat diese Einwände gründlich zu prüfen. Sind sie gerechtfertigt, so wird er einen anderen Vorschlag unterbreiten. Nachdem die Vorschläge des Ernennungsausschusses der Gemeinde erneut vorgelegt wurden, erfolgt die Abstimmung.

Jedes Gemeindeglied sollte an der Wahl der Verantwortungsträger teilnehmen. Die Wahl erfolgt durch Stimmenmehrheit der anwesenden und abstimmenden Gemeindeglieder.

Frei gewordene Verantwortungsbereiche

Wird ein Aufgabenbereich im Verlauf der Wahlperiode durch Tod, Wegzug, Rücktritt oder aus anderen Gründen frei, so schlägt der Gemeindeausschuss der Gemeinde einen Nachfolger für die verbleibende Amtszeit zur Wahl vor.

Die Wahl von Abgeordneten für die Delegiertenversammlungen (Landesversammlungen)

Der Dienstauftrag und die Autorität der Vereinigung und des Verbandes/Union wird durch die verfassungsgemäßen Delegiertenversammlungen erteilt. Die Ortsgemeinden einer Vereinigung wählen Delegierte für die Delegiertenversammlung der Vereinigung (Landesversammlung). Die Delegierten sind bevollmächtigt, die Gemeinden in den Ausschüssen der Delegiertenversammlung zu vertreten. Die Delegiertenvollversammlung wählt die Verantwortungsträger der Vereinigung, erteilt Beglaubigungen und Bestätigungen, verabschiedet oder verändert, falls notwendig, die Verfassung und entscheidet andere Anliegen.

Eine ihrer wichtigsten Aufgaben ist die Wahl des Vereinigungsausschusses (Landesausschusses), der die Vereinigung zwischen den Delegiertenversammlungen (Landesversammlungen) führt. Dieser Ausschuss ist mit der Entscheidungsvollmacht aller Gemeinden der Vereinigung ausgestattet.

Die Wahl der Delegierten

„Gott hat die Dinge so gefügt, dass Gemeindeglieder als Abgeordnete zu unseren Delegiertenversammlungen gesandt werden sollen. Diese Gemeindeglieder sollen vertrauenswürdig und bewährt sein. Die Wahl der Delegierten zur Teilnahme an unseren Delegiertenversammlungen ist eine wichtige Angelegenheit. Die Gewählten sollen die Pläne zur Förderung des Werkes legen. Sie sollten darum in der Lage sein, die Zusammenhänge zu verstehen und die Auswirkungen abschätzen zu können." (*Testimonies for the Church*, Band 9, S. 262)

Die Zahl der Delegierten wird durch die Verfassung der Vereinigung bestimmt. Rechtzeitig vor der Wahl der Delegierten sollte der Pastor oder der vom Pastor beauftragte leitende Älteste dieses Anliegen der Gemeinde vortragen. Für die Auswahl der Delegierten kann ein extra Ernennungsausschuss gewählt werden oder es kann der Gemeindeausschuss damit beauftragt werden. Vorabsprachen und Manipulationen sind nicht erlaubt. Es sollten nur Gemeindeglieder vorgeschlagen werden, die als gläubig und loyal bekannt sind und die an der Delegiertenversammlung teilnehmen können.

Über die vorgeschlagenen Delegierten stimmt die Gemeinde ab. Kein Verantwortungsträger der Gemeinde ist von Amts wegen Delegierter. Nach der Wahl meldet die Gemeinde die Delegierten der Vereinigung. Die gewählten Delegierten werden zu Vertretern ihrer Gemeinde, die zusammen mit den Delegierten der anderen Gemeinden der Vereinigung die Verantwortungsträger der Vereinigung wählen und alle anderen verfassungsgemäßen Anliegen der Delegiertenversammlung erledigen.

Die Delegierten für die Delegiertenversammlung des Verbandes/ Union werden von den Vereinigungen gewählt und nicht von den

Gemeinden. Die Delegierten für die Vollversammlung der Generalkonferenz werden von den Divisionen und Verbänden/Unionen gewählt. Die Dauer der jeweiligen Wahlperiode dieser Organisationen wird durch ihre Verfassungen geregelt.

Die Aufgaben der Delegierten

Der gewählte Delegierte soll nicht nur die Gemeinde oder Vereinigung, die ihn gesandt hat, vertreten, sondern das ganze Werk vor Augen haben und bedenken, dass unser Werk weltweit ist. Gemeinde- oder Vereinigungsabordnungen dürfen keine Wahlabsprachen treffen. Delegierte einer großen Gemeinde oder Vereinigung dürfen keine Vorrangstellung beanspruchen, um Entscheidungen in ihrem Sinne zu beeinflussen. Jeder Delegierte sollte empfänglich sein für die Leitung durch den Heiligen Geist und seine Stimme auf Grund seiner persönlichen Überzeugung abgeben. Ein Verantwortungsträger einer Gemeinde oder Vereinigung, der versucht, die Stimmen einer Gruppe von Delegierten unter seinen Einfluss zu bringen, ist für eine leitende Aufgabe ungeeignet.

Die Verantwortung der Vereinigung

Die Vollmacht einer Ortsgemeinde beschränkt sich auf ihren eigenen Bereich. Die einzelnen Ortsgemeinden sind in einer Vereinigung miteinander verbunden. Sie übertragen die Vollmacht und die Verantwortung für alle Aufgaben in der Vereinigung zwischen den Delegiertenversammlungen an den Ausschuss und die Verantwortungsträger der Vereinigung. Diese sind der Vereinigung als Ganzes verantwortlich und nicht einer einzelnen Ortsgemeinde.

Die Mitglieder des Vereinigungsausschusses vertreten die gesamte Vereinigung

Die Mitglieder des Vereinigungsausschusses werden gewählt, um das Werk der gesamten Vereinigung zu vertreten, nicht nur das einer Ortsgemeinde, eines Bezirks oder einer einzelnen Institution. Jedes der Mitglieder sollte sich persönlich für die Förderung der Interessen des Werkes in allen Teilen der Vereinigung verantwortlich fühlen. Entscheidungen und Abstimmungen des Ausschusses dürfen nicht von einer Gemeinde, einer Gruppe oder einer Einzelperson dominiert oder beeinflusst werden. Entscheidungen werden unter Gebet nach sorgfältigem Studium aller bekannten Gesichtspunkte getroffen.

Kapitel 12

Gelder für die Evangeliumsverkündigung

Gelder zur Verkündigung des ewigen Evangeliums werden im Volk Gottes durch Zehnten und Gaben aufgebracht. Siebenten-Tags-Adventisten haben sich seit der Gründerzeit an diesen Weg gehalten. Die biblische Grundlage für Zehnten und Gaben findet sich u.a. in folgenden Schriftstellen: 3 Mo 27,30; Mal 3,8-12; Mt 23,23; 1 Kor 9,9-14; 2 Kor 9,6-15. Zu beachten sind auch folgende Aussagen von E. G. White:

„Die Ordnung von Zehnten und Gaben wurde eingeführt, um die Menschen mit einer tiefen Wahrheit vertraut zu machen: Gott ist die Quelle alles Segens für seine Geschöpfe. Ihm schuldet der Mensch daher Dankbarkeit für alles, was Gott in seiner Güte gegeben hat." (*Patriarchs and Prophets*, S. 525)

„Durch Zehnten und Opfer für Gott anerkennen wir seinen Anspruch, den er durch Schöpfung und Erlösung an uns hat. Weil all unsere Kraft von Christus kommt, sollen unsere Opfer ihm zufließen. Sie führen uns ständig vor Augen, wie groß und umfassend sein Anspruch an uns ist. Wenn wir sein Opfer für uns begreifen, bleibt es im Gedächtnis erhalten und beeinflusst Gedanken und Pläne. Christus soll uns vor Augen stehen, als wäre er unter uns gekreuzigt." (*Testimonies for the Church*, Band 6, S. 479)

„Der Zehnte ist heilig, denn Gott hat ihn sich selbst vorbehalten. Er soll in Gottes Schatzkammer gebracht werden, um den Unterhalt derer zu sichern, die im Dienst des Evangeliums stehen." (*Testimonies for the Church*, Band 9, S. 249)

„Gott hat seinem Volk einen Plan gegeben, wie es ausreichende finanzielle Mittel aufbringen kann, damit das ‚Unternehmen' Gemeinde sich selbst trägt. Die göttliche Ordnung des Zehnten ist einfach und behandelt alle gleich. An ihr sollten alle vertrauensvoll und mutig festhalten, denn sie ist göttlichen Ursprungs. Das Zehntengeben ist einfach und nützlich, leicht zu verstehen und zu praktizieren.

Dadurch können alle Anteil an der Verbreitung der kostbaren Erlösungsbotschaft haben. Jeder Mann, jede Frau, jeder junge Mensch kann so ein Schatzmeister für den Herrn werden und dazu beitragen, dass die Finanzierung der Evangeliumsverkündigung gesichert wird. Der Apostel sagt: ‚Ein jeder von euch lege bei sich etwas zurück und sammle an, soviel ihm möglich ist.' (1 Kor 16,2)" (*Testimonies for the Church*, Band 3, S. 388f.)

„Der Teil unseres Einkommens, der gemäß der Bibel Gott gehört, bildet die Einkünfte für die Evangeliumsverkündigung und gehört nicht uns. Es ist ein Frevel, etwas aus Gottes Schatzkammer zu entwenden, um es für sich selbst oder andere Zwecke zu gebrauchen ... Niemand soll Geld, das für die Verkündigung bestimmt ist, zu seinem eigenen Vorteil verwenden und sein Gewissen damit beruhigen, dass er es in Zukunft zurückzahlen will." (*Testimonies for the Church*, Band 9, S. 246f.)

„Jedes Gemeindeglied soll unterwiesen werden, seinen Zehnten treu und ehrlich zu geben." (*Testimonies for the Church*, Band 9, S. 251)

„Dies ist keine menschliche Forderung; sondern eine Anordnung Gottes zur Förderung und Unterhaltung seines Werkes in der ganzen Welt ... Es gibt keine Entschuldigung dafür, dem Herrn seine Zehnten und Gaben vorzuenthalten." (*Testimonies to Ministers*, S. 307)

„Gott hat die Verkündigung des Evangeliums von der Arbeit und den Gaben seines Volkes abhängig gemacht. Freiwillige Gaben und der Zehnte bilden die Einkünfte im Werk des Herrn. Von den uns Menschen anvertrauten Mitteln beansprucht Gott einen bestimmten Teil – den Zehnten. Er stellt es jedem frei, ob er mehr geben will oder nicht." (*The Acts of the Apostles*, S. 74)

„Gott hat besondere Anweisungen gegeben, wie Zehnten zu verwenden sind. Er will nicht, dass sein Werk durch Mangel an Mitteln behindert wird. Um Gefahren und Irrtümern vorzubeugen, hat er klar gemacht, was unsere Pflicht ist.

Was Gott für sich selbst vorbehalten hat, darf nur dem von ihm bestimmten Zweck zugeleitet werden. Lasst nicht zu, dass jemand sich die Freiheit herausnimmt, mit dem Zehnten zu machen, was er für richtig hält. Zehnten dürfen auch in einer Notlage nicht für eigene Zwecke verwendet werden. Sie dürfen nicht nach eigenem Gutdünken ausgegeben werden, selbst wenn es angeblich für Gottes Werk sein sollte." (*Testimonies for the Church*, Band 9, S. 247)

Haushalterschaft

Christen sind Gottes Haushalter. Er hat ihnen seine Güter anvertraut. Als Partner hat er sie dafür verantwortlich gemacht, dass seine Güter in Übereinstimmung mit den Grundsätzen und Richtlinien der Heiligen Schrift und des Schrifttums von E. G. White verwaltet werden. Er lässt ihnen sagen: „Nun fordert man nicht mehr von den Haushaltern, als dass sie für treu erfunden werden." (1 Kor 4,2)

Haushalterschaft im weitesten Sinne des Wortes schließt viele Aspekte der christlichen Lebensführung und Erfahrung ein, zum Beispiel unsere Zeit, unseren Einfluss und unseren Dienst. Zweifellos kommt aber der Verwaltung unserer Mittel eine besondere Bedeutung zu. Das gilt für jedes Glied der Gemeindefamilie. Wir erkennen damit an, dass Gott über allem steht, dass ihm alles gehört und dass seine Gnade an uns wirkt. Je mehr wir diese Grundsätze verstehen, desto besser lernen wir Gottes Liebe schätzen.

Obwohl diese Seite der christlichen Haushalterschaft nur den materiellen Besitz zu betreffen scheint, wirkt sie sich doch auf das ganze Christsein aus. Der Herr verlangt etwas von uns, damit er etwas für uns tun kann. Durch unsere Bereitschaft, der Forderung unseres himmlischen Vaters bereitwillig zu gehorchen, wird das geistliche Prinzip der Haushalterschaft in uns wirksam.

Unser Gott stellt keine zu hohen Ansprüche. Es ist keine Willkür, wenn er uns auffordert, ihm zu dienen und ihn mit unseren Gaben anzuerkennen. Er hat es so eingerichtet, dass wir geistlich reich gesegnet werden, wenn wir mit ihm zusammenarbeiten, um seine Pläne zu verwirklichen. Sind wir aber dazu nicht bereit, so betrügen wir uns selbst um seinen reichen Segen, den wir dringend brauchen.

„Gott möchte, dass seine Haushalter seine Anordnungen genau befolgen. Sie dürfen das, was Gott vorgesehen hat, nicht durch gute Taten, Spenden oder Opfer nach ihren Vorstellungen ersetzen, je nachdem, wie und wann es ihnen selbst passt. Es zeugt nicht gerade von Klugheit, wenn Menschen meinen, sie könnten Gottes Plan verbessern, indem sie Gottes Forderungen nach ihrem Gutdünken verändern und sie so außer Kraft setzen. Gott fordert alle auf, in seinem Sinne tätig zu werden. Er hat uns mit seinem Plan vertraut gemacht, und wer mit ihm zusammenarbeiten möchte, muss sich an diesen Plan halten und darf nicht versuchen, ihn zu verbessern." (*Testimonies for the Church*, Band 9, S. 248)

Der Zehnte

Jedes Gemeindeglied wird ermutigt, den Zehnten gewissenhaft an die Gemeinschaft zu geben. Damit erkennt es Gottes Plan an und wird seiner Verantwortung als Kind Gottes gerecht.

Der Zehnte wird nicht von der Ortsgemeinde verwendet. Alle Gemeinden überweisen ihre Zehnteneinnahmen an die Vereinigung. Diese wiederum gibt ein Zehntel ihres gesamten Zehnteneinkommens an den Verband/Union weiter. Ebenso leitet der Verband ein Zehntel seiner gesamten Zehnteneinnahmen an die Generalkonferenz bzw. an die zuständige Division weiter. So erhalten Vereinigung, Verband und Generalkonferenz die Geldmittel, mit denen die angestellten Mitarbeiter bezahlt und die Kosten gedeckt werden, die in der Arbeit für das Werk Gottes mit allen seinen Aufgaben entstehen.

Für die Finanzierung der weltweiten Mission überweisen die Vereinigungen über die Verbände/Unionen zusätzlich zu dem Zehntel ihres Zehnteneinkommens weitere Mittel an die zuständige Division nach einem von der Generalkonferenz festgelegten Prozentsatz.

Diese Richtlinien wurden geschaffen, um in aller Welt Gelder zu sammeln und so zu verteilen, dass die finanziellen Erfordernisse des Werkes überall bewältigt werden können. Die finanzielle Seite unseres Werkes kann von der weltweiten Verkündigung der Heilsbotschaft nicht getrennt werden, sondern gehört unmittelbar dazu.

Systematisches Geben und die Einheit der Gemeinschaft
Die Finanzstruktur unserer Gemeinschaft dient einem höheren Zweck, als die Berichte und Statistiken erkennen lassen. Der Zehnte ist durch Gottes Gnade eine der großen einigenden Kräfte der Adventbewegung. Gottes Volk ist ein einiges Volk. Das System der Gemeinschaft, den Zehnten zwischen Vereinigung und Verband sowie zwischen Verband und Generalkonferenz zu teilen und damit auch den Missionsfeldern Gelder zukommen zu lassen, trägt dazu bei, das Werk Gottes in der ganzen Welt zu einen.

Die Verwendung des Zehnten
Der Zehnte dient der Erfüllung aller evangelistischen Aufgaben wie Predigtdienst, biblische Unterweisung und Arbeit der Vereinigung im Dienst für die Gemeinden. Der Zehnte darf nicht für andere Bereiche verwendet werden, z. B. um Schulden von Gemeinden oder Institutionen zu bezahlen oder Bauvorhaben zu finanzieren.

E. G. White schrieb: „Mir wurde eine sehr klare und bestimmte Botschaft für unser Volk gegeben. Ich wurde beauftragt, den Kindern Gottes zu sagen, dass sie einen Fehler machen, wenn sie den Zehnten für verschiedene Zwecke verwenden, die zwar in sich gut sind, für die Gott aber nicht den Zehnten vorgesehen hat. Wer den Zehnten in dieser Art verwendet, weicht von den Anordnungen des Herrn ab. Gott wird ihn dafür zur Rechenschaft ziehen." (*Testimonies for the Church*, Band 9, S. 248)

Das Geben des Zehnten

Der Zehnte gehört dem Herrn und wird als Ausdruck der Verehrung Gottes in der Gemeinde gegeben, in der man Glied ist. Der Gemeindeschatzmeister leitet das Geld an die Vereinigung weiter und nur wo außergewöhnliche Umstände es erfordern, sollten die Gemeindeglieder mit dem Vereinigungsschatzmeister eine direkte Überweisung vereinbaren.

Das Vorbild der Verantwortungsträger im Zehntengeben

Wer in der Gemeinde Verantwortung trägt oder in einer Dienststelle oder Einrichtung der Gemeinschaft arbeitet, soll im Zehntengeben vorbildlich sein. Verantwortungsträger der Gemeinde und der Gemeinschaft, die sich nicht an diesen Führungsgrundsatz halten, können nicht in ihrem Dienst verbleiben.

Der Zehnte als biblische Verpflichtung

Auch wenn die Zugehörigkeit zur Gemeinschaft nicht vom Geben des Zehnten abhängig gemacht wird, ist dennoch das Geben des Zehnten eine biblische Verpflichtung, die jeder Gläubige Gott schuldet. Durch das Geben des Zehnten erweist der Gläubige seine Treue zu Gott und erfährt die Erfüllung der Segensverheißung: „Bringt aber die Zehnten in voller Höhe in mein Vorratshaus, auf dass in meinem Hause Speise sei, und prüft mich hiermit, spricht der HERR Zebaoth, ob ich euch dann nicht des Himmels Fenster auftun werde und Segen herabschütten die Fülle." (Mal 3,10)

Gaben

Die Heilige Schrift hebt unsere Verpflichtung hervor, dem Herrn außer dem Zehnten auch Gaben zu bringen. Dem Herrn Gaben vorzuenthalten, wird mit dem Vorenthalten des Zehnten auf eine Stufe gestellt und als Raub bezeichnet (Mal 3,8 EB).

Siebenten-Tags-Adventisten haben von Anfang an freiwillige Opfer für das Werk des Herrn gebracht. Die Folge war, dass das Werk unter Gottes Segen aufblühte. Gläubige mit hohem wie auch mit geringem Einkommen haben gemeinsam je nach Vermögen das Werk Gottes großzügig unterstützt.

Die Sabbatschulgaben

Die am weitesten verbreitete Methode regelmäßigen, systematischen Gebens wird in der Sabbatschule praktiziert. Die Sabbatschulgaben sind für das weltweite Missionswerk bestimmt. Sabbat für Sabbat kommen auf diese Weise große Summen zusammen.

Andere Gaben

Sammlungen können aus den verschiedensten Anlässen durchgeführt werden, z. B. für die Weltmission oder für allgemeine sowie örtliche Anliegen. Das eingegangene Geld ist immer in voller Höhe dem angekündigten Zweck zuzuführen, es sei denn, ein Spender hat ausdrücklich etwas anderes vermerkt.

Sonderspenden für einzelne Gebiete

Die weltweite Mission unserer Gemeinschaft wird finanziell mithilfe von Haushaltsplänen organisiert. Den verschiedenen Gebieten werden auf Grund ihrer veranschlagten Bedürfnisse Geldmittel bewilligt. Durch diese Methode werden die Gelder möglichst fair verteilt. Sie sichert jedem Gebiet einen gerechten Anteil zu. Wo aber einem Gebiet außerhalb des Haushaltsplanes Sonderspenden zugewendet werden, entsteht eine Ungleichheit zum Nachteil aller anderen Gebiete.

Wenn eine neue Arbeit durch solche Mittel in Gang gesetzt werden soll, wird das so begonnene Werk wieder zusammenbrechen, sobald die Sonderspenden aufgebraucht sind, oder die weitere Finanzierung müsste aus dem allgemeinen Haushaltsplan genommen werden. Das würde aber die Mittel für Gebiete mit vielleicht größerer Bedürftigkeit schmälern, die nicht die Gelegenheit haben, für Sonderspenden zu werben. Sie kämen so um ihren gerechten Anteil. Das ihnen eigentlich zustehende Geld müsste woanders für eine Arbeit ausgegeben werden, die mithilfe solcher Sonderspenden begonnen wurde.

Die Geschichte unseres Werkes hat immer wieder gezeigt, wie sinnvoll es ist, alle von den Gemeindegliedern treu und großzügig gespendeten Mittel in der vorgeschriebenen Weise zusammenfließen zu lassen. Es ist befriedigend zu wissen, dass auf diese Weise jedes Missionsfeld davon profitiert.

Hilfe für Notleidende

Um Gemeindeglieder, die dringender Hilfe bedürfen, unterstützen zu können, werden Gaben für Arme und Notleidende gesammelt. Soweit wie möglich soll für Notfälle eine angemessene Reserve bereitgehalten werden. Die Gemeinde sollte darüber hinaus gegenüber *allen* Notleidenden hilfsbereit sein.

Der Gemeindeausschuss kann Mittel für Wohlfahrtszwecke bewilligen, um die von der Gemeinde durchgeführte Gesundheits- und Wohlfahrtsarbeit für Familien in der Nachbarschaft zu unterstützen.

Der Haushaltsplan der Ortsgemeinde

Die Aufstellung eines Haushaltsplanes ist die beste Methode, die erforderlichen Mittel für Gemeindeausgaben bereitstellen zu können.

Vor Beginn eines Gemeindejahres sollte der Gemeindeausschuss einen sorgfältig ausgearbeiteten Kostenplan der zu erwartenden Ausgaben für die Durchführung und Aufrechterhaltung der verschiedenen Aktivitäten der Gemeinde erstellen. In diesen Haushaltsplan müssen alle voraussichtlichen Kosten für die Gemeindearbeit, die Gemeinderäume usw. berücksichtigt sein.

Es muss auch geplant werden, wie die nötigen Gelder eingenommen werden können, um die Ausgaben des Haushaltsplanes zu decken. Gelder für den Gemeindehaushalt können gespendet oder gezeichnet werden. Jedes Glied sollte entsprechend seinen finanziellen Verhältnissen sowohl seine Ortsgemeinde als auch das Gesamtwerk der Gemeinschaft unterstützen.

Der Haushaltsplan muss der Gemeinde zur Prüfung und Annahme vorgelegt werden.

Beispiele für einen Haushaltsplan

Die folgenden Beispiele für einen Haushaltsplan sollen als Muster dienen und sind der Größe und den Bedürfnissen der Ortsgemeinde sowie deren Kosten anzupassen.

Beispiel für einen Haushaltsplan einer Gemeinde mit etwa 50 Gliedern:

Geschätzte Einnahmen:	€
Gaben für den Gemeindehaushalt	
(über die Zehntenzettel)	4.500
Sammlungen für Gemeindeausgaben	2.500
Spenden	1.400
Zinseinnahmen	100
Summe	8.500

Geschätzte Ausgaben:	€
Mietkosten (oder Abgaben an Bauverein/GVW)	2.400
Heizungskosten	1.400
Strom	400
Wasser	200
Saalreinigung und Putzmittel	400
Raumschmuck und Blumen	200
Evangelisation und Gemeindeaufbau	1.200
Öffentlichkeitsarbeit und Schaukasten	400
Diakonie	500
Kinder- und Pfadfinderarbeit	300
Rücklagen für Instandhaltung	600
Sonstiges / Reserve für Unvorhergesehenes	500
Summe	8.500

Beispiel für einen Haushaltsplan einer Gemeinde mit ca. 125 Gliedern:

Geschätzte Einnahmen	€ pro Jahr	%-Anteil	€ pro Quartal
Beiträge für den Haushalt	16.500	86,9	4.125
Gaben für Projekte	1.600	8,4	400
Sonderkollekten	900	4,7	225
Summen	19.000	100	4.750

Geschätzte Ausgaben	€ pro Jahr	%-Anteil	€ pro Quartal
Abgaben an Bauverein/GVW	5.400	28,4	1.350
Heizung	2.400	12,6	600
Strom/Wasser	800	4,2	200
Saalreinigung	2.500	13,2	625
Raumschmuck und Blumen	600	3,2	150
Evangelisation und Öffentlichkeitsarbeit	2.000	10,5	375
Diakonie und Wohlfahrt	1.000	5,3	375
Jugendarbeit	400	2,1	100
Pfadfinder	300	1,6	75
Kinder	300	1,6	75
Chor und Musik	900	4,7	225
Rücklagen für Instandhaltung	1.900	10,0	475
Sonstiges / Reserve für Unvorhergesehenes	500	2,6	125
Summen	19.000	100	4.750

Jede Gemeinde muss in ihrem Haushaltsplan alle zu erwartenden Einnahmen und Ausgaben einschließlich der Einnahmen und Ausgaben der verschiedenen Abteilungen der Gemeindearbeit berücksichtigen.

Allgemeine Ratschläge

Die Beschaffung von Mitteln

Für die Geldmittelbeschaffung gelten folgende Bestimmungen:
1. Keine Vereinigung, Gemeinde oder Institution darf ohne vorherige Beratung und Zustimmung durch die zuständige übergeordnete Dienststelle Gelder außerhalb ihres eigenen Gebietes zu beschaffen versuchen. Auch innerhalb ihres eigenen Gebietes unterliegt die Beschaffung von Geldern den Richtlinien der Vereinigung bzw. des Verbandes oder der Generalkonferenz.
2. Zum Schutz der Gemeinden vor betrügerischen und gemeinschaftsfremden Sammlern gelten die folgenden Regelungen:
a) Ohne Erlaubnis der zuständigen Vereinigung dürfen Prediger und Verantwortungsträger der Gemeinde niemandem gestatten, vom Podium aus zu Spenden aufzurufen.
b) Ohne diese Erlaubnis darf es niemandem gestattet werden, öffentlich oder privat bei Gemeindegliedern Geld zu sammeln.
c) Schreiben mit Sammlungsaufrufen sind den Verantwortungsträgern in der Gemeinde zu übergeben.
d) Alle Gelder, die unsere Gemeindeglieder aufgrund eines Aufrufs für irgendein Vorhaben spenden, müssen ordnungsgemäß weitergeleitet werden.
e) Mitarbeitern der Gemeinschaft, die einen besonderen Auftrag in ihrem Gebiet haben, ist es nicht erlaubt, in einem anderen Gebiet um finanzielle Unterstützung für ihre Anliegen zu bitten, es sei denn, sie haben dafür die Erlaubnis und die schriftliche Vollmacht der Leitung der zuständigen Dienststelle.
f) Verantwortungsträger der Vereinigung und der Gemeinde müssen die nötigen Schritte unternehmen, um unerlaubte und nicht genehmigte öffentliche Sammlungen zu unterbinden.
3. Öffentliche Sammlungen zu Gunsten der Wohlfahrtsarbeit oder der Mission bedürfen der Genehmigung der Behörden. Die Vereinigungen und Verbände haben darauf zu achten, dass gegen diese Regel nicht verstoßen wird.
4. Missionare, die ihre Heimatgemeinden besuchen oder in Briefwechsel mit ihnen stehen, dürfen nur für solche Unternehmungen Geld sammeln, die im Haushaltsplan ihrer Dienststelle genehmigt

wurden. Auf diese Weise unterstützen sie die Weltmission in Übereinstimmung mit den Planungen und Regelungen der Gemeinschaft. Alle so gesammelten Gelder sind auf dem ordnungsgemäßen Weg ihrer Bestimmung zuzuführen.

Fragwürdige Methoden, Gelder für die Gemeinde zu sammeln
Siebenten-Tags-Adventisten wenden sich unmissverständlich gegen jede zweifelhafte Methode, Gelder für regionale oder überregionale Arbeit zu sammeln.

„Zu welchen Mitteln nehmen viele Gemeinden Zuflucht, wenn sie Geld für religiöse Zwecke aufbringen wollen? Zu Märkten, auf denen gehandelt und gefeilscht wird, zu festlichen Banketten, Volksfesten, ja selbst zu Lotterien und ähnlichem. Häufig wird die Stätte der Anbetung Gottes durch Festgelage, Handel und ausgelassenes Treiben entweiht. Unter solchen Umständen kann die Jugend nicht zur Ehrfurcht vor dem Haus Gottes und zur Achtung des Gottesdienstes erzogen werden. Das Feingefühl, zwischen Heiligem und Profanem unterscheiden zu können, wird geschwächt. Selbstsucht, Begierden und Geltungsdrang werden angesprochen und gewinnen an Stärke, je mehr ihnen nachgegeben wird." (*Testimonies for the Church*, Band 9, S. 91)

„Je mehr sich Gottes Werk ausbreitet, umso lauter werden die Rufe um Hilfe. Um diesen Bitten nachkommen zu können, sollten Christen das Gebot beachten: ‚Bringt aber die Zehnten in voller Höhe in mein Vorratshaus, auf dass in meinem Hause Speise sei.' (Mal 3,10) Wenn alle, die sich zu Christus bekennen, treu ihre Zehnten und Gaben brächten, wäre Gottes Vorratshaus stets gefüllt. Es wäre dann nicht nötig, zu Volksfesten, Lotterien oder anderen Vergnügungsveranstaltungen zu greifen, um Mittel zur Verbreitung des Evangeliums zu beschaffen." (*The Acts of the Apostles*, S. 338)

Zehnten und Gaben sind keine Geldanlage
Die der Gemeinde überwiesenen Zehnten und Gaben sind keine Geldanlage, über die der Geber jemals wieder verfügen kann. Diese Gelder dürfen nur für den Zweck verwendet werden, für den sie gegeben wurden.

Schulden sind zu vermeiden
Gemeindeausschüsse sollten sich erst mit ihren zuständigen Verantwortungsträgern der Vereinigung beraten, ehe sie irgendwelche finanzielle Verpflichtungen eingehen. Manche Gemeinden sind schon in Geldverlegenheit geraten, weil sie voreilige oder ungeeignete Pläne

zum Kauf oder Bau eines Gemeinde- oder Schulgebäudes durchführten. Dies kann vermieden werden, wenn die Gemeinden sich beraten lassen, bevor sie solch einen Plan in Angriff nehmen, und sich an die Richtlinien der Gemeinschaft zur Finanzierung solcher Vorhaben halten.

Die Finanzierung von Gemeindegebäuden

Gemeinden, die den Kauf oder Bau von Gemeindegebäuden erwägen, dürfen keine finanziellen Verpflichtungen auf sich nehmen, die ihre Glieder in Schwierigkeiten bringen könnten. Bei jedem solchen Vorhaben ist sorgfältige Beratung durch die Vereinigungs- und Verbandsausschüsse notwendig. Sie werden dabei auch die Größe der Gemeinde, die Finanzkraft ihrer Glieder und die Lage des Gebäudes berücksichtigen.

Beim Kauf oder der Errichtung von Gebäuden für die Gemeinde darf auf keinen Fall ein Auftrag erteilt oder gar mit dem Bau begonnen werden, bevor der Vereinigungs- und der Verbandsausschuss ihre Zustimmung erteilt haben. Sie müssen sich überzeugt haben, dass die Finanzierungsplanung den Richtlinien entspricht.

Die Verwaltung der Geldmittel

Gelder für das Werk des Herrn zu beschaffen ist eine heilige Verantwortung. Der folgende Weg für diese Gelder ist richtig: Das einzelne Glied gibt die Gaben seiner Ortsgemeinde. Der Schatzmeister der Gemeinde verbucht die Einnahmen (siehe S. 96f.).

Die Gaben, die für Gemeindezwecke bestimmt sind, führt er ihrer jeweiligen Bestimmung zu. Was für die Vereinigung oder für übergeordnete Zwecke einkommt, leitet er an den Vereinigungsschatzmeister weiter. Dieser wiederum nimmt das für die Vereinigung bestimmte Geld ein und überweist die Summen, die für den Verband/Union oder für allgemeine Zwecke bestimmt sind, an den Verbandsschatzmeister.

Der Verbandsschatzmeister behält die Gelder ein, die für den Verband bestimmt sind, und leitet alle für weltweite Zwecke bestimmten Gelder dem Schatzmeister der Division weiter.

Alle Schatzmeister – von der Ortsgemeinde bis zur Generalkonferenz – sind den entsprechenden Ausschüssen von Gemeinde, Vereinigung, Verband, Division oder Generalkonferenz unterstellt. Ohne ausdrücklichen Beschluss der verantwortlichen Ausschüsse zahlen sie keine Gelder aus.

Die Buchprüfung

Jede Buchführung, angefangen bei der des Schatzmeisters und Schriftenverwalters in der Gemeinde bis zu der des Schatzmeisters der Generalkonferenz, unterliegt der Revision durch den dafür ernannten Revisor. Das gilt auch für die Buchführung der Institutionen, die von der Gemeinschaft unterhalten werden. Damit ist für die größtmögliche Sicherheit in der Verwaltung der Geldmittel gesorgt. (Siehe auch S. 98.)

Kapitel 13

Richtlinien christlicher Lebensführung

Gott beruft uns in Jesus Christus zu einem hohen Ziel

Christus will das Leben seiner Nachfolger nicht nur geringfügig ändern oder verbessern, sondern ihr Wesen vollständig umwandeln. Er will, dass Egoismus und Sünde sterben und ein neuer Mensch zu einem neuen Leben in Christus Jesus aufersteht.

Christus wohnt durch den Glauben in uns. Das geschieht, indem wir „über Christus nachdenken, auf ihn schauen und ihn stets als unseren Erlöser und besten Freund verehren, sodass wir ihn durch nichts betrüben oder beleidigen". Nur so können Christen „die Gemeinschaft mit Gott erleben". Nur, wenn wir uns der Gegenwart Gottes bewusst sind, „werden unsere Gedanken von Jesus Christus gefangen genommen" und unsere Lebensgewohnheiten nach dem göttlichen Maßstab verändert (*Testimonies to Ministers*, S. 387f.). „Nichts kann einen solchen Einfluss ausüben, so vor Versuchung schützen und so zu Reinheit und Wahrhaftigkeit anspornen wie das Wissen um die Gegenwart Gottes." (*Education*, S. 255)

„Würden wir immer daran denken, dass Gott alles, was wir tun und sagen, wahrnimmt und dass wir alles einmal verantworten müssen, dann würden wir uns scheuen zu sündigen. Besonders für junge Menschen ist es wichtig, sich überall und bei allem Tun in Gottes Gegenwart zu wissen. Nichts von unserem Verhalten bleibt unbeobachtet, wir können unsere Wege vor dem Allerhöchsten nicht verbergen ... Jede Tat, jedes Wort, jeder Gedanke wird so deutlich vermerkt, als gäbe es keinen weiteren Menschen auf der Welt, auf den sich die Aufmerksamkeit des Himmels richten könnte." (*Patriarchs and Prophets*, S. 217f.)

Gott liebt alle Menschen und ganz besonders seine Kinder. Er hat immer ein offenes Ohr für die Bitten seiner Kinder, die sich von den Maßstäben dieser Welt abgewandt und ihm anvertraut haben. Wird diese Liebe angenommen und erwidert, so erwachsen daraus Achtung und Ehrfurcht, die sich immer und überall zeigen. Als Christen gehören wir der himmlischen Familie an und sind Kinder des großen Königs. Deshalb dürfen wir nichts sagen oder tun, ‚was den herrlichen Namen, nach dem ihr benannt worden seid, verlästern' könnte (Jak 2,7 nach Albrecht). Wenn wir in jeder Phase des Lebens den „göttlich-menschlichen Charakter Christi sorgfältig studieren und uns immer wieder fragen: ‚Was würde Jesus an meiner Stelle tun?', machen wir ihn tatsächlich zum Maßstab unseres Verhaltens." (*The Ministry of Healing*, S. 491)

Durch die Gemeinde der Übrigen will Gott dem ganzen Weltall zum letzten Mal vor Augen führen, dass das Evangelium völlig ausreicht, um die Menschen von der Macht der Sünde zu erlösen. Darum ist es notwendig, dass Glieder, die sich zu dieser Gemeinde zählen, den Wert der Prinzipien christlicher Lebensführung schätzen und sich zu den von Gott gegebenen Grundsätzen bekennen. Sie müssen sich an den hohen Maßstäben eines christlichen Lebens messen lassen und von der Welt unterscheiden. In diesem Sinne ist die Mahnung zu verstehen: „Habt nicht lieb die Welt noch was in der Welt ist. Wenn jemand die Welt lieb hat, in dem ist nicht die Liebe des Vaters." (1 Joh 2,15)

Bibelstudium und Gebet

Geistliches Leben wird durch geistliche Nahrung aufrechterhalten. Wer in der Heiligung vorankommen will, muss sich Andacht, Bibelstudium und Gebet zur Gewohnheit machen. Fernsehen, Rundfunk, Zeitungen, Zeitschriften und Bücher nehmen Zeit und Aufmerksamkeit in einem solchen Maße gefangen, dass es unerlässlich geworden ist, bewusst Augen und Ohren von vielen Dingen abzuwenden, die auf uns einströmen. Nur so werden wir frei, uns dem Buch Gottes zu widmen, dem Buch der Bücher, dem Buch des Lebens.

Wenn wir aufhören, das Volk der Heiligen Schrift zu sein, sind wir verloren und unsere Mission ist gescheitert. Nur wenn wir täglich mit Gott reden und auf seine Stimme hören, die aus der Bibel zu uns spricht, wird es möglich, das Leben zu leben, das „verborgen mit Christus in Gott" ist (Kol 3,3) und sein Werk zum Abschluss zu bringen.

Gebet ist ein Gespräch in zwei Richtungen. „Wer betet öffnet sich Gott wie einem Freund." (*Steps to Christ*, S. 93) „Wer betet, ‚schaltet' eine direkte Verbindung zum allmächtigen Gott." – „Wer das Gebet nicht mehr pflegt, setzt die Verbindung zu Gott aufs Spiel. Er muss sich nicht wundern, dass ihm die Kraft zum Widerstand gegen die

Sünde fehlt und er nach und nach vom Weg Gottes abkommt." (*Steps to Christ*, S. 97.95)

Die Familie ist der Eckstein der Gemeinde und ein christliches Heim ist ein Haus des Gebets. „So wichtig unsere Verpflichtungen auch sein mögen, als Eltern dürfen wir es nie versäumen, mit unserer Familie vor Gott zu treten ... Wer allezeit geduldig, fröhlich und voller Liebe sein will, der muss beten." (*The Ministry of Healing*, S. 393)

Unsere Beziehung zu Gesellschaft und Öffentlichkeit

Obwohl „unser Bürgerrecht ... im Himmel (ist) von woher wir auch den Herrn Jesus Christus als Heiland erwarten" (Phil 3,20 EB), leben wir doch in der Welt und sind ein untrennbarer Teil der menschlichen Gesellschaft. Gemeinsam mit unseren Mitmenschen tragen wir bestimmte Verantwortungen für die allgemeinen Aufgaben des Lebens.

Überall wo Siebenten-Tags-Adventisten wohnen, sollten sie als vorbildliche Bürger bekannt sein, die sich durch christliche Rechtschaffenheit auszeichnen und bereit sind, sich für das Allgemeinwohl einzusetzen, denn sie sind Gottes Kinder. Auch wenn unsere höhere Verantwortung der Gemeinde gilt und ihrem Auftrag, das Evangelium vom Reich in aller Welt zu verkündigen, sollten wir doch durch unseren Dienst und unsere Mittel alle geeigneten Bemühungen um die gesellschaftliche Ordnung und den sozialen Fortschritt unterstützen, soweit es uns möglich und mit unseren Grundsätzen vereinbar ist.

Obwohl sich Siebenten-Tags-Adventisten aus politischem und sozialem Streit heraushalten, treten sie doch besonnen, fest und kompromisslos für Recht und Gerechtigkeit in öffentlichen Angelegenheiten ein, in Übereinstimmung mit ihrer Glaubensüberzeugung. Es ist unsere heilige Pflicht, loyale Bürger unseres Staates zu sein wie Christus gesagt hat: „So gebt dem Kaiser, was des Kaisers ist, und Gott, was Gottes ist!" (Mt 22,21)

Die Heiligung des Sabbats

Das Geschenk des Sabbats ist ein Zeichen der Liebe Gottes zum Menschen. Es ist ein Denkmal der ursprünglichen Schöpfung Gottes und ein Zeichen seiner Macht, das Leben zu erneuern und zu heiligen (Hes 20,12). Die Heiligung des Sabbats ist auch ein sichtbares Zeichen der Treue zu Gott. Die richtige Beachtung des Sabbats macht deutlich, ob wir unserem Schöpfer treu sind und Gemeinschaft mit unserem Erlöser haben. So ist der Sabbat auf besondere Weise ein Prüfstein des

Gehorsams. Wenn wir uns dieser Prüfung selbst nicht unterziehen, wie können wir dann der Welt die Botschaft vom Sabbat glaubwürdig verkünden?

Der Sabbat hat eine besondere Bedeutung im Leben von Siebenten-Tags-Adventisten. Der siebente Tag der Woche, der am Freitag mit dem Sonnenuntergang beginnt und am Sonnabend mit dem Sonnenuntergang endet (Neh 13,19; vergl. 3 Mo 23,32), ist ein Geschenk Gottes, ein Zeichen seiner Gnade in der Zeit. Er ist Gottes Angebot, mit ihm, der uns liebt und den wir lieben, eine besondere Zeit verbringen zu können, eine heilige Zeit, die er in seinem ewigen Gesetz vorgesehen hat, damit wir ihn mit Freude anbeten und Gemeinschaft mit anderen erleben können (siehe Jes 58,13 GNB). Der Gläubige begrüßt den Sabbat mit Freude und Dankbarkeit. „Gottes Liebe hat der Beanspruchung durch die Last der Arbeit eine Grenze gesetzt. Er hält seine Hand über den Sabbat und schafft so für die Eltern die Möglichkeit, an diesem Tag für ihn, seine Schöpfung und die Familie Zeit zu haben und Gemeinschaft zu pflegen." (*Education*, S. 251)

Die Sabbatstunden gehören Gott und sollen nur für ihn genutzt werden. Der Tag des Herrn ist nicht dazu da, nach unseren eigenen Vorstellungen zu leben oder eigenen Geschäften und Vergnügungen nachzugehen (siehe Jes 58,13). Lasst uns bei Sonnenuntergang im Familienkreis zusammenkommen und den heiligen Sabbat mit Gebet und Gesang willkommen heißen, genauso auch mit Gebet und Danksagung für Gottes wunderbare Liebe beschließen. Der Sabbat ist ein besonderer Tag des Gottesdienstes zu Hause und in der Gemeinde, ein Tag der Freude für uns und unsere Kinder, ein Tag, an dem wir Gott durch die Bibel und das große Buch der Natur besser kennenlernen können. Er gibt uns Zeit, Kranke zu besuchen und für die Errettung von Menschen zu wirken. Die alltäglichen Pflichten der sechs Arbeitstage werden beiseite gelegt. Keine unnötigen Arbeiten werden verrichtet. Unsere Aufmerksamkeit soll am heiligen Tag Gottes auch nicht von alltäglichen Fernseh- und Rundfunksendungen oder Lesestoff in Anspruch genommen werden.

„Der Sabbat ist nicht gedacht als Zeit nutzloser Untätigkeit. Das Gesetz Gottes verbietet alltägliche Arbeit am Ruhetag des Herrn. Das Ringen um den Lebensunterhalt, das Streben nach Vergnügungen oder persönlichen Vorteilen soll an diesem Tag unterbleiben. So wie Gott mit seinem Schaffen aufhörte, am Sabbat ruhte und ihn segnete, so soll der Mensch die Tätigkeiten seines täglichen Lebens beenden und diese heiligen Stunden zu heilsamer Ruhe, Anbetung und guten Werken verwenden." (*The Desire of Ages*, S. 207)

Ein ansprechendes Programm von Aktivitäten, das dem Geist wahrer Sabbatheiligung entspricht, wird diesen besonderen Tag für uns selbst und für unsere Kinder zum schönsten und glücklichsten Tag der Woche machen und Vorfreude auf die himmlische Ruhe erwecken, die uns erwartet.

Ehrfurcht vor dem Ort der Anbetung

Christen, die Gottes Allmacht, Heiligkeit und Liebe wertschätzen, offenbaren immer und überall einen Geist tiefer Ehrfurcht vor Gott, seinem Wort und seiner Anbetung. „Demut und Ehrfurcht sollte die Haltung aller ausdrücken, die in die Gegenwart Gottes kommen." (*Patriarchs and Prophets*, S. 228) Sie werden erkennen, dass „die Zeit und der Ort des Gebets heilig sind, weil Gott gegenwärtig ist" (*Gospel Workers*, S. 178). Sie werden das Haus der Anbetung nicht gedankenlos, sondern andächtig betreten und alle unnötigen Gespräche vermeiden.

Eltern sollen ihre Kinder lehren, „wie man sich verhalten soll im Hause Gottes" (1 Tim 3,15). Eine gewissenhafte Anleitung zur Ehrfurcht vor Gott und Gottesdienst in der Kindheit und Jugend durch Elternhaus, Sabbatschule und Gemeinde ist so weitreichend, dass sie sich auch in späteren Jahren auswirkt.

Der Prediger, der die Heiligkeit des Gottesdienstes empfindet, wird durch sein Beispiel, seine Unterweisung und sein Verhalten auf dem Podium Ehrfurcht, Einfachheit, Ordnung und Anstand in der Gemeinde fördern. „Der HERR aber ist in seinem heiligen Tempel. Werdet still [und] erweist ihm Ehre!" (Hab 2,20 GNB)

Gesunde Lebensführung

Der Körper ist der Tempel des Heiligen Geistes (siehe 1 Kor 6,19). „Seele und Geist stehen in einer Wechselbeziehung zum Körper. Unsere geistige und geistliche Kraft hängt weitgehend von unserer körperlichen Verfassung und Aktivität ab. Was der Gesunderhaltung dient, nützt deshalb zugleich der geistigen und charakterlichen Entwicklung." (*Education*, S. 195) Aus diesem Grund achten Siebenten-Tags-Adventisten darauf, dass sie die Prinzipien einer gesunden Lebensführung bezüglich Bewegung, Erholung, Sonnenschein, frischer Luft, sauberem Wasser und ausreichend Schlaf in vernünftiger Weise befolgen. Aus Überzeugung entscheiden sie sich für eine gesunde, naturgemäße und maßvolle Ernährung. Darum enthalten sie sich von abhängig machenden Genussmitteln wie Alkohol, Tabak und Drogen. Sie streben nach physischer und psychischer Ausgewogenheit und meiden Extreme.

Eine gesunde Lebensführung und die Verbreitung ihrer Prinzipien gehören untrennbar zur Adventbotschaft. Durch seine Dienerin lehrt uns der Herr, „dass alle, die Gottes Gebote halten, in eine heilige Beziehung zu ihm geführt werden sollen und dass sie ihren Geist und Körper durch Ausgewogenheit im Essen und Trinken in die bestmögliche Verfassung für den Dienst für Gott bringen sollen" (*Counsels on Health*, S. 132f.). Ebenso „will der Herr, dass der heilsame Einfluss der Lebensreform die letzte große Verkündigung des Evangeliums begleiten soll" (*Medical Ministry*, S. 259).

Wir gehören dem Herrn mit Leib, Seele und Geist. Deshalb ist es für uns auch ein Anliegen des Glaubens, die Gesetze der Gesundheit zu beachten, sowohl zu unserem eigenen Wohlbefinden und Glück, als auch, um Gott und unseren Mitmenschen besser dienen zu können. Verlangen und Appetit brauchen eine vernünftige Kontrolle. Die Gesundheit wird gefördert, wenn die Gesundheitsprinzipien beachtet werden bezüglich reiner Luft, guter Raumlüftung, passender Kleidung, Sauberkeit, Bewegung und Entspannung, ausreichend Schlaf und vernünftiger, vollwertiger Ernährung. Gott hat die Menschheit mit einer reichen Auswahl an Lebensmitteln versorgt, die alle Nahrungsbedürfnisse befriedigen können. Obst, Getreide, Nüsse und Gemüse bilden – einfach zubereitet – „zusammen mit Milch oder Sahne die gesündeste Kost" (*Christian Temperance and Bible Hygiene*, S. 47).

Wenn die Grundsätze einer gesunden Lebensweise eingehalten werden, kommt kein Verlangen nach Reizmitteln auf. Der Gebrauch von Rausch- und Betäubungsmitteln jeder Art ist mit einer gesunden Lebensführung unvereinbar. Darum ist in der Gemeinschaft der Siebenten-Tags-Adventisten der Verzicht auf Alkohol und Tabak seit ihrer Gründerzeit eine Bedingung für die Aufnahme in die Gemeinde gewesen (siehe S. 63, 65f.).

Gott hat uns große Erkenntnis über die Gesundheitsprinzipien geschenkt und die wissenschaftliche Forschung hat diese Erkenntnis vollauf bestätigt. Die Gesundheitsgrundsätze können nicht gefahrlos missachtet werden. Uns wird dazu gesagt: „Wer es vorzieht, sich von dem leiten zu lassen, was ihm passt, und nur isst und trinkt, wonach ihm zumute ist, wird allmählich auch nachlässig gegenüber den Weisungen des Herrn in anderen Bereichen der gegenwärtigen Wahrheit; sein Empfindungsvermögen für die Wahrheit wird abstumpfen." (*Testimonies for the Church*, Band 9, S. 156f.)

Einfachheit

Seit ihrer Gründerzeit an war Einfachheit ein Grundzug der Gemeinschaft der Siebenten-Tags-Adventisten. Das muss auch so bleiben. Je prunkvoller eine Religion sich darstellt, desto geringer wird ihr geistlicher Einfluss. So wie das Leben Jesu in einem auffälligen Gegensatz zur Pracht und Zurschaustellung seiner Zeit stand (siehe *Education*, S. 77), so müssen auch die Einfachheit und die Kraft der Adventbotschaft in deutlichem Kontrast zum Aufwand und zur Imagepflege unserer Zeit stehen.

Der Herr verurteilt „unnötige und verschwenderische Geldausgaben, die nur der Angeberei und Selbstdarstellung dienen" (*Testimonies to Ministers*, S. 179). Nach diesem Grundsatz sollten sich unsere Schulabschlussfeiern, die Trauungen in unseren Gemeinderäumen und alle anderen Versammlungen in der Gemeinde durch Einfachheit und Sparsamkeit auszeichnen.

Kleidung

Als Siebenten-Tags-Adventisten sind wir herausgerufen aus der Welt. Wir sind Reformer. Wahrer Glaube durchdringt das ganze Leben und beeinflusst alles, was wir tun. Die Lebensgewohnheiten werden nun geprägt von Grundsätzen und nicht mehr von dem Beispiel der Welt um uns. Sitten und Moden mögen sich im Laufe der Zeit ändern, aber die Prinzipien einer richtigen Lebensführung bleiben gleich.

Für einen Christen ist es von Bedeutung, wie er sich kleidet. Siebenten-Tags-Adventisten erhielten schon früh in ihrer Geschichte Hinweise in Bezug auf die Kleidung, damit „das Volk Gottes vor dem schädlichen Einfluss der Welt bewahrt bleibt und seine körperliche und sittliche Gesundheit gefördert wird" (*Testimonies for the Church*, Band 4, S. 634). Es geht nicht darum, sich anders zu kleiden als die Menschen im persönlichen Umfeld, nur um sich von ihnen zu unterscheiden. Wo es aber prinzipiell um Anständigkeit und Moral geht, wird der gewissenhafte Christ lieber treu zu seiner Überzeugung stehen, als sich der herrschenden Sitte oder Mode anpassen.

Christen sollten sich nicht herausputzen und „übermäßige Verzierungen" meiden. Die Kleidung sollte, wo immer möglich, „von guter Qualität, passend in der Farbe und zweckentsprechend sein. Haltbarkeit sollte bei der Auswahl wichtiger sein als Auffälligkeit." Sie sollte sich auszeichnen durch „Schönheit", „zurückhaltende Anmut" sowie „angemessene und natürliche Einfachheit" (*Messages to Young*

People, S. 351f.). Um nicht Anstoß zu erregen, sollte sich die Kleidung an dem orientieren, was allgemein als stilvoll akzeptiert wird. Wer sich nach dem letzten Schrei richtet und die ausgefallensten Modetorheiten mitmacht, lässt einen Mangel an Interesse an ernsthaften Dingen vermuten. Auch wenn sich die Menschen im Allgemeinen vernünftig kleiden, so gibt es doch immer wieder modische Auswüchse, die das Empfinden für Anstand verletzen und unmoralische Zustände fördern. Viele, die blindlings jede Mode mitmachen, sind sich dieser Folgen zwar kaum bewusst, haben aber doch Anteil an der unheilvollen Wirkung. Die Kinder Gottes sollten daher zu denen gehören, die sich eher konservativ kleiden und „ihre Gedanken nicht ständig um die Kleidung kreisen lassen" (*Evangelism*, S. 273). Sie werden nicht die Ersten sein, die eine neue Mode annehmen, aber auch nicht die Letzten, die eine alte ablegen.

„Es entspricht unserem Glauben, dass wir uns einfach kleiden und auf Schmuck und Zierrat jeglicher Art verzichten." (*Testimonies for the Church*, Band 3, S. 366) Die Schrift sagt deutlich, dass das Tragen von Schmuck dem Willen Gottes widerspricht. „Nicht mit Haarflechten und Gold oder Perlen oder kostbarer Kleidung" ermahnt der Apostel Paulus (1 Tim 2,9 EB). Mit einer christlichen Haltung, der es nicht um die eigene Person geht, läßt sich nicht vereinbaren, wenn man sich mit Schmuck behängt und damit die Aufmerksamkeit auf sich lenkt.

In einigen Ländern ist es üblich, Trauringe zu tragen, weil nach allgemeiner Auffassung dort der Ring als ein Zeichen der ehelichen Treue gilt und nicht als Schmuckstück. Unter diesen Umständen ist nichts gegen diesen Brauch einzuwenden.

Denkt daran, dass der echte christliche Charakter sich nicht „äußerlich herausputzt mit Schmuck", sondern die „Schönheit soll von innen kommen! Freundlichkeit und ein ausgeglichenes Wesen sind der unvergängliche Schmuck, der in Gottes Augen Wert hat." (1 Ptr 3,3.4 GNB). Solche Kosmetika, die weder dem guten Geschmack noch dem Prinzip christlicher Zurückhaltung entsprechen, sollten nicht verwendet werden. Wer dem Herrn Jesus Christus jederzeit gefallen und ihn recht darstellen möchte, wird sein Verhalten an ihm ausrichten und auf die Pflege seiner Person sowie auf Reinlichkeit achten.

Christliche Eltern sollten durch ihr Vorbild, ihre Anleitung und ihre elterliche Autorität ihre Söhne und Töchter so erziehen, dass sie sich angemessen kleiden und damit die Achtung und das Vertrauen derer gewinnen, die sie kennen. Siebenten-Tags-Adventisten sollten sich dann als gut gekleidet betrachten, wenn ihre Kleidung von gutem Geschmack, Bescheidenheit und Anstand zeugt.

Lesestoff

Wie der Körper so braucht auch der innere Mensch die gesunde Ernährung zur Stärkung und Regeneration. Der Geist ist das Maß des Menschen. Deshalb ist die Nahrung, die wir unserem Geist zukommen lassen, von höchster Bedeutung für unsere charakterliche Entwicklung und die Erreichung unserer Lebensziele. Unsere Gewohnheiten der geistigen Beschäftigung sind sorgfältig zu überprüfen. Nichts gibt einen besseren Einblick in unseren Charakter als die Wahl dessen, was wir lesen und uns anhören.

Die Literatur gehört zu den wertvollsten Bildungs- und Kulturgütern, aber sie muss gut ausgewählt und in rechter Weise verwendet werden. Das Angebot an guter Literatur, Büchern und Zeitschriften ist groß; doch demgegenüber steht eine Flut von schlechter Literatur, die oft sehr anziehend aufgemacht ist, aber dem Geist und der Moral schadet.

Sensationelle Darstellungen, ob Tatsache oder erfunden, in Zeitschriften, Filmen und Fernsehsendungen, in denen es vor allem auf Spannung, Gewalt und Sex ankommt, sind für Jung und Alt gleichermaßen unzuträglich. „Wer es sich angewöhnt hat, nur hinter Spannung und Nervenkitzel herzujagen, lähmt seine Verstandeskraft und raubt seinem Geist die Fähigkeit, gründlich nachzudenken und zu forschen." (*Counsels to Parents, Teachers, and Students*, S. 135)

Neben anderen schädlichen Folgen, die das Verschlingen von Unterhaltungslektüre mit sich bringt, macht sie „unfähig, über die großen Fragen unserer Aufgabe und Bestimmung nachzudenken" und „erzeugt in uns eine Abneigung gegen die praktischen Pflichten des Alltags" (*Counsels to Parents, Teachers, and Students*, S. 383).

Rundfunk und Fernsehen

Rundfunk und Fernsehen haben unsere Welt grundlegend verändert. Auf bequeme Weise bringen sie uns die Lebens- und Denkweise anderer Menschen und die Ereignisse auf der ganzen Erde nahe. Rundfunk und Fernsehen sind bedeutsame Bildungsmittel. Durch sie können wir unser Wissen beträchtlich erweitern, wichtige Diskussionen verfolgen oder uns an guter Musik erfreuen.

Leider bieten die Programme aber auch viele andere Dinge, die keinen heilsamen oder aufbauenden Einfluss ausüben. Wenn es uns da an Unterscheidungsvermögen und Entschlossenheit fehlt, werden Sendungen billiger und primitiver Art in unser Heim eindringen. Wir können uns und unsere Kinder nur schützen, wenn wir entschieden und mit Gottes Hilfe dem Rat des Apostels Paulus folgen: „Richtet eure Gedanken auf das, was ... als rechtschaffen, ehrbar und gerecht gilt, was rein, liebenswert und ansprechend ist, auf alles, was Tugend heißt und Lob verdient." (Phil 4,8 GNB)

Musik

„Musik wurde für ein heiliges Ziel geschaffen: Die Gedanken auf das auszurichten, was rein, edel und erhebend ist. Sie soll im Herzen Weihe und Dankbarkeit gegenüber Gott wecken." (*Patriarchs and Prophets*, S. 594) „Im Lied pflegte Jesus die Verbindung mit seinem himmlischen Vater." (*The Desire of Ages*, S. 73)

Die Musik ist eine der höchsten Künste. Gute Musik macht nicht nur Freude, sondern erhebt den Geist und veredelt die besten Eigenschaften. Gott gebraucht geistliche Lieder, um die Herzen sündiger Menschen anzusprechen und sie zur Umkehr zu bewegen. Minderwertige Musik dagegen schadet der Harmonie der Seele und beeinträchtigt das Empfinden für Gut und Böse.

Die Auswahl der Musik sollte äußerst sorgfältig geschehen. Melodien und Rhythmen, die sich lediglich an populären Stilrichtungen der Musik orientieren, deren Wirkung z. B. durch hohe Lautstärke, Monotonie oder überaus schnelles Tempo schädlich ist oder deren Aufführung unmittelbar mit Orten oder Umständen assoziiert wird, die mit der Verkündigung der Adventbotschaft nicht vereinbar sind, können nicht gutgeheißen werden. Lasst uns in unseren Familien und Schulen, bei geselligen Zusammenkünften und in der Gemeinde nur gute Musik pflegen! (Siehe auch S. 106f.)

Freizeitgestaltung

Erholung ist die Regeneration und Stärkung der Kräfte von Körper, Gemüt und Verstand. Gesundheit und Lebensfreude lassen sich nicht durch Vergnügungen und Zerstreuung erhalten, sondern nur durch sinnvolle und richtige Erholung.

„Vieles, was heute populär ist und die Menschen amüsiert – auch solche, die vorgeben Christen zu sein – führt zu nichts anderem als früher bei den heidnischen Völkern. Kaum etwas benutzt Satan nicht, um Menschen zu schaden. Zu allen Zeiten ging es ihm darum, durch Schauspiele Leidenschaften zu erregen und Gewalt zu verherrlichen. Opern mit verführerischer Inszenierung und verwirrender Musik, Maskenbälle, Tanz und Glücksspiele gebraucht Satan, um ethische Grundsätze umzustoßen und die Hemmschwelle zur Triebbefriedigung herabzusetzen. Wo Vergnügen, Eitelkeit oder Lustbefriedigung im Mittelpunkt stehen, verliert der Mensch Gott und die Ewigkeitswerte aus dem Auge und gerät in die Fesseln Satans." (*Patriarchs and Prophets*, S. 459f.)

Wir warnen vor dem verführerischen und unheilvollen Einfluss, den Spielfilme ausüben, die Sünden – Mord, Ehebruch, Raub, Betrug oder andere Übel – anschaulich vorführen. Sie sind zu einem nicht unwesentlichen Teil die Ursache für den moralischen Verfall in dieser Zeit. Wir rufen Eltern, Kinder und Jugendliche auf, nicht dort hinzugehen, wo solche Filme vorgeführt werden, sie nicht anzusehen und sich nicht am Starkult zu beteiligen. Wenn wir uns über Gottes prächtige Natur, über all das Wunderbare menschlichen und göttlichen Wirkens freuen können, werden wir uns nicht mehr von Aufführungen faszinieren lassen, die oberflächlich sind und die Wirklichkeit verfälschen.

Eine andere Gefahr, unter schlechten Einfluss zu geraten, sind öffentliche Tanzveranstaltungen. „Die Tanzvergnügen, wie sie heute im Allgemeinen angeboten werden, sind eine Schule sittlichen Niedergangs mit schlimmen Folgen für die menschliche Gesellschaft." (*Messages to Young People*, S. 399, siehe 2 Kor 6,15-18; 1 Joh 2,15-17; Jak 4,4; 2 Tim 2,19-22; Eph 5,8-11; Kol 3,5-10)

Siebenten-Tags-Adventisten unterstützen keine gewerbsmäßigen Vergnügungsstätten und schließen sich nicht den oberflächlichen und vergnügungssüchtigen Massen an, von denen gesagt wird: „Sie kümmern sich nicht um das, was Gott Freude macht, sondern suchen nur, was ihre eigene Lust vermehrt." (2 Tim 3,4 GNB)

Freizeit und Erholung sind notwendig und wichtig. Wir sollten uns bemühen, Möglichkeiten für Begegnungen, Freizeitgestaltung und Freundschaften in der Gemeinde anzubieten. Wir empfehlen, dass Familien mit Kindern Material zur Verfügung gestellt und Anregungen gegeben werden, mit deren Hilfe sich die schöpferischen Kräfte der Jugend entfalten können. Die verschiedenen Aktivitäten der Gemeinde, die Jugend- und Pfadfindergruppen, Gesangs- und Musikgruppen oder missionarische Unternehmungen können zu einer wohltuenden Begegnung und Gemeinschaft beitragen, die gute Erholung bietet.

Gesellschaftlicher Umgang

Das Bedürfnis nach Gemeinschaft wurde uns von Gott zur Freude und zur gegenseitigen Bereicherung gegeben. „Durch den Kontakt zueinander werden Verstand und Sinne geformt und verfeinert. Durch Begegnung und Umgang miteinander werden Bekanntschaften und Freundschaften geschlossen, Menschen vereint und eine liebevolle Atmosphäre geschaffen. Das ist im Sinne Gottes." (*Testimonies for the Church*, Band 6, S. 172) Wenn Männer und Frauen sich korrekt und ungezwungen begegnen können, ist es für ihre Entwicklung von Vorteil. An diese Begegnungen ist ein hoher Maßstab anzulegen. Sie müssen den Konventionen und Grenzen Rechnung tragen, die dem Schutz der Gesellschaft und des Einzelnen dienen. Es ist Satans Absicht, alles Gute ins Gegenteil zu verkehren. Was gut gemeint war, richtet dann mitunter großen Schaden an. Deshalb ist es wichtig, dass Christen ihr gesellschaftliches Leben nach festen Grundsätzen ausrichten.

Die Ideale, die die Beziehungen zueinander sicherer und glücklicher gestalten können, verlieren heute in erschreckender Weise an Bedeutung. Wo sittliche und religiöse Grundsätze nicht mehr gelten, führt die Leidenschaft der Geschlechter zu Freizügigkeit und Zügellosigkeit. Sexuelle Perversionen, Inzest, sexueller Missbrauch von Kindern breiten sich in Besorgnis erregender Weise aus. Millionen haben die christlichen Lebensprinzipien aufgegeben und sich von der biblischen Ordnung der Ehe abgewandt, um in Lebensformen Erfüllung zu finden, die oft Enttäuschung und bitteres Leid nach sich ziehen. Wenn die Familie zerstört wird, ist auch die Gesellschaft gefährdet. Die Auswirkungen für Gemeinde und Gesellschaft sind schrecklich. Ehen zerbrechen, Kinder und Jugendliche werden so geschädigt, dass sie selbst zu einer Quelle neuen Übels werden. Die verheerenden Auswirkungen auf die Gesellschaft werden schlimmer und dürfen uns als Christen nicht gleichgültig sein.

Diese Entwicklung erfasst immer mehr Menschen und macht auch vor christlichen Familien nicht Halt. Ehebruch, sexuelle Gewalt in der Ehe, Inzest, sexueller Missbrauch von Kindern, homosexuelle und lesbische Praktiken sind Perversionen und stehen im Gegensatz zum ursprünglichen Plan Gottes. Wenn die Bedeutung klarer biblischer Aussagen (siehe 2 Mo 20,14; 3 Mo 18,22.29; 20,13; 1 Kor 6,9.10; 1 Tim 1,10; Röm 1,20-32) geleugnet wird, wenn ihre Warnungen missachtet werden und stattdessen gilt, was Menschen meinen, dann entstehen Unsicherheit und Verwirrung. Genau das ist Satans Ziel. Es war schon immer seine Absicht, die Menschen vergessen zu machen, dass Gott ihr Schöpfer ist, dass er sie „als Mann und Frau" geschaffen hat, als er „den Menschen zu seinem Bilde" schuf (1 Mo 1,27). Die Welt wird heute Zeuge, wie die Perversionen der alten Zivilisationen wieder aufleben.

Gottes Wort beschreibt deutlich, welche erniedrigenden Folgen es hat, wenn das Leben vom Sex und der Jagd nach Triebbefriedigung bestimmt wird. Aber Christus kam, um die Werke des Teufels zu zerstören (siehe 1 Joh 3,8) und das Verhältnis der Menschen zu ihrem Schöpfer zu erneuern. Deshalb erhalten alle Menschen, die sich Christus anvertrauen, völlige Vergebung, auch wenn sie, wie alle Menschen seit Adam, verloren und Gefangene der Sünde geworden sind. Durch Christus erhalten sie das Recht, einen besseren Weg zu wählen, den Weg zu vollkommener Erneuerung. Durch das Kreuz und die Kraft des Heiligen Geistes können sie auch von der Zwanghaftigkeit ihres sündigen Tuns befreit werden. Sie werden wiederhergestellt nach dem Bild ihres Schöpfers.

Für Eltern und alle, die für die Jugend Verantwortung tragen, ist es unerlässlich, ohne falsche Scham die tatsächlichen gesellschaftlichen Verhältnisse zur Kenntnis zu nehmen, um so den Problemen der jungen Generation mehr mitfühlendes Verständnis entgegenbringen zu können. Sie müssen sich darum bemühen, den Jugendlichen das bestmögliche Umfeld zu bieten und zu ihnen eine solche Nähe aufzubauen, dass sie ihr die Lebensideale, die Begeisterung und die Kraft des christlichen Glaubens vermitteln können, damit die jungen Menschen den Versuchungen dieser Welt widerstehen können.

Unserer Jugend aber sagen wir: Ihr seid für euch selbst verantwortlich. Welche Fehler eure Eltern auch gemacht haben mögen, es liegt an euch, die höchsten Ideale christlichen Menschseins zu kennen und daran festzuhalten. Andächtiges Bibelstudium, gründliche Kenntnisse der Natur, verantwortlicher Umgang mit dem Körper, Zielstrebigkeit, Beständigkeit im Gebet und aufrichtiger, uneigennütziger Dienst für andere üben einen guten Einfluss aus und machen widerstandsfähig gegen das Böse.

Gesellige Zusammenkünfte für Jung und Alt sollen nicht oberflächliche Vergnügungen bieten, sondern die Gemeinschaft fördern und die geistigen und seelischen Kräfte jedes Einzelnen entwickeln. Gute Musik, intensive Gespräche, sorgfältig ausgewählte Darbietungen, geeignete Filme oder Spiele, auch die Vorbereitung und Planung von Missionsvorhaben tragen dazu bei, dass die Teilnehmer gesegnet und gestärkt werden. Die Jugendabteilung der Generalkonferenz hat für die Durchführung geselliger Zusammenkünfte und die Pflege gesellschaftlicher Beziehungen Anleitungen, nützliche Hinweise und praktische Vorschläge herausgegeben.

Gesellige Zusammenkünfte werden am besten in den Räumen der Gemeinde durchgeführt oder bei Gemeindegliedern, die über geeignete Räume verfügen. Wo die Gemeinde über kein eigenes Zentrum verfügt oder die angebotenen Räume nicht ausreichen, sollte bei der Auswahl der Räumlichkeiten sorgfältig darauf geachtet werden, dass die Atmosphäre der Umgebung die christlichen Ziele der Veranstaltung nicht beeinträchtigt. Öffentliche Vergnügungs- oder Sportstätten genügen dieser Anforderung in der Regel nicht.

Aufsichtspflicht

Wo Erwachsene Gemeinschaft mit den Kindern und Jugendlichen pflegen, üben sie einen starken Einfluss auf sie aus. „Es besteht die Gefahr, dass Eltern wie Lehrer ... es versäumen, zu ihren Kindern bzw. Schülern ein wirklich gutes Verhältnis aufzubauen." (*Cousels to Parents, Teachers, and Students*, S. 76) Die Gemeinden, unsere Schulen und andere Institutionen haben die Aufgabe, sich um das Verhalten und den guten Ruf der ihnen anvertrauten Kinder und Jugendlichen zu kümmern. Wie die Eltern haben auch sie die Pflicht, die jungen Menschen so zu betreuen, dass sie nicht gefährdet sind und es lernen, sich angemessen zu verhalten.

Eltern sollten die Ordnungen, die in den Schulen und Heimen oder bei Veranstaltungen der Gemeinde gelten, nach Kräften unterstützen und auch im eigenen Heim danach handeln. Wer Verantwortung für junge Menschen trägt, muss ihnen so begegnen, dass er von ihnen akzeptiert werden kann. In erster Linie ist es aber Sache der jungen Leute zu lernen, dass es nicht darum geht, sie einzuschränken, sondern ihnen Schutz zu bieten, Achtung entgegenzubringen und ein gutes Verhältnis zu anderen zu ermöglichen.

Vorbereitung auf die Ehe

Junge Menschen, die sich voneinander angezogen fühlen, brauchen für die zukünftige Ehe eine Vorbereitung, die ihnen hilft, sich gründlich kennenzulernen. Eine christliche Ehe ist ein von Gott eingesetzter Bund zwischen einem gläubigen Mann und einer gläubigen Frau. Durch die Bindung in der Ehe findet ihre Liebe Erfüllung, stützen und helfen sie sich gegenseitig, teilen sie miteinander Glück und Leid, bieten sie den Kindern, die sie miteinander haben, Versorgung, Schutz sowie Erziehung zum Gottvertrauen. Nach Gottes Willen bleibt dieser Bund bestehen bis zum Tod eines der beiden Partner.

Die Ehe ist die Grundlage der menschlichen Gesellschaft. Wahre Liebe zwischen Mann und Frau ist von Gott gewollt. „Wer heiraten will, sollte zuvor die Wesenszüge und Empfindungen des Menschen, mit dem er sein Leben teilen möchte, genau kennenlernen. Jeder Schritt in Richtung auf die Ehe sollte von Einfachheit, Aufrichtigkeit und Zurückhaltung gekennzeichnet sein und von dem Bemühen, Gott zu ehren und zu gefallen. Die Ehe verändert nicht nur das weitere Leben, sie hat Auswirkungen bis auf die neue Erde. Ein Christ, der es ernst meint, wird darum keine Entscheidung treffen, die Gott nicht gutheißen kann." (*The Ministry of Healing*, S. 359)

Wer die christlichen Prinzipien der Partnerwahl außer Acht lässt, kann in eine tragische Lage geraten. Die Übereinstimmung von Mann und Frau in ihren Wertvorstellungen und Zielen ist eine Voraussetzung für ein glückliches, gemeinsames Leben. Die Bibel gibt darum den Rat: „Zieht nicht am fremden Joch mit den Ungläubigen." (2 Kor 6,14) Unterschiedliche Glaubensauffassungen beeinträchtigen das Familienglück, führen zu Konflikten, erschweren das Zusammenleben und gefährden die Erziehung der Kinder.

„Die Familie ist die engste, zarteste und heiligste Verbindung, die es zwischen Menschen gibt. Sie wurde zum Segen für die Menschen geschaffen. Und sie ist ein Segen überall da, wo die Ehe mit Vernunft, im Vertrauen auf Gott und sein Wort und im Blick auf die erforderliche Verantwortung geschlossen wird." (*The Adventist Home*, S. 18)

Gottvertrauen und Anbetung, die Beachtung des Sabbats, die Freizeitgestaltung, die Beziehungen zu Freunden und Bekannten, die Verwendung der finanziellen Mittel sowie die Erziehung der Kinder sind grundlegende Bausteine für das Glück der Familie. Meinungsverschiedenheiten in diesen Bereichen können zu Entmutigung und Einsamkeit führen und sogar das geistliche Leben absterben lassen. Aus diesem Grund gehören ausführliche Gespräche über diese Fragen mit einem Pastor zur Vorbereitung auf die Ehe.

„‚Können etwa zwei miteinander wandern, sie seien denn einig untereinander?' (Am 3,3) Glück und Gelingen einer Ehe hängen von der Einheit beider Partner ab. Zwischen einem Gläubigen und einem Ungläubigen gibt es aber schwer wiegende Unterschiede in Geschmack, Neigungen und Zielen. Sie dienen zwei Herren, zwischen denen es keine Übereinstimmung gibt. Wie rein und korrekt die Beweggründe des einen Partners auch sein mögen, der Einfluss eines ungläubigen Partners wird die Tendenz haben, von Gott wegzuführen." (*Patriarchs and Prophets*, S. 174)

Der Herr rät durch E. G. White wiederholt ab von einer Heirat zwischen „Gläubigen und Ungläubigen" und mahnt auch zur Vorsicht, sich mit solchen Christen zu verbinden, die „die Wahrheit für diese

Zeit nicht angenommen haben" (*Testimonies for the Church*, Band 5, S. 364). Die Chance, dass eine Ehe Bestand hat und die Erfüllung finden wird, die Gott für die Familie vorgesehen hat, ist deutlich besser, wenn Ehemann und Ehefrau durch dieselben geistlichen Werte verbunden sind und den gleichen Lebensstil pflegen. Aus diesen Gründen rät die Gemeinschaft der Siebenten-Tags-Adventisten dringend von einer Heirat zwischen einem Siebenten-Tags-Adventisten und einem Nichtadventisten ab. Sie fordert ihre Pastoren auf, eine solche Eheschließung nicht zu vollziehen.

Die Gemeinschaft erkennt an, dass es das Recht des einzelnen Menschen ist zu entscheiden, wen er heiratet. Sie hofft aber, dass ein Gemeindeglied, das jemanden wählt, der nicht der Gemeinde angehört, mit seinem Partner Verständnis dafür aufbringt, wenn ein Prediger, der sich diesen Grundsätzen verpflichtet weiß, eine solche Ehe nicht schließen kann. Wenn aber ein Gemeindeglied eine solche Ehe eingeht, soll die Gemeinde dem Paar dennoch Zuwendung und Liebe erweisen und es zu einer vollständigen Einheit in Christus ermutigen. (Für weitere Informationen zum Thema Ehe siehe Kapitel 15: „Ehe, Scheidung und Wiederverheiratung", S. 249ff.)

Schlusswort

Wir leben in den Gefahren der letzten Tage und tragen die Verantwortung, der Welt das letzte Gnadenangebot zu bringen. Wir leben in der Zeit des Gerichts, das seinen Höhepunkt erreicht, wenn der Herr bei seiner Wiederkunft seine allumfassende Gerechtigkeit offenbaren wird. Darum lasst uns von ganzem Herzen Leib, Seele und Geist Gott weihen und entschieden an den christlichen Grundsätzen festhalten, die diejenigen kennzeichnen, die auf ihren Herrn warten.

Kapitel 14

Korrigierende Seelsorge (Gemeindezucht)

Allgemeine Grundsätze

Dieses Kapitel enthält grundlegende Aussagen aus dem Schrifttum von E. G. White für jeden Prediger, jeden Verantwortungsträger in der Gemeinde und auch für jedes einzelne Gemeindeglied. Sie sind es wert, dass wir gründlich und unter Gebet über sie nachdenken. In deutlicher Sprache zeigen sie die besondere Verantwortung des Volkes Gottes, die Reinheit, Integrität und Einsatzbereitschaft der Gemeinde zu bewahren.

Wenn Gemeindeglieder das Interesse verlieren und gleichgültig werden, so hat die Gemeinde die Aufgabe, sie aufzurütteln. Weichen Glieder von der biblischen Wahrheit ab, so muss alles getan werden, was sie auf den richtigen Weg zurückführen kann.

Seelsorge an irrenden Gliedern

„Im Umgang mit irrenden Gliedern hat die Gemeinde sich sorgfältig nach den Anweisungen zu richten, die der Heiland in Matthäus 18 gegeben hat." (*Testimonies for the Church*, Band 7, S. 260)

„Sündigt aber dein Bruder an dir, so geh hin und weise ihn zurecht zwischen dir und ihm allein. Hört er auf dich, so hast du deinen Bruder gewonnen. Hört er nicht auf dich, so nimm noch einen oder zwei zu dir, damit jede Sache durch den Mund von zwei oder drei Zeugen bestätigt werde. Hört er auf die nicht, so sage es der Gemeinde. Hört er auch auf die Gemeinde nicht, so sei er für dich wie ein Heide und Zöllner. Wahrlich, ich sage euch: Was ihr auf Erden binden werdet, soll auch im Himmel gebunden sein, und was ihr auf Erden lösen werdet, soll auch im Himmel gelöst sein." (Mt 18,15-18)

„Die Menschen sind Christi Eigentum, von ihm mit einem unermesslichen Preis erkauft, mit ihm verbunden durch die Liebe, die er und sein Vater für sie offenbart haben. Wie sorgfältig sollten wir deshalb im Umgang miteinander sein! Menschen haben kein Recht,

Böses von ihren Mitmenschen zu argwöhnen. Gemeindeglieder haben kein Recht, sich beim Umgang mit Geschwistern, die geirrt haben, von ihren eigenen Vorstellungen und Neigungen leiten zu lassen. Sie sollten ihre Vorurteile gegen die Irrenden nicht einmal aussprechen, denn dadurch übertragen sie den Sauerteig böser Gedanken auf andere. Wird über einen Bruder oder eine Schwester in der Gemeinde nachteilig geredet, so verbreitet sich das schnell von einem Gemeindeglied zum andern. So wird ihnen Schaden zugefügt und sie werden ungerecht behandelt, nur weil einige nicht bereit sind, die Anweisungen des Herrn Jesu zu befolgen.

,Sündigt aber dein Bruder an dir, so geh hin und weise ihn zurecht zwischen dir und ihm allein', sagte Christus (Mt 18,15). Erzähle anderen nicht von den Fehlern. Einer erfährt etwas, danach ein Zweiter und bald noch ein anderer und das Gerücht wächst und das Übel nimmt zu, bis die ganze Gemeinde darunter leidet. Ordne die Sache ,zwischen dir und ihm allein', das ist Gottes Plan. ,Wenn dir bei deinem Nachbarn oder einer Nachbarin etwas verdächtig erscheint, dann bring es nicht gleich vor Gericht. Wie stehst du da, wenn sie dir beweisen können, dass du dich getäuscht hast? Wenn du einen Streit mit deinem Nachbarn hast, dann berufe dich nicht auf das, was ein anderer dir im Vertrauen gesagt hat.' (Spr 25,8.9 GNB) Dulde keine Sünde bei deinem Bruder oder deiner Schwester; aber stelle sie auch nicht bloß und vergrößere das Problem nicht dadurch, dass du die Sünde so tadelst, als wolltest du dafür Vergeltung üben. Hilf ihnen auf die Weise, die das Wort Gottes vorschreibt." (*Testimonies for the Church*, Band 7, S. 260f.)

Bemühe dich um Versöhnung

„Lass Verärgerung nicht zur Bosheit ausreifen. Lass nicht zu, dass die Wunde eitert und dann in giftigen Worten aufbricht, so dass die, die sie hören, sich daran anstecken. Lass nicht zu, dass sich bittere Gedanken bei dir oder dem anderen festsetzen. Geh zu deinem Bruder oder zu deiner Schwester und sprich demütig und aufrichtig mit ihm oder ihr über die Angelegenheit.

Was das Vergehen auch sein mag, es ändert nicht den Weg, den Gott für die Schlichtung von Missverständnissen und persönlichen Verletzungen gewiesen hat. Ein persönliches Gespräch mit dem, der falsch gehandelt hat, geführt im Geiste Christi, wird die Schwierigkeit meistens beseitigen. Geht mit einem von Christi Liebe und Anteilnahme erfüllten Herzen zu dem Irrenden und sucht die Angelegenheit in

Ordnung zu bringen. Sprecht ruhig und vernünftig mit ihm, nicht vom Ärger bestimmt. Wendet euch an seine bessere Einsicht. Denkt an die Worte: ‚Wer den Sünder bekehrt hat von seinem Irrweg, der wird seine Seele vom Tode erretten und wird bedecken die Menge der Sünden.' (Jak 5,20) Reicht eurem Bruder oder eurer Schwester das Heilmittel, das die Zwietracht heilt und Abneigung überwindet. Tut, was ihr könnt, um zu helfen. Betrachtet es als euer Vorrecht und auch als Verpflichtung, dass ihr das für den Frieden und die Einigkeit in eurer Gemeinde tun könnt. Hört der Betroffene auf euch, so habt ihr einen Freund gewonnen.

Der ganze Himmel nimmt Anteil am Gespräch zwischen dem, dem Unrecht geschehen ist, und dem, der sich im Irrtum befindet. Nimmt der Irrende die Ermahnung an, die ihm in der Liebe Christi gesagt wird, sieht er seinen Fehler ein und bittet er Gott und seinen Bruder oder seine Schwester um Vergebung, dann erfüllt der Sonnenschein des Himmels sein Herz. Der Streit ist beendet. Freundschaft und Vertrauen sind wiederhergestellt. Das Öl der Liebe entfernt den Schmerz, den das Unrecht verursacht hat. Der Geist Gottes verbindet die Herzen und der ganze Himmel freut sich über die zustandegekommene Einheit.

Wenn die auf diese Weise in christlicher Gemeinschaft verbundenen Menschen miteinander beten und versprechen, Gottes Wort zu achten, Liebe zu üben und demütig vor Gott zu sein, dann werden sie große Segnungen empfangen. Haben sie zuvor andern Unrecht zugefügt, so werden sie nun das Werk der Umkehr und Erneuerung betreiben mit dem Ziel, dass einer dem anderen Gutes tue. So werden sie das Gesetz Christi erfüllen (siehe Gal 6,1.2).

‚Hört er nicht auf dich, so nimm noch einen oder zwei zu dir, damit jede Sache durch den Mund von zwei oder drei Zeugen bestätigt werde.' (Mt 18,16) Nimm solche Gemeindeglieder mit dir, die geistlich gesinnt sind, und sprich mit dem Irrenden über das Unrecht. Vielleicht führen ihn die vereinten Bitten seiner Schwestern und Brüder zur Einsicht, wenn er ihre Übereinstimmung in der Angelegenheit sieht.

Was soll aber geschehen, wenn er diese nicht hört? Sollen einige wenige Personen in einer Ausschusssitzung die Verantwortung auf sich nehmen, den Irrenden auszuschließen? ‚Hört er auf die nicht, so sage es der Gemeinde.' (Mt 18,17) Nun muss sich die Gemeinde mit der Angelegenheit befassen und Entscheidungen treffen. ‚Hört er auch auf die Gemeinde nicht, so sei er für dich wie ein Heide und Zöllner.' (V. 17) Will er nicht auf die Gemeinde hören, lehnt er alle Bemühungen ihn zurückzugewinnen ab, dann liegt die Verantwortung, ihn aus der Gemeinschaft auszuschließen, bei der Gemeinde. Sein Name soll dann aus der Gemeindeliste gestrichen werden.

Kein Verantwortungsträger der Gemeinde sollte raten, kein Ausschuss sollte empfehlen und keine Gemeinde sollte darüber abstimmen, dass der Name eines Gliedes, das Unrecht getan hat, aus den Gemeindebüchern gestrichen wird, bevor die von Christus erteilte Anweisung gewissenhaft befolgt wurde. Erst wenn diese Anweisung befolgt wurde, ist die Gemeinde vor Gott dazu berechtigt. Das Böse muss dann als das dargestellt werden, was es ist, und muss entfernt werden, damit es sich nicht weiter ausbreitet. Das Wohl und die Reinheit der Gemeinde müssen bewahrt werden, damit sie unbefleckt vor Gott stehe, angetan mit den Kleidern der Gerechtigkeit Christi ...

Christus sagt weiter: ‚Wahrlich, ich sage euch: Was ihr auf Erden binden werdet, soll auch im Himmel gebunden sein, und was ihr auf Erden lösen werdet, soll auch im Himmel gelöst sein.' (Mt 18,18) Dieser Ausspruch bleibt für alle Zeiten in Kraft. Der Gemeinde ist die Macht übertragen worden, an Christi Statt zu handeln. Sie ist Gottes Werkzeug zur Bewahrung von Eintracht und Ordnung unter seinem Volk. Der Herr hat ihr die Macht verliehen, alle Fragen zu regeln, die ihre Entwicklung, Reinheit und Ordnung betreffen. Sie trägt die Verantwortung, sich von Gliedern zu trennen, die durch ihr unchristliches Verhalten der Wahrheit Unehre bereiten. Was die Gemeinde in Übereinstimmung mit den in Gottes Wort gegebenen Anweisungen tut, wird im Himmel Zustimmung finden.

Angelegenheiten von dieser Bedeutung müssen durch die Gemeinde geregelt werden. Die Prediger, die Gott zu Leitern seines Volkes ordiniert hat, haben, nachdem sie das Ihre getan haben, die Angelegenheit der Gemeinde zu unterbreiten, damit sie sich auf eine Entscheidung einigt.

Der Herr wünscht, dass seine Nachfolger sehr behutsam miteinander umgehen. Sie sollen aufrichten, wiederherstellen und heilen. Dennoch darf in der Gemeinde die korrigierende Seelsorge nicht vernachlässigt werden. Die Glieder sollten die Gemeinde als eine Schule betrachten, in der sie lernen können, so zu werden, wie es ihrer hohen Berufung entspricht. In der Gemeinde hier auf Erden werden die Kinder Gottes vorbereitet auf die große Vereinigung mit der Gemeinde im Himmel. Alle, die hier in Harmonie mit Christus leben, dürfen sich freuen auf ein ewiges Leben in der Familie der Erlösten." (*Testimonies for the Church*, Band 7, S. 261-264; Hervorhebung hinzugefügt)

Die Vollmacht der Gemeinde

„Der Heiland der Welt hat seine Gemeinde mit großer Macht ausgestattet. Er bestimmt die Regeln, die bei Verhandlungen mit ihren Gliedern anzuwenden sind. Nachdem er klare Anweisungen für das einzuschlagende Verfahren gegeben hat, sagt er: ‚Was ihr auf Erden binden werdet, soll auch im Himmel gebunden sein, und was ihr auf Erden lösen werdet, soll auch im Himmel gelöst sein.' (Mt 18,18) Somit bestätigt sogar die himmlische Autorität die Anwendung korrigierender Seelsorge durch die Gemeinde gegenüber ihren Gliedern, wenn nach der biblischen Regel verfahren worden ist.

Das Wort Gottes erlaubt keinem Einzelnen, sein Urteil über das Urteil der Gemeinde zu stellen. Ihm wird auch nicht gestattet, seine Auffassungen der Gemeinde aufzunötigen. Gäbe es weder Gemeindeleitung noch Gemeindeordnung, so würde die Gemeinde auseinanderfallen; sie könnte nicht als ein Leib zusammenhalten." (*Testimonies for the Church*, Band 3, S. 428)

Die Verantwortung der Gemeinde, bei Verfehlungen zu handeln

„Gott macht sein Volk als Ganzes für die Sünden einzelner Glieder verantwortlich. Wenn die Leiter der Gemeinde es versäumen, die Sünden, die Gottes Missfallen über die Gemeinde bringen, gewissenhaft anzusprechen, machen sie sich für diese Sünden mitverantwortlich." (*Testimonies for the Church*, Band 3, S. 269)

„Er lehrte sein Volk, dass Ungehorsam und Sünde ihn beleidigen und niemals leicht genommen werden dürfen. Gott zeigt uns, dass die Gemeinde da, wo Sünde in ihren Reihen bekannt wird, unverzüglich und entschlossen darangehen soll, sie zu bereinigen, damit Gottes Missbilligung nicht alle trifft. Wenn die Sünden in der Gemeinde von den Verantwortungsträgern übersehen werden, wird Gott das missbilligen und das Volk Gottes als Ganzes wird für diese Sünden verantwortlich gemacht.

Die Art und Weise, wie Gott in der Vergangenheit mit seinem Volk gehandelt hat, zeigt die Notwendigkeit, die Gemeinde von Unrecht zu reinigen. Ein einziger Sünder kann so viel Finsternis verbreiten, dass das Licht Gottes für die ganze Gemeinde verdunkelt wird. Wenn die Kinder Gottes spüren, dass Finsternis sie umhüllt und ihnen die Ursache nicht bekannt ist, sollten sie sich ernsthaft, demütig und selbstkritisch an Gott wenden, bis das Unrecht, das ihn betrübt, erkannt und beseitigt ist ...

Wenn Unrecht in der Gemeinde offensichtlich ist und Gottes Diener es gleichgültig übersehen, unterstützen und rechtfertigen sie im

Grunde genommen den Sünder. Sie machen sich dadurch mitschuldig und werden darum Gottes Missfallen erfahren, denn er wird sie verantwortlich machen für die Sünden des Schuldigen.

Im Gesicht wurden mir viele Beispiele gezeigt, bei denen sich Gottes Diener das Missfallen des Herrn zugezogen haben, weil sie nach-lässig mit den Fehlern und Sünden in der Gemeinde umgingen. Diejenigen, die diese Fehler entschuldigten, wurden in der Gemeinde deswegen als freundlich und liebenswürdig angesehen, weil sie sich scheuten, eine klare, schriftgemäße Pflicht zu erfüllen. Diese Aufgabe widerstrebte ihren Gefühlen, deshalb wichen sie ihr aus." (*Testimonies for the Church*, Band 3, S. 265f.)

Ungeistliche sperren sich gegen korrigierende Seelsorge

„Viele sind nicht so taktvoll wie Josua; darum kann es auch nicht ihre Aufgabe sein, Unrecht aufzudecken, denn sie können sich nicht in angemessener Weise mit den Sünden befassen, die es in der Gemeinde gibt. Lasst nicht zu, dass diese Glieder denen hinderlich werden, denen diese schwere Aufgabe anvertraut wurde. Sorgt dafür, dass sie ihnen nicht im Wege stehen.

Manche suchen nach Fehlern und kritisieren andere nur darum, weil Gott diese Aufgabe nicht ihnen, sondern anderen übertragen hat. So erschweren sie denen den Dienst, die Gott beauftragt hat, die offensichtlichen Sünden anzusprechen und zu korrigieren, damit Gottes Missfallen von seinem Volk abgewendet wird.

Gäbe es unter uns einen Fall wie den des Achan (siehe Jos 7), so würden viele die beschuldigen, die so handeln wie Josua damals, als er das Unrecht aufdeckte. Sie würden ihnen böse Absicht unterstellen und Kritiksucht vorwerfen. Aber Gott lässt sich nicht spotten und ein verderbtes Volk kann Gottes Warnungen nicht ungestraft missachten.

Mir wurde gezeigt, dass manche unter uns ganz ähnlich wie Achan handeln. Sie vertuschen ihre Fehler und weigern sich, sie freiwillig zuzugeben, bis Gott ihre Sünden offenbar werden lässt; dann erst gestehen sie ihr Unrecht ein. Einige bleiben auf diesem falschen Weg, bis sie ganz verhärtet sind. Sie wissen vielleicht sogar, dass sie die Gemeinde damit belasten, so wie auch Achan wusste, dass durch seine Schuld die Position des ganzen Volkes Israel gegenüber den Feinden geschwächt wurde. Und dennoch verurteilt ihr Gewissen sie nicht. Sie sind nicht bereit, die Gemeinde dadurch zu entlasten, dass sie ihr stolzes, rebellisches Ich vor Gott beugen und ihr Unrecht ablegen. Gottes Missfallen lastet auf seinen Kindern und er wird seine Macht nicht unter ihnen offenbaren, solange Sünden unter ihnen herrschen und durch Duldung von den Verantwortungsträgern sogar begünstigt werden. Jeder, der sich in der Furcht Gottes darum bemüht, dass die Gemeinde von Hemmnissen befreit wird und folgenschwere Fehler berichtigt werden, wird dem Widerstand ungeheiligter Menschen begegnen. Er wird dennoch alles tun, was das Bewusstsein schärft, die Sünde zu verabscheuen, damit die Gemeinde an Reinheit zunimmt und der Name Gottes verherrlicht werde." (*Testimonies for the Church*, Band 3, S. 270f.)

Ordnungen und Regeln sind notwendig

„Geschwister, lasst euch durch niemandes Ideen verunsichern in eurer Überzeugung, dass es Ordnung und Harmonie in der Gemeinde geben muss ... Der Gott des Himmels ist ein Gott der Ordnung. Er verlangt von allen seinen Nachfolgern, dass sie sich an Regeln und Satzungen halten und Ordnung bewahren." (*Testimonies for the Church*, Band 5, S. 274)

Selbsternannte Organisationen

Die Gemeinde in ihrer organisierten Form ist Gottes Mittel, in seinem Volk Ordnung und Recht aufrechtzuerhalten. Die von Gott gegebene Botschaft wird der Welt nicht allein durch das persönliche Zeugnis der einzelnen Glieder gebracht, sondern auch durch das gemeinsame Zeugnis der gesamten Gemeinde als Leib Christi. Dieses gemeinsame Zeugnis macht eine anerkannte Führungsstruktur in der Gemeinde notwendig, die durch die ordentliche Wahl von Verantwortungsträgern und durch die Organisation von Aufgabenbereichen wie den Abteilungen für Sabbatschule, Gemeindeaufbau und Evangelisation, Jugend usw. errichtet ist. Die Gemeinschaft anerkennt auch die selbstunterhaltenden Institutionen, deren Tätigkeiten dazu beitragen, dass die Ziele der Gemeinschaft erreicht werden.

Obwohl alle Glieder innerhalb der Gemeinde gleiche Rechte haben, sollte aus den genannten Gründen kein einzelnes Glied bzw. keine Gruppe von Gliedern eine Bewegung in Gang setzen, eine Organisation gründen oder versuchen, Anhänger um sich zu scharen, mit dem Ziel, irgendeine Absicht zu verwirklichen oder irgendeine Lehre zu verkünden, die nicht mit den Grundsätzen und Lehren der Gemeinschaft der Siebenten-Tags-Adventisten übereinstimmt. Ein solches Verhalten fördert Parteigeist und Zwietracht, zersplittert die Bemühungen und das Zeugnis der Gemeinde und hindert so die Gemeinde daran, ihren Verpflichtungen gegenüber ihrem Haupt und der Welt nachzukommen.

Die Wahrung der Einheit der Gemeinde

Christen sollten alles vermeiden, was sie spalten und ihrer Sache Schaden zufügen könnte. „Gott will, dass seine Kinder in Eintracht leben. Erwarten sie nicht, einst miteinander im selben Himmel zu leben? ... Wer sich weigert, in Eintracht mit andern zu arbeiten, verunehrt Gott." (*Testimonies for the Church*, Band 8, S. 240)

Eine Gemeinde sollte beständig alles tun, was die Einheit fördert, und ihre Glieder daran hindern, die Harmonie der Gemeinde zu stören.

Streitigkeiten innerhalb der Gemeinde und unter ihren Gliedern können in den meisten Fällen beigelegt werden, ohne dass der Gemeindeausschuss eingeschaltet oder gar ein Zivilprozess angestrengt wird. „Würden Spannungen zwischen Glaubensgeschwistern nicht vor anderen ausgetragen, sondern zwischen ihnen persönlich im Geist christlicher Liebe offen angesprochen, wie viel Unheil könnte vermieden werden! So manche Wurzel der Bitterkeit, die auch andere zu vergiften droht, könnte auf diese Weise ausgerottet werden, und die Nachfolger Christi könnten wieder in enger und herzlicher Gemeinschaft verbunden sein!" (*Thoughts From the Mount of Blessing*, S. 59; vgl. Mt 18,15-18 und S. 230f.)

Die Beilegung von Streitigkeiten zwischen Gemeindegliedern

Es sollte alles getan werden, um Streitigkeiten zwischen Gemeindegliedern beizulegen und den Streit in möglichst engem Rahmen zu halten.

„Streit, Zank und Prozesse zwischen Gemeindegliedern sind eine Schande für die Sache der Wahrheit. Wer einen solchen Weg geht, setzt die Gemeinde dem Spott ihrer Feinde aus und gibt den Mächten der Finsternis Anlass zu triumphieren. Er durchbohrt die Wunden Christi aufs neue und gibt ihn der öffentlichen Missachtung preis. Wer die Autorität der Gemeinde nicht achtet, verachtet Gott, der sie der Gemeinde gab." (*Testimonies for the Church*, Band 5, S. 242f.)

Zivilprozesse werden oft in einem rechthaberischen Geist geführt, der den menschlichen Egoismus offenkundig macht. Eine Gemeinde, die den Geist Christi zeigen möchte, muss alles daransetzen, solcherart Auseinandersetzungen zu vermeiden. Christliche Selbstlosigkeit wird die Nachfolger Christi dahin führen, sich „lieber übervorteilen" zu lassen, als „sein Recht zu suchen vor den Ungerechten und nicht vor den Heiligen" (1 Kor 6,7.1).

Obwohl es in der heutigen Welt Gründe gibt, Gerichte anzurufen, sollten Christen es vorziehen, ihre Angelegenheiten innerhalb der Gemeinde zu klären. Gerichte sollten nur dann angerufen werden, wenn eine Sache eindeutig unter die bürgerliche Gerichtsbarkeit fällt und die Gemeinde nicht über die Autorität verfügt, in dieser Sache zu entscheiden, oder wenn die Gemeinde feststellt, dass sie die Angelegenheit mit ihren Mitteln nicht regeln kann. Auch dann darf ein solcher Rechtsstreit niemals zu einer rachsüchtigen, feindseligen Auseinandersetzung ausarten, sondern sollte dem Wunsch entspringen, mit Hilfe eines unabhängigen Schiedsspruches die Streitigkeiten freundschaftlich beizulegen. Zu derartigen Rechtsstreitigkeiten gehören: die Klärung von Versicherungs- oder Versorgungsansprüchen, von Grenzen und Eigentumsansprüchen bei Grundbesitz, von Erbschafts- oder Pflegschaftsangelegenheiten oder andere Streitfälle.

Die Gemeinde sollte zwar im Rahmen der gesetzlichen Bedingungen Vorsorge treffen, wie solche Rechtsstreitigkeiten vermieden werden können, von denen in 1. Korinther 6 die Rede ist und dabei sorgfältig darauf achten, dass sie ihre Aufgabe, das Evangelium zu verkünden, nicht vernachlässigt, weil sie sich mit Schlichtungsaufgaben befasst (siehe Lk 12,13.14 und *Testimonies for the Church*, Band 9, S. 216-218).

Gottes Ideal für die Glieder seiner Gemeinde lautet: „Ist's möglich, soviel an euch liegt, so habt mit allen Menschen Frieden." (Röm 12,18). Die Gemeinde sollte ihr eigenes leicht verfügbares und verhältnismäßig schnelles Verfahren nutzen, mit dessen Hilfe viele Streitigkeiten zwischen Gliedern beigelegt werden können. Sollte die Gemeinde auf die Bitte eines Gliedes, eine Streitigkeit zu schlichten, nicht reagieren, oder erklärt die Gemeinde sich in diesem Fall für nicht zuständig, so ist anzuerkennen, dass das Glied alle Möglichkeiten ausgeschöpft hat, den Streit nach den biblischen Anweisungen auszuräumen. Alles, was dieses Glied jetzt unternimmt, bleibt seiner eigenen Gewissensentscheidung überlassen (siehe *SDA Bible Commentary*, Band 6, S. 698).

Wenn sich die Gemeinde jedoch bemüht, dabei zu helfen, die Streitigkeiten unter ihren Gliedern schnell und freundschaftlich zu regeln, und eine Lösung vorschlägt, sollten die betreffenden Glieder die Empfehlung ihrer Gemeinde nicht rundweg ablehnen. Es ist keine Kleinigkeit, wenn ein Gemeindeglied außerhalb der ordentlichen Verfahren der Gemeinde einen Prozess gegen ein anderes Gemeindeglied anstrengt. „Es ist schon schlimm genug, dass ihr überhaupt Prozesse gegeneinander führt." (1 Kor 6,7 GNB)

Gemeindeglieder, die bei Streitigkeiten mit anderen Gemeindegliedern nicht bereit sind, die Empfehlungen ihrer Gemeinde zu beachten und sie zu akzeptieren, erweisen sich damit als unduldsam und selbstsüchtig. Sie können der korrigierenden Seelsorge durch die Gemeinde unterstellt werden, weil ihr Verhalten sich in der Gemeinde negativ auswirkt und weil sie sich weigern, die ordentlich eingesetzte Autorität der Gemeinde anzuerkennen (siehe S. 241, Punkt 9).

Die Beilegung von Streitigkeiten zwischen Gemeindeliedern und der Gemeinschaft

Wenn Gemeindeglieder einen Streit mit Organisationen oder Institutionen der Gemeinschaft haben, gelten die gleichen Grundsätze wie bei der Regelung von Streitigkeiten der Gemeindeglieder untereinander.

Kein Gemeindeglied sollte einen Prozess gegen irgendeine Gemeinschaftsorganisation anstrengen, es sei denn, die Gemeinschaft bietet kein entsprechendes Verfahren, um den Streit innerhalb der Gemeinschaft ordentlich beizulegen oder der Fall ist so, dass die Gemeinschaft in dieser Sache keine Entscheidungsbefugnis besitzt.

Die Beilegung von Streitigkeiten zwischen der Gemeinschaft und Gemeindegliedern

Es kann vorkommen, dass eine Gemeinschaftsorganisation oder -institution einen Streit mit Gemeindegliedern hat. Dann müssen die Verantwortungsträger der Gemeinschaft in christlicher Nachsicht den biblischen Rat zur Regelung von Streit unter Christen sorgfältig beachten und sich auch im Falle eines Rechtsverfahrens der Gemeinschaft gegen das Glied daran halten. Die Gemeinschaftsleitung sollte in Zusammenarbeit mit dem betreffenden Glied alles tun, was vernünftigerweise möglich ist, um eine außergerichtliche Einigung zu erzielen.

Die Handhabung der korrigierenden Seelsorge

Fällt ein Gemeindeglied in Sünde, so muss die Gemeinde sich aufrichtig darum bemühen, es zurückzugewinnen.

„Wenn der Irrende bereut und die korrigierende Seelsorge annimmt, soll ihm ein neuer Anfang ermöglicht werden. Auch wenn er nicht bereut, selbst wenn er außerhalb der Gemeinde steht, sollen Gottes Diener sich noch um ihn kümmern. Es ist ihre Aufgabe, sich ernstlich darum zu bemühen, ihn zur Umkehr zu bewegen. Gibt er dem Wirken des Heiligen Geistes nach und bekundet er seine Umkehr durch Bekenntnis und Aufgabe der Sünde, dann soll ihm vergeben werden und er in der Gemeinde wieder willkommen sein, wie schwerwiegend seine Verfehlungen auch gewesen sein mögen. Seine Glaubensgeschwister sollten ihn ermutigen, den rechten Weg zu gehen und ihn so behandeln, wie sie an seiner Stelle behandelt werden möchten. Sie sollen ‚auf sich selbst sehen, damit sie nicht auch versucht werden' (Gal 6,1)." (*Testimonies for the Church*, Band 7, S. 263)

„Wir nähern uns dem Gericht und die, die Gottes Warnungsbotschaft in die Welt tragen, müssen saubere Hände und ein reines Herz haben. Sie brauchen eine lebendige Verbindung zu Gott. Die Gedanken müssen rein und heilig, die Seele muss unverdorben sein, denn Leib, Seele und Geist sollen Gott als reines Opfer dargebracht werden, sonst wird der Herr es nicht annehmen." (*Testimonies to Ministers*, S. 426)

„Die Gemeinde muss gegenüber Sünde und dem Sünder in ihren Reihen rasch reagieren, damit nicht noch andere davon angesteckt werden. Wahrheit und Reinheit verlangen, dass wir sorgfältiger arbeiten, um das Lager von den Achans zu säubern (siehe Jos 7,19-26). Lasst nicht zu, dass die, die Verantwortung in der Gemeinde tragen, offensichtliche Sünde bei einem Glied stillschweigend dulden. Macht ihm klar, entweder seine Sünden abzulegen oder sich von der Gemeinde zu trennen." (*Testimonies for the Church*, Band 5, S. 147)

Bei schwerwiegendem sündhaften Verhalten müssen korrigierende Maßnahmen ergriffen werden. Das kann auf zweierlei Weise durch Abstimmung in der Gemeinde geschehen:
1. durch das Einräumen einer Klärungsfrist,
2. durch den Entzug der Mitgliedschaft.

Nicht jedes Vergehen ist so folgenschwer, dass es zum Entzug der Gemeindemitgliedschaft führen muss. Das Vergehen mag dennoch so ernst sein, dass es der Gemeinde erforderlich erscheint, deutlich zu machen, dass sie damit nicht einverstanden sein kann. Sie bringt ihre Missbilligung zum Ausdruck, indem sie dem betreffenden Glied durch Abstimmung eine Klärungsfrist einräumt.

Die Klärungsfrist hat zwei Ziele:
1. Sie ermöglicht der Gemeinde, deutlich zum Ausdruck zu bringen, dass sie schwerwiegendes sündhaftes Verhalten, das der Sache Gottes schadet, nicht gutheißt.
2. Sie macht dem betroffenen Glied klar, dass es sein Leben ändern und sein Verhalten bessern muss. Gleichzeitig bietet sie ihm dafür eine Frist für Hilfe und Änderung.

Korrigierende Seelsorge durch eine Klärungsfrist
Einem irrenden Gemeindeglied kann auf jeder ordentlich einberufenen Mitgliederversammlung durch Abstimmung eine Klärungsfrist eingeräumt werden, vorausgesetzt, das Glied ist zuvor davon verständigt worden. Das Gemeindeglied darf anwesend sein, wenn es das möchte. Eine Klärungsfrist wird für einen bestimmten Zeitraum festgesetzt, mindestens einen Monat, längstens zwölf Monate.

Mit dem Beschluss einer Klärungsfrist wird der Betroffene aller Aufgaben enthoben, für die er in der Gemeinde gewählt wurde. Er kann auch nicht für eine Aufgabe gewählt werden, solange die Klärungsfrist währt. Wer unter einer Klärungsfrist steht, hat bei Beratungen über Gemeindeangelegenheiten weder Stimme noch Stimmrecht und darf nicht öffentlich an der Durchführung von Gottesdiensten mitwirken, z. B. als Gesprächsleiter beim Bibelgespräch u. ä. Ebenso wenig darf seine Gemeindemitgliedschaft während dieser Zeit in eine andere Ortsgemeinde übertragen werden. Dieses Gemeindeglied darf jedoch nicht von der Teilnahme am Gottesdienst oder am Abendmahl ausgeschlossen werden.

Der Beschluss über eine Klärungsfrist darf keine Bestimmungen enthalten, deren Nichtbefolgung automatisch den Entzug der Mitgliedschaft zur Folge hätte. Nach Ablauf der Klärungsfrist sollte festgestellt werden, ob das betreffende Gemeindeglied seine Einstellung bzw. sein Verhalten geändert hat. Ist das der Fall, kann es ohne weiteren Beschluss wieder als reguläres Gemeindeglied betrachtet werden. Kann keine zufriedenstellende Änderung festgestellt werden, muss erneut beraten werden, welche weiteren Schritte zu beschließen sind. Die Rückkehr in eine Gemeindeaufgabe ist nur durch eine neue Wahl möglich.

Korrigierende Seelsorge durch Entzug der Mitgliedschaft
Einem Menschen die Mitgliedschaft in der Gemeinde, dem Leib Christi, zu entziehen, ist in jedem Fall eine ernste Angelegenheit. Es ist die letzte Maßnahme, die eine Gemeinde treffen kann, um ein Glied zur Korrektur zu bewegen.

Erst wenn die Anweisungen dieses Kapitels befolgt und alle nur möglichen Anstrengungen unternommen worden sind, um das irrende Glied wiederzugewinnen und es auf den rechten Weg zurückzuführen, sollte diese äußerste Korrekturmaßnahme angewandt werden. Wird ein solcher Schritt von einer Gemeinde erwogen, ist es erforderlich, dass sie sich den Rat ihres Predigers oder – falls das nicht möglich ist – ihres Vereinigungsvorstehers einholt, bevor sie ihre Entscheidung trifft.

Gründe, ein Gemeindeglied unter korrigierende Seelsorge zu stellen

Zu den schwerwiegenden Verfehlungen, für die Gemeindeglieder unter korrigierende Seelsorge gestellt werden sollen, gehören folgende:
1. Verleugnung der Grundlagen des Evangeliums und der Glaubensüberzeugungen der Gemeinschaft oder die Verkündigung von Lehren, die diesen widersprechen.
2. Offene Übertretung der Gebote Gottes wie Götzendienst, Mord, Diebstahl, Lästerung Gottes, Glücksspiel, Sabbatübertretung, vorsätzliche und gewohnheitsmäßige Unehrlichkeit.
3. Übertretung des siebenten Gebotes bezüglich der Ehe, der christlichen Familie und der sittlichen Maßstäbe der Bibel.
4. Übertretungen wie Unzucht, Geschlechtsverkehr mit wechselnden Partnern, Inzest, homosexuelle Praktiken, sexueller Missbrauch von Kindern oder abhängigen Personen und andere sexuelle Perversionen, Wiederheirat einer geschiedenen Person, ausgenommen der Partner, der dem Eheversprechen in der wegen Ehebruchs oder sexueller Perversionen geschiedenen Ehe treu geblieben ist.
5. Gewalttätigkeit, einschließlich Gewalttätigkeit in der Familie.
6. Betrug oder vorsätzlich unehrliche Geschäftspraktiken.
7. Liederliche Lebensführung, die der Gemeinde Gottes Schande bereitet.
8. Zugehörigkeit zu oder Förderung einer spalterischen oder abtrünnigen Bewegung oder Organisation (siehe S. 238 unter „Selbsternannte Organisationen").
9. Hartnäckige Weigerung, die rechtmäßig eingesetzte Gemeindeleitung bzw. ihre Ordnung anzuerkennen oder seelsorgerliche Ermahnung anzunehmen.
10. Genuss, Herstellung oder Verkauf alkoholischer Getränke.
11. Genuss, Herstellung oder Verkauf von Tabak in allen Formen, die für den menschlichen Konsum vorgesehen sind.
12. Genuss oder Weitergabe von Rauschgift oder anderen Drogen.

Die Gemeinschaft der Siebenten-Tags-Adventisten ist sich dessen bewusst, dass es großer Sorgfalt bedarf, die höchsten geistlichen Interessen ihrer Glieder zu wahren, ihnen eine gerechte Behandlung zu sichern und den guten Ruf der Gemeinde zu schützen.

Wenn ein Gemeindeglied Gottes Gebote übertreten hat, danach aber bereut, seine Schuld freiwillig und vollständig bekennt und so seine Umkehr deutlich zeigt, kann es die Gemeinde doch für angezeigt halten, dieses Glied noch für eine begrenzte Zeit unter einer Klärungsfrist zu belassen. Wurde das Gesetz Gottes in grober Weise verletzt und dem öffentlichen Ansehen der Sache Gottes dadurch Schaden zugefügt, so kann es die Gemeinde für notwendig ansehen, dem betreffenden Glied trotz seines aufrichtigen Bekenntnisses die Mitgliedschaft zu entziehen, um ihren Ruf zu wahren und die Bedeutung ihrer christlichen Grundsätze deutlich zu machen. Zeigt die Lebensführung dieses Gliedes, dass es mit den Grundsätzen der Gemeinde wieder übereinstimmt, kann es wieder in die Gemeinde aufgenommen werden, gegebenenfalls durch eine erneute Taufe. (Siehe dazu S. 76)

Die Gemeinde kann es sich nicht leisten, solche Sünden leicht zu nehmen oder ihre Beschlüsse von persönlichen Rücksichten bestimmen zu lassen. Sie muss gegenüber Sünden wie Unzucht, Ehebruch, allen sittlichen Vergehen und anderen schweren Verfehlungen nachdrücklich und entschlossen ihre Missbilligung zum Ausdruck bringen. Gleichzeitig soll sie alles tun, um die Schuldiggewordenen wiederzugewinnen und auf den rechten Weg zurückzuführen. Während die Welt in Fragen der Moral immer nachlässiger wird, darf die Gemeinde die von Gott aufgestellten Maßstäbe nicht herabsetzen.

Keine Verzögerung der korrigierenden Seelsorge

Die Gemeinde hat dafür zu sorgen, dass über eine Maßnahme der korrigierenden Seelsorge innerhalb einer angemessenen Zeit entschieden wird und dass die Entscheidungen der Gemeinde den betroffenen Personen freundlich und pünktlich mitgeteilt werden. Korrigierende Seelsorge ist an sich schon ein schmerzlicher Prozess; das Leiden der betroffenen Personen und der Gemeinde darf nicht verschlimmert werden durch Verzögerungen in der Durchführung.

Vorsicht bei der Anwendung der korrigierenden Seelsorge

„Christus hat zwar deutlich angeordnet, dass Menschen, die offen in Sünde beharren, aus der Gemeinde ausgeschlossen werden sollen, aber er hat uns nicht dazu beauftragt, über das Wesen und die Beweggründe eines Gemeindegliedes zu urteilen. Er kennt unsere Natur viel zu gut, als dass er uns diese Aufgabe anvertraut hätte. Würden wir versuchen, alle aus der Gemeinde auszuschließen, die wir für schlechte Christen halten, so machten wir mit Sicherheit Fehler. Oft halten wir genau die für hoffnungslose Fälle, die Christus gerade zu sich zieht. Hätten wir mit unserem unvollkommenen Urteilsvermögen über sie zu entscheiden, so würde vielleicht ihr letzter Hoffnungsschimmer zunichte gemacht.

Viele, die sich selbst für vorzügliche Christen halten, werden einmal als zu leicht erfunden werden. Und auf der neuen Erde werden viele zu finden sein, von denen es ihre Mitmenschen nie für möglich gehalten hätten. Der Mensch urteilt nach dem, ‚was vor Augen ist; der Herr aber sieht das Herz an' (1 Sam 16,7). Unkraut und Weizen sollen bis zur Ernte miteinander wachsen, bis zum Ende der Bewährungszeit.

Das Gleichnis des Heilandes (in Mt 13,24-30) will uns aber noch etwas anderes vermitteln: seine wunderbare Geduld und mitfühlende Liebe. Wie sich die Wurzeln des Unkrauts und des Getreides ineinander verschlingen, so können auch die falschen Christen in der Gemeinde eng mit aufrichtigen Nachfolgern Christi verbunden sein. Der wahre Charakter der bekennenden Gläubigen ist noch nicht klar erkennbar. Würden sie aus der Gemeinde ausgeschlossen, so könnten dadurch andere zu Fall gebracht werden, die sonst standhaft geblieben wären." (*Christ's Object Lessons*, S. 71f.)

Prediger oder Gemeinden dürfen keine Richtlinien für die Zugehörigkeit zur Gemeinschaft festlegen

Kein Prediger, keine Gemeinde oder Vereinigung hat das Recht, eigene Richtlinien für die Zugehörigkeit zur Gemeinschaft festzulegen. Dieses Recht hat allein die Gemeinschaft als Ganzes. Es wird ausgeübt von der verfassungsmäßig zuständigen Organisation unserer Gemeinschaft in der Generalkonferenz. Versucht also jemand, andere Richtlinien aufzustellen als die hier festgelegten, vertritt er nicht die Gemeinschaft.

„Gott hat ein Volk berufen, nicht hier und da ein paar vereinzelte Personen, von denen die eine dies, die andere das glaubt. Gottes Engel tun die Arbeit, die ihnen anvertraut wurde. Der dritte Engel führt und reinigt ein Volk und es sollte in Einigkeit mit ihm gehen. Einige eilen den Engeln, die dieses Volk leiten, voraus; aber sie müssen in Demut ihre Schritte überprüfen und nicht schneller sein wollen als die Engel führen." (*Testimonies for the Church*, Band 1, S. 207)

Entscheidung durch eine ordentlich einberufene Mitgliederversammlung

Die Gemeinde kann Glieder unter korrigierende Seelsorge stellen, d. h. eine Klärungsfrist verfügen oder die Mitgliedschaft entziehen, wenn ausreichend Gründe dafür vorhanden sind. Das kann aber nur in einer ordentlich einberufenen Mitgliederversammlung geschehen. Den Vorsitz in dieser Versammlung muss ein ordinierter Prediger haben oder ein Prediger, der in der betreffenden Gemeinde zum Ältesten eingesegnet wurde. Kann kein Prediger anwesend sein, so kann nach Beratung mit dem Prediger oder dem Vereinigungsvorsteher ein eingesegneter Ältester der betreffenden Gemeinde mit dem Vorsitz beauftragt werden.

Entscheidung durch Stimmenmehrheit

Maßnahmen zur korrigierenden Seelsorge (Klärungsfrist oder Entzug der Mitgliedschaft) können nur in einer ordnungsgemäß einberufenen Mitgliederversammlung beschlossen werden. Dafür reicht die einfache Mehrheit der abgegebenen Stimmen. (Es sei denn, die Mitgliederversammlung beschließt zuvor, dass mit einer absoluten Mehrheit – eine Stimme mehr als die Hälfte der anwesenden stimmberechtigten Mitglieder – entschieden werden soll.) „Die Mehrheit der Gemeinde ist eine Macht, nach der sich die einzelnen Glieder richten sollten." (*Testimonies for the Church*, Bd. 5, S. 107)

Kein Entzug der Mitgliedschaft durch den Gemeindeausschuss

Der Gemeindeausschuss kann der Gemeinde empfehlen, dass einem Glied in einer Mitgliederversammlung die Mitgliedschaft entzogen werden soll, aber er hat unter keinen Umständen das Recht, in dieser Sache selbst abschließend zu entscheiden. Der Gemeindeschreiber darf ein Glied nur nach Abstimmung der Gemeinde aus der Gemeindeliste streichen, ausgenommen beim Todesfall.

Das Recht, in eigener Sache gehört zu werden

Es ist ein wesentlicher Grundsatz der Gerechtigkeit, dass jedes Gemeindeglied das Recht hat, in eigener Sache gehört zu werden, um die eigene Sicht der Angelegenheit zu schildern und Zeugen zu benennen. Keine Gemeinde darf über den Entzug einer Mitgliedschaft abstimmen, wenn das Glied dieses Recht nicht wahrnehmen konnte, obwohl es das wollte. Deshalb sollte die Gemeinde das betroffene Glied rechtzeitig informieren, wenn sie plant, über sein Problem zu beraten, um ihm so die Möglichkeit zur Anwesenheit zu geben.

Keine Vertretung durch Rechtsanwälte

Die Aufgabe einer Kirche, nach ihren Maßstäben und Ordnungen zu handeln, ist eine innerkirchliche Angelegenheit und hat nichts mit bürgerlicher oder strafrechtlicher Gerichtsbarkeit zu tun. Daher erkennt unsere Gemeinschaft keinem Gemeindeglied das Recht zu, sich durch einen Rechtsanwalt in einer Versammlung oder vor einem Ausschuss vertreten zu lassen, die einberufen wurden, um über Fragen der Gemeindeordnung, der korrigierenden Seelsorge oder der Regelung einer anderen Gemeindeangelegenheit zu beraten. Deshalb sollten unsere Glieder darüber informiert sein, dass sie nicht angehört werden, falls sie versuchen, zum Zwecke der rechtlichen Vertretung einen Juristen in die Versammlung mitzubringen.

Die Gemeinde sollte niemandem erlauben, der nicht zu dieser Gemeinde gehört, an Mitgliederversammlungen oder Ausschussberatungen teilzunehmen, bei denen es um Gemeindeordnung oder korrigierende Seelsorge geht, es sei denn, sie werden als Zeugen berufen.

Kein Entzug der Mitgliedschaft wegen der Nichtteilnahme an Versammlungen

Gemeindeglieder, die nicht an den Gottesdiensten und Versammlungen der Gemeinde teilnehmen, sollten von der Gemeindeleitung gewissenhaft besucht und ermutigt werden wiederzukommen. Es soll ihnen vor Augen geführt werden, wie wichtig es ist, dass sie ihren Verpflichtungen nachkommen, die zu ihrer Mitgliedschaft gehören, und welche Verantwortung sie haben, die Versammlungen zu besuchen und der Gemeinde ein Zeugnis ihres Glaubens und ihrer Hoffnung zu geben.

Ein Gemeindeglied, das aus Alters-, Krankheits- oder anderen unabwendbaren Gründen nicht regelmäßig am Gottesdienst teilnehmen kann, sollte brieflich oder auf anderem Wege mit der Gemeindeleitung in Verbindung bleiben, sofern es dazu in der Lage ist. Solange jemand den Lehren der Gemeinschaft treu bleibt, darf die Nichtteilnahme am Gottesdienst nicht als Grund betrachtet werden, diesem Glied die Mitgliedschaft zu entziehen.

Gemeindeglieder, die fortziehen und sich nicht melden

Zieht ein Gemeindeglied aus dem Einzugsbereich seiner Gemeinde fort, wird von ihm erwartet, dass es dem Ältesten oder dem Gemeindeschreiber den neuen Wohnort und die Anschrift mitteilt. Solange es Glied dieser Gemeinde bleibt, gehört es zu seiner Verantwortung, die regelmäßige Verbindung mit dieser Gemeinde zu pflegen sowie ihr die Zehnten und Gaben zu senden. Das sollte mindestens einmal im Vierteljahr geschehen.

Wenn ein Gemeindeglied aber keine Anschrift hinterlässt, sich nicht bemüht, Verbindung mit seiner Heimatgemeinde aufzunehmen und es nicht möglich ist, seinen Wohnort ausfindig zu machen, dann kann es nach einer Abwesenheit von zwei Jahren durch Abstimmung in der Gemeinde aus der Gliederliste gestrichen werden, vorausgesetzt, die Gemeindeleitung kann glaubhaft versichern, dass sie sich ohne Erfolg bemüht hat, das Glied ausfindig zu machen. Der Gemeindeschreiber sollte in der entsprechenden Rubrik der Datei vermerken: „Unbekannt verzogen. Nach Abstimmung gestrichen."

Kein Entzug der Mitgliedschaft aus finanziellen Gründen

Ein Gemeindeglied darf nicht von der Gemeindeliste gestrichen werden, weil es nicht imstande ist oder es versäumt, die Gemeinschaft in ihren verschiedenen Aufgaben finanziell zu unterstützen. Die Zugehörigkeit zur Gemeinde ist in erster Linie eine geistliche Angelegenheit. Obwohl jedes Gemeindeglied verpflichtet ist, die Arbeit der Gemeinschaft nach seinem Vermögen finanziell zu unterstützen, darf doch niemandem die Mitgliedschaft entzogen werden, nur weil er die Gemeinde in ihren verschiedenen Aufgaben nicht finanziell unterstützen kann oder will.

Austritt auf eigenen Wunsch

Mit einem Gemeindeglied, das aus der Gemeinde austreten möchte, sollte sehr behutsam umgegangen werden. Das Recht des Einzelnen auf freie Entscheidung muss respektiert werden. Dennoch sollte jedem genug Zeit gegeben werden, seinen Entschluss reiflich zu überlegen, und alles versucht werden, dieses Glied zurückzugewinnen.

Eine Austrittserklärung ist dem Gemeindeausschuss vorzulegen, der es der Gemeinde in einer ordentlich einberufenen Mitgliederversammlung bekannt gibt. Aus christlicher Rücksichtnahme für den Betroffenen wird ohne öffentliche Diskussion darüber abgestimmt, den Austritt zur Kenntnis zu nehmen und diesen Namen von der Gemeindeliste zu streichen.

Benachrichtigung nach Entzug der Mitgliedschaft

Eine Gemeinde, die einem Glied die Mitgliedschaft entzogen hat, ist verpflichtet, dieses Glied schriftlich von dem schweren Herzens gefassten Beschluss zu benachrichtigen und ihm zu versichern, dass sie auch weiterhin an seinem geistlichen und persönlichen Wohlbefinden interessiert ist. Diese Mitteilung sollte, wo es möglich ist, persönlich durch den Gemeindepastor oder einen Beauftragten des Gemeindeausschusses überbracht werden. Das ehemalige Glied sollte informiert werden, dass die Gemeinde hofft und betet, dass es eines Tages wieder in die Gemeinde zurückkehren und es gemeinsam mit allen Kindern Gottes zum ewigen Reich Gottes gehören werde.

Wiederaufnahme nach Entzug der Mitgliedschaft

Wurde jemandem die Mitgliedschaft entzogen, so sollte die Gemeinde, wo es möglich ist, mit ihm in Verbindung bleiben und sich bemühen, ihn freundschaftlich und liebevoll in die Gemeinde Jesu zurückzuführen.

Ein ehemaliges Mitglied kann wieder in die Gemeinde aufgenommen werden, wenn es die Verfehlungen bekennt, die zum Entzug der Mitgliedschaft geführt haben, wenn Reue und Besserung sichtbar geworden sind und die Bereitschaft vorhanden ist, die Grundsätze und Ordnungen der Gemeinschaft anzuerkennen.

In der Regel sollte das Glied wieder von der Gemeinde aufgenommen werden, die über den Entzug der Mitgliedschaft entschieden hatte. Das ist jedoch nicht immer möglich. In diesem Fall muss die Gemeinde, in der die Wiederaufnahme beantragt wird, sich bei der vorigen Gemeinde nach den Gründen für die damalige Entscheidung erkundigen.

Weil Entzug der Mitgliedschaft die schwerwiegendste Maßnahme der korrigierenden Seelsorge ist, sollte die Zeit, bevor das ehemalige Mitglied wieder aufgenommen wird, ausreichend sein, um zu zeigen, dass die Sache, die zu dieser Korrekturmaßnahme geführt hat, eindeutig geklärt wurde. Die Wiederaufnahme kann durch eine erneute Taufe erfolgen (siehe S. 76).

Das Berufungsrecht auf Wiederaufnahme

Falls eine Gemeindeleitung sich weigert, den Antrag eines Gliedes, dem die Mitgliedschaft entzogen wurde, um Wiederaufnahme zu berücksichtigen, hat dieses Glied das Recht, sich an die Mitgliederversammlung zu wenden, um gehört zu werden. Die Gemeinde sollte eine solche Bitte um Anhörung nicht verzögern oder ablehnen. Tut sie es doch, so ist das Glied berechtigt, sich an den zuständigen Vereinigungsausschuss zu wenden.

Ist der Vereinigungsausschuss nach einer sorgfältigen und unparteiischen Untersuchung überzeugt, dass die Gemeinde im Unrecht ist, kann er die Wiederaufnahme des ausgeschlossenen Gliedes empfehlen. Verweigert die Gemeinde dem Betroffenen trotzdem die Mitgliedschaft, so kann der Vereinigungsausschuss ihn einer anderen Gemeinde zur Aufnahme empfehlen. Kommt der Vereinigungsausschuss allerdings zur Überzeugung, dass es triftige Gründe gibt für die

Weigerung der Gemeinde, das Glied wieder aufzunehmen, wird er in diesem Sinne entscheiden und die Gemeinde unterstützen.

Kein Gemeindewechsel von Gliedern, die unter korrigierender Seelsorge stehen

Keine Gemeinde soll ein Glied aufnehmen, das in einer anderen Gemeinde unter korrigierender Seelsorge steht. Solch eine Handlungsweise würde die Verfehlung gutheißen, die durch die Entscheidung der anderen Gemeinde korrigiert werden soll.

Die Aufnahme eines Gliedes, das unter korrigierender Seelsorge steht, ist ein ernsthafter Verstoß gegen die *Gemeindeordnung*. Eine Gemeinde, die das tut, kann einer Korrekturmaßnahme durch die Delegiertenversammlung der Vereinigung unterworfen werden.

Kapitel 15

Ehe, Scheidung und Wiederheirat

Die biblische Lehre von der Ehe

Der Ursprung der Ehe

Die Ehe ist eine göttliche Einrichtung. Gott selbst stiftete sie vor dem Sündenfall. Er machte alles, einschließlich der Ehe, „sehr gut" (1 Mo 1,31). „Darum verlässt ein Mann seine Eltern und verbindet sich so eng mit seiner Frau, dass die beiden eins sind mit Leib und Seele." (1 Mo 2,24 Hfa). „Gott schloss die erste Ehe. Deshalb ist er, der Schöpfer des Universums, der Ursprung dieser Einrichtung. ‚Die Ehe soll in Ehren gehalten werden' (Hbr 13,4); sie ist eines der ersten Geschenke Gottes für die Menschen und eine der beiden Einrichtungen, die Adam nach dem Sündenfall aus dem Paradies mitgenommen hat." (*The Adventist Home*, S. 25f.)

Die Einheit der Ehe

Gott wollte, dass die Ehe von Adam und Eva ein Vorbild für alle zukünftigen Ehen sein sollte. Christus bestätigte diese ursprüngliche Absicht, als er sagte: „Habt ihr nicht gelesen, was in den Heiligen Schriften steht? Dort heißt es, dass Gott am Anfang den Menschen als Mann und Frau geschaffen hat. Und er hat gesagt: ‚Deshalb verlässt ein Mann Vater und Mutter, um mit seiner Frau zu leben. Die zwei sind dann eins, mit Leib und Seele.' Sie sind also nicht mehr zwei, sondern eins. Und was Gott zusammengefügt hat, sollen Menschen nicht scheiden!'" (Mt 19,4-6 GNB)

Die Unauflöslichkeit der Ehe

Die Ehe ist die lebenslange Hingabe und Verpflichtung beider Ehepartner füreinander und zwischen dem Ehepaar und Gott (siehe Mk 10,2-9; Röm 7,2). Paulus macht deutlich, dass die Hingabe Christi an seine Gemeinde ein Modell für die Beziehung zwischen Mann und Frau ist (siehe Eph 5,31.32). Gott beabsichtigte, dass die Beziehung in der Ehe ebenso von Dauer sein sollte wie die Beziehung Christi zu seiner Gemeinde.

Sexuelle Intimität in der Ehe

Die sexuelle Intimität in der Ehe ist ein heiliges Geschenk Gottes an die Menschen. Sie ist ein wesentlicher Teil der Ehe und nur auf die Ehe bezogen (siehe 1 Mo 2,24; Spr 5,3-20). Diese Intimität, die Gott ausschließlich zwischen Ehemann und Ehefrau vorgesehen hat, fördert eine ständig wachsende Nähe, Glück und Sicherheit und sie sorgt für den Fortbestand der Menschheit. Die Ehe, so wie sie von Gott eingesetzt wurde, ist eine monogame und heterosexuelle Beziehung (siehe Mt 19,4.5).

Die Partnerschaft in der Ehe

In der Ehe wird Einheit durch gegenseitigen Respekt und Liebe erreicht. Keiner ist dem anderen überlegen (siehe Eph 5,21-28). „Die Ehe, eine Verbindung für das Leben, ist ein Symbol der Einheit zwischen Christus und seiner Gemeinde. Der Geist, den Christus gegenüber seiner Gemeinde offenbart, ist der Geist, in dem Mann und Frau einander begegnen sollten." (*Testimonies for the Church*, Band 7, S. 46) Gottes Wort verurteilt Gewalt in persönlichen Beziehungen (siehe 1 Mo 6,11.13 GNB; Ps 11,5 GNB; Jes 58,3.4; Röm 13,10; Gal 5,19-21). Es entspricht dem Geist Christi, einander zu lieben und anzunehmen, sich gegenseitig zu bestätigen und aufzubauen statt den anderen zu missbrauchen oder zu erniedrigen (Röm 12,10; 14,19; 15,7; Eph 4,26; 5,28.29; Kol 3,8-14; 1 Ths 5,11). Unter Christi Nachfolgern ist kein Platz für tyrannische Kontrolle und Machtmissbrauch (siehe Mt 20,25-28; Eph 6,4). Gewalt in der Ehe und Familie ist etwas Abscheuliches (siehe *The Adventist Home*, S. 343).

„Weder Mann noch Frau soll den andern beherrschen wollen. Der Herr hat den Grundsatz festgelegt, der hier richtungsgebend ist. Der Mann soll seine Frau mit Liebe und Zärtlichkeit behandeln, so wie Christus seine Gemeinde hegt und pflegt. Die Frau soll ihren Ehemann achten und lieben. Beide sollen einen Geist der Freundlichkeit pflegen und fest entschlossen sein, den andern nie zu betrüben oder zu verletzen." (*Testimonies for the Church*, Band 7, S. 47)

Die Folgen des Sündenfalles für die Ehe

Das Aufkommen der Sünde hatte für die Ehe schlimme Folgen. Als Adam und Eva sündigten, verloren sie die Einheit, die sie mit Gott und untereinander hatten (siehe 1 Mo 3,6-24). Ihre Beziehung wurde belastet von Schuld, Scham, Beschuldigung und Schmerz. Wo die Sünde regiert, zieht sie auch traurige Folgen für die Ehe nach sich: Entfremdung, Untreue, Vernachlässigung, Missbrauch, Gewalt, böswilliges Verlassen, Trennung, Scheidung, Herrschaft eines Partners über den anderen und sexuelle Perversion.

Ehen mit mehr als einem Ehepartner sind ebenfalls eine Folge der Sünde. Obwohl solche Ehen zur Zeit des Alten Testaments praktiziert wurden, sind sie dennoch nicht in Übereinstimmung mit dem göttlichen Plan. Gottes Plan für die Ehe verlangt, dass sein Volk sich nicht von den Moralvorstellungen seiner Umwelt leiten lässt, wenn diese der biblischen Sicht widersprechen.

Wiederherstellung und Heilung

1. Die Wiederherstellung des göttlichen Ideals in Christus
   Durch die Erlösung der Welt von der Sünde und ihren Folgen möchte Gott auch die Ehe zu ihrem ursprünglichen Ideal zurückführen. Das ist für alle vorgesehen, die in das Reich Christi neu geboren wurden, deren Herzen durch den Heiligen Geist geheiligt sind und deren vorrangiges Lebensziel darin besteht, den Herrn Jesus Christus zu erheben. (Siehe auch 1 Ptr 3,7 und *Thoughts from the Mount of Blessing*, S. 64)
2. Wiederherstellung der Einheit und Gleichwertigkeit in Christus
   Das Evangelium betont die Liebe und die gegenseitige Unterordnung von Mann und Frau (siehe 1 Kor 7,3.4; Eph 5,21). Das Vorbild für die Führung des Ehemannes ist die selbstaufopfernde Liebe und der Dienst Christi für die Gemeinde (siehe Eph 5,24.25). Sowohl Petrus als auch Paulus sprechen über die Notwendigkeit des Respekts in der ehelichen Beziehung (siehe 1 Ptr 3,7; Eph 5,22.23).
3. Die Gnade steht für alle zur Verfügung
   Gott möchte heilen und alle, die das göttliche Ideal nicht erreicht haben, mit sich selbst versöhnen (siehe 2 Kor 5,19). Das schließt Menschen, die eine zerbrochene Ehe erlebt haben, mit ein.
4. Die Rolle der Gemeinde
   Mose im Alten Testament und Paulus im Neuen Testament mussten sich mit den Problemen, die durch zerbrochene Ehen entstanden, beschäftigen (siehe 5 Mo 24,1-5; 1 Kor 7,11). Während sie beide das Ideal hochhielten und bestätigten, gingen sie doch helfend und versöhnend mit denen um, die dem göttlichen Maßstab nicht entsprachen. In gleicher Weise ist die Gemeinde heute berufen, Gottes Ideale hochzuhalten und zu bestätigen und zugleich

eine Gemeinschaft zu sein, in der Versöhnung, Vergebung und Heilung erfahren wird. Menschen mit zerbrochenen Beziehungen sollen hier Verständnis und Anteilnahme empfangen.

Die biblische Lehre von der Scheidung

Gottes ursprüngliche Absicht

Die Scheidung widerspricht der Schöpfungsabsicht Gottes (siehe Mt 19,3-8; Mk 10,2-9). Dennoch schweigt die Bibel nicht dazu, dass als Folge des Sündenfalls Ehen zerbrechen. Im Alten Testament wurden darum gesetzliche Regelungen gegeben, um das damit verbundene Leid zu mildern (siehe 5 Mo 24,1-4). Die Bibel betont beständig Bedeutung und Vorzüge der Ehe, um Ehescheidungen entgegenzuwirken. Sie schildert die Freuden der ehelichen Liebe und Treue (siehe Spr 5,18-20; Hld 2,16; 4,9 bis 5,1). Sie vergleicht die Beziehung Gottes zu seinem Volk mit der Ehe (siehe Jes 54,5; Jer 3,1). Sie zeigt die Möglichkeiten für Vergebung und Neuanfang in der Ehe auf (siehe Hos 3,1-3) und beschreibt Gottes Abscheu vor der Scheidung und den daraus entstehenden Kummer (siehe Mal 2,14-16 EB). Jesus stellte die Ehe wieder so dar, wie sie bei der Schöpfung gedacht war: als lebenslange, hingebungsvolle Verbindung zwischen Ehemann und Ehefrau und zwischen dem Ehepaar und Gott (siehe Mt 19,4-6; Mk 10,6-9). Viele biblische Aussagen bestätigen die Ehe und wollen helfen, die Fehler zu korrigieren und den Tendenzen entgegenzuwirken, die das Fundament der Ehe schwächen oder zerstören (siehe Eph 5,21-33; Hbr 13,4; 1 Ptr 3,7).

Ehen können zerstört werden

Die Ehe beruht auf den Prinzipien von Liebe, Treue, Ausschließlichkeit, Vertrauen und gegenseitiger Unterstützung beider Partner im Gehorsam zu Gott (siehe 1 Mo 2,24; Mt 19,6; 1 Kor 13; Eph 5,21-29; 1 Ths 4,1-7). Wird gegen diese Prinzipien verstoßen, ist die Ehe in Gefahr. Die Heilige Schrift anerkennt, dass tragische Umstände eine Ehe zerstören können.

Göttliche Gnade

Göttliche Gnade ist das einzige Heilmittel für das Scheitern durch Scheidung. Wenn die Ehe zerbricht, sollten die ehemaligen Partner ermutigt werden, ihre Erfahrungen gründlich zu durchleuchten und nach Gottes Willen für ihr Leben zu fragen. Gott tröstet die Verwundeten. Gott nimmt auch die Reue der Menschen an, die verheerendste

Sünden begangen haben, selbst wenn sie nicht wieder gutzumachende Konsequenzen zur Folge hatten (siehe 2 Sam 11 und 12; Ps 34,19; 86,5; Joel 2,12.13; Joh 8,2-11; 1 Joh 1,9).

Gründe für Scheidungen

Die Bibel anerkennt sowohl Ehebruch und/oder Unzucht (siehe Mt 5,32), als auch das Verlassenwerden von einem ungläubigen Partner (siehe 1 Kor 7,10-15) als Grund für eine Scheidung.

Die biblische Lehre von der Wiederheirat

Es gibt in der Heiligen Schrift keine ausdrückliche Lehre über die Wiederheirat nach einer Scheidung. Jesu Worte in Matthäus 19,9 legen nahe, dass eine Wiederheirat für den Ehepartner erlaubt ist, der treu geblieben ist, dessen Ehepartner aber das Ehegelübde gebrochen hat.

Die Haltung der Siebenten-Tags-Adventisten zu Ehescheidung und Wiederheirat

Die Gemeinschaft anerkennt die biblische Lehre von der Ehe. Sie ist sich aber auch bewusst, dass die ehelichen Beziehungen diesem Ideal in vielen Fällen nicht entsprechen. Das Problem der Ehescheidung und Wiederheirat kann nur dann richtig gesehen werden, wenn es vom Standpunkt des Wortes Gottes und vor dem Hintergrund des Gartens Eden betrachtet wird.

Als Gott die Welt schuf, stand für ihn die Erschaffung von Wesen „nach seinem Bilde" (1 Mo 1,26.27) im Mittelpunkt. Sie sollten die Erde bevölkern und in Reinheit und Harmonie glücklich miteinander leben. Er bildete Eva aus der Seite Adams und gab sie ihm zur Frau. So wurde die Ehe gegründet. Mit der Stiftung der Ehe führte Gott die erste Trauung selbst durch. Nachdem der Herr Adam offenbart hatte, dass Eva wirklich „Bein von seinem Bein und Fleisch von seinem Fleisch" war, konnte kein Zweifel mehr bei Adam aufkommen, dass sie beide „ein Fleisch" waren (1 Mo 2,23.24). Auch konnte keiner der Ehepartner daran zweifeln, dass ihre Gemeinschaft nach dem Willen Gottes ewig bestehen sollte.

Die Gemeinschaft der Siebenten-Tags-Adventisten hält an dieser Vorstellung von Ehe und Heim vorbehaltlos fest. Sie ist überzeugt, dass jedes Abweichen von dieser hohen Auffassung von Ehe das himmlische Ideal schmälert. Unsere Überzeugung, dass Gott selbst die Ehe gestiftet hat, gründet sich auf die Heilige Schrift. Alle Überlegungen und Begründungen, die bei dem komplexen und leidvollen Thema von Ehescheidung und Wiederheirat aufkommen, müssen deshalb immer wieder an dem heiligen Ideal überprüft werden, das in Eden offenbart wurde.

Die Gemeinde anerkennt die Gültigkeit der Gebote Gottes. Sie vertraut aber auch auf die vergebende Gnade Gottes und ist davon überzeugt, dass die, die sich durch Ehescheidung und Wiederheirat schuldig gemacht haben, genauso den Sieg erringen und gerettet werden können wie diejenigen, die auf andere Weise schuldig geworden sind. Die folgenden Hinweise dürfen nicht so verstanden werden, als habe die Gnade Gottes und seine Vergebungsbereitschaft eine geringere Bedeutung als die Ordnung. In der Furcht Gottes hat die Gemeinde aber deutlich zu machen, welche Prinzipien und Vorgehensweisen für Ehe, Ehescheidung und Wiederheirat gelten.

Obwohl die Ehe von Gott geschaffen wurde, ist zu berücksichtigen, dass die Menschen heute unter irdischen Ordnungen und Gesetzen zu leben haben. Deshalb muss beachtet werden, dass die Ehe einen göttlichen und einen zivilrechtlichen Aspekt hat. Die göttliche Seite wird von den Geboten Gottes, die zivilrechtliche von den Gesetzen des Staates bestimmt.

In Übereinstimmung mit diesen Lehren erklärt die Gemeinschaft der Siebenten-Tags-Adventisten ihren Standpunkt wie folgt:
1. Als Jesus sagte: „Was Gott zusammengefügt hat, sollen Menschen nicht scheiden" (Mt 19,6 GNB), gab er damit der Gemeinde unter dem neuen Bund der Gnade eine Richtlinie, die für alle Zeiten höher zu bewerten ist als jede zivilrechtliche Gesetzgebung, falls diese von dem abweicht, was Gott in Bezug auf die Ehe geboten hat. Seine Regel sollten seine Nachfolger befolgen, unabhängig davon, ob ein Staat oder die vorherrschende Sitte größere Freiheiten erlaubt oder nicht. „In der Bergpredigt sagte Jesus deutlich, dass eine Ehe nicht aufgelöst werden darf außer bei Untreue gegenüber dem Ehegelübde." (*Thoughts From the Mount of Blessing*, S. 63; siehe Mt 5,32; 19,9)
2. Unter der „Untreue gegenüber dem Ehegelübde" wird allgemein die sexuelle Untreue oder Unzucht verstanden. Das neutestamentliche Wort für Unzucht schließt aber auch andere sexuelle Verirrungen ein (siehe 1 Kor 6,9; 1 Tim 1,9.10; Röm 1,24-27). Darum werden auch sexuelle Perversionen einschließlich Inzest, Kindesmissbrauch und homosexuelle Praktiken als Missbrauch des Geschlechtstriebes und als ein Verstoß gegen den göttlichen

Gedanken der Ehe gesehen. Auch sie sind ein berechtigter Grund für eine Trennung oder Scheidung.

Obwohl die Heilige Schrift die Möglichkeit für eine Scheidung sowohl aus den oben genannten Gründen vorsieht als auch für den Fall, dass ein ungläubiger Partner einen gläubigen Partner verlässt (siehe 1 Kor 7,10-15), sollten sich die Gemeinde und alle, die beteiligt sind, ernsthaft bemühen, eine Versöhnung herbeizuführen. Sie sollten die Ehepartner eindringlich dazu auffordern, einander im Geist der Vergebung Christi zu begegnen und einen Neuanfang zu wagen. Die Gemeinde ist aufgefordert, mit den Ehepartnern liebevoll und versöhnlich umzugehen und jede mögliche Hilfe im Versöhnungsprozess anzubieten.

3. Kann eine Versöhnung der Ehepartner nicht erreicht werden, so hat der Partner, der treu geblieben ist gegenüber dem, der das Ehegelübde gebrochen hat, das Recht, sich scheiden zu lassen und wieder zu heiraten.
4. Wird in der Gemeinde bekannt, dass ein Ehepartner das Ehegelübde gebrochen hat (siehe Abschnitte 1 und 2 oben), soll die Gemeinde dieses Glied unter korrigierende Seelsorge stellen. (Siehe Kapitel 14: „Korrigierende Seelsorge", S. 238-244) Wenn ein Gemeindeglied bereut, kann es für eine bestimmte Zeit unter eine Klärungsfrist gestellt werden, ihm aber nicht die Mitgliedschaft entzogen werden. Zeigt ein Ehepartner keine aufrichtige und vollständige Reue, so ist ihm die Mitgliedschaft zu entziehen. Sind die Umstände dieses Ehebruchs so, dass dem Werk Gottes in der Öffentlichkeit Schaden zugefügt wurde, so kann die Gemeinde zur Wahrung ihres Rufes und ihrer hohen Grundsätze dem betreffenden Glied die Mitgliedschaft entziehen, selbst wenn es Hinweise auf eine Reue gibt.

Jede dieser Korrekturmaßnahmen soll von der Gemeinde so durchgeführt werden, dass die zwei Ziele erreicht werden: Korrektur und Versöhnung. Im Evangelium Jesu ist die versöhnende Seite seines Handelns immer verbunden mit einer glaubwürdigen Veränderung des Sünders zu einem neuen Menschen in Jesus Christus.

5. Ein Ehepartner, der das Ehegelübde gebrochen hat und sich scheiden ließ, hat nicht das moralische Recht, wieder zu heiraten, solange der Partner, der dem Ehegelübde treu geblieben ist, noch am Leben ist, unverheiratet bleibt und unanstößig lebt. Sollte er dennoch wieder heiraten, soll die Gemeinde ihm die Mitgliedschaft entziehen. Gehört der neue Ehepartner ebenfalls der Gemeinde an, so ist auch diesem die Mitgliedschaft zu entziehen.

6. Es wird anerkannt, dass sich manchmal die Beziehung in einer Ehe so verschlechtern kann, dass es besser ist, sich zu trennen. „Den Verheirateten gebiete nicht ich, sondern der Herr, dass die Frau sich nicht von ihrem Mann scheiden soll – hat sie sich aber geschieden, soll sie ohne Ehe bleiben oder sich mit ihrem Mann versöhnen – und dass der Mann seine Frau nicht verstoßen soll." (1 Kor 7,10.11) Es gibt Fälle, in denen machen die Fürsorge für Kinder, die Wahrung von Eigentumsrechten oder sogar die persönliche Sicherheit eine Änderung im Eheverhältnis notwendig. In solchen Fällen kann es zulässig sein, eine gesetzliche Trennung herbeizuführen, wie man sie in manchen Ländern kennt. In anderen Ländern kann eine solche Trennung allerdings nur durch Scheidung erreicht werden.
Eine Trennung oder eine Scheidung aus Gründen wie z. B. körperliche Gewalt, ohne „Untreue gegenüber dem Ehegelübde" (siehe Abschnitte 1 und 2 oben) gibt keinem der beiden Ehepartner das biblische Recht, wieder zu heiraten, es sei denn, der andere Partner hat inzwischen ebenfalls geheiratet, Ehebruch begangen oder Unzucht getrieben oder ist gestorben. Wenn ein Gemeindeglied, das geschieden wurde, obwohl keine biblischen Gründe vorlagen, wieder heiratet, sollte ihm die Mitgliedschaft entzogen werden. Auch seinem neuen Ehepartner sollte die Gemeindezughörigkeit entzogen werden, falls er Gemeindeglied ist (siehe S. 241, Punkt 4).
7. Wenn ein Ehepartner, der sein Ehegelübde gebrochen hat, geschieden und ihm deswegen die Gemeindemitgliedschaft entzogen wurde, wieder geheiratet hat, oder wenn ein Ehepartner, der sich aus anderen als in den Abschnitten 1 und 2 aufgeführten Gründen scheiden ließ, wieder geheiratet hat, und ihm deswegen die Mitgliedschaft entzogen wurde, so kann er nicht ohne Weiteres wieder in die Gemeinde aufgenommen werden. Für eine Wiederaufnahme sind die folgenden Hinweise zu beachten.
8. Der Ehebund ist nicht nur heilig, sondern er ist in seinen möglichen Auswirkungen auch wesentlich weitreichender als gewöhnliche Verträge, zum Beispiel in Bezug auf die Kinder. Darum sind die Möglichkeiten für einen Antrag auf Wiederaufnahme in die Gemeinde eingeschränkt. Bevor die Gemeinde darüber abstimmt, soll sie die Bitte um Wiederaufnahme durch ihren Pastor oder den Bezirksältesten dem Vereinigungsausschuss zur Beratung vorlegen. Er wird gegebenenfalls empfehlen, welche Schritte gegangen werden können, damit der oder die Betreffende wieder in die Gemeinde aufgenommen werden kann.

9. Die Wiederaufnahme von Personen, denen aus den oben genannten Gründen die Gemeindemitgliedschaft entzogen wurde, kann gegebenenfalls durch eine erneute Taufe erfolgen. (Siehe S. 76 und 247.)
10. Wenn jemand wieder – wie in Abschnitt 8 vorgesehen – in die Gemeinde aufgenommen worden ist, sollte sorgfältig darauf geachtet werden, dass die Eintracht und Einigkeit in der Gemeinde nicht dadurch gefährdet wird, dass ihm eine Verantwortung als Leiter übertragen wird, vor allem keine, die eine Einsegnung erfordert. Eine solche Beauftragung ist nur nach eingehender Beratung mit der Leitung der Vereinigung möglich.
11. Kein Prediger der Gemeinschaft der Siebenten-Tags-Adventisten hat das Recht, eine Eheschließung von Personen zu vollziehen, die nach biblischen Grundsätzen, entsprechend der oben ausgeführten Ordnung, nicht berechtigt sind, wieder zu heiraten.

Der Dienst der Gemeinde an den Familien

Die Gemeinde hat als Botschafter der Versöhnung die Aufgabe, ihren Gliedern nach ihren Bedürfnissen zu dienen und so für sie zu sorgen, dass ihr Glaube wächst und reift. Das gilt besonders, wenn Glieder vor Entscheidungen stehen, die sich auf ihr ganzes weiteres Leben auswirken (z. B. eine Heirat) oder traumatische Erfahrungen durchgemacht haben, wie z. B. eine Scheidung. Wenn eine Ehe in der Gefahr steht zu scheitern, sollten die Ehepartner selbst und die, die sich in Gemeinde oder Familie um das Paar kümmern, keine Mühe scheuen, eine Versöhnung herbeizuführen in Übereinstimmung mit den göttlichen Prinzipien der Heilung zerbrochener Beziehungen (siehe Hos 3,1-3; 1 Kor 7,10.11; 13,4-7; Gal 6,1).

Anleitungen und Material zur Förderung des christlichen Ehe- und Familienlebens ist über die Ortsgemeinde oder andere Gemeinschaftsorganisationen erhältlich. Es umfasst die Bereiche: 1. Ehevorbereitung, 2. Bereicherung für Ehe und Familie, 3. Hilfen für zerrüttete Familien und Geschiedene.

Die Mitwirkung des Pastors ist wichtig bei der Ehevorbereitung, der Eheberatung und bei der Aufarbeitung und dem Neuanfang nach einer Scheidung. Bei einer Scheidung ist der Prediger sowohl für die notwendigen Korrekturmaßnahmen als auch für die helfende Betreuung verantwortlich. Diese Aufgabe verlangt auch die Weitergabe von Informationen, die den Fall betreffen. Dies darf allerdings nur mit größter Sorgfalt und unter Wahrung der Schweigepflicht geschehen.

Dieses ethische Anliegen allein kann aber nicht als Grund dienen, die in den obigen Abschnitten 1 bis 11 angeführten Korrekturmaßnahmen zu vermeiden.

Gemeindeglieder sollen vergeben und diejenigen annehmen, die gefehlt haben, so wie auch Gott ihnen vergeben hat (siehe Jes 54,5-8; Mt 6,14.15; Eph 4,32). Die Bibel ruft zu Geduld, Mitgefühl und Vergebung gegenüber denen auf, die gesündigt haben (siehe Mt 18,10-22; Gal 6,1.2). Wenn Gemeindeglieder unter korrigierender Seelsorge stehen, entweder durch Gewährung einer Klärungsfrist oder Entzug der Mitgliedschaft, soll die Gemeinde als ein Werkzeug Gottes keine Mühe scheuen, einen fürsorglichen und geistlich aufbauenden Kontakt mit ihnen aufrecht zu erhalten.

Kapitel 16

Gründung, Zusammenschluss und Auflösung von Gemeinden

Die Gründung einer Gemeinde

Gemeinden werden durch einen ordinierten Prediger auf Empfehlung des Ausschusses der Vereinigung gegründet. Da vieles mit der Gründung einer Gemeinde verbunden ist, soll der Vereinigungsvorsteher von Anfang an einbezogen und dazu eingeladen werden.

Sobald eine Gruppe von getauften, in der Botschaft gründlich unterrichteten Gemeindegliedern bereit ist, die Verantwortung für eine organisierte Gemeinde zu übernehmen, soll der Prediger in Absprache mit dem Vorsteher der Vereinigung ein Datum festsetzen, an dem die Gruppe zur Gemeinde organisiert werden kann.

Haben sich die getauften Glieder versammelt, so ist es angebracht, einen Überblick über die wichtigsten Glaubensgrundsätze unserer Gemeinschaft zu geben: Glaube an einen persönlichen Gott, der sich in Vater, Sohn und Heiligem Geist offenbart, an die Erlösung aus Gnaden durch den Glauben, die Wiedergeburt, das Priestertum Christi, die Wiederkunft Jesu, die Bedeutung des Gesetzes Gottes, des Sabbats, der Natur des Menschen und der Zustand der Toten, des Gerichtes, der Gemeinde, der Taufe und des Abendmahls, der geistlichen Gaben, der christlichen Haushalterschaft, den Gesundheitslehren, der Einheit der Kinder Gottes in Jesus Christus und den Grundsätzen christlicher Lebensführung. Jeder Punkt kann mit zwei oder drei Bibelstellen belegt werden.

Wenn dies geschehen ist, soll gefragt werden, wer von den Anwesenden zu diesen Glaubensüberzeugungen steht und den Wunsch hat, sich mit anderen in dieser neuen Gemeinde zu vereinen. Alle, die sich melden, sollen namentlich festgehalten werden. Falls ein Glied oder mehrere Glieder bereits einer anderen Gemeinde oder der Vereinigungsgemeinde angehören, wird der Leiter der Versammlung dies vor deren Einberufung festgestellt und sich ihre Gemeindebriefe besorgt haben, damit sie nun in die neue Gemeinde aufgenommen werden können. Sie bilden den Kern der neuen Gemeinde.

Sollte aber keiner der Anwesenden bereits Glied einer anderen Gemeinde sein, so werden drei Personen ausgewählt, damit sie den Kern der neuen Gemeinde bilden. Es sollen vorzugsweise solche sein, deren Adventglauben schon fester gegründet ist. Ihnen können die folgenden Fragen gestellt werden: Habt ihr Christus als euren persönlichen Erlöser angenommen? Stimmt ihr mit den soeben vorgetragenen Glaubensgrundsätzen überein? Seid ihr durch Untertauchen getauft worden? Habt ihr gute Gemeinschaft untereinander und Vertrauen zueinander?

Werden diese Fragen mit Ja beantwortet, so wird bekannt gegeben, dass diese drei den Kern der neuen Gemeinde bilden. Dann werden die Namen der anwesenden Glieder, die auf der Liste stehen, der Reihe nach aufgerufen. Jeder Aufgerufene erhebt sich, beantwortet die bereits genannten Fragen und wird durch Abstimmung in die Gemeinde aufgenommen. Jeder so Aufgenommene ist nun Glied der Gemeinde und damit berechtigt, über den nächsten Namen mit abzustimmen. Es sollte darauf geachtet werden, dass unter den neu aufgenommen Gliedern gute Gemeinschaft und brüderliche Liebe herrschen. Sollten in einem Fall Fragen aufkommen bezüglich der Lehre oder der Gemeinschaft untereinander, so sollte die Abstimmung über die Aufnahme vorerst zurückgestellt werden, es sei denn, die Angelegenheit lässt sich sofort taktvoll und freundlich regeln.

Wenn alle aufgenommen sind, ist die Gemeinde gegründet und kann ihre Verantwortungsträger wählen. Zuerst muss ein Ernennungsausschuss gebildet werden, in dem der amtierende Prediger den Vorsitz führt. Dieser Ausschuss unterbreitet der Gemeinde die Vorschläge für die verschiedenen Aufgabenbereiche. Ist die Wahl erfolgt, sollten die Ältesten eingesegnet werden. Nachdem die Aufgaben des Ältesten kurz beschrieben wurden sowie auch die Verantwortung der Glieder gegenüber ihrer Gemeindeleitung, werden die Ältesten auf das Podium gerufen. Sie knien zum Gebet nieder und die amtierenden Prediger legen ihnen die Hände auf zum Zeichen dafür, dass die Gemeinde sie für ihren Dienst aussondert. Auf gleiche Weise, aber in kürzerer Form, werden die Diakone eingesegnet. Ist dies alles geschehen, ist die Gemeinde organisiert und funktionsfähig.

Bevor die Versammlung schließt, sollte ein Antrag an die Vereinigung gestellt werden, die neu gegründete Gemeinde bei der nächsten Delegiertenkonferenz der Vereinigung in die Gemeinschaft der Gemeinden aufzunehmen.

Es sollte sorgfältig darauf geachtet werden, dass alle Verantwortungsträger ausreichend Anleitung für die Erfüllung ihrer Aufgaben erhalten. Abendmahlsgeräte für die Gemeinde müssen besorgt werden und alles, was für die Fußwaschung gebraucht wird. Der Schatzmeister, der Gemeindeschreiber und die anderen Verantwortungsträger sollten die nötigen Berichtsformulare und Kontoführungsbücher erhalten.

Gerade zu Beginn ist es wichtig, dass auf diese Einzelheiten sorgfältig geachtet wird, denn das künftige Gedeihen der Gemeinde hängt weitgehend von der Sorgfalt ab, die bei ihrer Gründung und zu ihrer Ausbildung aufgewandt wird.

Wenn möglich, sollte das erste Abendmahl dieser Gemeinde in der Zeit ihrer Gründung gefeiert werden.

Der Zusammenschluss von Gemeinden

Erscheint es ratsam, zwei Gemeinden zusammenzulegen, ist der Ausschuss der Vereinigung von Anfang an einzubeziehen. Liegt die Empfehlung der Vereinigung vor, stimmt jede Gemeinde einzeln in einer ordnungsgemäß einberufenen Mitgliederversammlung, die vom Vereinigungsvorsteher, vom Gemeindepastor oder einem anderen von der Vereinigung beauftragten ordinierten Prediger geleitet wird, über den Zusammenschluss ab.

Stimmen beide Gemeinden dafür, so ist eine gemeinsame Vollversammlung beider Gemeinden einzuberufen, in der der Vereinigungsvorsteher oder, falls dieser verhindert ist, ein von der Vereinigung bestimmter ordinierter Prediger den Vorsitz führt.

Eine sorgfältig abgefasste schriftliche Vereinbarung sollte vorbereitet werden, in der die Gründe für den Zusammenschluss genannt werden und in der alle Einzelheiten aufgeführt werden, die sich für die Gemeinden aus der Zusammenlegung ergeben, wie die Verwendung des Eigentums, die Verantwortung für finanzielle Verpflichtungen usw. Es muss darin festgehalten werden, worauf die Gemeinden sich bei jedem dieser Anliegen geeinigt haben. Die Vereinbarung führt den Namen auf, mit dem die vereinigte Gemeinde bezeichnet werden möchte, und sie muss alle Verantwortungsträger der beiden bisherigen Gemeinden von ihren Aufgaben entbinden.

Stimmt die vereinigte Gemeinde dieser Vereinbarung zu, ist der Zusammenschluss vollzogen. Danach wird ein Ernennungsausschuss gewählt, der die Verantwortungsträger für die vereinigte Gemeinde für die noch verbleibende Zeit des laufenden Gemeindejahres vorschlägt. Eine Kopie dieser Vereinbarung wird zu den Akten der Vereinigung genommen.

Durch diese Entscheidung gehören alle Glieder der beiden bisherigen Gemeinden der nunmehr neu gegründeten Gemeinde an. Es ist nicht gestattet, bei dieser Gelegenheit ein Gemeindeglied dadurch die Migliedschaft zu entziehen, dass man es beim Zusammenschluss nicht in die neue Gemeindeliste aufnimmt. Die vereinigte Gemeinde trägt nun die volle Verantwortung für alle ihre Glieder. Mit Gliedern, die unter korrigierender Seelsorge stehen oder gestellt werden müssen, hat die vereinigte Gemeinde nach den Richtlinien der *Gemeindeordnung* zu verfahren.

Die Bücher und Akten beider Gemeinden werden zum Bestandteil der Akten der vereinigten Gemeinde. Ist die Zusammenlegung abgeschlossen, so muss die Vereinigung darüber informiert werden, damit der Zusammenschluss bei der nächsten Delegiertenkonferenz der Vereinigung durch Beschluss bestätigt werden kann und damit die vereinigte Gemeinde anstelle der beiden vorigen in die Gemeinschaft der Gemeinden aufgenommen wird.

Auflösung und Ausschluss von Gemeinden

„Christus hat die Gemeinde geliebt und sich selbst für sie dahingegeben, um sie zu heiligen. Er hat sie gereinigt durch das Wasserbad im Wort, damit er sie vor sich stelle als eine Gemeinde, die herrlich sei und keinen Flecken oder Runzel oder etwas dergleichen habe, sondern die heilig und untadelig sei ... Denn niemand hat je sein eigenes Fleisch gehasst; sondern er nährt und pflegt es, wie auch Christus die Gemeinde. Denn wir sind Glieder seines Leibes." (Eph 5,25-27. 29.30)

Von dieser Einstellung sollte alles gekennzeichnet sein, was getan werden muss, um ein einzelnes Glied oder eine ganze Gemeinde zu korrigieren. Immer muss es darum gehen, zu helfen und zu retten – um der Sache Gottes willen. Die Verhältnisse können die Auflösung einer Gemeinde erforderlich machen. Zum Beispiel sind so viele Gemeindeglieder fortgezogen, dass die Zahl der Zurückgebliebenen nicht ausreicht, um die Organisation aufrechtzuerhalten. Es können auch Probleme aufkommen, die das Leben der Gemeinde ernstlich gefährden. Wo die Lösung dieser Probleme ein korrigierendes Eingreifen erforderlich macht, sollte zunächst eine Reihe von Erweckungsversammlungen durchgeführt werden. Diese Versammlungen sollten das Ziel haben, die Gemeinde aus ihrer unglücklichen Situation zu befreien und den Gemeindegliedern zu helfen, ihren Bund mit dem Herrn zu erneuern. Das ist besser, als Maßnahmen zu ergreifen, die die

Gemeinde in eine Zerreißprobe führen und womöglich ihre Auflösung zur Folge haben könnten.

Gemeinden können aus folgenden Gründen aufgelöst bzw. aus der Gemeinschaft der Gemeinden ausgeschlossen werden.

Die Auflösung einer Gemeinde wegen dem Verlust von Gliedern
Wenn eine Gemeinde trotz aller Bemühungen, sie zu erhalten, durch Wegzug, Tod, Austritt oder Entzug der Mitgliedschaft so viele Glieder verloren hat, dass ein Gemeindeleben nicht mehr möglich ist, sollte der Vereinigungsausschuss beschließen, dieser Gemeinde die Auflösung zu empfehlen.

Bevor die Gemeinde ihrer Auflösung zustimmt, werden alle Glieder dieser Gemeinde aufgefordert, sich einer anderen Gemeinde anzuschließen.

Sind noch genügend Glieder vorhanden, wird eine Mitgliederversammlung einberufen, die vom Vereinigungsvorsteher oder einem von ihm bestimmten Prediger geleitet wird. Auf dieser Versammlung kann beschlossen werden, allen Gliedern, außer denen, die unter korrigierender Seelsorge stehen, Gemeindebriefe auszustellen, damit sie sich anderen Gemeinden anschließen können. Auf diese Weise löst sich die Gemeinde auf Empfehlung des Vereinigungsausschusses selbst auf. Danach hat der Vereinigungsausschuss die Auflösung dieser Gemeinde durch Beschluss zur Kenntnis zu nehmen.

Falls nach Ansicht des Vereinigungsausschusses zu wenige Glieder übrig geblieben sind, die an solch einer Versammlung teilnehmen, hat der Vereinigungsausschuss das Recht, die Glieder, die nicht unter korrigierender Seelsorge stehen, einer anderen Gemeinde oder der Vereinigungsgemeinde zur Aufnahme zu empfehlen. So wird die Gemeinde aufgelöst.

Steht zur Zeit der Auflösung der Gemeinde ein Gemeindeglied unter korrigierender Seelsorge, sodass ihm kein Gemeindebrief ausgestellt werden kann (siehe S. 70), soll es provisorisch in die Vereinigungsgemeinde aufgenommen werden. Die Leitung der Vereinigung hat dafür zu sorgen, dass alles getan wird, was dieses Glied so bald wie möglich wieder zu einem befriedigenden christlichen Leben zurückführt. Führen diese Bemühungen zum Erfolg, wird ihm ein Gemeindebrief ausgestellt, damit es sich einer anderen Gemeinde anschließen kann, oder die Aufnahme in die Vereinigungsgemeinde wird bestätigt. Kann dem Glied aber nicht geholfen und es nicht zurückgewonnen werden, sollte ihm durch Abstimmung im Vereinigungsausschuss die Mitgliedschaft entzogen werden.

Die Auflösung einer Gemeinde als Korrekturmaßnahme

Es gibt glücklicherweise nur selten einen Anlass, eine Gemeinde aufzulösen, weil sie gegen Lehre oder Ordnung der Gemeinschaft verstößt, denn der Auftrag der Gemeinde ist ja zu suchen und zu retten. Selbst wo schwerwiegende Probleme bestehen wie Abfall von biblischen Grundlehren, Weigerung, im Sinne der *Gemeindeordnung* zu handeln, oder hartnäckige Auflehnung gegen die Vereinigung, sollte alles getan werden, um den Ausschluss abzuwenden.

Der Pastor sollte durch seine Predigten und Besuche bei den einzelnen Gliedern versuchen, das geistliche Leben seiner Gemeinde zu vertiefen. In Zusammenarbeit mit der Vereinigung sollte eine Reihe von Erweckungsversammlungen abgehalten werden, um die Gemeindeglieder zu bewegen, ihren Bund mit dem Herrn zu erneuern. Wenn das zu keiner Änderung führt, sollte der Pastor, in Zusammenarbeit mit dem Vereinigungsausschuss, mit der Gemeinde und ihrer Leitung beraten, was noch versucht werden kann, um zu heilen, zu versöhnen und die Gemeinde als Zeugin für Gott und seine rettende Wahrheit zu erhalten.

Alle Bemühungen, einer irrenden Gemeinde zu helfen, und alle Schritte, die für eine Besserung vorgesehen sind, sollten vom Geist Christi durchdrungen sein. Dieser Geist wird überzeugend und schön in Eph 5,25-30 beschrieben, wo Paulus davon spricht, dass Christus die Gemeinde liebt und sein Leben für sie gegeben hat, damit er sie mit Freude seinem himmlischen Vater als eine herrliche, siegreiche Gemeinde darbringen kann.

Es ist besser, jedes heilende Mittel anzuwenden, als zuzulassen, dass sich die Beziehungen so verschlechtern, dass der Ausschluss der Gemeinde unabwendbar wird.

Wenn jedoch alle Bemühungen, die Gemeinde zu erhalten, fehlschlagen, sollte der Vereinigungsausschuss sorgfältig überlegen, ob die Gemeinde ausgeschlossen werden muss. Kommt der Ausschuss zu dieser Entscheidung, so muss er die Empfehlung für den Ausschluss dieser Gemeinde unter Angabe der Gründe protokollieren. Danach soll wie folgt verfahren werden:

a. Die Entscheidung, den Ausschluss der Gemeinde zu empfehlen, soll der betroffenen Gemeinde in einer Mitgliederversammlung dargestellt werden zwecks Information und Beratung.

b. Im Falle, dass die Gemeinde diese Empfehlung nicht annimmt, gibt es zwei Möglichkeiten, darauf zu reagieren:

1. Sie beschließt, alle Gründe, die zu der Empfehlung der Korrekturmaßnahme durch die Vereinigung geführt haben, zu beseiti-

gen und bei der Vereinigung zu beantragen, den Beschluss, die Auflösung oder den Ausschluss zu empfehlen, aufzuheben.
2. Sie ruft den Verbandsausschuss an, damit er zwischen der Gemeinde und der Vereinigung schlichtet.
c. Ändert sich die Haltung der Gemeinde nicht oder hält der Verbandsausschuss die Empfehlung zum Ausschluss aufrecht, empfiehlt der Vereinigungsausschuss unter Angabe der Gründe der nächsten Delegiertenversammlung den Ausschluss der Gemeinde.
d. Wenn die Delegiertenversammlung den Ausschluss beschließt, hat die Vereinigung ihn zu vollziehen.

Fürsorge für die Gemeindeglieder
Zu einer aufgelösten oder ausgeschlossenen Gemeinde können treue Glieder gehören, die in der Gemeinschaft der Siebenten-Tags-Adventisten bleiben wollen. Um ihretwillen soll ihre Mitgliedschaft vorübergehend – höchstens 90 Tage – als zur Vereinigungsgemeinde zugehörig betrachtet werden, damit die, die das wollen, sich in eine andere Gemeinde ihrer Wahl aufnehmen lassen oder sich der Vereinigungsgemeinde anschließen können. Ihre Einstellung zur Gemeinschaft und ihrer Botschaft soll vom Vereinigungsausschuss bewertet werden. Ist sie zufriedenstellend, so können sie zur Aufnahme in die Vereinigungsgemeinde oder eine Ortsgemeinde ihrer Wahl empfohlen werden.

Die Namen der Glieder der aufgelösten oder ausgeschlossenen Gemeinde, die unter korrigierender Seelsorge stehen, sollen dem Sekretär der Vereinigung übergeben werden. Mit ihnen soll durch den Ausschuss der Vereinigung so verfahren werden wie bei der Auflösung einer Gemeinde (siehe S. 263).

Die Entscheidung liegt immer bei der Delegiertenversammlung
Aus welchem Grund eine Gemeinde auch aufgelöst oder ausgeschlossen werden mag, in jedem Fall ist der nächsten Delegiertenversammlung der Vereinigung ein genauer Bericht vorzulegen und ihr zu empfehlen, diese Gemeinde aus der Liste der zur Vereinigung gehörenden Gemeinden zu streichen.

Gemeindeeigentum, -gelder und -berichte
Wird eine Gemeinde aufgelöst wegen Verlust ihrer Glieder oder als korrigierende Maßnahme ausgeschlossen, gehören alle Gelder und Guthaben, aller Grundbesitz und alles Vermögen, ganz gleich ob sie auf den Namen der Ortsgemeinde, der Vereinigung oder einer anderen rechtlichen Organisation der Gemeinschaft eingetragen sind, der

Vereinigung, da die Gemeinde sie lediglich treuhänderisch für die Vereinigung verwaltet hat. Die Vereinigung hat daher das Recht, die Autorität und die Pflicht, dieses Eigentum und diese Gelder sicherzustellen, zu verwalten und darüber zu verfügen.

Alle Bücher und Berichte der betreffenden Gemeinde sind dem Vereinigungssekretär und/oder -schatzmeister zur Verwahrung zu übergeben.

Kapitel 17

Das Podium ist kein Forum, um persönliche Ansichten zu verfechten

Kein Prediger, Gemeindeältester oder sonst jemand hat das Recht, die Predigt oder den Gottesdienst dazu zu nutzen, umstrittene Lehrpunkte oder Anliegen zu verfechten. Die Gemeinschaft gibt keinem Glied das Recht, das Podium für seine persönlichen Ansichten und Meinungen zu missbrauchen.

Wenn ein Gemeindeglied zu neuen Erkenntnissen gekommen ist, die von denen abweichen, die in der Gemeinschaft akzeptiert sind, sollte es sich mit den verantwortlichen Leitern beraten.

„Tausend verborgene Versuchungen lauern auf den, der das Licht der Wahrheit hat. Der einzige Schutz für uns alle besteht darin, dass wir keine neue Lehre oder Schriftauslegung verkündigen, ohne sie vorher mit erfahrenen Brüdern beraten zu haben. Legt ihnen eure neuen Erkenntnisse in demütiger, lernbereiter Einstellung vor und betet ernstlich darum. Wenn sie keinen Wert darin sehen, fügt euch ihrem Urteil, denn ‚wo ... viele Ratgeber sind, findet sich Hilfe' (Spr 11,14)."
(*Testimonies for the Church*, Band 5, S. 293)

Die Urgemeinde handelte in dieser Weise. Als es in Antiochien zu einer Meinungsverschiedenheit über eine wichtige Frage kam, sandten die Gläubigen Abgeordnete nach Jerusalem, die diese Frage den Aposteln und Ältesten zur Begutachtung vorlegten. Die Entscheidung dieser Beratung wurde von den Gläubigen in Antiochien freudig angenommen. So blieben Einigkeit und Brüderlichkeit in der Gemeinde bewahrt. (Siehe Apg 15,1-33)

Das bedeutet nicht, dass dem einzelnen Gemeindeglied die Verantwortung für ein eigenes fleißiges Bibelstudium abgenommen wird, sondern es geht darum, die Gemeinde vor Irrlehren oder fragwürdigen Theorien zu schützen. Gott möchte, dass seine Kinder sein Wort gewissenhaft nach Licht und Wahrheit durchforschen. Aber er möchte auch verhindern, dass sie durch falsche Lehren irregeführt werden.

Die Bibel ist eine Fundgrube der Wahrheit. „In der ganzen Erde gibt es nicht so viele Goldadern und verborgene Schätze wie im Wort Gottes." (*Christ's Object Lessons*, S. 104) Nach diesen Schätzen müssen wir fleißig suchen.

„Niemand soll glauben, für ihn gebe es nichts mehr zu lernen. Die menschliche Intelligenz mag messbar sein; die Werke menschlicher Autoren kann man vielleicht erfassen, aber unser Fassungsvermögen reicht bei weitem nicht aus, um Gott zu begreifen. Es gibt eine Unendlichkeit, die unser Verstehen übersteigt. Wir haben bisher nur einen Schimmer der göttlichen Herrlichkeit, Erkenntnis und unendlichen Weisheit erblickt; wir haben sozusagen an der Oberfläche des Bergwerkes gearbeitet, während weiter unten reiche Goldadern darauf warten, den Suchenden zu belohnen. Wenn wir den Schacht immer tiefer hinabtreiben, werden wir schließlich auf den Schatz stoßen. Durch rechten Glauben wird göttliche Erkenntnis für Menschen zugänglich." (*Christ's Object Lessons*, S. 113)

„Wer in lebendiger Gemeinschaft mit der Sonne der Gerechtigkeit lebt, wird immer neue Erkenntnisse aus dem Wort Gottes gewinnen. Möge niemand zu dem Schluss kommen, dass keine weiteren Wahrheiten mehr offenbart werden. Wer fleißig und unter Gebet nach der Wahrheit sucht, dem werden stets aufs neue wertvolle Erkenntnisse aus dem Wort Gottes zuteil werden. Viele Edelsteine, die jetzt noch verstreut umherliegen, müssen gesammelt werden, um in den Besitz der Übrigen des Volkes Gottes zu gelangen." (*Counsels on Sabbath School Work*, S. 34)

Die neue Erkenntnis, mit der ein ernsthafter Sucher nach Wahrheit beim Studium der Bibel belohnt wird, macht die alte nicht ungültig. Sie verbindet sich mit der alten Erkenntnis. Aus ihr erstrahlt ein neuer Glanz. „Der Gerechten Pfad glänzt wie das Licht am Morgen, das immer heller leuchtet bis zum vollen Tag." (Spr 4,18)

Obwohl ein Kind Gottes stets bereit sein muss, neue Erkenntnis anzunehmen, darf es doch keiner Stimme Gehör schenken, die es von den Grundlehren der Bibel wegführen könnte, so fromm und einleuchtend sie auch klingen mag.

„Wir dürfen keine Botschaft annehmen, die den Grundsätzen unseres Glaubens widerspricht. Da suchen Leute eine Reihe von Bibelstellen zusammen, um die von ihnen verfochtenen Theorien zu beweisen. Das ist in der Geschichte der Adventgemeinde immer wieder geschehen. Die von ihnen angeführten Bibelstellen sind zwar Gottes Wort und sollen geachtet werden. Ihre Auslegung jedoch ist falsch, wenn sie auch nur einen Pfeiler aus dem Fundament löst, das Gott diese ganze

Zeit hindurch erhalten hat. Wer Bibeltexte so auslegt, weiß nichts von der wunderbaren Bekundung des Heiligen Geistes, die den bisherigen Botschaften, die dem Volk Gottes verkündigt wurden, Macht und Kraft verliehen hat." (*Counsels to Writers and Editors*, S. 32)

Für die Gemeinde ist es wichtig, die „Einheit des Glaubens" (Eph 4,13) zu bewahren; ebenso wichtig ist es, dass sie sich allezeit bemüht, „zu wahren die Einigkeit im Geist durch das Band des Friedens" (Eph 4,3). Daher sind Sorgfalt und gründliche Prüfung erforderlich, auch durch die Beratung mit den verantwortlichen Leitern.

„Gott führt ein Volk aus der Welt heraus auf die Anhöhe ewiger Wahrheit, der Gebote Gottes und des Glaubens an Jesus. Er will sein Volk erziehen und befähigen. Sie werden nicht uneins untereinander sein; der eine wird nicht dies glauben und der andere das Gegenteil; keiner wird sich so verhalten, als sei er unabhängig vom Ganzen. Durch die Verschiedenheit der Gaben und Aufgaben, die der Herr seiner Gemeinde gegeben hat, werden alle Glieder zur Einheit des Glaubens gelangen.

Wie kann jemand die Bitte Christi um Einheit erfüllen, wenn er seine Ansicht über die biblische Wahrheit ohne Rücksicht auf die Meinung seiner Brüder vertritt und seine Haltung damit zu rechtfertigen sucht, dass er ein Recht auf seine Sondermeinung habe, die er dann anderen aufdrängt? Wenn hier und dort Leute auftreten, die sich das Recht anmaßen, zu glauben und zu reden, was ihnen gefällt, ohne Rücksicht auf den Glauben der Gemeinschaft, wie sollte da die Einigkeit zustande kommen, die zwischen Christus und seinem Vater herrscht und um die Christus auch für seine Brüder betete?

Obwohl Gott jedem von uns eine persönliche Aufgabe und Verantwortung auferlegt hat, dürfen wir nicht unserem eigenen unabhängigen Urteil folgen, ohne die Meinung und die Gefühle unserer Geschwister zu beachten. Ein solches Verhalten bringt Zwietracht in die Gemeinde. Die Prediger sind verpflichtet, das Urteil ihrer Brüder zu achten. Nicht nur die Lehren, die sie verkünden, sondern auch ihr Verhältnis untereinander muss sich an ‚Gesetz und Zeugnis' messen lassen. Wo das geschieht und wo Menschen bereit sind, sich belehren zu lassen, wird es auch nicht zu Spaltungen kommen. Einige halten sich nicht an Ordnungen und entfernen sich so von den bedeutsamen Eckpfeilern unseres Glaubens; aber Gott wirkt an seinen Dienern, damit sie in Lehre und Geist eins seien …

Wenn ich unsere bisherige Geschichte überschaue, wie wir Schritt für Schritt vorangingen, bis wir unseren gegenwärtigen Stand erreichten, dann kann ich nur sagen: Gott sei gelobt! Wenn ich sehe, was

Gott bewirkt hat, bin ich voller Bewunderung und voller Vertrauen zu Christus, der uns führt. Wir haben für die Zukunft nichts zu befürchten, es sei denn, wir vergessen, wie der Herr uns geführt hat." (*Testimonies to Ministers*, S. 29-31)

Diese Sätze von Ellen G. White machen deutlich, dass die Gemeinde keinem Einzelnen das Recht einräumen kann, seine persönlichen Ansichten und Meinungen vom Podium aus zu verfechten. Das Predigtpult muss der Predigt des Wortes Gottes und den Anliegen und Zielen der Gemeinschaft zur Förderung des Werkes Gottes vorbehalten bleiben. (Siehe auch S. 106 und 203)

Jeder in der Gemeinde sollte sich täglich aufs neue dem Herrn weihen und ihn um göttliche Weisheit beim Studium seines heiligen Wortes bitten. Nach seiner Verheißung wird der Heilige Geist uns in alle Wahrheit leiten (siehe Joh 16,13). Wer offen ist für die Erleuchtung durch den Heiligen Geist, dessen Weg wird auch von himmlischem Licht erhellt. Auch während wir Fragen, die uns Probleme bereiten, mit den verantwortlichen Leitern beraten, oder nachdem wir sie mit ihnen beraten haben, sollten wir unsere Sichtweise nicht weiter öffentlich darstellen, wenn sie nicht im Einklang mit den Auffassungen der Gemeinschaft steht.

Kapitel 18

Rechtsformen und Grundlagen für den Umgang mit Gemeindeeigentum

(Nach der Ordnung der Gemeinschaft hat jede Division der Generalkonferenz das Recht, Ergänzungen und Erläuterungen an die gemeinsame Gemeindeordnung anzufügen, die den besonderen Gegebenheiten dieses Feldes Rechnung tragen. Sie werden in Abstimmung mit der Generalkonferenz beschlossen und sind Teil der Gemeindeordnung. Das folgende Kapitel entspricht den Ergänzungen der Nordamerikanischen Division.)

Juristische Körperschaften

Die Ortsgemeinden der Siebenten-Tags-Adventisten nehmen ihre evangelistischen und anderen religiösen Aufgaben wahr, ohne eine juristische Körperschaft zu sein. In der Regel sollen Ortsgemeinden nicht als Körperschaft bzw. als juristische Person eingetragen werden, es sei denn, es ist durch das Gesetz des Landes vorgeschrieben.

Juristische Körperschaften werden gebildet, wenn nach den gültigen Gesetzen Rechtsfähigkeit erforderlich ist. Sie verfahren entsprechend ihrer beschlossenen Verfassung, Statuten und Geschäftsordnung. Alle Gemeinschaftsorganisationen, die juristische Körperschaften bilden wollen, haben zuvor beim Ausschuss der zuständigen Division die Zustimmung dafür einzuholen. Die Teilnehmer der Mitgliederversammlung einer juristischen Körperschaft sind durch die ordnungsgemäßen Delegiertenversammlungen der Siebenten-Tags-Adventisten (Landesversammlung bzw. Verbands/Unionsdelegiertenversammlung) zu wählen oder zu beauftragen.

Eigentumsnachweis für das Gemeindeeigentum

Um den Nachweis für das Grundeigentum der Gemeinschaft erbringen zu können, muss der Rechtstitel auf eine juristische Person (Organisation) eingetragen sein, die durch die Vereinigung/den Verband/

die Union in Übereinstimmung mit den Gesetzen des Landes gegründet wurde, in dem sich das Eigentum befindet. Wenn Grundbesitz für die Zwecke der örtlichen Gemeinde oder der Vereinigung erworben wird, ist er auf den Namen dieser rechtsfähigen Organisation einzutragen.

Die Verwahrung von Rechtsdokumenten

Alle rechtlichen Dokumente, einschließlich Versicherungspolicen, Kaufverträgen von Grundeigentum und Treuhandvereinbarungen, sind von der betreffenden Gemeindeorganisation zu verwahren.

Unterhaltung und Reparatur von gemeinschaftseigenen Gebäuden

Die Kapelle, das Gemeindehaus, die zugehörigen Gebäude, Räume und deren Ausstattung sind stets in einem repräsentativen Zustand zu erhalten. Die Gelder dafür sind durch den Gemeinde-Haushaltsplan oder besondere Zuwendungen aufzubringen.

Versicherungsschutz

Der Gemeindeausschuss ist über den Gemeindeschatzmeister verpflichtet, dafür zu sorgen, dass das Eigentum der Gemeinschaft wie Kapellengebäude, Gemeinderäume, Schulgebäude und Ausstattung, angemessen versichert sind (sofern dies nicht durch die Grundstücksverwaltung/den Bauverein der Gemeinschaft geschieht). Diese Ausgaben sollen im Gemeinde-Haushaltsplan berücksichtigt werden. Dafür wird das folgende Verfahren vorgeschlagen:
1. Der Ausschuss der Ortsgemeinde trägt über den Schatzmeister und in Beratung mit dem Schatzmeister der Vereinigung oder der Körperschaft die Verantwortung, dass alles Eigentum der Gemeinde angemessen versichert ist; dazu sind nach den Richtlinien der Gemeinschaft unter anderem Versicherungen gegen Feuer, Einbruch, Diebstahl und Wasserschäden, eine Haftpflicht- und eine Berufsunfallversicherung abzuschließen.
2. Alles Eigentum der Gemeinschaft soll bei finanziell gesunden Versicherungsunternehmen versichert werden. Wo möglich, werden die Versicherungen über die Vereinigungen und Verbände für alle Gemeinden gemeinsam abgeschlossen, gegebenenfalls über das „Adventist Risk Management".

3. Der Schatzmeister der Vereinigung oder der Körperschaft ist verpflichtet, eine vollständige Liste aller Versicherungen des Eigentums der Vereinigung und der Gemeinden zu führen.
a) In diese Liste gehören die Bezeichnung und Beschreibung des Eigentums, die Höhe der Versicherungssumme, der Name der Versicherungsgesellschaft, das Ablaufdatum der Versicherung und andere wichtige Einzelheiten.
b) Auslaufende Verträge sind rechtzeitig zu verlängern oder bei einer anderen Gesellschaft abzuschließen, um zu vermeiden, dass die entsprechenden Objekte versehentlich zeitweilig ohne Versicherungsschutz sind.
4. Der von der Vereinigung beauftragte Buchprüfer hat die Aufgabe, den Versicherungsschutz für die Gemeinden, die Schulen und andere Gemeindeeinrichtungen zu prüfen und dem zuständigen Ausschuss mitzuteilen, wenn ein Objekt nicht nach den Richtlinien der Gemeinschaft vesichert ist.

Testamente und Treuhandvermögen

Opfergeist und Hingabe gehören wesentlich zum Dienst des Christen. Gelder und Grundeigentum, die nicht unmittelbar der Gemeinschaft gegeben werden, können dem Werk Gottes durch eine testamentarische Verfügung, als Treuhandvermögen oder gegen eine Rentenzahlung zur Verfügung gestellt werden.

Die Gesetze sind genauestens zu befolgen

Die Gesetze, die die Verfügungsgewalt über Eigentum regeln, sowohl vor als auch nach dem Tod, sind genauestens zu befolgen. Wenn der Gemeinschaft Grundeigentum überschrieben wird, regeln die Gesetze des Staates, in dem das Grundstück liegt, die Bedingungen dieser Eigentumsübertragung. Nach dem Tode kann nach einem rechtskräftig gewordenen Testament über Grundeigentum und anderes Vermögen verfügt werden. Ein Testament kann auch durch eine Treuhandvereinbarung ergänzt werden. Die Formulierung eines Testaments oder einer Treuhandvereinbarung ist daher äußerst wichtig.

Christliches Verantwortungsbewusstsein erweist sich in der Vorsorge für die Sicherung der hinterbliebenen Familie und für die Bedürfnisse der Gemeinde. „Unsere Brüder sollen erkennen, dass sie als treue Diener im Werk Gottes dafür verantwortlich sind, in diesen Angelegenheiten klug zu handeln und das zu sichern, was dem Herrn gehört." (*Testimonies for the Church*, Band 4, S. 479)

Testamente

Wer ein Testament machen will, braucht guten Rat. Der Gemeinde wurden klare Anweisungen gegeben, sich bei der Abfassung von Testamenten gründlich beraten zu lassen:

„Viele Familien sind in unehrlicher Weise all ihres Eigentums beraubt worden und in Armut geraten, weil die Arbeit, die in gut einer Stunde hätte erledigt werden können, versäumt worden ist. Wer sein Testament machen will, sollte die Mühen oder Kosten einer Rechtsberatung nicht scheuen und sein Testament so aufsetzen, dass es rechtlich nicht angefochten werden kann." (*Testimonies for the Church*, Band 3, S. 117)

Es ist zu beachten, dass ein Testament nach den gesetzlichen Regelungen des Staates oder des Landes vollstreckt werden muss, in dem es aufgesetzt wurde.

Vermächtnisse an die Gemeinschaft

Vermächtnisse sollten auf den Namen der juristischen Körperschaft einer Vereinigung oder eines Verbandes, der Generalkonferenz oder einer Gemeinschaftsinstitution ausgestellt werden. Dabei ist sorgfältig darauf zu achten, dass die betreffende Organisation mit dem richtigen rechtlichen Namen bezeichnet wird.

Wenn es um mögliche Vermächtnisse und die nötigen Verfahrensweisen geht, sollten die Leiter in der Gemeinde ihre Glieder an die zuständigen Verantwortungsträger der Vereinigung verweisen, damit das Eigentum, das dem Herrn für sein Werk anvertraut werden soll, diesem Zweck auch sicher zukommt.

Überschreibung von Eigentum vor dem Tod

Wer sein Geld und sein Eigentum schon vor seinem Tod dem Werk des Herrn, seiner Familie oder anderen zukommen lassen möchte, kann dies durch eine Schenkung, als Treuhandvermögen oder gegen eine Rentenzahlung tun.

Genauere Informationen über die Vorteile solcher Möglichkeiten können vertraulich und unverbindlich bei den Verantwortungsträgern der Vereinigung oder deren Rechtsberatung eingeholt werden.

Anhang und Erläuterungen zur *Gemeindeordnung (Gemeindehandbuch)*

Herausgegeben von der
Gemeinschaft der Siebenten-Tags-Adventisten in Deutschland
(Revidierte Fassung 2002/2006)

Einleitung

Die *Gemeindeordnung* ist im Laufe der Geschichte aus der Erfahrung unserer Gemeinschaft entstanden (siehe Einleitung, S. 24f.). Die Ordnungen und Empfehlungen der *Gemeindeordnung* tragen dazu bei, in unserer weltweit tätigen Kirche die innere Einheit zu bewahren angesichts der tief greifenden Unterschiede in Gesellschaft, Kultur, Rassen und Religionen, aus denen die Gemeindeglieder kommen und in deren Umfeld sie leben.

Die Vielfalt, von der die gegenwärtige Gesellschaft gekennzeichnet ist, gibt es auch innerhalb unserer Gemeinden. Das ist gut so, denn es zeigt, dass der Auftrag Gottes, das „ewige Evangelium ... allen Nationen, Stämmen, Sprachen und Völkern" zu bringen (Offb 14,6), von unserer Gemeinschaft angenommen wurde. Diese Vielfalt kann aber auch trennend wirken. Die deutschen Verbände bitten die Gemeinden, die auf weltweite Bedürfnisse zugeschnittenen Regelungen, Verfahrensweisen und Aussagen nicht nur am eigenen Empfinden zu messen. Manche Einzelheiten, die uns vielleicht eigenartig anmuten, mögen andernorts angemessen sein. Toleranz und gegenseitige Wertschätzung sind daher unabdingbare Voraussetzung in einer internationalen Gemeinschaft des Glaubens. Die weltweit gültige *Gemeindeordnung* soll die Zusammengehörigkeit aufrechterhalten. Sie trägt aber auch der Unterschiedlichkeit Rechnung. Die Generalkonferenz erkennt an, dass „örtliche Gegebenheiten zuweilen besondere Regelungen" erfordern können (siehe S. 26). Die nachstehenden Erläuterungen und Regelungen wurden mit Zustimmung der Generalkonferenz, Euro-Afrika-Division, erarbeitet. Sie sollen es den Gemeinden in

Deutschland ermöglichen, nach ihren Erfordernissen zu leben, zu glauben und zu dienen.

Dieser Anhang mit seinen Erläuterungen zur *Gemeindeordnung* soll dazu beitragen, dem Rat der Bibel zu folgen, wonach in der Gemeinde „alles ehrbar und ordentlich zugehen" (1 Kor 14,10), „Unordnung" vermieden und der „Frieden" gefördert werden soll (1 Kor 14,33).

Zu Kapitel 6:
Die Zugehörigkeit zur Gemeinde

Die Berechtigung zum Taufen (siehe S. 85f.)

Der Auftrag, den Jesus seinen Jüngern gab (siehe Mt 28,18-20; Mk 16, 15.16), gilt einschließlich der damit verbundenen Vollmachten der ganzen Gemeinde und nicht nur einem bestimmten herausgehobenen Personenkreis. Der neutestamentliche Gedanke vom Priestertum aller Gläubigen gestattet es nicht, zwischen Priestern und Laien zu unterscheiden. Der ganze Missionsauftrag ist an die Gemeinde mit all ihren Gliedern gerichtet.

Im praktischen Gemeindeleben heißt das aber nicht, dass jeder für alles verantwortlich sein kann. Die Glieder am Leibe Christi (siehe 1 Kor 12,12-30) haben unterschiedliche Funktionen. Der Gleichheitsgrundsatz wird nicht verletzt, wenn die Durchführung einzelner Aufgaben an einen bestimmten Personenkreis delegiert wird.

In der urchristlichen Gemeinde erfolgte die spezielle Beauftragung zu Lehre, Dienst und gottesdienstlichen Handlungen durch Handauflegung und Segensgebet (Ordination oder Einsegnung, siehe 1 Tim 5,22; Apg 13,2.3).

Nach biblischem Vorbild hat sich die Gemeinschaft der Siebenten-Tags-Adventisten eine Ordnung gegeben. Um die besonderen Gnadenzeichen Gottes zu schützen, hat sie festgelegt, dass nur ordinierte Pastoren und Gemeindeälteste sowie Pastoren/Pastorinnen, die als Älteste eingesegnet wurden, berechtigt sind, die Taufhandlung durchzuführen. Diakone helfen ihnen dabei.

Taufe und Aufnahme in die Adventgemeinde (siehe S. 66)

Nach biblischem Zeugnis beginnt in der Taufe der Lebensbund mit Christus und die Zugehörigkeit zur Gemeinde als seinem Leib. Beides gehört untrennbar zusammen. Deshalb betrachten wir es als eine Voraussetzung zur Taufe, dass Taufbewerber bereit sind, sich in eine örtliche Gemeinde aufnehmen zu lassen. Menschen, die zwar die Taufe wünschen, ihre Nachfolge aber nicht als Glied einer Adventgemeinde leben wollen, dürfen nicht von einem Prediger der Gemeinschaft der Siebenten-Tags-Adventisten getauft werden. Das Ja zu Jesus und seiner Erlösungstat schließt das Ja zu seinem offenbarten Willen und der verbindlichen Lebensordnung der Heiligen Schrift ein.

Das Taufbekenntnis erfolgt öffentlich (siehe S. 61-64)

Die Taufe geschieht auf das Bekenntnis des Glaubens. Darum ist ein öffentliches Taufbekenntnis unverzichtbar. Aus missionarisch-evangelistischen Gründen sollte aber sorgfältig darauf geachtet werden, dass die Tauffragen im Taufgottesdienst nicht in der Form eines ausführlichen Examens gestellt werden. Der Prediger oder das Gemeindeglied, das den Bibelunterricht gegeben hat, sollte das künftige Gemeindeglied dem Gemeindeausschuss vorstellen. Diese Begegnung dient dem Kennenlernen und der gegenseitigen Vertrauensbildung und gibt dem Ausschuss Gelegenheit, sich von der Hingabe des Taufbewerbers an Jesus Christus und von seiner Bereitschaft zur Nachfolge auf der Grundlage der Heiligen Schrift anhand der in der *Gemeindeordnung* aufgeführten Fragen zu überzeugen.

Im Taufgottesdienst, zu dem auch Gäste eingeladen werden, sollten für das öffentliche Bekenntnis Fragen gestellt werden, in denen das für die Taufentscheidung Wesentliche zum Ausdruck kommt. Dabei ist ein Hinweis auf die vorangegangene Taufunterweisung sowie auf das Vorstellungsgespräch im Gemeindeausschuss angebracht. Der zu Taufende sollte, wenn es möglich ist, zu einem persönlichen Glaubenszeugnis vor der Gemeinde ermutigt werden. Nach dem Bekenntnis des Glaubens wird die Gemeinde gebeten, ihre Freude und Zustimmung über die Entscheidung für Jesus und ihre Bereitschaft, das Glied als Schwester/Bruder anzunehmen, durch Handzeichen zum Ausdruck zu bringen.

Die Form der Taufe (siehe S. 60)

In Kirchen oder Freikirchen werden manchmal Jugendliche oder Erwachsene durch Besprengung getauft. Bei dieser Form der Taufe wird vielfach Wert auf vorherige Unterweisung, Buße und Glauben gelegt. Darum wird gelegentlich gefragt, ob die Gemeinschaft der Siebenten-Tags-Adventisten diese Form der Glaubenstaufe durch Besprengung anerkennt.

Im Neuen Testament findet sich aber kein Beispiel für eine Taufe durch Besprengung oder Begießen. Stattdessen gibt es eindeutige Hinweise für ein vollständiges Untertauchen des Täuflings (siehe

Joh 3,28; Apg 8,38; Tit 3,5). Das Taufen durch Untertauchen symbolisiert nicht nur das völlige Abwaschen der Sünde (siehe Apg 2,38; 22,16), sondern auch das Begrabenwerden des alten und das Auferstehen des neuen Menschen (siehe Röm 6,1-8; Kol 2,12).
Die Taufform des Besprengens tauchte zum ersten Male im dritten Jahrhundert nach Christus auf. Ein Verzicht auf die Taufe durch Untertauchen hieße deshalb, den neutestamentlichen Boden zu verlassen. Die Besprengung entspricht nicht dem, was das Neue Testament unter Taufe versteht. Eine Aufnahme durch bloße Abstimmung würde eine Anerkennung der Besprengung als Taufe bedeuten und im Gegensatz zum Zeugnis der Schrift stehen.

Der Umgang mit Christen, die keine biblische Taufe empfangen haben, muss sehr taktvoll geschehen. Ihr Christsein und ihre Glaubensentscheidung dürfen nicht in Frage gestellt werden. Die Empfehlung zur biblischen Form der Taufe sollte nicht als Widerruf der früher erfolgten Taufentscheidung verstanden werden, sondern als Nachholung des vollen Symbols auf Grund einer tieferen Erkenntnis. Wenn der Gedanke einer Taufe durch Untertauchen den Gläubigen in seinem Bekehrungserlebnis und Empfinden verletzt, sollte mit der Aufnahme in die Gemeinde solange gewartet werden, bis eine Überzeugung auf biblischer Grundlage gewachsen ist.

Erneute Taufe (siehe S. 76, 242, 247 und 257)

Die *Gemeindeordnung* nennt die Möglichkeit einer erneuten Taufe für Menschen, die wieder in die Gemeinde zurückkehren möchten, nachdem sie den Glauben aufgegeben hatten oder ihnen wegen schwerer Übertretung der Gebote Gottes die Mitgliedschaft entzogen wurde. Bei den Gesprächen, die vom Prediger, der Gemeindeleitung oder von Gemeindegliedern aus diesem Grund geführt werden, ist sorgfältig darauf zu achten, welches Verständnis dieses ehemalige Gemeindeglied mit seiner Taufe verbindet. Wenn es das Verhältnis zu Christus vollständig abgebrochen hatte und nun einen völligen Neuanfang macht oder wenn es erklärt, dass es die Taufe damals noch nicht richtig verstanden hatte und sie darum nicht als angemessen sehen kann für die jetzige Umkehr, so wird es eine erneute Taufe wünschen bzw. ihr zustimmen. Es wird diese Taufe als sehr bedeutungsvoll erleben, und die Gemeinde wird es wie ein neu gewonnenes Glied aufnehmen.

Wenn dieses ehemalige Gemeindeglied aber zum Ausdruck bringt, dass es zwar schuldig geworden ist und die Verbindung zur Gemeinde abgebrochen wurde, aber die Verbindung zu Gott nie gänzlich abgerissen ist, und wenn es die biblische Taufe, die es früher empfangen hat, immer noch als bedeutsam und gültig ansieht, dann darf keine erneute Taufe von der Person verlangt werden. Wer sich auf seine Taufe beruft, beruft sich auf die Gnade Gottes und das Opfer Jesu für ihn. Durch diesen Glauben wird die Vergebung Jesu für ihn gültig. Die Gemeinde darf darum diese Taufe nicht als ungültig oder nicht ausreichend erklären. Diese Person ist wieder in die Gemeinde aufzunehmen durch das Bekenntnis ihres Glaubens.

Die Überweisung von Gliedern (siehe S. 67-71 und 245f.)

Wenn ein Gemeindeglied umzieht, sollte es dem Gemeindeschreiber seiner bisherigen Gemeinde seine neue Anschrift sowie seine neue Gemeinde mitteilen. Der Gemeindebrief wird an die neue Gemeinde gesandt. Geht diese Initiative nicht vom Gemeindeglied aus, so sollte die neue Gemeinde, in die dieses Glied nun geht, den Gemeindebrief, nach Absprache mit ihm, bei der bisherigen Gemeinde anfordern.

Meldet sich das fortgezogene Glied nicht, so sollte die bisherige Gemeinde, falls die neue Anschrift des Gliedes bekannt ist, von sich aus den Gemeindebrief mit einer Empfehlung an die dem neuen Wohnort nächstliegende Gemeinde senden. In diesem Fall hat diese Gemeinde den Auftrag, sich darum zu bemühen, dass das Gemeindeglied Anschluss an die neue Gemeinde findet.

Sollte dieses Bemühen auch nach einem Jahr erfolglos bleiben, wird der Gemeindebrief mit einem erläuternden Schreiben an die bisherige Gemeinde zurückgesandt. Bis zur Aufnahmebestätigung wird dieses Glied in der bisherigen Gemeinde geführt.

Zu Kapitel 7:
Die Verantwortungsträger in der Gemeinde und ihre Aufgaben

Die Ordination zum Ältesten oder zum Diakon (siehe S. 83f., 90 und 92)

Da die Ordination (Einsegnung) für Älteste und Diakone normalerweise eine Voraussetzung für ihren Dienst ist, wird die Empfehlung dafür normalerweise durch den Ernennungsausschuss ausgesprochen, der sie zur Wahl vorschlägt. Die Gemeinde entscheidet dann darüber bei der Wahl.

Wo das nicht so geschehen ist, kann der Gemeindeausschuss die Ordination empfehlen und die Mitgliederversammlung kann sie durch Abstimmung beschließen. Die Verantwortung für die Vorbereitung und Durchführung der Ordination von Ältesten und Diakonen liegt beim ordinierten Prediger.

Der Hinweis, dass die Diakone ordiniert sein müssen, ist auf die leitenden Diakone zu beziehen. Sollen Diakone beim Ausgeben des Abendmahls helfen, so sind sie vorher zu ordinieren.

Für die Vorbereitung der Ältesten zur Ordination siehe *Handbuch für Prediger*, S. 398ff, und *Handbuch für Gemeindeälteste*, Seite 32f.

Werden Frauen für die Aufgaben als Älteste oder Diakone gewählt, so gelten auch für sie die Hinweise für Ordination. (Die Beschlüsse der EUD vom 12. Nov. 1989 und vom 11.-13. Nov. 1996 eröffnen die Möglichkeit der Ordination von Frauen in unserem Gebiet.)

Kassenverwaltung auf Gemeindeebene (siehe S. 96f.)

Alle Kassen in der Gemeinde unterliegen der Revision (Kassenprüfung) durch den Schatzmeister der Gemeinde und den von der Vereinigung beauftragten Buchprüfer.

Quittungen für Gemeindeglieder/Spendenbescheinigungen für das Finanzamt (siehe S. 98 und 286f.)

Spendenbescheinigungen für das Finanzamt werden durch den Schatzmeister der Vereinigung ausgestellt, in der Regel für das Kalenderjahr. Gemeindeglieder erhalten diese Spendenbescheinigung über den Gemeindeschatzmeister, der sie vom Schatzmeister der Vereinigung unterschreiben lässt.

Wo die Vereinigung den Schatzmeister der Gemeinde zur Ausstellung dieser Bescheinigungen bevollmächtigt hat, sind die damit verbundenen Richtlinien genau einzuhalten.

Die Gemeindeliste unterliegt dem Datenschutz (siehe S. 93)

Alle Verantwortungsträger der Gemeinde, die durch ihren Auftrag über Namenslisten oder andere persönliche Daten von Gemeindegliedern verfügen, unterliegen der gesetzlichen Verpflichtung zum Datenschutz und der Datenschutzordnung der Gemeinschaft der Siebenten-Tags-Adventisten. Gemeindelisten, Datenträger oder andere personengebundene Daten dürfen nur auftragsgemäß verwendet und nicht an Unbefugte weitergegeben werden.

Zu Kapitel 8:
Gottesdienste und Versammlungen in der Gemeinde

Der Gottesdienst (siehe S. 108f.)

Wir betrachten die Sabbatschule und die Predigt als gottesdienstliche Einheit. Die Eröffnung und Begrüßung sollte deshalb nicht erst vor der Predigt, sondern zu Beginn des Gottesdienstes erfolgen.

Gottesdienst- und Sabbatschulleiter sollten sich darum bemühen, auch andere Gemeindeglieder regelmäßig an der Vorbereitung, Gestaltung und Leitung der Sabbatgottesdienste zu beteiligen.

In größeren Gemeinden hat sich ein Arbeitskreis „Gottesdienstgestaltung" bewährt, der für den Ablauf der Gottesdienste zuständig ist und in einer Monatsplanung die Durchführung von „Lebendige Gemeinde", Fürbitte für Kranke, Anbetung und Lob Gottes, besondere Musikbeiträge, kurze Kinderprogramme der Kindersabbatschule (Kindergottesdienst) usw. festlegt.

Die Bekanntmachungsordnung im Gottesdienst (siehe S. 109f.)

Für Bekanntmachungen im Gottesdienst, im Aushang, in Schriftenfächern und Mitteilungsblättern gilt:
1. Bei Anliegen, die aus der Gemeinde kommen und die Gemeinde oder ihre Glieder betreffen, entscheidet die Gemeindeleitung in Absprache mit dem Prediger, ob etwas bekannt gegeben oder verteilt wird.
2. Bei Anliegen, die aus dem Predigtamtsbezirk kommen und seine Gemeinden betreffen, entscheidet der Bezirksprediger in Absprache mit der Gemeindeleitung.
3. Darüber hinaus werden nur Anliegen bekannt gegeben, die von der Gemeinschaft (Vereinigung, Verband, Division der Generalkonferenz) oder ihren Einrichtungen (z. B. Advent-Verlag, ADRA, AWW, DVG, Stimme der Hoffnung) kommen.

In jedem Fall ist bei Bekanntmachungen darauf zu achten, dass sie der Würde des Gottesdienstes und dem Auftrag der Gemeinschaft entsprechen.

Die Teilnahme am Abendmahl (siehe S. 114f.)

Vor Beginn der Fußwaschung sollte eine deutliche und begründete Einladung zur Teilnahme an die Gemeindeglieder und Gäste gerichtet werden. Sie könnte etwa folgendermaßen lauten: „Heute feiern wir

das Abendmahl des Herrn. Nach dem Vorbild Jesu waschen wir einander die Füße und empfangen Brot und Wein. Unsere Gäste, die mit uns gemeinsam die Erlösung durch unseren Herrn Jesus Christus bekennen wollen, sind herzlich eingeladen, daran teilzunehmen."
Wenn nichtgetaufte Gottesdienstbesucher öfter am Abendmahl teilnehmen, ist der Prediger/die Predigerin beauftragt, mit ihnen das Gespräch zu suchen und sie auf den Zusammenhang von Abendmahl und Glaubenstaufe hinzuweisen und zur Taufe zu ermutigen. Wenn nichtgetaufte Jugendliche aus der Gemeinde am Abendmahl teilnehmen, sollte der Prediger ein persönliches Gespräch über die Bedeutung des Abendmahls und den Zusammenhang mit der Glaubenstaufe mit ihnen führen und sie (unter Berücksichtigung der individuellen Reife) zur Taufe ermutigen. Da das Abendmahl die in der Taufe zum Ausdruck gebrachte Glaubensentscheidung voraussetzt, können nichtgetaufte Kinder und Jugendliche nicht zur Teilnahme am Abendmahl eingeladen werden.

Die Durchführung des Abendmahls (siehe S. 113f., 115 und 127f.)
Der Abendmahlswein kann mit dem großen Gemeinschaftskelch oder mit kleinen individuellen Kelchen ausgeteilt werden. Weltweit üblich ist in den Adventgemeinden der kleine individuelle Kelch. Die Entscheidung darüber sollte von der Gemeinde möglichst einmütig getroffen werden. Rücksichtnahme auf unterschiedliche Bedürfnisse und Empfindungen gehören zum Geist der Liebe, der gerade beim Abendmahl sichtbar werden soll.
Übrig gebliebenes Brot und übriger Wein können nach dem Gottesdienst auch in einer der Würde des Abendmahls angemessenen Weise (von Teilnehmern am Abendmahl) verzehrt werden.
Beim Hausabendmahl sollte der eingesegnete Prediger oder der Älteste eine kurze Andacht halten und anschließend mit dem Kranken oder Gebrechlichen – ggf. auch mit weiteren Anwesenden – Brot und Wein zu sich nehmen.
Zu weiteren Fragen bezüglich der praktischen Durchführung von Abendmahl und Fußwaschung siehe das vom Biblischen Forschungskomitee der Euro-Afrika-Division herausgegebene Buch *Abendmahl und Fußwaschung* (Saatkorn-Verlag, Hamburg 1991), S. 213-269.

Der Gemeindeausschuss (siehe S. 120 bis 122)
Die Zusammensetzung des Gemeindeausschusses (manchmal auch Gemeinderat genannt) sollte sich nach den Bedürfnissen der Gemeinde richten. In diesem Leitungsgremium sollten in der Regel keine

Mitglieder sein, die untereinander ersten Grades verwandt sind. Sie können jedoch zu den Sitzungen beratend (ohne Stimmrecht) hinzugezogen werden.

Die Beratungen des Gemeindeausschusses sind in der Regel nicht öffentlich. Er kann beschließen, Sitzungen öffentlich durchzuführen und/oder die Beschlussprotokolle für die Gemeinde zu veröffentlichen.

Zu Kapitel 9:
Weitere Aufgaben in der Gemeinde

Die Wohlfahrtsarbeit (AWW-Helferkreis, siehe S. 133)

Das Adventwohlfahrtswerk (AWW) ist das Sozialwerk der Siebenten-Tags-Adventisten. Es ist in Deutschland als eingetragener Verein organisiert, der Mitglied im Paritätischen Wohlfahrtsverband ist. Dieser Verein hat eine eigene Satzung und Richtlinien für seine Arbeit. Diese Ordnungen sind zu beachten. Das ist besonders wichtig, wo gemäß der Zielsetzung des Vereins auch öffentliche Mittel (z. B. Mittel aus öffentlichen Haus- und Straßensammlungen, Zuschüsse von Behörden) eingenommen und ausgegeben werden. Die Buchführung über diese Mittel ist sorgfältig von den Geldern des Gemeindehaushaltes zu trennen.

Der Sabbatschularbeitskreis (siehe S. 135f.)

In der Mehrzahl der Gemeinden wird auf die Einrichtung eines Arbeitskreises Sabbatschule verzichtet. Großen Gemeinden wird die Einrichtung eines solchen Arbeitskreises empfohlen.

Die Wahl der Lehrer und Gesprächsgruppenleiter für die Sabbatschule (siehe S. 136)

In Gemeinden, die keinen Arbeitskreis Sabbatschule eingerichtet haben, werden die Gesprächsgruppenleiter der Sabbatschule sowie die Lehrer in den einzelnen Altersgruppen der Kindersabbatschule nach Vorschlag des Ernennungsausschusses von der Gemeinde gewählt.

Die Adventjugend (siehe S. 116f. und 140ff.)

Die Adventjugend ist die Jugendorganisation der Gemeinschaft der Siebenten-Tags-Adventisten. Sie ist in Deutschland als eine anerkannte Jugendorganisation tätig. Um den Erfordernissen für die Anerkennung nach dem Kinder- und Jugendhilferecht der Bundesrepublik

Deutschland zu entsprechen, hat sich die Adventjugend mit Zustimmung der Gemeinschaft der Siebenten-Tags-Adventisten in Deutschland K. d. ö. R. eine eigene Satzung gegeben. Diese Satzung ist Grundlage für die Organisation der Adventjugend in Deutschland, sowohl für die einzelnen Adventjugendgruppen als auch für die Christlichen Pfadfinderinnen und Pfadfinder der Adventjugend oder für Scout-, Teenie- und Kindergruppen.

Die rechtlichen Voraussetzungen in Deutschland bringen es mit sich, dass die Satzung der Adventjugend einige zusätzliche organisatorische Regelungen enthält. Die Gemeinden werden gebeten, diese Besonderheiten zu berücksichtigen. In Geist und Gesinnung, Zielen und Aufgaben sowie in der organisatorischen Zusammenarbeit mit der Ortsgemeinde und der Vereinigung ist die Adventjugend mit der weltweiten Gemeinschaft der Siebenten-Tags-Adventisten und deren Jugendorganisationen verbunden.

Zu Kapitel 11:
Die Gemeindewahl

Bei der Vorbereitung und Durchführung der Wahl sollten die Hinweise der *Gemeindeordnung* sorgfältig beachtet werden.

Wahlperiode und Geschäftsjahr der Gemeinde (siehe S. 82)

Die *Gemeindeordnung* lässt die Wahl zwischen einer ein- oder zweijährigen Wahlperiode zu. Als allgemeine Praxis gilt die zweijährige Wahlperiode. Stimmt eine Gemeinde nicht ausdrücklich für eine einjährige Wahlperiode, so gilt diese für zwei Jahre.

Das Geschäftsjahr einer Gemeinde gilt vom Beginn des 3. Vierteljahres (1. Juli) bis zum Ende des 2. Vierteljahres (30. Juni), wobei in der Praxis die Sommerferien den Zeitpunkt bestimmen. Die Gemeindewahl wird darum bis zum Ende des zweiten Viertels (Mai/Juni) durchgeführt.

Der Gründungs- und Ernennungsausschuss (siehe S. 193-195)

Die Leitung der Gemeindewahl sowie den Vorsitz im Gründungs- und Ernennungsausschuss hat der Bezirksprediger. Er ist das einzige Gemeindeglied, dessen Amt nicht zur Wahl steht. Er kann auch einen Mitarbeiter (Prediger/Predigerin) mit der Vorbereitung und Durchführung der Gemeindewahl beauftragen.

Der Bezirksprediger oder sein Beauftragter hat im Ernennungsausschuss keine Stimme, besitzt jedoch ein Vorschlags- und Einspruchsrecht.

Wir empfehlen, bei der Wahl des Ernennungsausschusses nach der *Gemeindeordnung* zu verfahren. Wenn eine Gemeinde, weil sie nur aus wenigen Gliedern besteht, sich abweichend von dieser Ordnung auf einer Mitgliederversammlung selbst zum Gründungsausschuss erklären will, ist Folgendes zu beachten:
1. Die Voraussetzungen zur Mitarbeit im Ernennungsausschuss (geistliche Reife, Kenntnis der Gemeindesituation und der Glieder) sollten deutlich genannt werden.
2. Das Zuruf-Verfahren darf nicht angewandt werden. Die Vorschläge sind schriftlich einzureichen. Der Gemeindeausschuss stellt aus den Vorschlägen eine Vorschlagsliste der Mitglieder des Ernennungsausschusses zusammen und legt sie der Gemeinde zur Abstimmung vor.
3. Es findet keine öffentliche Diskussion über die Eignung dieser Personen statt.
4. Leitende Verantwortungsträger der Gemeinde sollten möglichst nicht in den Ernennungsausschuss gewählt werden.

Wenn sich der Ernennungsausschuss geeinigt hat, wen er als Gemeindeleiter vorschlagen wird, kann dieser zur weiteren Beratung hinzugezogen werden, wenn der Ernennungsausschuss seine beratende Teilnahme in geheimer Abstimmung mit 2/3-Mehrheit beschließt.

Nichtgetaufte Jugendliche und Glaubensfreunde der Gemeinde können nicht für eine Gemeindeaufgabe gewählt, aber „zur Mitarbeit gebeten" werden. Die Anmerkung „zur Mitarbeit gebeten" ist im Wahlprotokoll hinter dem Namen zu vermerken.

Die Durchführung der Gemeindewahl (siehe S. 197f.)

Die Wahlvorschläge des Ernennungsausschusses werden nach ihrer Bekanntgabe in der Gemeinde ausgehängt. Eine öffentliche Aussprache über diese Vorschläge findet nicht statt. Einwände sind beim Leiter des Ernennungsausschusses vorzubringen (siehe S. 197f.). Sie werden nur im Ernennungsausschuss beraten.

Die Wahl in der Gemeindeversammlung kann frühestens eine Woche nach Bekanntgabe des Wahlvorschlages durchgeführt werden. Die Abstimmung erfolgt durch Handzeichen (en bloc oder einzeln). Wird von einem Gemeindeglied eine geheime Abstimmung verlangt, muss über die leitenden Verantwortungsträger oder ggf. auch über alle Aufgaben in geheimer Wahl mit Stimmzetteln abgestimmt werden.

Gewählt ist, wer mehr Ja-Stimmen als Nein-Stimmen erhält (einfache Mehrheit). Die leitenden Verantwortungsträger (Gemeindeleitung/ Gemeindeausschuss) sind gewählt, wenn mehr als die Hälfte der anwesenden, stimmberechtigten Gemeindeglieder zustimmen (absolute Mehrheit).

In manchen Gemeinden hat sich eine Briefwahl bewährt. Jedes Gemeindeglied erhält eine Liste mit allen Wahlvorschlägen, die es ausgefüllt bis zum festgelegten Wahltag abgibt. Wird auf diese Weise gewählt, so ist sicherzustellen, dass jedes Glied nur einen Stimmzettel abgibt.

Die Einführung der Verantwortungsträger (siehe S. 100 und 166)
Die Übernahme der Verantwortung für die Aufgaben erfolgt zum Beginn des Gemeindejahres zum 1. Juli. Für die praktische Durchführung ist wegen der unterschiedlichen Sommerferien ein Zeitpunkt bald nach der Wahl zu vereinbaren. Die Einführung in die Aufgaben sollte möglichst im Rahmen eines Segnungsgottesdienstes stattfinden, ggf. in Verbindung mit der Einsegnung von Ältesten und Diakonen.

Zu Kapitel 12:
Gelder für die Evangeliumsverkündigung

Das Geben von Zehnten und Gaben (siehe S. 204f.)
Mit einer Gesetzesänderung zum 1. Januar 2000 wurden in Deutschland Spenden an Stiftungen in besonderer Weise steuerlich begünstigt. Damit die sich daraus für die Spender ergebenden steuerlichen Vorteile auch von Gemeindegliedern und sonstigen Spendern genutzt werden können, gründete die Gemeinschaft der Siebenten-Tags-Adventisten in Deutschland im Juli 2002 die „Stiftung der Siebenten-Tags-Adventisten in Deutschland" mit Sitz in Darmstadt. Diese Stiftung nimmt Spendengelder (Zehnten und Gaben) entgegen und bewilligt sie satzungsgemäß an die Gemeinschaft der Siebenten-Tags-Adventisten bzw. ihre Institutionen unter Berücksichtigung des Spenderwillens.

Diese Stiftung wird von den Schatzmeistern der deutschen Verbände und dem Schatzmeister der Euro-Afrika-Division geleitet, die gemeinsam den Vorstand bilden. Ein Kuratorium, das sich aus den Vorstehern der deutschen Verbände und Vereinigungen (Landeskörperschaften) zusammensetzt, kontrolliert den Vorstand. Damit ist eine enge Bindung der Stiftung an die Gemeinschaft der Siebenten-Tags-Adventisten gewährleistet.

Die Stiftung verfolgt keine eigenen Ziele finanzieller oder anderer Art, sondern unterstützt ausschließlich die verschiedenen Körperschaften der Gemeinschaft sowie die von der Gemeinschaft geführten Institutionen. Organisationen, die den Leitungsgremien der Siebenten-Tags-Adventisten (EUD, Verbände, Vereinigungen) nicht unterstellt sind (z. B. Fördervereine), können keine Spenden über diese Stiftung erhalten.

In zahlreichen Gemeinden sind die Gemeindeschatzmeister gleichzeitig Kassenverwalter der Stiftung. Ob dies so ist, hängt von der Struktur ab, die der jeweilige Verband bzw. die Vereinigung für die Verwaltung ihrer Finanzen gewählt hat. Wegen der gesetzlichen Auflagen ist es unbedingt erforderlich, dass die Schatzmeister und Kassenverwalter die Vorgaben, die sie bezüglich der Stiftung erhalten haben, gewissenhaft beachten. Ansprechpartner für Fragen hinsichtlich der Stiftung der Siebenten-Tags-Adventisten sind die Schatzmeister der Verbände.

Der Haushaltsplan der Ortsgemeinde (siehe S. 207f.)

Es wird empfohlen, die Frage, wie viel jedes einzelne Glied zur Deckung des Gemeindehaushaltes beizutragen hat, nicht durch eine Teilung der Gesamtsumme durch die Gliederzahl zu beantworten. Effektiver und sozial gerechter ist eine Orientierung am Zehnten.

Ein Beispiel: Eine Gemeinde hat 200 Glieder und einen Jahreshaushalt von 30 000 Euro.

Es sollte also *nicht* gerechnet werden: 30 000 geteilt durch 200 = 150 Euro im Jahr oder 12,50 Euro im Monat pro Person. Wenn diese Gemeinde beispielsweise ein jährliches Zehntenaufkommen von 200 000 Euro hat, dann beträgt die Haushaltssumme im Verhältnis dazu 15 % (30 000 mal 100 geteilt durch 200 000 = 15). Jedes Gemeindeglied wird gebeten, zusätzlich zum Zehnten 1,5 % vom persönlichen Einkommen dafür aufzubringen. Das ergibt dann außer dem Zehnten einen Betrag in der Höhe von 15 % des Zehntens für den Haushalt der Gemeinde. Dieser Betrag wird auf dem Zehntenzettel bzw. auf der Zehntenüberweisung extra aufgeführt unter dem Stichwort „Gemeindehaushalt".

Zu Kapitel 13:
Richtlinien christlicher Lebensführung

Eheschließung und Trauung (siehe S. 86, 101 und 226-228)

Zivilrechtliche und kirchliche Trauung

In vielen Ländern (so z. B. auch in den USA) steht den Kirchen das Recht zu, Ehen zu schließen. Der ordinierte Geistliche einer Kirche hat dort auch die Funktion eines Standesbeamten. Die Trauung in der Kirche ist dann gleichzeitig die rechtsgültige Eheschließung.

In Deutschland, Österreich und der Schweiz kann kein Geistlicher eine rechtlich gültige Ehe schließen. Die zivilrechtlich gültige Eheschließung geschieht ausschließlich durch ein Rechtsorgan des Staates (Standesamt). Darum muss in diesen Ländern deutlich zwischen der zivilrechtlichen und der kirchlichen Trauung unterschieden werden.

Die standesamtliche Trauung schließt die Ehe. Durch sie erhält die Ehe ihre Rechtsgültigkeit. Die kirchliche Trauung macht dem Paar und der Gemeinde bewusst, dass Gott die Ehe eingerichtet hat und schützt. Sie spricht dem Paar Gottes Wort zu und bittet um den Segen Gottes, der durch den Glauben wirksam wird.

Die Anerkennung der zivilrechtlichen Trauung

Die Gemeinschaft der Siebenten-Tags-Adventisten anerkennt die volle Gültigkeit der nach den Gesetzen eines Staates rechtsgültig geschlossenen Ehe.

Die Heilige Schrift nennt keine Vorschrift, wie eine Ehe zu schließen sei. Es ist aus der Bibel aber deutlich zu erkennen, dass die Ehe ein Bund ist, der Rechtskraft hat und den Schutz des Rechts bietet. Unabhängig davon, ob die Ehe damals durch einen Vertrag der Eltern, das Wort des Patriarchen, eines Priesters oder Ältesten geschlossen wurde, sie hatte immer öffentlichen Charakter und war rechtswirksam, entsprechend den Bräuchen der Zeit. Darum ist eine rechtsgültig geschlossene Ehe auch dann anzuerkennen, wenn ein Paar nicht kirchlich getraut wurde.

Die Bedeutung der kirchlichen Trauung

Die Ehe wurde von Gott geschaffen (siehe S. 249). Darum kommt dem Traugottesdienst in der Gemeinde am Anfang der Ehe eine besondere Bedeutung zu. Beim Jawort, das sich das Paar bei der kirchlichen Trauung gibt, geht es nicht mehr um das Versprechen, miteinander die

Ehe zu führen. Das wurde bereits vor dem Standesamt gegeben. In der Gemeinde geht es um das Versprechen, die Ehe nach dem Willen Gottes und mit Gottes Hilfe im Sinne Jesu zu führen, einschließlich des Verständnisses, die Ehe als Bund für das ganze Leben zu sehen. Es geht um den gemeinsamen Wunsch, den Segen Gottes für diese Ehe zu erbitten. Da der Segen nur wirksam wird, wo dem Wort Gottes geglaubt wird, sind Vorbereitungsgespräche mit dem Pastor unverzichtbar.

Die Durchführung der kirchlichen Trauung

Die kirchliche Trauung darf erst nach der rechtsgültigen Trauung durchgeführt werden. Der Prediger hat sich von der durchgeführten zivilrechtlichen Eheschließung zu überzeugen (durch den Trauschein).

Bei der kirchlichen Trauung geht es nicht mehr um die Eheschließung, denn das Paar hat das Ja, das sie rechtsgültig bindet, schon gegeben und kommt verheiratet in die Gemeinde. Anliegen der kirchlichen Trauung ist es, den Ehebund vor Christus zu besiegeln. Dazu gehören die Verkündigung von Gottes Wort (Trauansprache), das vor Gott und der Gemeinde bestätigte Eheversprechen und das Segensgebet.

Während die *Gemeindeordnung* vorschreibt, dass der Pastor dort, wo er die Ehe auch rechtsgültig schließt, ordiniert sein muss, können Verkündigung, Gebet und Segenszuspruch (also die kirchliche Trauung) auch von einem nichtordinierten Pastor/Pastorin durchgeführt werden (siehe S. 86). Die Verbandsausschüsse fassten dazu am 6. April 1992 den Beschluss, „dass nichtordinierte Prediger und Predigerinnen (ausgenommen Praktikanten und Praktikantinnen im Predigtamt) in Übereinstimmung mit dem *Gemeindehandbuch* und mit Zustimmung ihres Bezirksältesten geistliche Hochzeitsfeiern durchführen können. Der zuständige Bezirksprediger soll auf die ordnungsgemäße Durchführung sowie auf eine gründliche Trauvorbereitung des Brautpaares achten."

„Ehe" ohne Trauschein

Nach adventistischem Verständnis kann das Zusammenleben eines Paares ohne rechtsgültige Eheschließung nicht als gültige Ehe angesehen werden. Trotz der sich wandelnden Moralvorstellungen in unserer Gesellschaft halten wir an dem biblischen Grundsatz fest, wonach die Ehe eine verbindliche Lebensgemeinschaft darstellt, die rechtswirksam geschlossen und damit geschützt wird.

Lebt ein Gemeindeglied in einer eheähnlichen Lebens- oder Wohngemeinschaft, so sind Gemeinde und Prediger aufgerufen, das Paar seelsorgerlich zu beraten und zu ermutigen, seine Lebensverhältnisse im Sinne der biblischen Grundsätze zu ordnen. Wenn trotz längeren Bemühens seitens des Predigers und der Gemeinde keine Klärung erfolgt, sollte das betreffende Glied unter korrigierende Seelsorge gestellt werden.

Kirchliche Trauung von konfessionsverschiedenen Ehepaaren

Als konfessionsverschiedene Ehe wird hier eine Ehe zwischen Partnern verschiedener Konfessionen oder Religionen bezeichnet. Die Haltung der Gemeinschaft der Siebenten-Tags-Adventisten zur konfessionsverschiedenen Ehe wird in der *Gemeindeordnung* eindeutig beschrieben (siehe S. 227f.).

Wenn solch ein Paar eine kirchliche Feier wünscht, ist dies nur möglich, wenn im Rahmen ausführlicher Seelsorgegespräche sichergestellt wurde, dass in der Ehe ein adventistisches Familienleben möglich sein wird, d. h. wenn der nichtadventistische Partner die adventistische Lebensweise des anderen anerkennt und in Haushalt und Familie zulässt. Soll dieser Gottesdienst in den Räumen der Gemeinde stattfinden, ist die Zustimmung des Gemeindeausschusses erforderlich.

Interkonfessionelle kirchliche Trauung

Unter interkonfessioneller Trauung (sog. „ökumenische Trauung") wird hier eine kirchliche Trauung verstanden, die von Geistlichen verschiedener Konfessionen oder Religionen gemeinsam durchgeführt wird. Aus folgenden Gründen ist die Teilnahme eines adventistischen Predigers an einer solchen Trauzeremonie nicht zu vertreten:

Nach unserem Verständnis ist es nicht möglich, eine konfessionsverschiedene Ehe zu führen, in der beide Partner ihre unterschiedliche religiöse Überzeugung *in gleichem Maße* zur Grundlage ihres Ehe- und Familienlebens machen möchten. Das Paar muss eine Entscheidung über die gemeinsamen religiösen Schwerpunkte im künftigen Familienleben treffen. Die Seelsorge soll diesem Paar die Notwendigkeit für diese Entscheidung bewusst machen und es dabei beraten.

Ein interkonfessioneller Traugottesdienst erweckt aber in der Öffentlichkeit den Eindruck, als unterstütze die Gemeinschaft eine konfessionsverschiedene Ehe und als seien die Unterschiede der Konfessionen für die Lebensführung im Alltag der Ehe und bei der Erziehung der Kinder von untergeordneter Bedeutung. In einer interkonfessionellen Trauung kann deshalb kein verantwortungsbewusstes seelsorgerisches Handeln gesehen werden.

Wortverkündigung, Eheversprechen und Segensgebet sind die wesentlichen Merkmale einer adventistischen Trauung und können darum nicht zwischen verschiedenen Konfessionen geteilt werden. Das Grußwort eines Geistlichen einer anderen Konfession zählt zum Beispiel nicht zur Trauzeremonie. Diese und andere Detailfragen müssen allerdings zuvor mit dem Vereinigungsvorsteher abgesprochen werden.

Zu Kapitel 14:
Korrigierende Seelsorge (Gemeindezucht)

Korrigierende Seelsorge ist keine Urteilsfindung und keine Bestrafung (siehe S. 229-235)

Die Schwierigkeit bei der Handhabung der korrigierenden Seelsorge liegt für die Gemeinde darin, dass es eine Spannung gibt zwischen dem Auftrag Gottes, seine Gebote und Maßstäbe zu bewahren, und dem Verbot Jesu, sich ein Urteil über Menschen anzumaßen. Einerseits muss die Gemeinde mahnen, wo Menschen sich oder andere dadurch gefährden, dass sie gegen die Gebote Gottes, die Gesinnung Jesu und die Grundsätze der Gemeinde verstoßen, andererseits ist in der Gemeinde niemand ohne Sünde und jeder auf die Gnade Gottes angewiesen.

Diese Schwierigkeit und die zwangsläufige Tatsache, dass bei der korrigierenden Seelsorge nicht nur *mit* irrenden Menschen, sondern auch *über* sie gesprochen werden muss, legt allen Beteiligten eine hohe Verantwortung auf. In jedem Fall ist eine Atmosphäre zu vermeiden, in der der Eindruck erweckt wird, als sitze man über Menschen zu Gericht.

E. G. White schreibt: „Niemand ist je durch Kritik und Vorwürfe von seiner falschen Einstellung abgebracht worden; doch wurden auf diese Weise schon viele dazu getrieben, sich von Christus abzuwenden und ihm ihr Herz wider besseres Wissen zu verschließen. Einfühlungsvermögen und eine gewinnende Art dagegen können viel dazu beitragen, dass jemand wieder auf den rechten Weg gebracht und ihm Vergebung zuteil wird." (*Das bessere Leben*, S. 118) Aus diesem Grund sind die Abschnitte „Allgemeine Grundsätze" und „Die Handhabung der korrigierenden Seelsorge" (siehe S. 229-235 und 238-248) besonders sorgfältig zu beachten.

Das Einräumen einer Klärungsfrist (siehe S. 240)

Wird im Rahmen der korrigierenden Seelsorge beschlossen, einem Gemeindeglied eine Klärungsfrist einzuräumen, so entbindet ihn dies von allen Aufgaben in der Gemeinde, für die es gewählt war. Das ist keine „Bestrafung" des Betroffenen, durch die ihm etwas weggenommen werden soll, sondern es soll ihm gezeigt werden, dass er im Widerspruch zu den Grundsätzen und Ordnungen der Gemeinschaft steht und darum nicht mehr in ihrem Namen reden und handeln kann, solange die Ursachen nicht bereinigt sind. Darum ist die Klärungsfrist auch für Glieder auszusprechen, die für keine Aufgabe gewählt wurden.

Der Entzug der Mitgliedschaft (siehe S. 240)

Der Entzug der Mitgliedschaft ist die schwerwiegendste Form der korrigierenden Seelsorge. Personen, denen die Mitgliedschaft entzogen wurde, sind jederzeit im Gottesdienst und in anderen öffentlichen Versammlungen der Gemeinde willkommen. Sie sollten zur Teilnahme an den Versammlungen der Gemeinde ermutigt werden.

Personen, denen die Mitgliedschaft entzogen wurde, können aber nicht wie andere Gäste der Gemeinde „zur Mitarbeit gebeten" werden (siehe S. 284) und aktiv an Veranstaltungen mitwirken, solange die korrigierende Seelsorge nicht aufgehoben wurde.

Entzug der Mitgliedschaft bei Rufschädigung der Gemeinde (siehe S. 242 und 255)

Für den Fall, dass dem Ruf der Sache Gottes durch das Verhalten einzelner Gemeindeglieder erheblicher Schaden zugefügt wurde, empfiehlt die *Gemeindeordnung* den Entzug der Mitgliedschaft auch dann, wenn es Hinweise auf Reue gibt. Dabei geht es um die wichtigen Anliegen, das Ansehen der Gemeinde in der Öffentlichkeit zu wahren und die hohen Maßstäbe des Wortes Gottes für die Gemeinde und die Welt deutlich zu machen. Prediger und Gemeinde müssen aber in einer solchen Situation sorgfältig abwägen, wo der schwerwiegendere Schaden eintritt. Jesus scheute sich nicht, sich selbst zu erniedrigen (siehe Phil 2,5-8) und dem Spott auszusetzen (siehe Jes 53,3), wenn es darum ging, Menschen zu retten. Ihm war das eigene Ansehen vor den Menschen von geringerer Bedeutung als das Heil des Einzelnen. Im Zweifelsfall kann es darum auch für die Gemeinde wichtiger sein, ein gefährdetes Glied in der Gemeinde zu bewahren, als dem Ansehen vor den Menschen zu genügen.

Hausverbot

Personen, die sich gemeindeschädigend verhalten oder die Versammlungen stören, kann Hausverbot erteilt werden. Es ist durch den Gemeindeausschuss zu beschließen. In einer akuten Situation kann das Hausrecht vom Pastor oder Gemeindeältesten ausgeübt werden.

Zu Kapitel 15:
Ehe, Ehescheidung und Wiederheirat

Wiederheirat (siehe S. 253 und 255)

Die Aussagen der Schrift gegen die Wiederheirat Geschiedener sind eindeutig (siehe Mt 5,32; 19,9; Lk 16,18; 1 Kor 7,10.11). Ihr Ziel ist jedoch nicht die Verdammung zu immer währendem Alleinsein (siehe Mt 19,10-12), sondern der Schutz vor einer leichtfertigen Auflösung sowie die erhoffte Wiederherstellung einer zerbrochenen Beziehung. Wer durch die Verbindung mit einem/einer Geschiedenen eine mögliche Versöhnung und Wiederherstellung der gebrochenen Ehe zunichte macht, wird selbst zum Ehebrecher. Ist dieser Zusammenhang offensichtlich und keine Umkehr zu erreichen, so ist korrigierende Seelsorge unausweichlich.

Ist die Erneuerung einer zerbrochenen Ehe trotz aufrichtigen Bemühens aussichtslos oder unmöglich geworden, so sollte die Gemeinde den ehemaligen Partnern auch bei der Trennung die Notwendigkeit der Versöhnung deutlich machen und, wo möglich, dabei helfen. Bei der Frage, ob für ein Gemeindeglied korrigierende Seelsorge erforderlich wird, wenn es wieder heiratet, ist entscheidend, ob es seinen Teil zur Versöhnung mit dem ehemaligen Partner beigetragen hat oder nicht.

Versöhnung bei Scheidung und Wiederheirat (siehe S. 257)

Nach der Verheißung der Schrift kann jede Sünde vergeben werden (siehe Jes 1,18; 1 Joh 1,9; 2,1.2). Die Gemeinde hat den Auftrag, Botschafter der Versöhnung zu sein (siehe 2 Kor 5,18-21). Das gilt auch bei Ehebruch (siehe Joh 8,1-11; 1 Kor 6,11). Wie bei vielen anderen Sünden kann auch bei einer zerbrochenen Ehe die Versöhnung nicht in jedem Fall den ursprünglichen Zustand wiederherstellen. Prediger und Gemeinde haben sowohl im persönlichen Gespräch mit den Betroffenen als auch bei der Beratung der korrigierenden Seelsorge, wenn es um die Versöhnung geht, auf folgende Fragen zu achten:

1. Hat das Gemeindeglied persönlich bei Gott Vergebung und Frieden gefunden in den Fragen, die das Scheitern der Ehe betreffen?
2. Ist das Gemeindeglied bereit, dem ehemaligen Ehepartner das zu vergeben, was dieser ihm an Schuld und Leid zugefügt hat?
3. Ist das Gemeindeglied bereit, den ehemaligen Ehepartner um Vergebung zu bitten, wo es an ihm schuldig geworden ist?
4. Ist das Gemeindeglied bereit, die Folgelasten aus der zerbrochenen Ehe fair und friedfertig zu regeln und mitzutragen (z. B. Unterhaltspflichten, Güterteilung, Versorgungsansprüche, Erbschaftsangelegenheiten)?
5. Ist das Gemeindeglied bereit, künftig dem anderen nichts Böses mehr nachzusagen?

Werden diese Fragen bedacht und im Sinne Jesu beantwortet und die Versöhnung auf diese Weise bezeugt, so ist die korrigierende Seelsorge wieder aufzuheben bzw. das Glied wieder aufzunehmen. Dies ist dann nicht die nachträgliche Korrektur der früheren Entscheidung der Gemeinde, sondern ein Zeichen der praktizierten Vergebung und des Neuanfangs.

Zur Forderung einer erneuten Taufe für Glieder, denen wegen einer Scheidung oder einer Wiederverheiratung die Mitgliedschaft entzogen wurde (siehe S. 74, vgl. S. 247 und 257), siehe S. 76 und in diesem Anhang Seite 278 unter „Erneute Taufe".

Zur Forderung, den Vereinigungsausschuss dazu anzurufen (siehe Seite 256, Punkt 8): Aufgabe des Vereinigungsausschusses ist es nicht, die persönlichen Fragen, die im Gemeindeausschuss beraten werden mussten, noch einmal zu untersuchen. Er hat darauf zu achten, dass die Verantwortungsträger der Gemeinde alle erforderlichen Schritte gegangen sind, damit die Betreffenden wieder in die Gemeinde aufgenommen werden können. Er beachtet auch, ob der Gemeindeausschuss, etwa durch persönliche Befangenheit (z. B. Verwandtschaft zu Betroffenen) die Anliegen der Gemeinschaft oder der Betreffenden ausreichend wahrnehmen konnte.

Die Trauung Geschiedener (siehe S. 257)

Nach dem Willen Gottes ist die Ehe unauflöslich. Deshalb kann von denen, die nach der Gesinnung Jesu leben wollen, Ehescheidung nicht als mögliche Lösung von Eheproblemen in Betracht gezogen werden (siehe Mt 5,31.32; 19,3-6). Ehescheidung bedeutet nicht nur das Scheitern der innigsten menschlichen Lebensgemeinschaft, sondern auch den Bruch des vor Gott gegebenen Versprechens und ist damit Sünde. Die Gemeinde ist andererseits aber auch der Ort, an dem Vergebung, Versöhnung und Neuanfang sichtbar werden sollen – gerade auch am gescheiterten Menschen. Wo Vergebung erfolgt ist, muss auch ein Neuanfang gewährt werden, selbst wenn er nicht mehr unter den ursprünglichen Umständen möglich ist. Um die Heiligkeit und Bedeutung der Ehe als lebenslanger Gemeinschaft zu unterstreichen, sollte sorgfältig erwogen werden, ob eine kirchliche Trauung von geschiedenen Gemeindegliedern besser in neutralen Räumen durchgeführt wird und nicht in der Kapelle. In jedem Fall sollte bei der Verkündigung auf eine taktvolle Weise, die das Paar nicht bloßstellt oder verletzt, deutlich gemacht werden, dass das biblische Ideal der Unauflöslichkeit der Ehe durch die Gnade von Vergebung und Neuanfang, die in dieser neuen Ehe zum Ausdruck kommt, nicht ungültig wird.

Zu Kapitel 18:
Rechtsformen und Grundlagen für den Umgang mit Gemeindeeigentum

Körperschaften des öffentlichen Rechts (siehe S. 271)

Die Rechtsform der Körperschaft des öffentlichen Rechts wird in Deutschland auf der Ebene eines Bundeslandes durch die Landeskörperschaft, auf der Ebene mehrerer Bundesländer durch den Verband und für das gesamte Bundesgebiet durch die Gemeinschaft in Deutschland (GiD) geführt und nicht durch die Ortsgemeinde. Die örtliche Gemeinde erhält ihre Rechtsform im Rahmen der Verfassung der Landeskörperschaft. Es ist daher für alle Verantwortungsträger in der Gemeinde unerlässlich, in allen Anliegen, die rechtliche Auswirkungen haben können, eng mit der zuständigen Vereinigung (Landeskörperschaft) zusammenzuarbeiten, die rechtlich verantwortlich ist.

Eigentumsnachweis für Gemeindeeigentum (siehe S. 271f.)

Die Rechtstitel für Grundeigentum sind in Deutschland alle auf eigens dafür geschaffene Organisationen eingetragen, die den deutschen Verbänden unterstellt sind (im Norddeutschen Verband: Grundstücksverwaltung des Norddeutschen Verbandes GmbH; im Süddeutschen Verband: Süddeutscher Bauverein e. V.). Ihnen obliegt die rechtliche Verantwortung und Verwaltung für Grundstücke und Gebäude.

Unterhaltung und Reparatur von gemeinschaftseigenen Gebäuden (siehe S. 272)

Für die Unterhaltung und Reparatur der gemeinschaftseigenen Gebäude und Räume einer Gemeinde gelten die von den Verbänden für die Zusammenarbeit von Gemeinden und Grundstücksverwaltung/ Bauverein beschlossenen Richtlinien.

Schlussbemerkung

Es ist unser Wunsch und Gebet, dass diese „Erläuterungen zur *Gemeindeordnung (Gemeindehandbuch)*" in den deutschen Verbänden dazu beitragen, dass Fragen der Gemeindeordnung in der Gesinnung Christi zum Segen für einzelne Glieder und ganzer Gemeinden beantwortet werden.

Die Gemeinschaft der Siebenten-Tags-Adventisten
Norddeutscher- und Süddeutscher Verband

Übersicht deutschsprachiger Bücher von Ellen G. White

Das Schrifttum von E. G. White wurde in den amerikanischen Ausgaben standardisiert, d. h. es erscheint in allen Ausgaben stets mit den gleichen Seitenzahlen. Das erleichtert das Auffinden und Überprüfen von Aussagen in ihrem Zusammenhang. Aus diesem Grund wurden in dieser Ausgabe der *Gemeindeordnung* die Zitate aus dem Schrifttum von Ellen G. White mit der Originalquelle angegeben.

Ein großer Teil dieses Schrifttums ist in deutscher Sprache vorhanden, teilweise aber in unterschiedlichen Ausgaben und Übersetzungen. Die folgende Aufstellung gibt eine Übersicht, unter welchen Titeln die in der *Gemeindeordnung* mit Originalquelle angegebenen Bücher in deutscher Sprache erschienen sind.

Folgende Bücher sind als gebundene und als Taschenbuchausgabe erschienen und besitzen unten am Innenrand der Seiten in eckigen Klammern Angaben über die Seitenzahlen der amerikanischen Ausgaben:

Acts of the Apostles, The	*Das Wirken der Apostel*
Desire of Ages, The	*Das Leben Jesu,* als Taschenbuch: *Der Eine – Jesus Christus* (ab 1995)
Great Controversy, The	*Der große Kampf* (ungekürzte Ausgabe)
Patriarchs and Prophets	*Patriarchen und Propheten*
Prophets and Kings	*Propheten und Könige*

Weitere übersetzte Bücher:

Adventist Home, The	auszugsweise: *Glück fängt zu Hause an*
Christ's Object Lessons	*Bilder vom Reiche Gottes* früher: *Christi Gleichnisse*

Early Writings	Frühe Schriften von Ellen G. White früher: *Erfahrungen und Gesichte*
Education	*Erziehung*
Evangelism	*Evangelisation* (als Loseblattsammlung für Prediger)
Gospel Workers	*Diener des Evangeliums*
Messages to Young People	*Ruf an die Jugend*
Ministry of Healing, The	*Auf den Spuren des großen Arztes* auszugsweise: *Lebensglück*
Steps to Christ	*Der bessere Weg* früher: *Der Weg zu Christus*
Testimonies for the Church	Von der neunbändigen Sammlung der „Zeugnisse" gibt es in deutscher Sprache eine gekürzte Fassung in drei Bänden: *Schatzkammer der Zeugnisse.* Sie enthalten jeweils hinten eine Inhaltsübersicht mit Angaben der Seitenzahlen der amerikanischen Ausgabe.
Thoughts from the Mount of Blessing	*Das bessere Leben,* früher: *Gedanken vom Berg der Seligpreisungen*

In der *Gemeindeordnung* zitierte Bücher oder Zeitschriften, die hier nicht aufgeführt sind, gibt es noch nicht in deutscher Übersetzung.

Abkürzungsverzeichnis

Innerhalb der Gemeinschaft der Siebenten-Tags-Adventisten sind folgende Abkürzungen gebräuchlich:

ADRA	Adventist Development and Relief Agency (Adventistische Entwicklungs- und Katastrophenhilfe e. V.)
ADWA	Adventwacht, Pfadfinder- und Jugendorganisation der Adventjugend in Österrreich und in der Schweiz (siehe auch CPA)
AWW	Adventwohlfahrtswerk e. V.
CPA	Christliche Pfadfinderinnen und Pfadfinder der Adventjugend in Deutschland (siehe auch ADWA)
DVG	Deutscher Verein für Gesundheitspflege e. V. (siehe auch LLG)
EUD	Euro-Afrika-Division (Gebietsabteilung der Generalkonferenz, der die deutschsprachigen Länder angehören)
FAH	Freiwilliger Adventistischer Hilfsdienst (Sozial- und Entwicklungshilfedienst der Adventjugend)
GC/GK	Generalkonferenz (höchstes Leitungsgremium der Siebenten-Tags-Adventisten)
GiD	Dachorganisation der Gemeinschaft der Siebenten-Tags-Adventisten in Deutschland, Körperschaft des öffentlichen Rechts

K. d. ö. R.	Körperschaft des öffentlichen Rechts
LLG	Liga Leben und Gesundheit (Gesundheitsorganisation in Österreich und der Schweiz, siehe auch DVG)
NDV	Norddeutscher Verband (Zusammenschluss der Landeskörperschaften und Vereinigungen in Nord- und Mitteldeutschland)
SDV	Süddeutscher Verband (Zusammenschluss der Landeskörperschaften und Vereinigungen in Süddeutschland)
STA	Siebenten-Tags-Adventisten

Sachregister

Es empfiehlt sich, zuerst unter dem betreffenden Oberbegriff nachzusehen. Wenn es zu einem fettgedruckten Sachwort mehrere Unterpunkte gibt, sind jeweils zuerst alle Adjektive alphabetisch aufgeführt, die direkt mit dem Sachwort verbunden sind, dann alle Substantive, die in Beziehung zum Sachwort stehen, und zuletzt alle andere Verbindungen damit.

Abendmahl 43.110-115
–, Ankündigung 113
–, Ausklang 114
–, Austeilung von Brot und Wein 127f.
–, Bedeutung 43.112f.
–, Brot 91.110.112.127f.
–, Durchführung 113f.282
–, Fußwaschung 43.**111f**.126f.
–, Gedenken an Kreuzigung 112
–, Häufigkeit 110
–, Leitung 85.88.**115**.187
–, Mitwirkung der Diakone 91.92f.127f.
–, Teilnahme **114f**.240.281f.
–, Veränderungen 111
–, Verkündigung der Wiederkunft 113
–, Vorbereitungen 91.92f
–, Wein 110.**112**.127f.
–, für die Kranken 115
–, schließt die Fußwaschung ein 43.110

Abenteurer-Club 118.**148f**.177
Abgeordnete *siehe* Delegiertenversammlungen
Abkürzungsverzeichnis 299f.

Abteilungen der Gemeinde 131-184
siehe vor allem unter den einzelnen Stichworten
–, Adventjugend 116f.**140-146**
–, Erziehung und Bildung 149f.
–, Familiendienste 159f.
–, Frauendienste 161f.
–, Gemeindeaufbau und Evangelisation 132-134
–, Gesundheit 157f.
–, Haushalterschaft 159f.
–, Kinder 162f.
–, Öffentlichkeitsarbeit 154ff.
–, Pfadfinder 118.**147f**.
–, Religionsfreiheit 164f.
–, Sabbatschule 134-140
–, Wohlfahrtsarbeit 133

Abteilungsleiter der Vereinigung 186f.

Adventjugend
116f.**140-145**.283f.
–, jüngere (Teeniegruppe) 117f.**146f**.177
–, Abenteurer-Club 118.**148f**.177
–, Abteilung 140f.

301

–, Aufgaben 117.142
–, Aufsichtspflicht 226
–, Ausschuss 143.144
–, Bibelstudium 145
–, Freizeitgestaltung 145f.
–, Gelder 96
–, Grundsatzerklärung 141f.175f.
–, Jugendarbeitsausschuss 143.144.
–, Jugenddiakon 145
–, Jugendkasse 144
–, Jugendsabbatschule 117
–, Kassenverwalter 144.177
–, Komitee für Jugendarbeit 117.142f.
–, Leitung 144
–, Materialien für 128
–, Mitgliedschaft 142.176
–, Name 116.128
–, Mission 145
–, Pfadfinder
  siehe Christliche Pfadfinder
–, Programme 117.145f.
–, Satzung 283f.
–, Schriftführer 144
–, Treffen 117.145f.
–, Verantwortungsträger 143f.
–, Ziele 117.142

Adventwacht
  siehe Adventjugend

Adventwohlfahrtswerk
–, Arbeit 133.169.283
–, Helferkreis 133.283
–, Geldmittel 283

Älteste
  siehe Gemeindeälteste

Alkohol
–, Enthaltsamkeit von 46.63.65f.218
–, Genuss, Herstellung oder Verkauf als Grund für korrigierende Seelsorge 241
–, auf zerstörerische Wirkung hinweisen 157.179

Anbetung Gottes 103

Angestellte Mitarbeiter
–, der Vereinigung 186.188
–, Gemeindezugehörigkeit 71f.
–, Prediger ist Angestellter der Vereinigung 85

Anhang und Erläuterungen zur *Gemeindeordnung* 271.**275-296**
Anmerkungen 25.100.124.166

Arbeitskreise (Ausschüsse)
–, Diakonie 90.93
–, Frauen 162.182
–, Familiendienste 160.180f.
–, Jugend 143
–, Gemeindeaufbau und Evangelisation 129.**132**.166f.
–, Gesundheit 157.180
–, Gottesdienstgestaltung 281
–, Kinder 164.183
–, Öffentlichkeitsarbeit 155f.179
–, Sabbatschule 135f.283
–, Schriftenmission 133.168
–, des Gemeindeausschusses 123.130

Auferstehung 40.**48**
Auflösung und Ausschluss von Gemeinden 262-266

Aufnahme in die Gemeinde
–, Bedingung zur Taufe 276f.
–, Berechtigung zur 88
–, Bestätigung 62.69
–, auf das Bekenntnis des Glaubens 62.73f.
–, durch Taufe *siehe dort*
–, durch Überweisung 67-69
–, durch äußere Umstände behindert 69
–, von unbekannten Taufbewerbern 66

Aufsichtspflicht 226

Ausschluss
–, einer ganzen Gemeinde 70f..264f.
–, einzelner Glieder *siehe* Entzug der Mitgliedschaft

Austritt aus Gemeinde 246

Ausschüsse *siehe auch unter* Arbeitskreise
–, Ernennungsausschuss 193ff.
–, Gründungsausschuss 194
–, Jugendarbeit 143
–, der Vereinigung, *siehe* Vereinigungsausschuss

Autorität
–, höchste 56f.
–, der Gemeinde 54
–, der Gemeinde in der frühen Kirche 29
–, der Gemeinschaft 29f.
–, der Generalkonferenz 29f.**56f.**
–, der Ortsgemeinden 54

Bauverein 295
Beauftragter für Erziehung und Bildung 150.178
–, für Religionsfreiheit 166.183f.

Beglaubigungen 190f.
–, abgelaufene 191
–, Ausweise 190f.
–, Beglaubigungsschreiben für Delegierte 94
–, Dienst von Predigern ohne Beglaubigung 192

Behindertendienst 134
Bekanntmachungen 109f.281
Bekenntnis, öffentliches 61f.
Belege, Aufbewahrung 98

Berichte
–, auf der Mitgliederversammlung 129f.
–, des Gemeindeschatzmeisters 98.99
–, des Gemeindeschreibers 94.102.129
–, der Sabbatschule 140.175

Bezirksälteste, -prediger *siehe* Prediger, ordinierte
Bibel *siehe* Heilige Schrift
Bibelarbeiter 188
Bibelgespräch, Bibelschule *siehe* Sabbatschule
Bibelstudium 214.267f.
Bibelstundenkoordinator 134.169
Bibelstudiengruppen 171f.
Bibliothekar 151
Bild Gottes 39.40
Bildung *siehe* Erziehung
Botschaften der drei Engel 42

Brot und Wein für das Abendmahl *siehe* Abendmahl
Buchprüfung 98.212.280
Bürger, Adventisten als 215

Chor
–, Kinderchor 108
–, Kleidung 108
–, Leiter 107
–, Mitglieder 107f.

Christliche Lebensführung, Richtlinien 213-228
Christlicher Lebensstil 45

Christliche Pfadfinder der Adventjugend 118.146ff.
–, Gradabzeichen 147
–, Leistungsabzeichen 147
–, Leitung 146.148
–, Leitspruch 147
–, Material 148
–, Motto 146
–, Treffen 148
–, Unternehmungen 147

Christus 38
–, Auferstehung 40
–, Dienst im himmlischen Heiligtum 47
–, Haupt der Gemeinde 31.42
–, Hauptziel seiner Fürsorge 32f.
–, Leben 40
–, Tod 40
–, Triumph über die Mächte des Bösen 41
–, Wiederkunft 47
–, als Hoherpriester 47
–, unsere Gerechtigkeit 40

Datenschutz 280

Delegiertenversammlung (Landesversammlung)
–, Aufgabe der Delegierten 200
–, Beglaubigung der Delegierten 94
–, Wahl der Delegierten 198ff.
–, kann Gemeinden ausschließen 70f.265

Diakon/Diakonin 88-93
–, Arbeitskreise 90.93
–, Aufgaben 89.91f.92f.
–, Bedeutung der Aufgabe 89
–, Befugnisse, Grenzen 90f.
–, Besuchsdienst 91
–, Einsegnung 90.279f.
–, Einsetzung in der Urgemeinde 89
–, Verantwortung für das Gemeindeeigentum 92.101
–, helfen beim Abendmahl 91.92f.127f.
–, helfen bei Taufen 91.92.101
–, helfen bei Versammlungen 91
–, sorgen für Arme und Kranke 91.93

Dienst, gabenorientierter 170
Dienste, geistliche 43
Dienste, Beteiligung aller Glieder 134.169ff.

Division
–, Abteilung der Generalkonferenz 54
–, Recht zu Ergänzungen der *Gemeindeordnung* 271
–, Recht zur Erweiterung der Verantwortungen eines nichtordinierten Predigers 188

Dreieinigkeit 37
Dreifache Engelsbotschaft 42
Drogen, Missbrauch von
46.63.66.157.241

Ehe 46.249-257
–, „Ehe" ohne Trauschein 289f.
–, Eheberatung 257
–, Ehebruch 46.254f.
–, Eheprobleme, Rolle der
   Gemeinde 251f.255.257f.
–, Eheschließung 86.101.227f.
   288f., *siehe auch* Trauung
–, Einheit der Ehe 249
–, Folgen des Sündenfalls auf
   die Ehe 250f.
–, Grundlagen 46
–, Lehre von der Ehe 249ff.
–, Partnerschaft in der Ehe 250
–, Partnerwahl 227f.
–, Polygamie 251
–, Scheidung 46.**252f**.293f.
–, Sexuelle Intimität 250
–, Unauflöslichkeit 249f.
–, Ursprung 249
–, Versöhnung der Partner
   255.293f.
–, Vorbereitung auf **226ff**.257
–, Wiederheirat 253ff.293f.
–, Wiederherstellung 251
–, mit ungläubigem Partner 227f.

Ehrfurcht vor dem Ort
   der Anbetung 104f.217
Eigentumsüberschreibung 273f.
Einfachheit 219

Einführungsgottesdienst für
   Verantwortungsträger
   100.166.286

Einheit der Gemeinde
   32.35.**42**.236
Einsegnung *siehe* Ordination
Einwand gegen die Ausstellung
   von Gemeindebriefen 68
–, gegen einen Vorschlag des
   Ernennungsausschusses 197f.
Eltern, Verantwortung 225f.
Eltern- und Schulverein,
   siehe Schulverein

**Entzug der Mitgliedschaft
243-247**
–, Abstimmung über 244
–, Benachrichtigung
   der Gemeindeglieder 246
–, Gottesdienstbesuch
   und Mitarbeit nach 264
–, Gründe für 241f.
–, Recht gehört zu werden 244
–, Vorgehensweise 240
–, Vorsicht walten lassen 242f.
–, Wiederaufnahme
   74.242.247f.256f.278f.
–, bei Rufschädigung der
   Gemeinde 242.255.296
–, keine Vertretung durch
   Rechtsanwälte 244f.
–, nicht aus finanziellen Gründen
   246
–, nicht wegen Nichtteilnahme
   an Versammlungen 245
–, nicht durch den Ausschuss 244
–, nur durch eine Mitgliederversammlung 243f.

Erde, neue 48
Erholung 222f.
Erkenntnisse, neue 267f.
Erlösung 40f.44

**Ernennungsausschuss
193-198**
–, Arbeit 195f.
–, Aufgaben 170.193
–, Berichterstattung 197
–, Einspruch gegen
  seine Vorschläge 197f.
–, Leitung 194f.
–, Mitglieder 195
–, Vertraulichkeit 197
–, Wahl des 194f.

Erziehung und Bildung
siehe auch Schulen
–, Förderung in der Gemeinde
  150.178
–, Prinzipien 149
–, Verantwortlicher für 150.178

Evangelisation als Hauptaufgabe
der Gemeinde 120.122.
Evangelist 66.189
Exekutivausschuss der
Generalkonferenz 56

Familie 46
–, Aufsichtspflicht 226
–, Bedeutung 46.227
–, Gefahren für 224
–, Glaubenspraxis in 215

Familiendienste 159f.
–, Abteilung 159f.
–, Arbeitskreis 160.180f.
–, Aufgaben 159f.
–, Leitung 160.181f.

Fernsehen 221f.
Filme, Spielfilme 223
Finanzen der Gemeinde 180

Frauendienste 161f.
–, Arbeitskreis 162.182
–, Frauenbeauftragte 161f.
–, Ziele der Abteilung 161

Freizeitgestaltung 45.**222f.**
Fürsorge Christi 32f.
Fürsorge für Bedürftige 91.133

Fußwaschung 43.111f.
–, Durchführung 126f.
–, Rolle der Diakone bei
  91.92f.127

Gabe der Weissagung 44

Gaben *siehe auch* Gelder
–, geistliche 43f.
–, Hilfe für Notleidende 207
–, Sabbatschul-/Missionsgaben
  96.**139**.206
–, Sammlungen 209f.
–, Sonderspenden für einzelne
  Gebiete 206
–, Zählung der Gaben 98
–, am Tag der Gesundheitserziehung 158
–, für Adventjugend 96
–, für Gemeindehaushalt
  207.287
–, sind keine Geldanlage 210
–, zusätzlich zum Zehnten 205f.

Gastfreundschaft 105f.

Gebet
–, öffentliches 110
–, Versammlung zum 116
–, Wichtigkeit 214f.
–, beim Abendmahl 127

Gebote Gottes 34.44
Geist der Weissagung 44
Geistliche Gaben und Dienste
43f.

Gelder 201-212 *siehe auch*
Gaben *und* Zehnten
–, Abgabe 97f.
–, Beschaffung von Mitteln 209f.
–, Buchprüfung 98.212.280
–, Haushaltsplan 207f.287
–, Kassenprüfung 280
–, Quittierung von Geldern
97.98.280
–, Sorgfalt im Umgang mit 95ff.
–, Verwaltung der Mittel 211
–, Verwaltung durch
Gemeindeschatzmeister 95
–, Weiterleitung an
die Vereinigung 95.98
–, Zweckbindung beachten 97
–, der Jugendabteilung 96
–, der örtlichen Gemeinde 96
–, für die Abteilungen
auf Gemeindeebene 95f.
–, für Adventwohlfahrtswerk 283
–, für Ausgaben der Bibelschule
139f.175
–, für Bedürftige 91.207
–, für Bücher und Zeitschriften
97.102
–, für Gemeindekosten 96.207

Gemeinde 31-35.41f.
–, Abteilungen 131-184
–, Aufgaben und Auftrag 41f.
–, Auflösung 262-266
–, Aufnahme *siehe* Aufnahme
in die Gemeinde
–, Ausschluss einzelner Glieder
siehe Entzug der Mitgliedschaft

–, Ausschluss einer ganzen
Gemeinde 70f.264f.
–, Austritt 246
–, Autorität 29f.
–, Bedeutung 31.41f.
–, Bedeutung des Wortes 31
–, Christus als Haupt 31.42.50
–, Einheit 32.35.42.269
–, Fürsorge Christi 32f.
–, Gründung 259ff.
–, Organisation 23f.49-52
–, Prozesse gegen 238
–, Verantwortung im Umgang
mit der Sünde
230f.233f.239.241f.
–, Verantwortungsträger und
ihre Aufgaben 77-102
–, Verhalten bei Meinungs-
verschiedenheiten 56
–, Verhältnis zur Öffentlichkeit
215
–, Versammlungen 103ff.
–, Vollmacht 200
–, Ziel der Angriffe Satans 33f.
–, Zugehörigkeit 59ff.
–, Zusammenarbeit mit der
Vereinigung 86
–, Zusammenschluss 261f.
–, als Familie Gottes 42
–, als Gemeinschaft der
Gläubigen 41.50
–, als Leib Christi 31.42.50
–, in Christus vollendet 34f.
–, juristische Körperschaft,
Ortsgemeinde ist keine 271

Gemeindeältester 82-88
–, leitender Älteste 87f.
–, Anerkennung 79f.
–, Arbeit beschränkt sich auf
die Ortsgemeinde 84

–, Aufgaben 79.82.84.87
–, Ausbildung 84.100
–, Befähigung zum Predigen 83
–, Berechtigung zum Taufen 85f.276
–, Eignung 77f.81
–, Einsegnung 83f.
–, Förderung der weltweiten Missionsarbeit 87
–, Förderung in der Treue des Zehntengebens 87
–, Leitung der Gottesdienste 85f.
–, Ordination 83f.279f.
–, Verantwortung 82.84.87
–, Verhältnis zum Prediger 85
–, Wahlperiode 83
–, Zusammenarbeit 81.86
–, als geistlicher Führer 82
–, kein Delegierter von Amts wegen 88
–, niemand vorschnell in die Verantwortung drängen 80

Gemeindearchiv 94

Gemeindeaufbau und Evangelisation 132f.
–, Arbeitskreis 132.166f.
–, Arbeitskreis für die Planung 130
–, Arbeitskreis Schriftenmission 133.168
–, Beteiligung aller Gemeindeglieder am Dienst 134.169ff.
–, Leiter 132
–, Schriftführer 167f.
–, Versammlungen 118f.129.
–, Versammlungszeiten 119
–, Verteilmaterial, Bereitstellung von 119

Gemeindeausschuss 120-123
–, Arbeitskreise des 123.130
–, Aufgaben 120.122f.
–, Leitung 121.187
–, Mitglieder **120f.**282f.
–, Sitzungen 122.283f.
–, Unterausschüsse 123
–, kann nicht über Aufnahme oder Ausschluss von Gemeindegliedern entscheiden 71.88.244
–, schlägt Nachfolger in einem Dienst für die verbleibende Wahlperiode vor 198

Gemeindebeamte
siehe Verantwortungsträger
bzw. unter den Einzelbezeichnungen
Gemeindeberichte siehe Berichte

Gemeindebriefe 67-71.279
–, Ausstellung 67-71.279
–, Ausstellung durch Gemeindeschreiber 68
–, Ausstellung nicht durch Gemeindeausschuss 71
–, Einspruch gegen Ausstellung 68
–, Rücksendung bei Nichtaufnahme 70.279
–, Zustimmung der Gemeinde erforderlich 68.71
–, Zustimmung des Gliedes erforderlich 70.279
–, nicht für Glieder unter korrigierender Seelsorge 70
–, nur bei ordentlicher Mitgliedschaft 70
–, ohne Bemerkungen 70

Gemeindebuch
siehe Gemeindeliste
Gemeindechronik 94

Gemeindeeigentum
–, bei Auflösung oder Ausschluss einer Gemeinde 265f.
–, Eigentumsnachweis 271f.295
–, Gebäude *siehe* Gemeindegebäude
–, Organisationen zur Verwaltung 23
–, Rechtsformen 271f.
–, Urkunden über 271f.
–, Versicherungsschutz 272f.

Gemeindegebäude
–, Anschaffung von 211
–, Finanzierung 211
–, Pflege und Instandhaltung 91.101.272.296
–, Schulden meiden 210f.
–, Versicherungsschutz 272f.

Gemeindeglieder, *siehe auch* Gemeindemitgliedschaft, Gemeindezugehörigkeit *und* Entzug der Mitgliedschaft
–, abwesende 94.245f.
–, irrende, Umgang mit 229ff.
–, unbekannt verzogene 245f.
–, verstreut lebende 71
–, Anhörungsrecht 244
–, Ausschluss *siehe* Entzug der Mitgliedschaft
–, Fürsorge für bei Auflösung von Gemeinden 265
–, Prozesse gegen die Gemeinschaft 238
–, Streitigkeiten mit der Gemeinschaft 238

–, Streitigkeiten untereinander 236ff.
–, Taufe ehemaliger 76
–, Überweisung 67-69.279
–, Wiederaufnahme ausgeschlossener 247f.

Gemeindehandbuch
siehe Gemeindeordnung
Gemeindeleiter 88,
siehe auch Gemeindeältester

Gemeindeliste
–, Eintragungen und Streichungen 69.74.**93f**.102.245f.
–, Führung ist Aufgabe des Gemeindeschreibers 93f.
–, unterliegt dem Datenschutz 280
–, zeitaktuell zu führen 74.102

Gemeindemitgliedschaft, Wechsel der 67-71
ansonsten siehe unter Aufnahme in die Gemeinde, Gemeindezugehörigkeit *oder* Entzug der Mitgliedschaft
–, Gemeindebriefe *siehe dort*
–, Überweisung 67-69.279
–, kein Wechsel bei korrigierender Seelsorge 248
–, während der Zeit der Überweisung 69
–, wenn ein Glied nicht aufgenommen wird 70

***Gemeindeordnung* 24-28**
–, Änderungen hierin 25.28
–, Anmerkungen 25.26f.
–, Autorität 30
–, Entstehung 24f.

–, Klärung bei unterschiedlichem Verständnis 27
–, Titel 21
–, Verfahren zur Änderung 25-27
–, Übersetzung 21f.

Gemeinderat
siehe Gemeindeausschuss

Gemeindeschatzmeister 95-98
–, Aufgaben 95
–, Beachtung der Zweckbestimmung der Gaben 97
–, Belege, Aufbewahrung 98
–, Berichte 98.99
–, Heiligkeit des Dienstes 95
–, Kassenverwalter der Stiftung der STA 287
–, Prüfung der Bücher 98.212
–, Prüfung der Kassen 280
–, Quittungen 97.98
–, Vertrauensverhältnis zu den Gemeindegliedern 99
–, Weiterleitung der Gelder an die Vereinigung 95.98

Gemeindeschreiber 93f.
–, Aufgaben 93f.101f.
–, Ausstellung von Gemeindebriefen 68.70f.
–, Bedeutung der Aufgabe 93
–, Beglaubigungsschreiben für Abgeordnete 94
–, Bericht auf der Mitgliederversammlung 129
–, Berichte einsenden 94.102
–, Briefwechsel 94.102
–, Führung der Gemeindeliste 93f.102
–, Protokollführung 93.101f.

Gemeindeschulausschuss,
siehe Schulausschuss
Gemeindeschule siehe Schulen
Gemeindestunde, Gemeindevollversammlung
siehe Mitgliederversammlung
Gemeindewahl siehe Wahl
Gemeindewechsel
siehe Gemeindemitgliedschaft
Gemeindezucht
siehe Korrigierende Seelsorge

Gemeindezugehörigkeit
59-76.276-279, siehe auch Gemeindemitgliedschaft und Entzug der Mitgliedschaft
–, ordentliche 67
–, Aufnahme auf das Bekenntnis des Glaubens 61.73f.
–, Geschiedener 256f.
–, Grundlagen, geistliche 59
–, Richtlinien für 243
–, Taufe als Voraussetzung 60
–, Wechsel, siehe Gemeindemitgliedschaft, Wechsel
, einzelner Glieder bei Ausschluss einer Gemeinde 70f.
–, nach erneuter Taufe 75f.278f.

Gemeinschaft der Siebenten-Tags-Adventisten
–, Autorität in der 29f.56f.
–, Divisionen siehe dort
–, Entstehung 23
–, Gemeinden vor Ort 54f.
–, Generalkonferenz siehe dort
–, Glaubensüberzeugungen 37-48, siehe auch Einzelpunkte
–, Institutionen 55
–, Name, offizieller 22
–, Organisation 53-57

–, Verband/Union 27.54
–, Vereinigungen 27.54
–, Verwaltungsebenen 54
–, Verwaltungsform 54

Generalkonferenz 56f.
–, Autorität 30.56f.
–, Exekutivausschuss 56
–, Gelder für die 139
–, Gründung 23
–, Organisationseinheit 54
–, Rolle bei Änderung der Gemeindeordnung 24-27
–, Rolle bei Änderung der Glaubensgrundsätze 37
–, Vollversammlung 56f.200

Gericht 47.48
Gesang im Gottesdienst 106f.
Gesellige Zusammenkünfte 223.225
Gesellschaft, Beziehung zur 215
Gesellschaftlicher Umgang 223ff.
Gesetz Gottes 34.44
Gesprächsleiter
siehe Sabbatschule
Gesunde Lebensführung 46.217f.

Gesundheitsabteilung 157f.
–, Arbeitskreis 157f.180
–, Gaben für 158
–, Leitung 157.179f.

Gesundheitseinrichtungen 55
Gesundheitspflege, Verein für 158
Getränke, alkoholische
siehe Alkohol

Glaubensüberzeugungen der STA 37-48, siehe auch Einzelpunkte
–, Neufassung 37
Gliederkartei, Gliederliste
siehe Gemeindeliste

Gott 37
–, Heiliger Geist 38.40f.43f.
–, Sohn 38.40.41
–, Vater 38

Gottesdienst 103-110
–, Ablauf, Vorschläge 125f.
–, Arbeitskreis für Gottesdienstgestaltung 281
–, Bedeutung 103.108
–, Begrüßung 281
–, Bekanntmachungen im 109f.281
–, Form 109.124f.
–, Gabensammlung als Teil 125
–, Gebet im 110
–, Heiligkeit 108
–, Leitung 85.125.281
–, Musik im 106f.125
–, Planung 125
–, Sabbatschule als Teil des 109.281
–, Singen im 106f.
–, Verhalten im 105.217

Gottesdienstordnung 125f.
Gottesdienstraum,
Verhalten im 104f.217
Großer Kampf 39f.
Grundlehren der STA 37-48
Grundstücksverwaltung 295
Gründung von Gemeinden 259f.
Gründungsausschuss 194.284f.
Gruppen, organisierte 72f.

311

Hausgebetskreise 116
Haushalter Gottes 45

Haushalterschaft 158f.203
–, Abteilung 158
–, Leiter 159.180
–, Prinzipien 203

Haushaltsplan 207f.287
Hauskreise 171f.
Hausverbot 293
Heilige Schrift 37.44
Heiliger Geist **38.**40f.43f.
Heiligtum, himmlisches 47
Heiligung 40f.214
Heimatmission
   siehe Gemeindeaufbau
   und Evangelisation
Heimsabbatschule 138
Heirat siehe Ehe und Trauung

Institutionen der STA 55
Interessierten-Koordinator,
   siehe Koordinator für
   Glaubensfreunde und Gäste
Internationale Vereinigung für
   Religionsfreiheit 165f.
Irrende Gemeindeglieder,
   Seelsorge an 229ff.

Jesus Christus siehe Christus
Jugend, jüngere 117f.**146f.**177
Jugendabteilung
   siehe Adventjugend
Jugenddiakon 145
Jugendgruppen
   siehe Adventjugend
Jugendgruppenleiter 144
Jungfreunde, Jungwächter
   siehe Christliche Pfadfinder

Kampf, der große 39f.
Kassenprüfung 98.212.280
Kassenverwaltung 280

Kinderabteilung 162ff.
–, Arbeitskreis 164.183
–, Aufgaben 162ff.
–, Aufsichtspflicht 226
–, Leitung 164.182f.

Kirche, Begriff 22
Kirchenverwaltung, Formen 53f.
Kleidung 219f.
Kleingruppen 134.**171ff.**
Kommunikation
   siehe Öffentlichkeitsarbeit
Komitee für Jugendarbeit
   117.142f.
Kongregationalismus 54
Koordinator für Glaubensfreunde
   und Gäste 99f.
Körperschaften, juristische
   271.295

**Korrigierende Seelsorge
229-247.**291f., siehe auch
   Entzug der Mitgliedschaft
–, Anhörungsrecht 244
–, Auflösung einer ganzen
   Gemeinde 264f.
–, Ausschluss von Gemeinde-
   gliedern siehe Entzug der
   Mitgliedschaft
–, Begriff 22
–, Behandlung irrender Glieder
   229ff.291
–, Entscheidung über 243f.
–, Gründe für 241f.
–, Grundsätze für 229ff.
–, Handhabung 238ff.291

–, Jesu Anweisungen 229ff.
–, Korrekturmaßnahmen an einer ganzen Gemeinde 248
–, Schwierigkeiten bei 291
–, Verantwortung der Gemeinde 229.233f.
–, Vollmacht der Gemeinde 233
–, Vorsicht bei Anwendung 242f.
–, Widerstand durch ungeistliche Personen 234f.
–, bei Rufschädigung der Gemeinde 242.255.292
–, durch Einräumen einer Klärungsfrist 240.292
–, durch Entzug der Mitgliedschaft *siehe dort*
–, in einer Gruppe 72f.
–, keine Verzögerung 242

Kosmetik 220
Kranke
–, Abendmahl für 115
–, Fürsorge für 91

Landesversammlung *siehe* Delegiertenversammlung
Lebensreform 217f.
Lebensstil, christlicher 45f.
Lehrer in der Sabbatschule, *siehe* Sabbatschule
–, in Gemeindeschule 146
Lesestoff 221
Liga Leben und Gesundheit *siehe* Verein für Gesundheitspflege 158

Literatur
–, Bedeutung 221
–, Bestellungen 97
–, Verbreitung 133.167.168
–, Verteilung am Sabbat 119

Manager für adventistische Buchläden 189
Männerkreis 134.169
Medikamente, Missbrauch 46
Meinungsverschiedenheiten innerhalb oder zwischen Organisationen 56, *siehe auch* Streitigkeiten
Mensch 39
Millennium 48
Mission *siehe* Gemeindeaufbau und Evangelisation
Missionsgruppen 173
Missionsvereinigung/-verband 27

Mitgliederversammlung 119f.
–, Berechtigung zur Teilnahme 119
–, Berichte auf 120.129f.
–, Einladung zur 119
–, Entscheidung über korrigierende Seelsorge 243f.
–, Leitung 120
–, Schriftführer 93

Mitgliedschaft *siehe* Gemeindezugehörigkeit
Mitteilungsblatt 281

Musik 106-108.222
siehe auch Chor
–, Auswahl 222
–, Chorleiter 107
–, Verantwortlicher für 137
–, im Gottesdienst 106f.
–, in der Sabbatschule 137

Nahrung, unreine 46.63.65
Neugeburt, geistliche 40f.59
Neue Erde 48
Nachlässe *siehe* Vermächtnisse

Öffentlichkeitsarbeit 154-156
–, Abteilung 155
–, Arbeitskreis 155f.179
–, Bedeutung 154f.
–, Durchführung 155
–, Leiter in Gemeinde 155f.179
–, in Ballungszentren 156

Ordination
–, der Diakone 90.279f.
–, der Gemeindeältesten 83f.279f.
–, eines Predigers zum Gemeindeältesten 188
–, von Frauen 280

Organisation 49-55
–, Bedeutung, biblische 50f.
–, Grundlage 49f.
–, Notwendigkeit 50f.
–, Ziel Gottes mit der 51f.
–, der Gemeinschaft der STA 53-57
–, der neutestamentlichen Gemeinde 50.53
–, des Volkes Israel 49
–, einer neuen Gemeinde 259f.
–, in der Gemeinde 50f.

Organisationen, selbsternannte 235
Organisten 137
Ortsgemeinde 31.54.71.200
  siehe hauptsächlich unter Gemeinde

Partnerwahl für eine Ehe 227f.
Pastor *siehe* Prediger
–, Verwendung des Begriffs 22.27

Persönliche Ansichten verfechten, keine 267
Pfadfinder
  siehe Christliche Pfadfinder
Pianisten 137
Podium, kein Forum zur Verbreitung persönlicher Ansichten 267ff.
Prediger, nicht ordinierte 187f.

Prediger, ordinierte 185-192
–, Aufgaben und Befugnisse 187
–, Begriff, Verwendung 22, 27
–, Entlassung 191
–, Stellung in der Gemeinde 187
–, Verhältnis zum Evangelisten 189
–, Versetzung 187
–, Vorsitzender des Gemeindeausschusses 101.187
–, darf keine Richtlinien für die Mitgliedschaft festlegen 243
–, hat keine Verwaltungsvollmacht 186
–, im Ruhestand 191
–, leitet die Gemeindewahl 194f.
–, nicht von der Ortsgemeinde gewählt 187
–, ohne Beglaubigung 191.192
–, sollen mit Achtung behandelt werden 79f.
–, verantwortlich dem Vereinigungsausschuss 85.189
–, von der Vereinigung beauftragt 186

Predigerin 86.189
Predigtamt 185
Pressesekretär *siehe* Öffentlichkeitsarbeit, Leiter
Projektgruppen 173

Protokolle
–, Führung 93
–, Sammlung 101

Radio und Fernsehen 221f.
Rauchen *siehe* Tabak
Rauschgifte *siehe* Drogen
Rechtsanwälte 244f.
Rechtstitel für das Gemeindeeigentum 271f.295
Redner ohne Vollmacht auf dem Podium 106.267

Religionsfreiheit 164-166
–, Abteilung für 164f.
–, Einmischung des Staates 165
–, Recht, Ruhetage feiern 165
–, Vereinigung für 165f.
–, örtlicher Beauftragter für 166.183f.

Rentenzahlungen 273.274
Revision der Kassen 212.280
Richtlinien christlicher Lebensführung 213-228
Richtlinien für das Gemeindeleben 24
Ruhetag *siehe* Sabbat
Rundfunk 221

Saaldiakon 91

Sabbat
–, Anfang und Ende 216
–, Bedeutung 44f.215f.
–, Heiligung 215ff.
–, Prüfstein des Gehorsams Gott gegenüber 215f.

Sabbatschule 134-140
–, Arbeitskreis 135f.283
–, Aufgabe, Bedeutung 134f.
–, Begriffsverwendung 21
–, Berichte 140.175
–, Ferienbibelschulleiter 137
–, Gaben 96.139.206
–, Gelder für Ausgaben zur Durchführung der 139f.175
–, Gesprächsgruppenleiter 138
–, Gesprächsgruppenleitervorbereitung 138f.
–, Heimsabbatschule 138
–, Helfervorbereitung 138f.
–, Investmentleiter 137
–, Lehrer 136.138.283
–, Leiter 136.138.174
–, Material für 109
–, Musik in 137
–, Schriftführer 137.175
–, Studienhefte 139
–, Taufklasse 61.135
–, Teil des Gottesdienstes 109.281
–, Verantwortlicher für Musik 137
–, Vierteljahresbericht 140
–, Wahl der Lehrer 138.283
–, Ziele 134f.

Sänger, Auswahl 107f.

Satan
–, Absage an 60
–, Bestrebungen 33.51
–, Herkunft 39
–, Vernichtung 48
–, Wirken 33.57.222f.

Schatzmeister
siehe Gemeindeschatzmeister

Scheidung und Wiederheirat
  46.252f.293f.
Schlichtheit 45.219f.
Schmuck 220
Schöpfung 32.38.39.44f.
Schriftführer *siehe bei den
  einzelnen Abteilungen*
Schriftenverwalter, Aufgaben
  132f.167f.184
Schriftwechsel mit Gemeinde-
  gliedern 94.102
Schulden, Vermeidung 210f.

Schulen
–, adventistische 55.124.149f.
–, Klassen als Gruppen der
  jüngeren Jugend 118.146

Schulausschuss 124.152ff.
–, Auswahl der Mitglieder 153f.
–, Beratungen 124
–, Kassenverwaltung 154
–, Leitung 152f.
–, Mitglieder 152.178
–, Protokollführung 124
–, Schriftführer 124
–, Sitzungen 124.153
–, Verantwortungsträger 154
–, Wahlperiode 153
–, bei einer Schule für mehrere
  Ortsgemeinden 153

Schulverein 124.150ff.
–, Aufgaben 124
–, Gelder des 152
–, Mitglieder 124.151
–, Schulleiter ist Mitglied
  von Amts wegen 152
–, Verantwortungsträger 151
–, Zweck 150f.

Selbsternannte Organisationen
  235
Sexuelle Verfehlungen 224f.241
Siebenten-Tags-Adventisten
  siehe Gemeinschaft der STA
Spendenbescheinigungen 280
Spielfilme 223
Splittergruppen 235
Sprecher, nicht berechtigte
  in Gemeinden 106.190
Statistische Umfragen 181
Stiftung der STA 286f.

Streitigkeiten
–, zwischen der Gemeinschaft
  und ihren Gliedern 238
–, zwischen Gemeindegliedern
  untereinander 236ff.

Sünde
–, Ende der 48
–, Gemeinde ist verantwortlich
  im Umgang mit der 233f.
–, Sünden, für die korrigierende
  Seelsorge nötig sein kann
  241f.
–, Ursprung 39f.
–, Vergebung 40

Tabak, Enthaltsamkeit von
  46.63.65f.157.218.241
Tabeagruppe
  siehe Adventwohlfahrtswerk
Tanzen 223
Taufbekenntnis 61-65.277
Taufbestätigung 62.64

Taufbewerber
–, Fragen an 62ff.
–, Prüfung der 61ff.
–, Unterweisung 61f.

Taufe 43.59-67,
siehe auch Taufgottesdienst
–, erneute Taufe
75f.242.247.257.278f.
–, Bedeutung 43
–, Bedingung: Aufnahme in eine Ortsgemeinde 276f.
–, Bekenntnis 61-66
–, Berechtigung zum Taufen 85f.276
–, Bestätigung 62.64
–, Bewerber 61f.66
–, Empfehlung zur 61
–, Form 60.277f.
–, Prüfung der Taufbewerber 61-64.277
–, Unterricht vor der Taufe 61f.
–, Urkunde 64
–, Zustimmung der Gemeinde 66
–, als Voraussetzung zur Gemeindezugehörigkeit 60

Taufgottesdienst
–, Aufgaben der Diakone bei 66.91.92.101
–, Taufkleider 66.92
–, Leitung 85f.187
–, Urkunde 64

Taufklasse 61.135
Taufunterricht 61f.
Tausend Jahre 48
Teeniegruppe 117f.146f.177
Testamente 273f.

Tod 48
–, Auferweckung vom 48
–, Vermächtnisse 274
–, Zustand der Toten 48
–, der Gottlosen 48

Trauringe 220

Trauung 288-291
–, interkonfessionelle 290f.
–, kirchliche 288f.
–, zivilrechtliche 288
–, Bedeutung 288f.
–, Durchführung 86.88.**101**.289
–, Einfachheit bei 219
–, Geschiedener 294f.
–, keine bei un- oder andersgläubigem Ehepartner 227f.
–, von konfessionsverschiedenen Ehepaaren 290

Treuhandvereinbarung 273
Treuhandvermögen 273
Trennwand, keine 32

Überweisung von Gemeindegliedern *siehe* Gemeindemitgliedschaft, Wechsel, *und* Gemeindebriefe
Übrige und ihr Auftrag 42
Ungesäuertes Brot 110.**112**
Union *siehe* Verband
Unreine Nahrung **46**.63.65
Unsterblichkeit 48
Untersuchungsgericht 47
Unterweisung vor der Taufe 61
Unvergorener Wein 110.**112**

Verantwortung
–, Verteilung der 87
–, der Gemeinde im Umgang mit Sünde 233f.
–, einzelner Verantwortungsträger *siehe unter den entsprechenden Dienstbezeichnungen*

Verantwortungsträger
in der Gemeinde **77-100**
einzelne siehe unter den jeweiligen Dienstbezeichnungen oder den Abteilungen
–, ehemalige 100
–, Anerkennung 79f.
–, Eignung 77f.81
–, Einführung 100.166.286
–, Gemeindeausschuss 121.282f.
–, Voraussetzungen 77f.
–, Vorbild im Zehntengeben 205
–, Wählbarkeit 81f.
–, Wahlperiode 82
–, sind keine Delegierte von Amts wegen 199
–, niemand vorschnell Verantwortung übertragen 80
–, von organisierten Gruppen 72f.

Verband/Union 54
–, Begriffsverwendung 27
–, Gelder 204.211

Vereine
–, Adventwohlfahrtswerk 133
–, Schulverein 124.150ff.
–, für Gesundheitspflege 158
–, für Religionsfreiheit 165f.

Vereinigung
–, Angestellte 189f.
–, Ausschuss *siehe* Vereinigungsausschuss
–, Berichte an 94.140.144
–, Delegiertenversammlung *siehe dort*
–, Gebrauch des Begriffs 27
–, Gelder der **95**.98.139

–, Verantwortung für Vereinigungsgemeinde 71f.
–, Verantwortungsträger, Gemeindezugehörigkeit 71f.
–, Vorsteher *siehe* Vereinigungsvorsteher

Vereinigungsausschuss
–, Mitglieder vertreten die gesamte Vereinigung 200
–, Rolle bei Auflösung und Ausschluss von Gemeinden 263ff.
–, Rolle bei Wiederaufnahme von Gliedern 247f.256.294
–, Vollmacht 188.200
–, empfiehlt Auflösung von Gemeinden 265
–, empfiehlt Zusammenlegung von Gemeinden 261
–, ist Gemeindeausschuss der Vereinigungsgemeinde 72
–, keine Einsetzung von Ältesten durch 84.188

Vereinigungsgemeinde 71f.
–, Rolle bei Auflösung von Gemeinden 70f.263ff.
–, Verantwortungsträger 71f.

Vereinigungsvorsteher 185f.
–, Ältester der Vereinigungsgemeinde 72
–, Befugnisse 86.185.189
–, Einbeziehung in Gemeindegründung 259
–, Zusammenarbeit mit den Gemeinden 186

Vergebung der Sünden 40
Vergnügungen 222f.
Vermächtnisse 274

Versammlungen
 –, Mitgliederversammlung
   siehe dort
 –, für Gemeindeaufbau
   und Evangelisation 118f.
 –, in der Gemeinde 105

Versicherungsschutz 272f.
Versöhnung 230f.293f.
Verteilmaterial 119
Verwaltungsebenen der
  Gemeinschaft der STA 54
Vorbereitung auf die Ehe 226ff.
Vorsteher
  siehe Vereinigungsvorsteher

Wachsen in Christus 41

Wahl 193-200 *siehe auch unter*
  Delegiertenversammlung,
  Ernennungsausschusses *und*
  Gründungsausschusses
 –, Durchführung 195-198.285f.
 –, Information der künftigen
   Verantwortungsträger 196
 –, Leitung 194f.284
 –, Periode 82.284
 –, Zeitpunkt 193f.
 –, der Abgeordneten für die
   Delegiertenversammlung 198f.
 –, der Verantwortungsträger
   der Gemeinde 193
 –, des Ernennungsausschusses
   194f.284f.
 –, des Gründungsausschusses
   194

Wein, unvergorener 110.112
Weissagung, Gabe der 44
Weltweites Werk, Finanzierung
  204.206

Werbung für Sammlungen 209
White, Ellen G. 44
 –, deutschsprachige Bücher von
   297f.

Wiederaufnahme ausgeschlossener Glieder
  74.242.247f.256f.278f.
Wiedergeburt 40f.59
Wiederheirat 253ff.293f.
Wiederkunft Christi 47
Wohlfahrtsabteilung
  siehe Adventwohlfahrtswerk

Zehn Gebote 44

Zehnten 201f.204f.
 –, Förderung der Treue 87
 –, Gaben werden zusätzlich
   zum Zehnten gegeben 205f.
 –, Geben von Zehnten
   und Gaben 205.286f.
 –, Verwendung 204f.
 –, Vorbild der Verantwortungsträger im Zehntengeben 205
 –, Weiterleitung 204
 –, als biblische Verpflichtung 205
 –, ist keine Bedingung zur
   Gemeindezugehörigkeit 205
 –, sind keine Geldanlage 210

Zentrum für Wohlfahrts- und
  Sozialarbeit 133.169
Zugehörigkeit zur Gemeinde
  siehe Gemeindezugehörigkeit
  oder Aufnahme in die
  Gemeinde
Zusammenschluss von
  Gemeinden 261f.
Zweigsabbatschulen 138